Diogenes Taschenbuch 23793

AF204734

W. SOMERSET MAUGHAM, geboren 1874, war früh von der Literatur angezogen. Er studierte zunächst Medizin, übte den Arztberuf aber nicht aus. Nach anfänglichen Mißerfolgen gelangte er als Bühnenautor bald zu großem Ruhm. Seine literarische Bekanntheit erreichte er jedoch als Romancier und Geschichtenerzähler. Zeitweise war er als britischer Geheimagent tätig. Er bereiste zahlreiche Länder, vor allem im Fernen Osten, dem Schauplatz vieler seiner Erzählungen, und starb 1965 in Cap Ferrat an der französischen Riviera.

W. Somerset Maugham
Der Büchersack
und andere
Erzählungen

Diogenes

Die vorliegenden Erzählungen sind eine Auswahl
aus W. Somerset Maugham, ›Gesammelte Erzählungen
in zwei Bänden‹ in Kassette,
Band 1: *Ost und West*, Diogenes Verlag, Zürich 2005
Titel der 1952 bei Doubleday, New York,
in zwei Bänden erschienenen Originalausgabe:
›The Complete Short Stories of W. Somerset Maugham‹
Diese vereinte erstmals die vom Autor selbst
zusammengestellten Bände East and West (1934)
und The World Over (1952)
Copyright © by the Royal Literary Fund
Die Übersetzungen wurden für die 2005
erschienene Ausgabe überarbeitet
Covermotiv: Lithographie von Richard Friese,
›Bad Kissingen. Germany 1923‹ (Ausschnitt)

Veröffentlicht als Diogenes Taschenbuch, 2008
Alle deutschen Rechte vorbehalten
Copyright © 2005, 2008
Diogenes Verlag AG Zürich
info@diogenes.ch · www.diogenes.ch
In Fragen zur Produktsicherheit (GPSR):
truepages UG (haftungsbeschränkt)
Westermühlstraße 29, 80469 München
info@truepages.de
ASR/20/852/3
ISBN 978 3 257 23793 1

Inhalt

Das ewig Menschliche

Mich scheint es immer nur während der toten Monate nach Rom zu verschlagen. Ich komme im August oder September hin, auf der Durchreise zu irgendeinem anderen Ort, und mache für ein paar Tage halt, um Plätze oder Bilder wiederzusehen, die mir durch alte Erinnerungen vertraut sind. Es ist dann sehr heiß, und die Stadtbewohner verbringen ihren Tag damit, unaufhörlich den Corso auf und ab zu schlendern. Das Caffè Nazionale ist voller Menschen, die stundenlang an kleinen Tischen sitzen, vor sich eine leere Kaffeetasse und ein Glas Wasser. In der Sixtinischen Kapelle sieht man blonde, sonnenverbrannte Deutsche mit kurzen Hosen und am Hals geöffneten Hemden, die mit schweren Rucksäcken die staubigen Straßen Italiens heruntergewandert sind; und im Petersdom kleine Gruppen frommer Pilger, müde, aber voll Glaubenseifer, die (zu einem günstigen Pauschalpreis) aus irgendeinem fernen Land hierhergekommen sind. Sie stehen unter der Obhut eines Priesters und sprechen fremde Sprachen. Das Hotel Plaza ist dann kühl und erholsam. Die Säle dort sind dunkel, still und geräumig. Zur Teestunde sind die einzigen Personen in der Halle ein junger, eleganter Offizier und eine Frau mit schönen Augen, die eisgekühlte Limonade trinken und eine angeregte Unterhaltung führen. Sie sprechen vertraulich und leise mit der unermüdlichen Geläufigkeit ihres Menschenschlags. Man geht in sein Zimmer, liest, schreibt Briefe, und wenn man zwei Stunden später wieder hinunterkommt, sitzen sie immer noch da und sprechen. Vor dem Abendessen finden sich in der Bar ein paar Leute ein, aber den ganzen übrigen Tag ist sie leer, und der Barmann hat Zeit, uns von seiner Mutter in der Schweiz und von seinen Erfahrungen in New York zu erzählen. Man unterhält sich über das Leben und die Liebe und über die hohen Alkoholpreise.

Auch dieses Mal hatte ich das Hotel fast ausschließlich für mich allein. Der Portier beteuerte zwar, als er mir mein Zimmer anwies, daß sie ziemlich ausgebucht seien, doch als ich gebadet und mich umgezogen hatte und wieder in die Halle hinunterkam, eröffnete mir der Liftboy, ein alter Bekannter, daß kaum ein Dutzend Personen im Plaza logierten. Ich war müde nach der langen, heißen Reise durch Italien und hatte mir vorgenommen, still im Hotel zu essen und bald schlafen zu gehen. Es war schon spät, als ich den geräumigen Speisesaal betrat. Er war hell erleuchtet; trotzdem waren nicht mehr als drei, vier Tische besetzt. Ich blickte mich zufrieden um. Es ist sehr angenehm, allein in einer großen Stadt zu sein, die einem dennoch nicht völlig fremd ist, und in einem fast leeren Hotel zu wohnen. Es gibt einem ein köstliches Gefühl von Freiheit. Ich war beglückt. Ich hatte mich zehn Minuten in der Bar aufgehalten und einen Martini getrunken. Nun bestellte ich mir eine gute Flasche Rotwein. Meine Glieder waren müde, aber meine Seele reagierte wunderbar auf Speise und Trank. Es wurde mir seltsam leicht ums Herz. Ich aß meine Suppe und meinen Fisch, und angenehme Gedanken zogen mir durch den Sinn. Dialogfetzen fielen mir ein, und meine Phantasie spielte glücklich mit den Personen eines Romans, den ich gerade in Arbeit hatte. Ich rollte einen Satz auf der Zunge herum, und er schmeckte besser als Wein. Ich fing an, über die Schwierigkeit nachzudenken, Menschen so zu beschreiben, daß der Leser imstande ist, sie genauso zu sehen, wie man selbst sie sieht. Für mich hat dies immer zu den schwersten Aufgaben der Schriftstellerei gehört. Was wird dem Leser wirklich vermittelt, wenn man ein Gesicht Zug um Zug beschreibt? Ich möchte sagen: nichts. Die andere Methode wiederum, sich an irgendein hervorstechendes Merkmal zu halten, an ein schiefes Lächeln etwa oder an einen verschlagenen Blick, und es immer wieder herauszustreichen, ist zwar wirkungsvoll, umgeht jedoch das Problem, anstatt es zu lösen. Ich ließ meine Blicke durch den Saal schweifen und überlegte, wie ich die Leute an den Tischen ringsumher beschreiben würde. Mir direkt gegenüber saß ein Mann, und rein zur Übung fragte ich mich, wie ich mit ihm verfahren würde. Er war ein hochgewachsener, schmaler Mensch – man würde ihn wohl am ehesten schlaksig nennen. Er trug einen Smoking und ein gestärktes Hemd. Er hatte ein ziemlich langes Gesicht und helle Augen; sein Haar war blond und gewellt, aber es fing an, spärlich zu werden, und die Geheimratsecken verliehen ihm einen vornehmen Kopf. Seine Züge waren unbedeutend. Mund und Nase sahen aus wie bei jedem x-beliebigen Menschen; er war glattrasiert; seine Haut war von Natur aus blaß, aber im Augenblick von der Sonne gebräunt. Sein Äußeres ließ auf eine intellektuelle, wenn auch leicht gewöhnliche Wesensart schließen. Er sah aus wie ein Rechtsanwalt oder wie ein Universitätsprofessor, der recht ordentlich Golf spielt. Ich vermutete, daß er Geschmack besaß, viel von Büchern wußte und auf einer Lunchparty in Chelsea ein angenehmer Gast wäre. Wie man ihn jedoch beschreiben sollte, um in wenigen Zeilen ein lebendiges, interessantes und treffendes Bild von ihm zu entwerfen, konnte ich mir wahrhaftig nicht vorstellen. Vielleicht sollte man alles übrige beiseite lassen und sich auf jene müde Vornehmheit beschränken, die ihn im Grunde am deutlichsten charakterisierte. Ich blickte ihn nachdenklich an. Mit einemmal beugte er sich vor und machte eine steife, aber höfliche kleine Verbeugung. Ich habe die lächerliche Angewohnheit, zu erröten, wenn ich überrascht werde, und fühlte auch diesmal, wie mir das Blut in die Wangen stieg. Ich war bestürzt. Ich hatte ihn minutenlang angestarrt, als wäre er eine Strohpuppe. Er mußte mich für äußerst ungezogen halten. Ich nickte verlegen und schaute fort. Glücklicherweise reichte mir der Kellner in diesem Augenblick mein Essen. – Soweit ich mich erinnern konnte, hatte ich den Menschen nie vorher gesehen. Ich fragte mich, ob seine Verbeugung auf mein beharrliches Hinstarren zurückzuführen war: er nahm vielleicht an, daß er mir schon irgendwo begegnet sein mußte; oder hatte ich ihn vielleicht einmal kennengelernt und wieder vollkommen vergessen? Ich habe ein schlechtes Gesichtergedächtnis und konnte in seinem Fall zu meiner Entschuldigung anführen, daß er genauso aussah wie viele andere Menschen auch. Auf jedem Golfplatz in der Umgebung von London sieht man an einem schönen Sonntag Dutzende Gestalten seiner Art.

Er beendete seine Mahlzeit eher als ich. Er stand auf, aber auf dem Weg zum Ausgang blieb er an meinem Tisch stehen. Er streckte mir die Hand hin.

»Guten Abend«, sagte er. »Ich habe Sie nicht gleich erkannt. Ich hatte nicht die Absicht, Sie zu schneiden.«

Er hatte eine angenehme Stimme und sprach in dem Tonfall, der in Oxford kultiviert und von vielen, die niemals dort waren, nachgeahmt wird. Es stand fest, daß er mich kannte und gar nicht auf den Gedanken kam, ich könnte ihn nicht erkannt haben. Ich war aufgestanden, und da er um ein gutes Stück größer war als ich, blickte er auf mich herunter. In seiner Haltung lag etwas Kraftloses. Er hielt sich etwas gebeugt, was den Eindruck einer gewissen Unsicherheit, der sich mir aufdrängte, nur noch verstärkte. Sein Benehmen war ein wenig herablassend und zugleich ein wenig schüchtern.

»Haben Sie Lust, später Ihren Kaffee mit mir zu trinken?« fragte er. »Ich bin ganz allein.«

»Mit Vergnügen«, antwortete ich.

Er verließ mich, und ich hatte immer noch keine Ahnung, wer er war und wo ich ihm begegnet sein mochte. Ich hatte etwas Merkwürdiges an ihm bemerkt. Nicht ein einziges Mal – weder während der Sätze, die wir miteinander gewechselt hatten, noch bei unserer Begrüßung, noch als er sich mit einem leichten Nicken von mir verabschiedete – überflog auch nur der Schatten eines Lächelns sein Gesicht. Aus größerer Nähe hatte ich festgestellt, daß er auf seine Weise eigentlich gut aussah; seine Züge waren regelmäßig, er hatte schöne graue Augen, und seine Figur war schlank; aber sein ganzes Wesen schien mir uninteressant. Ich konnte mir vorstellen, daß eine bestimmte Sorte törichter Frauen ihn romantisch fand. Er erinnerte an einen Ritter von Burne-Jones, obgleich er größer war und nichts darauf hindeutete, daß er an der chronischen Kolitis litt, die diese unglückseligen Geschöpfe gequält hat. Er gehörte zu den Männern, die man sich im Kostüm auf einem Maskenball ganz großartig vorstellt, die man aber, sieht man sie dann wirklich einmal kostümiert, lächerlich findet.

Ich beendete mein Essen und begab mich in die Halle. Er saß in einem großen Lehnstuhl und rief, als er mich erblickte, einen Kellner herbei. Ich setzte mich zu ihm. Der Kellner erschien, und er bestellte Kaffee und Drinks. Er sprach sehr gut Italienisch. Wie sollte ich ergründen, wer er war, ohne ihn zu beleidigen? Ich zerbrach mir den Kopf. Die meisten Menschen nehmen es krumm, wenn sie feststellen, daß man sie nicht wiedererkennt. Sie sind so durchdrungen von ihrer Wichtigkeit, daß sie es für selbstverständlich halten, von den anderen ebenso wichtig genommen zu werden. Sein glänzendes Italienisch gab mir einen Anhaltspunkt. Ich erinnerte mich plötzlich, wer er war, und erinnerte mich gleichzeitig, daß ich ihn nicht mochte. Er hieß Humphrey Carruthers. Er war im Auswärtigen Amt tätig und bekleidete eine nicht unwichtige Stellung. Er leitete irgendein Amt. Er war verschiedenen Botschaften zugeteilt gewesen, und ich mutmaßte, daß sein idiomatisches Italienisch auf einen längeren Aufenthalt in Rom zurückzuführen war. Es war dumm von mir gewesen, nicht sofort zu bemerken, daß er zur Diplomatie gehörte. Er vereinigte alle Merkmale seines Berufes in sich. Er hatte jene hochnäsige Höflichkeit, die es so trefflich versteht, die Menschen vor den Kopf zu stoßen, und jene Unnahbarkeit, die aus der Überzeugung kommt, ein Diplomat sei etwas Besseres als die übrigen Sterblichen; dazu gesellte sich allerdings eine gewisse Schüchternheit, denn er wußte nicht genau, ob die Umwelt von seiner Großartigkeit ebenso durchdrungen war wie er selbst. Ich kannte Carruthers seit vielen Jahren, traf aber nur selten mit ihm zusammen, bei Gesellschaften etwa, wo ich ihm flüchtig guten Tag sagte, oder in der Oper, wo er mir kühl zunickte. Er wurde allgemein für sehr begabt gehalten. Es war unverzeihlich von mir, ihn vergessen zu haben, denn er hatte in der letzten Zeit eine nicht unbedeutende schriftstellerische Berühmtheit als Autor von Erzählungen erlangt. Sie waren zuerst da und dort in jener Sorte von Zeitschriften erschienen, wie sie von kunstbegeisterten Enthusiasten immer wieder gegründet werden, um dem verständnisvollen Leser etwas Wertvolles zu bieten. Diese Zeitschriften gehen ein, wenn ihre Besitzer so viel Geld verloren haben, wie sie beabsichtigten. Auf den schönen und vornehm gedruckten Seiten dieser Hefte hatte er so viel Aufmerksamkeit erregt, wie es bei ihrer beschränkten Verbreitung möglich war. Dann wurden seine Erzählungen in Buchform veröffentlicht. Sie riefen eine wahre Sensation hervor. Ich habe selten solch einstimmiges Lob in den Wochenblättern erlebt. Die meisten widmeten dem Buch eine Spalte, und die Literaturbeilage der *Times* besprach es nicht mit den anderen Romanen zusammen, sondern an eigener Stelle, dicht neben den Memoiren eines großen Staatsmannes. Die Kritiker begrüßten Humphrey Carruthers als einen neuen Stern am Firmament der Literatur. Sie priesen seine vornehme Haltung, seine Raffinesse, seine feine Ironie und seinen Blick. Sie priesen seinen Stil, sein Schönheitsempfinden und seine Atmosphäre. Hier endlich war ein Schriftsteller, der die Kurzgeschichte aus den Tiefen hervorhob, in die sie in den englischsprachigen Ländern gesunken war, hier war ein Werk, auf das jeder Engländer stolz sein konnte; es durfte den Vergleich mit den besten Erzeugnissen seiner Art in Finnland, Rußland und der Tschechoslowakei aufnehmen.

Drei Jahre später brachte Humphrey Carruthers sein zweites Buch heraus, und die Kritiker kommentierten diese Pause mit Anerkennung. Hier hatte man es nicht mit einem Lohnschreiber zu tun, der sein Talent für Geld prostituierte! Das Lob, das er einheimste, war vielleicht ein wenig kühler als jenes, mit dem man sein erstes Buch begrüßt hatte – die Kritiker hatten Zeit gehabt, sich zu fassen –, aber es war doch so begeistert, daß es jeden gewöhnlichen Schriftsteller, der seinen Lebensunterhalt mit der Feder verdient, tief beglückt hätte. Und es bestand kein Zweifel, daß Carruthers' Stellung in der literarischen Welt gesichert und ehrenvoll war. Die größte Beachtung fand eine Geschichte, die den Titel *Der Rasierpinsel* trug. Die besten Kritiker rühmten die Kunst, mit der der Autor auf drei, vier Seiten die leidende Seele eines Friseurgehilfen bloßgelegt hatte.

Aber seine bekannteste Erzählung, die zugleich seine längste war, hieß *Wochenende*. Sie gab seinem ersten Buch den Titel. Sie schilderte die Erlebnisse einer Anzahl von Personen, die am Sonnabend nachmittag von Paddington abfahren, um das Wochenende bei Freunden in Taplow zu verbringen, und am Montag morgen wieder nach London zurückkehren. Sie war so zart, daß es schwierig war, genau zu erfassen, was eigentlich darin passierte. Ein junger Mann – Parlamentssekretär und einem Minister zugeteilt – war sehr nahe daran, der Tochter eines Barons einen Heiratsantrag zu machen, tat es aber nicht. Ein paar andere unternahmen eine Bootsfahrt auf dem Fluß. Alle sprachen sehr viel und bedeutungsvoll, aber kein Satz wurde beendet, und was gemeint war, wurde auf subtile Art durch Punkte und Gedankenstriche ausgedrückt. Es gab zahlreiche Beschreibungen von Blumen im Garten und eine feinempfundene Schilderung der Themse im Regen. Das Ganze war gesehen durch die Augen der deutschen Gouvernante, und alle waren sich einig, daß Carruthers ihre Auffassung der Situation mit bezauberndem Humor wiedergegeben habe. Ich hatte beide Bücher von Humphrey Carruthers gelesen. Es gehört zu den Aufgaben des Schriftstellers, die Produktion seiner Zeitgenossen zu verfolgen. Ich bin stets bereit zu lernen und hatte gehofft, etwas für mich Nützliches in diesen Bänden zu finden. Aber ich erlebte eine Enttäuschung. Ich bin der Ansicht, daß eine Geschichte einen Anfang, eine Mitte und ein Ende haben sollte. Ich habe eine Schwäche für Pointen. Ich halte Atmosphäre für etwas sehr Erstrebenswertes, aber Atmosphäre allein ist wie ein Rahmen ohne Bild und hat nicht viel zu bedeuten. Vielleicht lag es an mir, daß ich die Qualitäten von Humphrey Carruthers nicht gebührend zu würdigen verstand; vielleicht habe ich seine beiden erfolgreichsten Erzählungen nur deshalb ohne Begeisterung geschildert, weil ich meine Eitelkeit verletzt fühlte. Ich durfte mit Sicherheit annehmen, daß er nie ein Wort von mir gelesen hatte. Meine Popularität bot ihm die Gewähr, daß für ihn kein Anlaß bestand, mir seine Aufmerksamkeit zu schenken. Einen Augenblick hatte es den Anschein – so groß war das Aufsehen, das er erregte –, als könnte dieser Makel auch ihn treffen – bald aber erwies es sich, daß seine feinsinnigen Arbeiten weit über das Verständnis der breiten Öffentlichkeit hinausgingen. Man kann nie sagen, wie groß die gebildete Schicht eigentlich ist, doch kann man ziemlich genau berechnen, wie viele ihrer Mitglieder bereit sind, Geld auszugeben, um die von ihnen so hoch geschätzten Künste zu unterstützen. Die Stücke, die zu fein sind, um die Besucher kommerzieller Theater anzulocken, können auf ein Publikum von zehntausend Köpfen zählen, und die Bücher, die von ihren Lesern mehr Verständnis erfordern, als von der Masse zu erwarten ist, finden einen Absatz von zwölfhundert Exemplaren. Denn die gebildete Schicht – trotz all ihrem Sinn für das Schöne – besucht das Theater am liebsten auf Freikarten und holt sich die Bücher aus der Leihbibliothek.

Ich bin überzeugt, daß dieser Umstand Carruthers keinen Kummer bereitete. Er war Künstler. Überdies hatte er eine Stellung im Auswärtigen Amt; er galt als hochliterarischer Schriftsteller; das vulgäre Volk interessierte ihn nicht, und gute Geschäfte zu machen hätte möglicherweise seiner Karriere geschadet. Es war mir schleierhaft, was ihn veranlaßt haben konnte, mich zum Kaffee einzuladen. Zwar war er allein, aber ich mußte annehmen, daß es eine bessere Gesellschaft als seine eigenen Gedanken für ihn nicht geben konnte; unmöglich konnte er erwarten, daß er aus meinem Mund irgend etwas hören würde, was ihn interessierte. Es war jedoch nicht zu übersehen, daß er sich redliche Mühe gab, liebenswürdig zu sein. Er erinnerte mich an unser letztes Zusammentreffen, und wir sprachen eine Weile von gemeinsamen Bekannten in London. Er fragte mich, wieso ich zu dieser Jahreszeit in Rom sei, und ich erzählte es ihm. Er schwang sich zu der Mitteilung auf, daß er an diesem Morgen von Brindisi gekommen sei. Unser Gespräch wollte nicht recht in Gang kommen, und ich beschloß, aufzustehen und zu gehen, sobald die Höflichkeit es erlaubte. Mit einemmal aber hatte ich die seltsame Empfindung, daß er dies merkte und sich verzweifelt bemühte, mir nur ja keine Gelegenheit dazu zu geben. Ich war überrascht und schärfte meine Sinne. Ich stellte fest, daß er, sobald ich im Reden innehielt, sofort ein neues Gesprächsthema aufwarf. Er mühte sich ab, mein Interesse zu wecken, um mich zum Bleiben zu bewegen. War es denn möglich, daß er sich einsam fühlte? Infolge seiner diplomatischen Verbindungen mußte er eine Menge Menschen kennen, mit denen er den Abend hätte verbringen können. Ich wunderte mich eigentlich, daß er nicht in der Botschaft dinierte; auch wenn es Sommer war – es mußte doch jemand in Rom sein, den er kannte. Ich bemerkte überdies wieder, daß er niemals lächelte. Er sprach unablässig und mit einer verbissenen Entschlossenheit, als hätte er Angst vor dem kleinsten Augenblick der Stille und als wollte er durch den Klang seiner Stimme irgendeine innere Pein betäuben. Es war kurios: Obwohl ich ihn nicht mochte, obwohl er mir nichts bedeutete und seine Gesellschaft mir beinahe lästig war, fühlte ich wider Willen, daß er mich zu interessieren begann. Ich blickte ihn forschend an. Ich fragte mich, ob ich es mir nur einbildete, daß ich in diesen blassen Augen den eingeschüchterten Blick eines geschlagenen Hundes sah und in seinem gefälligen Gesicht mit den so wohlerzogenen beherrschten Zügen die Grimasse einer gequälten Seele. Eine Reihe unsinniger Vermutungen schoß mir durch den Kopf. Was ich empfand, hatte nichts mit menschlichem Mitgefühl zu tun: Wie ein alter Kriegsgaul, der das Schlachtfeld wittert, richtete ich mich auf. Ich war sehr müde gewesen, aber nun wurde ich lebendig. Meine

Wahrnehmung streckte die Fühler aus. Gespannt registrierte ich jede Miene, jede seiner Gesten.

Ich schob den Gedanken, der sich mir aufdrängen wollte, beiseite: daß er nämlich ein Theaterstück geschrieben hätte und meinen Rat benötigte. Hochliterarische Künstler erliegen nicht selten dem Zauber des Rampenlichts und zeigen sich dann nicht abgeneigt, sich ein paar Tips bei dem handfesten Bühnenpraktiker zu holen, dessen Kompetenz sie im übrigen hochmütig ablehnen. Nein, das war es nicht. Ein alleinstehender Mann mit ästhetischen Neigungen kann in Rom leicht in Schwierigkeiten geraten; am Ende hatte sich Carruthers in eine Affäre verstrickt, über die er in der Botschaft lieber Schweigen bewahren wollte. Idealisten pflegen in Angelegenheiten des Fleisches bisweilen unvorsichtig zu sein. Sie suchen die Liebe an Orten, die der Polizei nicht uninteressant erscheinen. Ich schmunzelte innerlich: Selbst die Götter lachen, wenn ein Tugendbold in einer zweideutigen Situation ertappt wird.

Plötzlich sagte Carruthers etwas, was mich erschreckte. »Ich bin so furchtbar unglücklich.«

Er sagte es ohne Vorbereitung. Es war ihm offenbar ernst damit. Aus seiner Stimme klang etwas, was sich wie ein Schluchzen anhörte. Ich kann nicht schildern, wie schrecklich es mich berührte, diese Worte zu hören. Mir war, als würde ich an einer Straßenecke von einem heftigen Windstoß getroffen, der mir den Atem raubte und mich umzublasen drohte. Es war so unerwartet. Schließlich kannte ich diesen Menschen kaum. Wir waren nicht befreundet. Ich hatte ihn nicht gern; er mochte mich nicht. Er war mir nie als ein Mensch aus Fleisch und Blut erschienen. Es war verblüffend, daß ein so beherrschter, weltmännischer, an die Gepflogenheiten der guten Gesellschaft gewöhnter Mann mit einem derartigen Geständnis über einen Fremden herfiel. Ich bin von Natur aus verschlossen. Ich würde mich schämen, einem andern von meinem Kummer zu erzählen, und wenn ich noch so unglücklich wäre. Ich schauderte. Seine Schwäche empörte mich. Einen Augenblick lang empfand ich nur Widerwillen. Wie konnte er es wagen, mich mit seinen Seelennöten zu behelligen? Beinahe hätte ich geschrien: ›Was, zum Teufel, geht das mich an?‹

Ich tat es aber nicht. Er saß zusammengesunken in seinem großen Lehnstuhl. Die feierliche Vornehmheit seiner Züge, die an die Marmorstatue eines viktorianischen Staatsmannes erinnerte, war dahin, und sein Gesicht schien seltsam verfallen. Er sah aus, als könnte er im nächsten Augenblick in Tränen ausbrechen. Ich zögerte, ich stammelte. Ich war rot geworden, als er zu sprechen begonnen hatte, und nun fühlte ich, wie ich erbleichte. Er war ein bejammernswertes Objekt.

»Das tut mir sehr leid«, sagte ich.

»Erlauben Sie, daß ich es Ihnen erzähle?«

»Bitte.«

Es war nicht der Augenblick für viele Worte. Carruthers mochte Anfang Vierzig sein. Er war ein gutgebauter Mann, athletisch beinahe, und hatte ein selbstbewußtes Auftreten. Nun sah er um zwanzig Jahre älter und sonderbar zusammengeschrumpft aus. Er erinnerte mich an die gefallenen Soldaten, die ich während des Krieges gesehen hatte und die im Tode so seltsam klein schienen. Ich war verlegen und blickte fort, fühlte aber, wie seine Augen die meinen festzuhalten suchten, und mußte ihm meinen Blick wieder zuwenden.

»Kennen Sie Betty Welldon-Burns?« fragte er mich.

»Vor Jahren bin ich ihr manchmal in London begegnet. In der letzten Zeit habe ich sie nicht mehr gesehen.«

»Sie lebt jetzt auf Rhodos. Ich komme von dort. Ich war bei ihr zu Besuch.«

»Ach?«

Er zögerte.

»Sie werden es sicherlich höchst merkwürdig finden, daß ich so zu Ihnen rede. Aber ich bin am Ende meiner Kräfte. Wenn ich mich jetzt nicht ausspreche, werde ich verrückt.«

Er hatte zwei doppelte Cognacs zum Kaffee kommen lassen und rief nun nach dem Kellner, um sich noch einen zu bestellen. Wir waren allein in der Halle. Zwischen uns auf dem Tisch stand eine kleine Lampe mit einem Schirm. Er sprach in diesem öffentlichen Raum mit leiser Stimme. Der Ort hatte eine merkwürdige Intimität. Was mir nun Carruthers erzählte, kann ich mit seinen Worten nicht wiedergeben, weil sie mir begreiflicherweise nicht mehr präsent sind; es fällt mir leichter, in meiner eigenen Art davon zu berichten. Manchmal brachte er es nicht über sich, etwas auszusprechen, und ich mußte erraten, was er meinte. Manchmal hatte er nicht verstanden, und es schien mir, daß ich die Wahrheit deutlicher vor mir sah als er. Betty Welldon-Burns besaß sehr viel Humor, und er besaß keinen. Ich entdeckte vieles, was ihm entgangen war.

Ich war ihr oft begegnet, kannte sie aber hauptsächlich vom Hörensagen. Zu ihrer Zeit hatte sie in der kleinen Welt von London großes Aufsehen erregt, und ich hatte viel von ihr reden hören, ehe ich ihre Bekanntschaft machte. Es geschah auf einem Ball in Portland Place, bald nach dem Krieg. Sie stand damals schon auf der Höhe ihrer Berühmtheit. Man konnte keine Illustrierte aufschlagen, ohne ein Porträt von ihr zu finden, und ihre tollen Streiche lieferten ein beliebtes Gesprächsthema. Sie war vierundzwanzig Jahre alt. Ihre Mutter war tot, und ihr Vater, der Herzog von St. Erth, alt und nicht übermäßig reich, verbrachte den größten Teil des Jahres auf seinem Schloß in Cornwall. Sie aber lebte in London bei einer verwitweten Tante. Bei Kriegsausbruch ging sie nach Frankreich. Sie war gerade achtzehn Jahre alt. Sie arbeitete als Pflegerin in einem Frontlazarett und später als Fahrerin. Dann spielte sie Theater als Mitglied einer Truppe, die vor den Soldaten auftrat; sie wirkte in England bei Wohltätigkeitsveranstaltungen mit, posierte in lebenden Bildern, veranstaltete Auktionen für diesen oder jenen Zweck und verkaufte Fahnen am Piccadilly Circus. Was immer sie in Angriff nahm, es wurde mit großem Tamtam angekündigt, und in jeder neuen Rolle wurde sie ausgiebigst fotografiert. Ich nehme an, daß es ihr nicht schlecht dabei erging. Als dann der Krieg vorüber war, schien es, als wollte sie sich für die ganzen Anstrengungen entschädigen. Damals verlor alle Welt ein wenig den Kopf. Die Jugend, befreit von der Last, die sie fünf Jahre bedrückt hatte, leistete sich eine Eskapade nach der anderen. Betty beteiligte sich an jeder. Bisweilen fand eine der Affären den Weg in die Zeitungen, und ihr Name stand immer an erster Stelle. Zu jener Zeit erlebten die Nachtklubs ihre erste Blüte. Betty war ein allabendlicher Gast. Sie lebte in einem Taumel von Vergnügungen dahin – man kann es nur mit diesem trivialen Satz ausdrücken, denn es war trivial. Das britische Publikum, unberechenbar wie es ist, schloß sie ins Herz – und Lady Betty war ein feststehender Begriff auf sämtlichen britischen Inseln. Die Frauen umjohlten sie, wenn sie zu einer Hochzeit ging, und bei großen Theaterpremieren applaudierte man ihr auf der Galerie, als wäre sie eine beliebte Schauspielerin. Junge Mädchen imitierten ihre Frisur, und Fabrikanten zahlten ihr beträchtliche Summen für die Erlaubnis, ihre Fotografie zur Reklame für Seifen und Gesichtscremes verwenden zu dürfen.

Selbstverständlich aber waren so manche Leute – langweilige und biedere Leute, solche, die sich erinnerten, wie es früher war, und die den früheren Verhältnissen nachtrauerten – keineswegs mit ihr einverstanden. Sie rümpften die Nase über ihre Art, sich immer im grellen Rampenlicht zu zeigen. Sie behaupteten, sie hätte einen krankhaften Drang zur Selbstdarstellung. Sie wäre leichtsinnig und tränke zuviel. Sie fanden, daß sie zuviel rauchte. Ich muß zugeben, daß ich nur wenig über sie gehört hatte, was mich für sie hätte einnehmen können. Ich hielt nicht viel von den Frauen, die im Krieg eine Gelegenheit sahen, sich zu amüsieren und von sich reden zu machen. Zeitschriften, in denen Personen der Gesellschaft abgebildet sind, die in Cannes spazierengehen oder in St. Andrews Golf spielen, öden mich an. Ich habe die ›frischen jungen Menschen‹ immer außerordentlich langweilig gefunden und das ›rauschende Leben‹, das sie führten, öde und gehaltlos. Trotzdem hat der Moralist unrecht, wenn er es kurzerhand verurteilt; denn den jungen Leuten, die es führen, böse zu sein, das ist ebenso unsinnig, wie sich über einen Wurf junger Hunde aufzuregen, die übermütig herumtollen, durcheinanderpurzeln und ihren eigenen Schwänzen nachjagen. Man muß es mit Fassung tragen, wenn sie Verheerungen in den Blumenbeeten anrichten oder ein Stück Porzellan zerschlagen. Einige von ihnen werden ertränkt werden, weil ihre Rassenmerkmale den Anforderungen nicht entsprechen, und die übrigen werden sich zu wohlerzogenen Hunden auswachsen. Ihre Ungebärdigkeit ist bloß auf die Vitalität ihrer Jugend zurückzuführen.

Und Vitalität war es, was Betty in erster Linie auszeichnete. Sie sprühte vor warmem Leben. Ich werde nie den Eindruck vergessen, den sie auf jener Abendgesellschaft auf mich machte. Sie war wie eine Mänade. Sie tanzte mit einer Hingegebenheit, die beinahe komisch wirkte, so unverhohlen war ihre Freude an der Musik und an der Bewegung ihrer jungen Glieder. Ihr Haar war braun, etwas zerzaust vom Tanz, aber ihre Augen waren dunkelblau, und ihre Haut leuchtete milchweiß und rosa. Sie war eine große Schönheit und hatte doch nichts von der Kälte einer großen Schönheit. Sie lachte unaufhörlich, und wenn sie nicht lachte, dann lächelte sie, und ihre Augen tanzten vor Lebensglück. Sie war wie eine Milchmagd am Hof der Götter. Sie hatte die Kraft und Gesundheit des Volkes; aber die unbefangene Selbstverständlichkeit ihres Wesens und eine gewisse adelige Freiheit der Haltung kennzeichneten die große Dame. Man hatte den Eindruck, daß sie sich bei aller Einfachheit und Natürlichkeit doch immer ihrer Stellung bewußt blieb. Wenn sich die Gelegenheit ergab, so wollte mir scheinen, war sie durchaus imstande, sich auf ihre Würde zu besinnen und sehr vornehm zu sein. Sie war bezaubernd zu allen Leuten, weil sie vermutlich, ohne sich dessen ganz bewußt zu werden, ihre

Umwelt als völlig bedeutungslos einschätzte. Ich konnte verstehen, warum sie von den Fabrikmädchen des Londoner Ostens angeschwärmt wurde und warum eine halbe Million Menschen, die sie nie gesehen hatten und nur von Fotografien kannten, die freundlichsten Gefühle für sie hegten. Ich wurde ihr vorgestellt, und sie leistete mir ein paar Minuten Gesellschaft. Es war außerordentlich schmeichelhaft, mit welchem Interesse sie einem begegnete; man war zwar überzeugt, daß man ihre große Freude, diese Bekanntschaft gemacht zu haben, oder ihr Entzücken über alles, was man sagte, keineswegs als bare Münze zu nehmen hatte – und dennoch war es sehr anziehend. Sie hatte die Fähigkeit, die ersten schwierigen Phasen des Sichkennenlernens zu überspringen, und es dauerte keine fünf Minuten, so vermeinte man schon, sie seit Ewigkeiten zu kennen. Sie wurde von jemandem, der mit ihr tanzen wollte, von mir weggeholt und schmiegte sich nun mit der gleichen Glückseligkeit in die Arme ihres Partners, mit der sie sich zuvor in den Stuhl neben mir hatte sinken lassen. Als ich sie vierzehn Tage später bei einem Lunch traf, überraschte es mich, daß sie sich genau erinnerte, worüber wir während dieser lärmenden zehn Minuten gesprochen hatten. Eine junge Person mit allen gesellschaftlichen Gaben.

Von dieser Begegnung erzählte ich nun auch Carruthers.

»Ja, sie war gar nicht dumm«, sagte er. »Nur wenige Leute schätzten sie richtig ein. Sie schrieb sehr gute Gedichte. Aber weil sie so fröhlich und so übermütig war und sich nie darum scherte, was die Leute dachten, wurde sie von vielen für oberflächlich gehalten. Weit gefehlt. Sie war unglaublich intelligent. Es war gar nicht zu fassen, woher sie die Zeit nahm, alle die Bücher zu lesen, die sie kannte. Keiner weiß darüber besser Bescheid als ich. Während der Wochenenden auf dem Land unternahmen wir lange Wanderungen miteinander, und von London aus fuhren wir in den Richmond Park und gingen spazieren und unterhielten uns. Sie liebte Blumen und Bäume und Gräser. Sie interessierte sich für alles. Sie wußte eine Menge und hatte sehr viel Verstand. Es gab nichts, worüber man sich nicht mit ihr unterhalten konnte. Manchmal, wenn wir nachmittags miteinander spazierengegangen waren und uns nachher in einem Nachtklub trafen und sie ein paar Gläser Sekt getrunken hatte – das genügte ihr vollkommen, um in Schwung zu kommen und zum strahlenden Mittelpunkt einer Party zu werden –, dachte ich mir: Wie erstaunt würden die anderen sein, wenn sie wüßten, wie ernsthaft wir wenige Stunden zuvor miteinander gesprochen hatten. Es war ein ungeheurer Kontrast. Man hätte meinen mögen, daß zwei völlig verschiedene Wesen in ihr lebten.«

All dies erzählte Carruthers ohne ein Lächeln. Er sprach mit einer Melancholie, als handelte es sich um einen Menschen, der durch einen vorzeitigen Tod aus dem Leben gerissen worden war. Er seufzte tief auf.

»Ich habe sie leidenschaftlich geliebt. Dutzende Male habe ich sie gebeten, meine Frau zu werden. Ich wußte, daß ich keine Chancen bei ihr hatte – wer war ich denn? Ein junger Beamter im Auswärtigen Amt – aber ich konnte nicht anders. Sie wies mich ab, ohne sich von mir abzuwenden. Es änderte nichts an unserer Freundschaft. Sie müssen verstehen, sie hatte mich gern. Ich gab ihr etwas, was die anderen ihr nicht geben konnten. Ich redete mir ein, daß sie mich im

Grunde am liebsten von allen ihren Freunden hatte. Ich war vernarrt in sie.«

»Sie dürften nicht der einzige gewesen sein«, sagte ich, um überhaupt etwas zu sagen.

»Natürlich nicht. Sie bekam Liebesbriefe von Männern, die sie nie gesehen hatte, von Farmern aus Afrika, von Bergleuten und Polizisten aus Kanada, Heiratsanträge aus aller Welt. Sie hätte heiraten können, wen sie wollte.«

»Selbst Prinzen aus königlichem Haus, hieß es.«

»Ja. Aber sie wollte von alldem nichts hören. Schließlich heiratete sie Jimmy Welldon-Burns. «

»Man war damals sehr überrascht, nicht?«

»Haben Sie ihn kennengelernt?«

»Nein, ich glaube nicht. Es mag sein, daß ich ihn einmal getroffen habe. Jedenfalls ist mir keine Erinnerung an ihn geblieben.«

»Das wundert mich nicht weiter. Er war der unbedeutendste Mensch, den Sie sich vorstellen können. Sein Vater war ein großer Fabrikant irgendwo im Norden. Er hatte während des Krieges sehr viel Geld verdient und sich den Adel gekauft. Es war ihm nicht an der Wiege gesungen worden, daß er es zu solchem Glanz bringen würde. Jimmy war mit mir in Eton gewesen, und man hatte sich alle Mühe gegeben, einen Gentleman aus ihm zu machen. Nach dem Krieg traf man ihn in London überall. Er war für jede Gesellschaft zu haben. Kein Mensch interessierte sich für ihn. Er durfte die Rechnungen bezahlen, das war alles. Er war hoffnungslos ledern und langweilig. Sehr korrekt, wissen Sie, fürchterlich höflich; es wurde einem nicht wohl mit ihm, weil er gar so ängstlich bemüht war, stets nur das Richtige zu tun. Seine Kleider sahen immer so aus, als hätte er sie zum erstenmal an. Überdies waren sie immer ein wenig zu eng.«

Als Carruthers eines Tages ahnungslos seine *Times* aufschlug und darin die Nachricht fand, daß Elizabeth, die einzige Tochter des Herzogs von St. Erth, sich mit James, dem ältesten Sohn des Sir John Welldon-Burns verlobt habe, war er sprachlos. Er rief Betty an: ob das stimme?

»Natürlich«, antwortete sie.

Er war so entsetzt, daß er zuerst keine Entgegnung fand. Sie fuhr fort:

»Heute kommt seine Familie zum Lunch, um meinen Vater kennenzulernen. Ich fürchte, es wird ein wenig anstrengend werden. Du könntest mir zur Stärkung einen Cocktail bei Claridge spendieren; hast du Lust?«

»Um wieviel Uhr?«

»Um eins.«

»Schön. Ich komme.«

Er saß schon da und wartete, als sie eintrat. Ihr Gang war beschwingt und elastisch, als wollten ihre Füße von einem Augenblick zum andern zu tanzen anfangen. Sie lächelte. Ihre Augen strahlten, weil sie lebte und weil die Welt ein so angenehmer Aufenthaltsort war. Man erkannte sie, als sie hereinkam, und die Leute stießen sich flüsternd an. Es war, als brächte sie Sonnenschein und Blumenduft in den würdevoll-vornehmen Glanz des Raumes. Carruthers nahm sich nicht einmal Zeit, sie zu begrüßen.

»Betty, das kann nicht dein Ernst sein«, sagte er. »Es kommt einfach nicht in Frage.«

»Warum nicht?«

»Er ist gräßlich.«

»Das kann ich nicht finden. Ich finde ihn recht nett.«

Ein Kellner kam und nahm ihre Bestellung entgegen.

Betty blickte Carruthers mit ihren schönen blauen Augen an, die so heiter und zärtlich zugleich sein konnten.

»Er ist ein so fürchterlicher Parvenü, Betty.«

»Unsinn, Humphrey. Er ist so gut wie jeder andere. Aber du bist ein großer Snob.«

»Er ist so langweilig.«

»Nein, er ist bloß ruhig. Ich möchte keinen Mann, der besonders geistreich ist. Er wird einen ausgezeichneten Hintergrund abgeben. Er sieht gut aus und hat nette Manieren.«

»Mein Gott, Betty.«

»Mach dich nicht lächerlich, Humphrey.«

»Willst du mir etwa einreden, daß du in ihn verliebt bist?«

»Es wäre taktvoll von mir, nicht?«

»Warum willst du ihn heiraten?«

Sie blickte ihm kühl ins Gesicht.

»Er schwimmt in Geld. Ich bin nahezu sechsundzwanzig.«

Was war da noch viel zu sagen? Carruthers brachte sie nach Hause. Sie hatte eine sehr prunkvolle Hochzeit. Dichte Menschenmengen umdrängten die Zufahrt zur Kirche, fast sämtliche Mitglieder der königlichen Familie sandten Geschenke – und die Flitterwochen wurden auf einer Yacht verlebt, die ihnen der Vater des Bräutigams geliehen hatte. Carruthers aber bewarb sich um einen Posten im Ausland und wurde nach Rom geschickt (ich hatte recht mit der Vermutung, daß er auf diese Weise sein wunderbares Italienisch erworben hatte) und später nach Stockholm. Dort wurde er

Botschaftsrat, und dort schrieb er die erste seiner Geschichten.

Vielleicht enttäuschte Bettys Heirat die britische Öffentlichkeit, die viel großartigere Dinge von ihr erwartet hatte, vielleicht verlor sie als jungverheiratete Frau etwas von ihrem romantischen Nimbus. Tatsache blieb, daß es mit ihrer bevorzugten Stellung in den Augen des Publikums bald vorbei war. Man hörte nicht mehr viel von ihr. Nicht lange nach ihrer Hochzeit verbreitete sich das Gerücht, sie erwarte ein Kind, und ein wenig später munkelte man von einer Fehlgeburt. Sie verschwand keineswegs aus der Gesellschaft und setzte den Verkehr mit ihren Freunden fort, aber ihre Aktionen hatten nichts Sensationelles mehr. Immer seltener war sie in jenen frivolen Kreisen anzutreffen, in denen die Mitglieder einer abgetakelten Aristokratie sich mit Künstlern und deren Anhang verbrüderten, um sich schmeicheln zu können, gleichzeitig smart und kultiviert zu sein. Es hieß, daß sie allmählich Vernunft angenommen hätte. Man fragte sich, wie sie mit ihrem Mann auskam, und entschied sich sehr rasch, daß sie nicht sehr gut mit ihm auskam. Bald entstand das Gerücht, Jimmy hätte zu trinken begonnen, und ein bis zwei Jahre später hörte man, daß er an Tuberkulose erkrankt sei. Die Welldon-Burns verbrachten einige Winter in Italien. Dann verbreitete sich die Nachricht, daß sie sich getrennt hätten und daß Betty nun auf Rhodos lebte. Seltsam, sich einen solchen Aufenthaltsort auszusuchen.

»Es muß sterbenslangweilig sein«, sagten ihre Freunde.

Einige besuchten sie und erzählten, wenn sie zurückkehrten, von der Schönheit der Insel und dem unbeschwerten Zauber des Lebens, das man dort führte. Aber es war natürlich sehr einsam. Es war kaum zu fassen, daß Betty mit ihren glänzenden Gaben und ihrer Vitalität sich mit einem solchen Dasein bescheiden konnte. Sie hatte ein Haus gekauft. Sie kannte niemanden außer ein paar italienischen Verwaltungsbeamten; es war ja sonst auch niemand da. Aber sie schien vollkommen glücklich zu sein. Es war ein Rätsel. Das Londoner Leben ist voller Ereignisse, und man vergißt so rasch! Man hörte auf, sich mit Betty zu beschäftigen. Ein paar Wochen ehe ich Humphrey Carruthers in Rom begegnete, berichtete die *Times* vom Tod des Sir James Welldon-Burns. Sein jüngerer Bruder erbte den Titel. Betty hatte keine Kinder.

Carruthers sah sie auch nach ihrer Heirat regelmäßig. Jedesmal, wenn er nach London kam, trafen sie sich zum Lunch. Sie hatte die Fähigkeit, eine Freundschaft nach langer Trennung wiederaufzunehmen, als ob der dazwischenliegende Zeitraum gar nicht existierte; es entstand keine Fremdheit zwischen ihnen, wenn sie sich wiedersahen. Manchmal fragte sie ihn, wann er denn heiraten wolle.

»Du wirst nicht jünger, Humphrey. Wenn du nicht bald heiratest, wirst du noch ganz altjüngferlich.«

»Kannst du die Ehe empfehlen?«

Das war nicht sehr taktvoll, denn wie jeder andere hatte auch er gehört, daß sie sich nicht besonders gut mit ihrem Mann verstand. Aber ihre Frage hatte ihn geärgert.

»Im allgemeinen, ja. Ich finde, daß eine schlechte Ehe immer noch besser ist als gar keine.«

»Du weißt ganz genau, daß ich unter keinen Umständen heiraten würde, und du weißt auch, warum.«

»Aber, Lieber, du wirst mir doch nicht einreden wollen, daß du immer noch in mich verliebt bist.«

»Doch, das bin ich.«

»Du bist verrückt.«

»Vielleicht.«

Sie lächelte ihn an. Ihre Augen hatten immer noch den halb neckenden, halb zärtlichen Blick, der ihn so schmerzhaft glücklich machte; er hätte genau angeben können, an welcher Stelle ihm das Herz weh tat.

»Du bist sehr lieb, Humphrey. Du weißt, daß ich dich furchtbar gern habe. Aber ich würde dich niemals heiraten, selbst wenn ich frei wäre.«

Als sie sich von ihrem Gatten trennte und sich nach Rhodos zurückzog, sah Carruthers sie nicht mehr. Sie kam nie nach England. Sie führten eine lebhafte Korrespondenz.

»Ihre Briefe waren wunderbar«, erzählte er. »Es war, als ob man sie reden hörte. Sie waren so wie sie. Klug, witzig, sprunghaft und doch so gescheit.«

Einmal sprach er den Wunsch aus, auf ein paar Tage nach Rhodos zu kommen, aber sie riet ihm ab. Er glaubte zu erraten, weshalb. Jeder wußte, daß er wahnsinnig in sie verliebt gewesen war. Jeder wußte, daß er sie immer noch liebte. Er kannte die Umstände nicht genau, unter denen die Welldon-Burns sich getrennt hatten. Vielleicht waren sie in Feindschaft auseinandergegangen. Vielleicht fürchtete Betty, seine Anwesenheit auf der Insel könnte sie kompromittieren.

»Sie schrieb mir einen bezaubernden Brief, als mein erstes Buch erschien. Ich hatte es ihr gewidmet. Sie war überrascht, daß ich etwas so Gutes zustande gebracht hatte. Ich hatte viel Erfolg, und darüber war sie entzückt. Ihre Freude war mir mehr wert als alles andere. Schließlich bin ich kein berufsmäßiger Schriftsteller. An literarischem Erfolg ist mir nicht viel gelegen.«

›Esel‹, dachte ich, ›du Lügner.‹ Glaubte er tatsächlich, daß es mir verborgen geblieben war, wie stolz ihn die günstige Aufnahme seiner Bücher gemacht hatte? Ich machte ihm daraus keinen Vorwurf, nichts war verzeihlicher, aber warum gab er sich solche Mühe, es zu leugnen? Immerhin war nicht daran zu zweifeln, daß er sich hauptsächlich Bettys wegen über die neuerworbene Berühmtheit gefreut hatte. Nun hatte er ihr etwas Positives zu bieten. Nun konnte er ihr nicht nur seine Liebe, sondern auch einen angesehenen Namen zu Füßen legen. Betty war nicht mehr sehr jung. Sie war sechsunddreißig Jahre alt; ihre Heirat, ihr Aufenthalt im Ausland hatten manches geändert; sie war nicht mehr von Bewerbern umdrängt; sie hatte den Nimbus verloren, den die öffentliche Bewunderung ihr verliehen hatte. Die Distanz zwischen ihnen war nicht mehr unüberbrückbar. Er allein war ihr durch all die Jahre treu geblieben. Es war unsinnig, daß sie ihre Schönheit, ihren Geist, ihre gesellschaftliche Grazie für immer auf dieser Insel begraben sollte. Er wußte, daß sie ihn gern hatte. Es war kaum möglich, daß seine unerschütterliche Liebe ohne Eindruck auf sie blieb. Und er war nun imstande, ihr ein Leben zu bieten, das ihr durchaus zusagen mußte. So beschloß er also, sie noch einmal um ihre Hand zu bitten. Er konnte sich gegen Ende Juli freimachen. Er schrieb ihr, daß er die Absicht habe, seine Ferien auf den griechischen Inseln zu verbringen. Falls es ihr recht wäre, würde er gern auf zwei bis drei Tage nach Rhodos kommen, wo, wie man ihm erzählt habe, soeben ein ausgezeichnetes italienisches Hotel eröffnet worden sei. Er wählte aus Behutsamkeit diese beiläufige Art für seinen Vorschlag. Seine Erziehung im Auswärtigen Amt hatte ihn gelehrt, schroffe Deutlichkeiten zu vermeiden. Er versetzte sich niemals freiwillig in eine Situation, aus der er sich nicht, wenn nötig, mit Takt zurückziehen konnte. Betty antwortete ihm telegraphisch, sie finde es großartig, daß er nach Rhodos kommen wolle; er müsse selbstverständlich bei ihr wohnen und mindestens vierzehn Tage bleiben. Sie bitte ihn, telegraphisch das Schiff anzugeben, mit dem er eintreffe.

Er war außer sich vor Aufregung, als das Schiff, das er in Brindisi bestiegen hatte, bald nach Sonnenaufgang in den sauberen, hübschen Hafen von Rhodos einlief. Er hatte die ganze Nacht kaum ein Auge zugetan, war am frühen Morgen aufgestanden und hatte die Insel majestätisch aus der Dämmerung auftauchen und die Sonne über dem sommerlichen Meer aufgehen sehen. Boote kamen heran, während das Schiff die Anker warf. Die Gangway wurde herabgelassen. Humphrey lehnte sich über das Geländer und sah zu, wie der Arzt, die Hafenbeamten und die Hotelboten heraufgeeilt kamen. Er war der einzige Engländer an Bord. Seine Nationalität war unverkennbar. Ein Mann kam auf Deck und trat geradewegs auf ihn zu.

»Sind Sie Mr. Carruthers?«

»Ja.«

Er war im Begriff, zu lächeln und die Hand auszustrecken, merkte aber in der nächsten Sekunde, daß der Mann, der ihn angeredet hatte – Engländer wie er selbst –, kein Herr war. Instinktiv wurde sein Benehmen, obgleich es ausnehmend höflich blieb, ein wenig steif. Das erzählte Carruthers mir natürlich nicht, aber ich sehe die Szene so deutlich vor mir, daß ich sie ohne Zögern beschreiben kann.

»Die gnädige Frau läßt um Entschuldigung bitten, daß sie Ihnen nicht selbst entgegengekommen ist, aber das Schiff trifft so früh am Morgen ein, und von unserem Haus bis hierher haben wir über eine Stunde zu fahren.«

»Aber natürlich. Geht es der gnädigen Frau gut?«

»Ja, danke. Liegt Ihr Gepäck bereit?«

»Jawohl.«

»Wenn Sie mir zeigen wollen, wo es ist, werd ich es von einem dieser Burschen in ein Boot bringen lassen. Sie werden keine Schwierigkeiten beim Verzollen haben. Das hab ich schon abgemacht. Haben Sie gefrühstückt?«

»Ja, danke.«

Der Mann sprach ein ungebildetes Englisch. Carruthers fragte sich, wer er sein mochte. Man konnte ihn nicht ausgesprochen unhöflich nennen, aber er benahm sich zweifellos ein bißchen unzeremoniell. Carruthers wußte, daß Betty ein ziemlich großes Besitztum hatte; vielleicht war er ihr Verwalter. Er schien sehr tüchtig zu sein. Er gab den Trägern seine Anweisungen in fließendem Griechisch. Als man in ein Boot stieg und die Bootsleute mehr Geld verlangten, als er ihnen gegeben hatte, antwortete er ihnen mit ein paar Worten, die sie zum Lachen brachten, und sie gaben sich mit einem Achselzucken zufrieden. Das Gepäck passierte die Zollstelle, ohne untersucht zu werden, Humphreys Führer schüttelte den Zollbeamten freundschaftlich die Hand, und nun trat man auf einen sonnigen Platz hinaus, auf dem ein großes gelbes Auto wartete.

»Werden Sie mich fahren?« fragte Carruthers.

»Ich bin der Chauffeur der gnädigen Frau.«

»Ach so. Das wußte ich nicht.«

Er war nicht gekleidet wie ein Chauffeur. Er hatte weiße Leinenhosen an und Strandschuhe an den bloßen Füßen, ein weißes Tennishemd ohne Krawatte mit offenem Halskragen und einen Strohhut. Carruthers runzelte die Stirn. Es war nicht richtig von Betty, den Mann in diesem Aufzug chauffieren zu lassen. Allerdings hatte er vor Tagesanbruch aufstehen müssen, und allem Anschein nach würde es eine heiße Fahrt bis zur Villa werden. Vielleicht trug er unter gewöhnlichen Umständen Uniform. Obgleich nicht so groß wie Carruthers, der ohne Schuhe eins dreiundachtzig maß, war er doch nicht klein; aber er war breitschultrig und stämmig gebaut, so daß er eher gedrungen wirkte. Er war nicht dick, aber gut genährt, und man traute ihm einen herzhaften Appetit zu. Noch jung, dreißig vielleicht oder einunddreißig, hatte er bereits etwas Massiges, das sich mit der Zeit ins Fleischige auswachsen würde. Gegenwärtig war er ein handfester Bursche. Er hatte ein breites, tief gebräuntes Gesicht, eine kurze dickliche Nase und einen etwas mürrischen Blick. Er trug einen kleinen hellen Schnurrbart. Sonderbarerweise hatte Carruthers das unbestimmte Gefühl, ihm schon einmal begegnet zu sein.

»Sind Sie schon lange bei der gnädigen Frau?«

»Nun ja, sozusagen.«

Carruthers wurde ein wenig steifer. Er war nicht ganz einverstanden mit der Art, in der dieser Chauffeur sprach. Es befremdete ihn, nicht mit ›Sir‹ von ihm angeredet zu werden. Er befürchtete, daß er Betty über den Kopf gewachsen war. Sie nahm es mit derartigen Dingen nicht allzu genau.

Aber das war ein Fehler. Er würde sie gelegentlich darauf aufmerksam machen. Ihre Blicke begegneten einander, und er hätte schwören können, ein belustigtes Zwinkern in den Augen des Chauffeurs bemerkt zu haben. Carruthers konnte sich absolut nicht vorstellen, warum. Er war sich nicht bewußt, irgend etwas Komisches an sich zu haben.

»Das dürfte die alte Johanniterstadt sein«, bemerkte er kühl und zeigte auf die Festungsmauern.

»Ja. Die gnädige Frau wird Sie hinführen. Es kommen Scharen von Touristen her während der Saison.«

Carruthers beschloß, leutselig zu sein. Er wollte sich nach vorn neben den Chauffeur setzen, anstatt hinten allein zu sitzen – aber der Chauffeur kam ihm zuvor. Er gab den Trägern den Auftrag, Carruthers Gepäck hinten zu verstauen, setzte sich ans Steuer und sagte:

»Wenn Sie jetzt einsteigen, kann's losgehen.«

Carruthers setzte sich neben ihn, und sie fuhren eine weiße Straße entlang, die sich am Meer hinzog. In ein paar Minuten waren sie im offenen Land. Sie fuhren schweigend dahin. Carruthers war auf seine Würde bedacht. Er spürte, daß der Chauffeur geneigt war, vertraulich zu werden, und er wollte ihm keine Gelegenheit dazu geben. Er schmeichelte sich, die Fähigkeit zu besitzen, Untergebene in ihre Schranken zu weisen. Es würde nicht lange dauern, überlegte er mit spöttischem Grimm, bis der Chauffeur ihn ›Sir‹ nannte. Aber der Morgen war wunderbar; die weiße Straße lief zwischen Olivenwäldern dahin, und die Bauernhäuser, die hier und da am Weg lagen, mit ihren weißen Mauern und flachen Dächern, hatten etwas Orientalisches, das ihn ansprach. Und Betty erwartete ihn. Die Liebe in seinem Herzen stimmte ihn freundlich den Menschen gegenüber, und als er eine Zigarette aus der Tasche zog, war er sich bewußt, daß es eine großzügige Tat sein würde, dem Chauffeur ebenfalls eine anzubieten. Schließlich war Rhodos sehr weit von England entfernt, und man lebte in einem demokratischen Zeitalter. Der Chauffeur nahm das Geschenk an und stoppte den Wagen, um sich die Zigarette anzuzünden.

»Haben Sie den Tabak besorgt?« fragte er plötzlich.

»Ob ich was habe?«

Enttäuschung zeigte sich auf dem Gesicht des Chauffeurs.

»Die gnädige Frau hat Ihnen telegraphiert, Sie möchten zwei Pfund Player's Navy Cut mitbringen. Aus diesem Grund habe ich die Zollbeamten veranlaßt, Ihr Gepäck nicht zu öffnen.«

»Ich habe das Telegramm nicht bekommen.«

»Verdammt!«

»Wozu, in aller Welt, braucht die gnädige Frau zwei Pfund Player's Navy Cut?«

Carruthers sprach von oben herab. Der Ausruf des Chauffeurs gefiel ihm nicht. Der Bursche warf ihm von der Seite einen ausgesprochen unverschämten Blick zu.

»Wir können hier keinen bekommen.«

Er schleuderte – wütend, wie es Carruthers schien – die ägyptische Zigarette weg, die er ihm geschenkt hatte, und fuhr weiter. Er schaute mürrisch drein. Er sagte kein Wort mehr. Carruthers stellte fest, daß seine Bemühungen, liebenswürdig zu sein, fehl am Platz gewesen waren. Den Rest der Fahrt ignorierte er den Chauffeur. Er hüllte sich in das eiskalte Benehmen, das er als Botschaftssekretär mit soviel

Erfolg anzuwenden pflegte, wenn ein Mitglied des britischen Volkes bei ihm Beistand suchte. Eine Strecke lang waren sie bergauf gefahren, und nun gelangten sie an eine niedrige Mauer und dann an ein offenes Tor. Der Chauffeur bog ein.

»Sind wir da?« rief Carruthers.

»Fünfundsechzig Kilometer in siebenundfünfzig Minuten«, rief der Chauffeur, und ein Lächeln ließ plötzlich seine schönen weißen Zähne sichtbar werden. »Gar nicht übel, wenn man bedenkt, wie schlecht die Straße ist.«

Er hupte schrill. Carruthers konnte kaum atmen vor Aufregung. Sie fuhren einen schmalen Weg entlang, der durch einen Olivenhain hindurchführte, und erreichten ein niedriges weißes langgestrecktes Haus. Betty stand in der Tür. Er sprang aus dem Wagen und küßte sie auf beide Wangen. Einen Augenblick lang war er nicht imstande zu sprechen. Aber im Unterbewußtsein stellte er fest, daß an der Tür ein älterer Butler in weißen Hosen postiert war, umgeben von einer Schar von Dienern in einheimischen Fustanellas. Es wirkte feudal und malerisch. Was auch immer Betty ihrem Chauffeur erlauben mochte, es war klar, daß das Haus in dem kultivierten Stil geleitet wurde, der ihrer Stellung entsprach. Sie führte ihn durch die Halle, einen großen Raum mit weißgestrichenen Wänden, aus dem er einen flüchtigen Eindruck von schönen Möbelstücken mitnahm, in den Salon. Auch dieser war groß, niedrig, hatte weißgestrichene Wände, und er fühlte sich sofort in eine Atmosphäre von Behaglichkeit und Luxus versetzt.

»Zuallererst mußt du dir meine Aussicht ansehen«, sagte sie.

»Zuallererst muß ich mir dich ansehen.«

Sie hatte ein weißes Kleid an. Arme, Gesicht und Hals waren tief von der Sonne gebräunt; ihre Augen leuchteten blauer, als er sie je gesehen hatte, und das Weiße ihrer Zähne verblüffte ihn. Sie sah äußerst gesund aus. Sie war sehr gepflegt. Ihre Haare waren onduliert, ihre Nägel manikürt; er hatte manchmal gefürchtet, das ungezwungene Leben auf dieser romantischen Insel könnte sie verleiten, sich zu vernachlässigen.

»Auf mein Wort, du siehst aus wie achtzehn, Betty. Wie bringst du das fertig?«

»Glück«, lächelte sie.

Es gab ihm einen Stich ins Herz. Sie sollte nicht glücklich sein. Er wollte sie glücklich machen. Aber nun zerrte sie ihn mit auf die Terrasse. Der Salon hatte fünf große Fenstertüren, die auf sie hinausführten, und von der Terrasse aus stürzte ein olivenbewachsener Hang steil ins Meer hinab. Unten befand sich eine winzige Bucht, in der ein weißes Schiff verankert lag und sich in dem stillen Wasser spiegelte. Auf einem entfernten Hügel etwas seitlich sah man die weißen Häuser eines griechischen Dorfes und jenseits davon einen riesigen grauen Felsen, der von den Zinnen eines mittelalterlichen Schlosses überragt wurde.

»Das war eine dieser alten Ritterburgen«, bemerkte sie. »Heute abend werde ich dich hinaufführen.«

Der Ausblick war von einer wunderbaren Schönheit. Er hatte etwas Friedliches und doch seltsam Belebtes. Man fühlte sich angeregt, nicht zur Betrachtung, sondern zur Tat.

»Du hast doch hoffentlich den Tabak mitgebracht?«

Er zuckte zusammen.

»Nein, leider nicht. Ich habe dein Telegramm nicht bekommen.«

»Ich habe zur Sicherheit sowohl in die Botschaft als auch ins Excelsior telegraphiert.«

»Ich bin im Plaza abgestiegen.«

»Ach, wie dumm! Albert wird wütend sein.«

»Wer ist Albert?«

»Er hat dich abgeholt. Player's Navy Cut ist der einzige Tabak, den er mag, und hier kann man ihn nicht bekommen.«

»Ach so, der Chauffeur.« Er zeigte auf das Schiff, das schimmernd auf dem Wasser lag. »Ist das die Yacht, von der ich gehört habe?«

»Ja.«

Es war eine große Kajik, die Betty gekauft, mit einem Hilfsmotor versehen und elegant eingerichtet hatte. Auf ihr kreuzte sie zwischen den griechischen Inseln umher. Sie war im Norden bis nach Athen, im Süden bis nach Alexandria gekommen. »Wir müssen eine Fahrt mit dir unternehmen, wenn du genug Zeit hast. Du solltest unbedingt Kos sehen, solange du hier bist.«

»Wer steuert denn die Yacht für dich?«

»Ich habe natürlich eine kleine Besatzung – aber hauptsächlich Albert. Er versteht sehr viel von Motoren und dergleichen.«

Er wußte nicht, warum er ein vages Unbehagen empfand, als er sie wiederum von dem Chauffeur reden hörte. Ob sie ihm nicht allzu viele Befugnisse gab? Es war ein Fehler, den Leuten zuviel Spielraum zu lassen.

»Seltsam, mir ist, als hätte ich diesen Albert schon irgendwann gesehen. Ich kann mich bloß nicht erinnern, wo.«

Sie lächelte fröhlich. In ihren Augen blitzte jene plötzliche Schalkhaftigkeit auf, die ihrem Gesicht etwas so bezaubernd Freimütiges gab.

»Natürlich hast du ihn schon gesehen. Er war Zweiter Diener bei Tante Luise. Er muß dir hundertmal die Tür geöffnet haben.«

Tante Luise war die Verwandte, bei der Betty ihre Mädchenjahre verbracht hatte.

»Ach so! Dann habe ich ihn jedenfalls oft gesehen, ohne ihn zu bemerken. Wieso ist er denn jetzt hier?«

»Er stammt aus meiner Heimat. Als ich mich verheiratete, wollte er bei mir bleiben, und ich nahm ihn mit. Eine Zeitlang war er Jimmys Kammerdiener, dann steckte ich ihn in eine Motorenfabrik – er war ganz versessen auf Automobile –, und schließlich machte ich ihn zu meinem Chauffeur. Jetzt wüßte ich gar nicht mehr, was ich ohne ihn anfangen sollte.«

»Hältst du es nicht für falsch, sich so abhängig von einem Diener zu machen?«

»Ich weiß nicht. Darüber habe ich nie nachgedacht.«

Betty zeigte ihm die Zimmer, die für ihn hergerichtet waren, und nachdem er sich umgezogen hatte, schlenderten sie zum Strand hinunter. Ein kleines Boot wartete dort auf sie. Sie ruderten zur Yacht hinüber und badeten dort im Meer. Das Wasser war warm, und anschließend sonnten sie sich auf Deck. Die Yacht war geräumig, bequem und luxuriös. Betty führte ihn umher, und sie stießen auf Albert, der den Motor untersuchte. Er hatte einen schmutzigen Arbeitskittel an, seine Hände waren schwarz und sein Gesicht ölverschmiert.

»Was ist los, Albert?« fragte Betty.

Er richtete sich auf und antwortete respektvoll:

»Nichts, gnädige Frau. Ich sehe mich nur ein wenig um.«

»Zwei Dinge gibt es auf der Welt, die Albert liebt: den Wagen und die Yacht. Habe ich nicht recht, Albert?«

Sie lächelte ihn fröhlich an, und Alberts eher stumpfes Gesicht hellte sich auf. Er zeigte seine schönen weißen Zähne.

»Jawohl, gnädige Frau.«

»Er schläft an Bord, mußt du wissen. Wir haben ihm hinten eine sehr nette Kajüte eingerichtet.«

Carruthers lebte sich sehr leicht ein. Betty hatte das Anwesen von einem türkischen Pascha, der von Abdul Hamid nach Rhodos verbannt worden war, gekauft und einen Flügel an das malerische Haus anbauen lassen. Den Olivenwald, der das Haus umgab, hatte sie in einen üppig wuchernden Garten verwandelt. Er war bepflanzt mit Rosmarin, Lavendel, Affodillen, Ginster, den sie aus England hatte kommen lassen, und den Rosen, die zu den Berühmtheiten der Insel gehörten. Im Frühling, so erzählte sie, war der Boden übersät von Anemonen. Aber je ausführlicher sie ihm ihren Besitz zeigte und von ihren Plänen und von den Veränderungen, die sie noch im Sinn hatte, sprach, desto beklommener wurde Carruthers zumute.

»Du redest, als ob du dein ganzes Leben hier verbringen wolltest«, sagte er.

»Vielleicht kommt es so«, lächelte sie.

»Unsinn! In deinem Alter!«

»Ich bin bald vierzig, mein Junge«, antwortete sie leichthin.

Er entdeckte mit Genugtuung, daß Betty einen vorzüglichen Koch hatte, und es befriedigte sein Formgefühl, mit ihr in dem prunkvollen Speisesaal mit den schweren italienischen Möbeln zu dinieren, bedient von dem würdevollen griechischen Kellermeister und zwei stattlichen Dienern in malerischen Livreen. Das Haus war mit Geschmack eingerichtet; die Zimmer enthielten nur das Notwendigste, aber jedes Stück war ausgesucht. Betty lebte in großem Stil. Am Tag nach seiner Ankunft, als der Gouverneur mit einigen Mitgliedern seines Stabes zum Dinner herüberkam, ließ sie alle Künste ihres Haushalts spielen. Der Gouverneur durchschritt bei seinem Eintritt ins Haus ein Spalier von Lakaien in gestärkten Röcken, bestickten Jacken und Samtkappen. Es war beinahe wie eine Leibwache. Carruthers hatte sehr viel übrig für repräsentative Dinge. Es wurde ein sehr angeregter Abend. Bettys Italienisch war fließend, und Carruthers sprach es, wie schon erwähnt, perfekt. Die jungen Beamten in der Gesellschaft des Gouverneurs sahen ausnehmend elegant aus in ihren Uniformen. Sie zeigten sich sehr aufmerksam Betty gegenüber, und sie kam ihnen herzlich und unbefangen entgegen. Sie neckte sie. Nach dem Dinner wurde das Grammophon aufgezogen, und einer nach dem andern tanzte mit ihr.

Als sie fort waren, fragte Carruthers:

»Sind diese Männer nicht alle wahnsinnig in dich verliebt?«

»Das weiß ich nicht. Hin und wieder bekomme ich gewisse Anspielungen zu hören. Man schlägt mir Verbindungen permanenter oder flüchtiger Natur vor. Es wird mir aber nicht weiter übelgenommen, wenn ich mit Dank ablehne.«

Nein, diese Leute waren nicht ernst zu nehmen. Unvorstellbar, daß Betty sich mit einem von ihnen einlassen sollte. Die Jungen waren unfertig und unreif. Die Alten dick und kahlköpfig. Aber ein, zwei Tage später ereignete sich etwas Merkwürdiges. Er hielt sich in seinem Zimmer auf und kleidete sich zum Dinner um, da hörte er eine Männerstimme draußen auf dem Gang – was gesagt wurde und in welcher Sprache, konnte er nicht unterscheiden – und gleich darauf Bettys Lachen. Es war ein entzückendes Lachen, perlend, fröhlich, wie das eines jungen Mädchens. Es hatte etwas so Ausgelassenes und Zwangloses, daß es ansteckend wirkte. Aber mit wem lachte sie denn so? Mit einem Diener wohl nicht. Dazu klang es viel zu wenig reserviert. Es mag seltsam scheinen, daß sich Carruthers über ein Lachen so den Kopf zerbrach, aber man darf nicht vergessen, daß er ein sehr scharfer Beobachter war. Das bewiesen seine Erzählungen zur Genüge.

Als sie bald darauf auf der Terrasse zusammentrafen und er einen Cocktail mixte, bemühte er sich, seine Neugierde zu stillen. »Worüber hast du denn eben so herzlich gelacht? War jemand da?«

»Nein.«

Sie blickte ihn mit ungespieltem Erstaunen an.

»Ich dachte, daß vielleicht einer von den jungen italienischen Beamten gekommen wäre.«

»Nein.«

Selbstverständlich waren die Jahre nicht unbemerkt an Betty vorübergegangen. Sie war schön, aber es war eine reife Schönheit. In ihrem Wesen hatte sich immer schon eine große Sicherheit ausgedrückt, nun aber atmete es Ruhe; ihre

Ausgeglichenheit war ein Zug ihrer Schönheit geworden, wie ihre blauen Augen und ihre klare Stirn. Sie schien im Frieden mit aller Welt; es hatte etwas Beruhigendes, in ihrer Gesellschaft zu sein, wie es etwas Beruhigendes hatte, unter den Olivenbäumen zu liegen und auf das weinfarbene Meer hinunterzuschauen. Obgleich sie nichts von ihrer Fröhlichkeit und ihrem Witz eingebüßt hatte, war der Ernst, den früher nur Carruthers allein gekannt hatte, für alle sichtbar geworden. Nun konnte niemand mehr behaupten, sie wäre oberflächlich; es war unmöglich, die Vortrefflichkeit ihres Charakters zu übersehen. Sie besaß Seelenadel, ein Zug, der bei der modernen Frau durchaus nicht alltäglich ist, und Carruthers sagte sich, daß sie einer anderen Zeit angehörte. Sie erinnerte ihn an die großen Damen des achtzehnten Jahrhunderts. Sie hatte immer eine Neigung zur Literatur gehabt, und die Gedichte, die sie als junges Mädchen geschrieben hatte, waren anmutig und melodiös gewesen. Er war daher nicht weiter überrascht, als sie ihm erzählte, daß sie eine ernste historische Arbeit in Angriff genommen habe. Sie sammelte das Material für eine Geschichte der Johanniter auf Rhodos. Sie fuhr mit Carruthers in die Stadt und zeigte ihm die stolzen Festungsmauern. Gemeinsam durchwanderten sie die strengen majestätischen Gebäude. Sie schlenderten die stille Johanniterstraße hinauf mit ihren wunderbaren Steinfassaden und den großen Wappen, die ein versunkenes Rittertum heraufbeschworen. Hier erwartete ihn eine Überraschung. Sie hatte eines der alten Häuser gekauft und mit liebevoller Sorgfalt restauriert. Wenn man den kleinen Hof mit dem steinernen verzierten Treppenaufgang betrat, fühlte man sich ins Mittelalter zurückversetzt. Das

Haus hatte einen winzigen mauerumschlossenen Garten, in dem ein Feigenbaum wuchs und Rosen blühten. Es war klein, verschwiegen und still. Die alten Ritter waren lange genug mit dem Morgenland in Berührung gewesen, um sich orientalische Begriffe von Intimität anzueignen.

»Wenn ich von der Villa genug habe, komme ich für zwei, drei Tage her und erhole mich. Man will nicht immer Leute um sich haben.«

»Aber du bist doch nicht allein hier?«

»Beinahe.«

Sie betraten ein kleines einfach eingerichtetes Wohnzimmer.

»Was ist das?« fragte Carruthers und zeigte lächelnd auf ein Heft der *Sporting Times,* das auf dem Tisch lag.

»Ach, das gehört Albert. Wahrscheinlich hat er es hier liegengelassen, als er dich abholte. Er bekommt jede Woche die *Sporting Times* und die *News of the World* zugeschickt. Auf diese Weise hält er sich auf dem laufenden über die Geschehnisse der großen Welt.«

Sie lächelte nachsichtig. Neben dem Wohnzimmer lag ein Schlafzimmer, in dem nicht viel mehr stand als ein großes Bett.

»Das Haus hatte früher einem Engländer gehört. Das ist mit ein Grund, weshalb ich es gekauft habe. Er war ein Sir Giles Quern, und einer meiner Vorfahren hatte eine Mary Quern, eine Kusine dieses Sir Giles, zur Frau. Sie stammten aus Cornwall.«

Eines Tages hatte Betty erkannt, daß sie mit ihrer Arbeit nicht vorwärtskommen würde, wenn sie nicht die mittelalterlichen lateinischen Texte ohne Schwierigkeiten lesen könnte; und so hatte sie sich an das Studium der klassischen Sprache gemacht. Sie eignete sich rasch die Grundbegriffe der Grammatik an, und gleich nachher begann sie mit Hilfe einer Übersetzung die Autoren zu lesen, die sie interessierten. Es ist dies eine sehr gute Methode zum Erlernen einer Sprache, und ich habe mich oft gewundert, warum sie in Schulen nicht angewandt wird. Es erspart das endlose Wälzen von Wörterbüchern und das mühevolle Suchen nach dem Sinn. Nach neun Monaten konnte Betty so fließend Lateinisch lesen wie die meisten von uns Französisch. Es schien Carruthers ein wenig lächerlich, daß dieses schöne, glänzende Geschöpf die Arbeit so ernst nahm, und doch rührte es ihn auch; er hätte Betty am liebsten in die Arme nehmen und küssen mögen, nicht als Frau, in diesem Augenblick, sondern als frühreifes Kind, dessen Klugheit ihn bezauberte. Aber später dachte er intensiver über die Dinge nach, die sie ihm erzählt hatte. Er war zweifellos ein intelligenter Mensch, sonst hätte er es niemals zu der Stellung im Auswärtigen Amt gebracht, die er innehatte; auch der große Erfolg seiner Bücher konnte unmöglich ohne Berechtigung sein; wenn ich mich ein wenig lustig über ihn gemacht habe, so nur deshalb, weil ich ihn nicht mochte; und meine spöttischen Äußerungen über seine Geschichten sind auf eine rein persönliche Abneigung gegen derartige Literatur zurückzuführen. Er hatte Takt und Scharfblick. Er war der Überzeugung, daß es nur einen Weg gab, Betty zu gewinnen. Sie lebte ihre eigene, eingefahrene Lebensweise, in der sie glücklich war; ihre Pläne standen fest; ihr Dasein auf Rhodos war so wohlgeordnet, so vollkommen, so befriedigend; und gerade in diesem Umstand sah er die Möglichkeit, ihre Pläne mit Erfolg zu bekämpfen. Er mußte es darauf anlegen, in ihr die Ruhelosigkeit zu wecken, die tief im Herzen eines jeden Engländers schlummert. So unterhielt er sich denn mit Betty über England und London, über ihre gemeinsamen Freunde, die Maler, Schriftsteller, Musiker, mit denen ihn sein literarischer Erfolg in Verbindung gebracht hatte. Er erzählte von den Festen der Boheme in Chelsea, von der Oper, von kleinen Reisen *en bande* nach Paris, um einen Maskenball mitzumachen, oder nach Berlin, um die neuesten Theaterstücke zu sehen. Er rief ihr ein bewegtes, leichtes, abwechslungsreiches, kultiviertes, anregendes und hochzivilisiertes Leben ins Gedächtnis zurück. Er versuchte ihr klarzumachen, daß sie in einer rückständigen Gegend festhing, während die Welt sich flugs weiterdrehte, von einer interessanten Phase zur andern. Man lebte in einem Zeitalter der ungeahntesten Umwälzungen, und sie spürte nichts davon. Selbstverständlich sprach er all dies nicht direkt aus; er überließ es ihr selbst, derartige Schlußfolgerungen zu ziehen. Er war amüsant und schlagfertig, er hatte ein ausgezeichnetes Gedächtnis für nette Anekdoten, er war originell und lebendig. Ich weiß, daß Humphrey Carruthers in meiner Schilderung nicht witzig, Lady Betty nicht geistreich erscheinen. Der Leser muß es mir aufs Wort glauben, daß sie es waren. Carruthers hatte den Ruf eines ausgezeichneten Gesellschafters; und das bedeutet halbgewonnenes Spiel; man war gewillt, ihn unterhaltend zu finden, und schwor darauf, daß seine Aussprüche wunderbar waren. Selbstverständlich hing sein Witz von der Gesellschaft ab. Er brauchte einen ganz bestimmten Kreis, der seine Anspielungen verstand und seinen exklusiven Sinn für Humor teilte. Es gibt

Dutzende von Journalisten in der Fleet Street, die es mit den blendendsten Köpfen der Gesellschaft aufnehmen könnten; es ist ihr Beruf, witzig zu sein, und Geist gehört zu ihrem täglichen Handwerkszeug. Von den Gesellschaftsschönheiten andererseits, deren Fotografien in den Zeitschriften erscheinen, wären nur wenige imstande, im Ensemble einer Tanzrevue Beschäftigung zu finden. Dilettanten müssen mit Nachsicht beurteilt werden. Carruthers wußte, daß Betty sich in seiner Gesellschaft wohl fühlte. Sie lachten viel miteinander, die Tage flogen dahin.

»Du wirst mir furchtbar fehlen, wenn du fort bist«, meinte sie in ihrer offenen Art. »Es war ein Genuß, dich hier zu haben. Du bist sehr nett, Humphrey.«

»Ist das deine neueste Entdeckung?«

Er war zufrieden mit sich. Seine Taktik war richtig gewesen. Es war interessant, wie großartig sein einfacher Aktionsplan gewirkt hatte. Wie ein Zauber. Mochte das vulgäre Volk über das Auswärtige Amt lachen, es bestand kein Zweifel, daß es ihn gelehrt hatte, mit schwierigen Menschen umzugehen. Nun hieß es die richtige Gelegenheit abzuwarten. Er fühlte, daß Betty ihm niemals zugetaner gewesen war. Er wollte warten bis zum Ende seines Besuches. Betty war ein Gefühlsmensch. Sie würde bedauern, daß er fortging. Es würde ihr vorkommen, als sei Rhodos ohne ihn verödet. Wer blieb ihr denn, wenn er fort war? Nach dem Dinner saßen sie gewöhnlich auf der Terrasse und blickten auf das sternenbestrahlte Meer hinaus; die Luft war warm und mild und erfüllt von unbestimmten Düften: diese Stunde wollte er wählen, um sie um ihre Hand zu bitten, und zwar am Abend vor seiner Abreise. Er hatte es im Gefühl, daß sie ja sagen würde.

Eines Morgens – es mochte eine Woche nach seiner Ankunft sein – kam er zufällig die Treppe hinauf, als Betty über den Korridor lief.

»Du hast mir noch nie dein Zimmer gezeigt, Betty«, sagte er.

»Nicht? Dann sieh es dir doch jetzt an. Es ist sehr hübsch.«

Sie ging zurück, und er folgte ihr. Ihr Zimmer lag über dem Salon und war beinahe ebensogroß. Es war im italienischen Stil eingerichtet und glich, wie es heutzutage üblich ist, eher einem Wohnzimmer als einem Schlafzimmer. An den Wänden hingen wunderbare Paninis. Die Einrichtung bestand aus ein bis zwei schönen Schränken und einem venezianischen Bett, das prächtig bemalt war.

»Eine Schlafstatt von ziemlich imposanten Dimensionen für eine verwitwete Dame«, scherzte er.

»Enorm, nicht? Aber es war so schön – ich mußte es kaufen. Es hat ein Vermögen gekostet.«

Sein Blick streifte das Nachttischchen, das daneben stand. Er sah ein paar Bücher, eine Schachtel Zigaretten und, auf einem Aschenbecher, eine Tabakspfeife. Komisch! Wozu, zum Teufel, hatte Betty eine Pfeife neben ihrem Bett liegen?

»Sieh dir diese Truhe an. Ist die Malerei nicht wunderbar? Mir kamen die Tränen, als ich sie fand.«

»Und hat wahrscheinlich ebenfalls ein Vermögen gekostet.«

»Ich wage dir nicht zu sagen, was ich bezahlt habe.«

Als sie das Zimmer verließen, warf er einen neuerlichen Blick auf das Nachttischchen. Die Pfeife war verschwunden.

Es war sonderbar, daß Betty eine Pfeife in ihrem Schlafzimmer liegen hatte – sie selbst rauchte sie bestimmt nicht –, und im übrigen hätte sie auch kein Geheimnis daraus gemacht; aber es waren natürlich hundert vernünftige Erklärungen denkbar. Es konnte sein, daß sie die Pfeife irgend jemandem zum Geschenk machen wollte, einem von den Italienern vielleicht oder selbst Albert – er hatte nicht erkennen können, ob die Pfeife alt oder neu war; es konnte aber auch sein, daß man sie ihm, Carruthers, mit nach England geben wollte, als Muster für neue Bestellungen. Nach der ersten Verblüffung, die nicht ganz frei von einem kleinen inneren Schmunzeln war, schob er die Angelegenheit beiseite. Am selben Tag unternahmen sie einen Ausflug mit dem Auto. Sie wollten das Mittagessen im Freien verzehren, und Betty saß selbst am Steuer. Für die Woche vor Carruthers Abreise war eine mehrtägige Seefahrt vorgesehen, damit er Patmos und Kos kennenlernte, und Albert war mit dem Motor der Yacht beschäftigt. Betty und Carruthers hatten einen wundervollen Tag. Sie besuchten ein zerfallenes Schloß, bestiegen einen Berg, auf dem Affodillen, Hyazinthen und Narzissen wuchsen, und kehrten todmüde nach Hause zurück. Sie trennten sich bald nach dem Dinner, und Carruthers ging zu Bett. Er las noch ein wenig und drehte dann das Licht aus. Aber er konnte nicht schlafen. Es war heiß unter seinem Moskitonetz. Er warf sich im Bett herum. Schließlich kam ihm der Gedanke, zu der kleinen Bucht am Fuß des Hügels hinunterzugehen und zu baden. Es wären höchstens drei Minuten Weg. Er zog seine Leinenschuhe an und nahm ein Handtuch. Der Mond war voll, sein Licht fiel durch die Olivenbäume auf das Meer. Doch nicht er allein war auf die Idee verfallen, wie herrlich es sein müßte, in dieser strahlenden Nacht zu baden; ehe er noch den Strand erreicht hatte, drangen Stimmen an sein Ohr. Er murmelte einen Fluch – jemand von Bettys Leuten badete, und er wollte nicht stören. Die Olivenbäume standen nah am Ufer, und unentschlossen verharrte er in ihrem Schatten. Da hörte er eine Stimme, die ihn zusammenfahren ließ.

»Wo ist mein Handtuch?«

Englisch. Eine Frau stieg aus dem Wasser und blieb einen Augenblick am Ufer stehen. Aus der Finsternis tauchte ein Mann auf, der nichts anhatte als ein Handtuch um die Lenden. Die Frau war Betty. Sie war splitternackt. Der Mann warf ihr einen Bademantel über und fing an, sie kräftig trockenzureiben. Sie lehnte sich an ihn, während sie zuerst den einen und dann den anderen Schuh anzog, und um sie zu stützen, legte er den Arm um ihre Schultern. Der Mann war Albert.

Carruthers machte kehrt und floh den Hügel hinauf. Er stolperte blind dahin. Einmal fiel er beinahe. Er stöhnte wie ein verwundetes Tier. Als er in sein Zimmer kam, warf er sich auf sein Bett und ballte die Fäuste, und das trockene schmerzhafte Schluchzen, das ihm die Brust zerriß, verwandelte sich in Tränen. Ein heftiger Weinkrampf schüttelte ihn.

Alles war ihm nun klar, furchtbar klar. Er sah es mit der gespenstischen Deutlichkeit, mit der in einer Gewitternacht unter dem grellen Schein eines Blitzes eine verwüstete Landschaft sichtbar wird. Wie der Mann sie abgetrocknet, wie sie sich an ihn gelehnt hatte, das ließ nicht auf Leidenschaft, sondern auf eine lang bestehende Vertrautheit schließen; und die Pfeife neben dem Bett, diese Pfeife hatte etwas abscheulich Eheliches an sich. Es war die Pfeife, die der Gatte rauchte, wenn er vor dem Einschlafen noch eine Weile im Bett las. Die *Sporting Times*! Ah, jetzt wußte Carruthers, warum sie sich das kleine Haus in der Stadt gekauft hatte! Um hin und wieder ein paar Tage ungestörten Eheglücks mit diesem Menschen genießen zu können. Humphrey stellte sich die Frage, wie lange diese widerwärtige Geschichte wohl schon dauern mochte, und mit einemmal wußte er die Antwort: seit Jahren. Seit zehn, zwölf, vierzehn Jahren. Sie hatte begonnen, als der Diener, ein junger Bursche noch, nach London gekommen war, und es war sonnenklar, daß nicht er es gewesen, der die ersten Avancen gemacht hatte; während all der Jahre, da sie das Idol des britischen Volkes gewesen war, da sie förmlich angebetet wurde, da sie unter den besten Männern des Landes hätte wählen dürfen, hatte sie mit dem Zweiten Diener im Hause ihrer Tante gelebt. Sie hatte ihn mitgenommen, als sie sich verheiratet hatte. Warum hatte sie sich zu dieser überraschenden Heirat entschlossen? Und das totgeborene Kind, das vor der Zeit gekommen war? Wie sich nun alles aufhellte! Sie hatte Jimmy Welldon-Burns geheiratet, weil sie ein Kind von Albert erwartete. Oh, wie schamlos, wie schamlos! Und dann, als Jimmys Gesundheit versagte, hatte sie ihn bewogen, Albert zu seinem Kammerdiener zu machen. Was von alldem hatte Jimmy gewußt, was vermutet? Er hatte getrunken, das hatte seine Tuberkulose herbeigeführt; aber warum hatte er zu trinken angefangen? Vielleicht, um einen Verdacht in sich zum Schweigen zu bringen, der so häßlich war, daß er ihn nicht ertragen konnte. Um mit Albert leben zu können, war sie von Jimmy fortgegangen; um mit Albert leben zu können, hatte sie sich auf Rhodos niedergelassen. Albert mit seinen abgebrochenen Fingernägeln und seinen von der Arbeit an den Motoren verschmierten Händen, derb und grob anzusehen mit seinem roten Gesicht und seiner plumpen Kraft. Albert, der nicht einmal mehr ganz jung war und dick zu werden begann, dieser ungebildete und gewöhnliche Mensch mit seiner ordinären Sprache. Albert, Albert. Wie war das nur möglich?!

Carruthers stand auf und trank einen Schluck Wasser. Er warf sich in einen Stuhl. Er konnte es im Bett nicht aushalten. Er rauchte eine Zigarette nach der anderen. Am nächsten Morgen war er ein Wrack. Er hatte überhaupt nicht geschlafen. Man brachte ihm das Frühstück herein. Er trank seinen Kaffee, konnte aber nichts essen. Plötzlich klopfte es kräftig an seine Tür.

»Kommst du baden, Humphrey?«

Die fröhliche Stimme jagte ihm das Blut in die Schläfen. Er raffte sich auf und öffnete die Tür.

»Nein, heute nicht. Ich fühle mich nicht sehr wohl.«

Sie blickte ihn an.

»Ach, Lieber, du siehst ja elend aus. Was ist denn mit dir?«

»Ich weiß nicht. Ich muß mir einen kleinen Sonnenstich geholt haben.«

Seine Stimme war leblos, und seine Augen blickten verzweifelt. Sie sah ihn genauer an. Eine Sekunde lang sagte sie gar nichts. Es war ihm, als erblaßte sie: Er wußte also Bescheid. Dann huschte ein leicht spöttisches Lächeln über ihre Züge; sie fand die Situation komisch.

»Armer Junge, leg dich hin. Ich werde dir ein bißchen Aspirin schicken. Vielleicht wird es dir bis zum Lunch bessergehen.«

Er lag im verdunkelten Zimmer. Er hätte alles darum gegeben, sofort wegzukommen, um sie nicht mehr sehen zu müssen, aber das war unmöglich; das Schiff, das ihn nach Brindisi bringen sollte, legte erst Ende der Woche in Rhodos an. Er war gefangen. Und am nächsten Tag sollten sie miteinander zu den Inseln fahren. Dort gab es kein Entrinnen vor ihr; auf der Yacht würden sie von früh bis spät aufeinander angewiesen sein. Dem fühlte er sich nicht gewachsen. Er schämte sich so sehr. Aber sie schämte sich nicht. In dem Augenblick, als sie klar erkannt hatte, daß ihm nichts mehr verborgen war, hatte sie gelächelt. Sie war imstande, ihm alles zu erzählen. Das konnte er nicht ertragen. Das war zuviel. Schließlich hatte sie nicht die Gewißheit, daß er von ihrer heimlichen Beziehung wußte, sie konnte es bestenfalls vermuten; wenn er sich benahm, als ob nichts geschehen wäre, wenn er beim Lunch und während der restlichen Tage so fröhlich und heiter schien wie gewöhnlich, konnte sie annehmen, daß sie sich getäuscht hatte. Es genügte ihm, zu wissen, was er wußte; er wollte sich die Pein, die schmachvolle Geschichte von ihren eigenen Lippen zu hören, ersparen. Aber das erste, was sie beim Lunch sagte, war:

»Denk nur, wie dumm: Albert sagt, daß mit dem Motor etwas nicht in Ordnung ist. Nun können wir morgen doch nicht fahren. Zu segeln wage ich nicht in dieser Jahreszeit. Es könnte uns passieren, daß wir eine Woche festliegen.«

Sie sprach leichthin, und er antwortete in der gleichen nonchalanten Art.

»Ach, das ist schade, aber im Grunde macht es mir nicht viel aus. Es ist so schön hier – eigentlich hatte ich gar keine rechte Lust, fortzugehen.«

Er erzählte ihr, daß ihm das Aspirin gutgetan habe und

daß er sich schon viel besser fühle; dem griechischen Butler und den beiden Dienern in Fustanellas mußte es scheinen, als unterhielten sie sich so lebhaft wie immer. An diesem Abend kam der britische Konsul zum Dinner, und am folgenden Abend waren ein paar italienische Beamten eingeladen. Carruthers zählte die Tage, zählte die Stunden. Ach, wäre doch endlich der Moment da, an dem er das Schiff besteigen konnte und von der Marter, die ihn keine Sekunde des Tages losließ, befreit war! Er wurde so müde. Aber Bettys Benehmen war von einer solchen Sicherheit! Zuweilen fragte er sich, ob sie wirklich wußte, daß er ihr Geheimnis kannte. War der Motor der Yacht etwa tatsächlich nicht in Ordnung gewesen? Oder war das Ganze doch nur eine Ausrede? War es Zufall, daß eine stete Aufeinanderfolge von Besuchern jedes Alleinsein zwischen ihnen verhinderte? Es hat seine Nachteile, allzuviel Takt zu besitzen: man weiß nie genau, ob andere Leute sich natürlich benehmen oder ob sie ebenfalls bloß taktvoll sind. Wenn er Betty vor sich sah, so unbefangen und ruhig, so offensichtlich glücklich, konnte er die häßliche Wahrheit nicht glauben. Und doch hatte er sie mit eigenen Augen gesehen. Und die Zukunft! Was für eine Zukunft erwartete sie? Es war nicht auszudenken. Früher oder später mußte alles publik werden. Und sich vorzustellen: Betty, ausgestoßen aus der Gesellschaft, verachtet, in der Gewalt eines rohen, gewöhnlichen Mannes; sie wurde älter, verlor ihre Schönheit; und der Mann war fünf Jahre jünger als sie. Eines Tages würde er sich eine Geliebte nehmen, eines von ihren Dienstmädchen vielleicht, mit der er sich wohler fühlte, als er sich je mit der großen Dame gefühlt hatte; was sollte sie dann tun? Welch entsetzliche Demütigung für sie! Wenn er brutal wurde! Sie schlug! Betty, Betty. Carruthers rang die Hände. Und plötzlich kam ihm eine Idee, die ihn mit schmerzhaftem Jubel erfüllte; er schob sie von sich fort; aber sie kam wieder; sie ließ ihn nicht mehr los. Er mußte sie retten; er hatte sie zu tief und zu lange geliebt, um sie nun in den Abgrund sinken zu lassen; unbezwinglich wuchs in ihm das Verlangen, sich selbst aufzuopfern. Obgleich seine Liebe tot war, obgleich er einen beinahe physischen Widerwillen gegen diese Frau empfand, würde er sie heiraten. Er lachte freudlos. Was für ein Leben erwartete ihn? Er konnte es nicht ändern. Es hatte nichts zu bedeuten. Es war der einzige Weg, der ihm blieb. Er fühlte sich wunderbar erhoben und doch sehr demütig, denn er war von dem Gedanken, zu welchen Höhen der göttliche Geist im Menschen sich aufzuschwingen vermag, erschüttert.

Sein Schiff ging am Samstag, und Donnerstag abend, als die Dinnergäste sich verabschiedet hatten, sagte er:

»Ich hoffe, daß wir morgen allein sein werden.«

»Eigentlich habe ich ein paar Ägypter eingeladen, die den Sommer über hier sind. Es ist auch die Schwester des Ex-Khediven dabei, die sehr intelligent ist. Sie wird dir sicherlich gefallen.«

»Ja, aber es ist doch mein letzter Abend. Könnten wir ihn nicht allein miteinander verbringen?«

Sie warf ihm einen Blick zu. In ihren Augen blitzte es schalkhaft, aber die seinen waren ernst.

»Wie du willst. Ich kann die Ägypter auch auf einen anderen Tag verlegen.«

»Bitte, tu mir den Gefallen.«

Seine Koffer waren schon gepackt, denn er mußte am nächsten Morgen in aller Frühe aufbrechen. Betty hatte ihm vorgeschlagen, sich zum Dinner nicht umzuziehen, aber er brachte es nicht über sich. Das letztemal setzten sie sich miteinander zu Tisch. Das Speisezimmer mit seinen abgedunkelten Lampen war ernst und formell, aber die Sommernacht, die durch die geöffneten Fenster hereinflutete, gab ihm etwas Prunkvolles. Es wirkte wie das Refektorium eines Klosters, in das eine Dame von königlichem Geblüt sich zurückgezogen hat, um den Rest ihres Lebens einer nicht allzu strengen Frömmigkeit zu weihen. Sie tranken ihren Kaffee auf der Terrasse. Carruthers stürzte ein paar Liköre hinunter. Er war sehr nervös.

»Liebe Betty«, begann er, »ich habe dir etwas zu sagen.«

»Wirklich? An deiner Stelle würde ich es lieber nicht sagen.«

Sie sprach freundlich. Sie blieb vollkommen ruhig und beobachtete ihn scharf, aber in ihren Augen schimmerte ein zartes Lächeln.

»Es muß sein.«

Sie zuckte die Achseln und schwieg. Er spürte, daß seine Stimme zitterte, und war böse auf sich selbst.

»Du weißt, daß ich viele Jahre wahnsinnig in dich verliebt war. Ich weiß nicht, wie oft ich dich gebeten habe, meine Frau zu werden. Aber alles ändert sich einmal, auch die Menschen ändern sich, nicht? Wir sind beide nicht jünger geworden. Würdest du mich vielleicht jetzt heiraten, Betty?«

Sie blickte ihn an, mit dem Lächeln, das ihn stets so entzückt hatte; es war so freundlich, so offen und immer, immer noch so unsagbar unschuldig.

»Du bist sehr lieb, Humphrey. Es ist furchtbar nett von dir, daß du noch einmal gekommen bist. Ich kann dir nicht sagen, wie es mich rührt. Aber ich bin ein Gewohnheitsmensch, Humphrey. Ich habe mir angewöhnt, dir ›nein‹ zu sagen, und kann es nicht ändern.«

»Warum nicht?«

Es war etwas Aggressives in seinem Ton, etwas Drohendes beinahe, das sie rasch aufblicken ließ. Ihr Gesicht erbleichte in plötzlich aufwallendem Zorn, aber sofort beherrschte sie sich wieder.

»Weil ich nicht will«, lächelte sie.

»Würdest du jemand anderen heiraten?«

»Ich? Nein. Davon kann keine Rede sein.«

Einen Augenblick war es, als reckte sie sich in die Höhe, als wallte etwas wie Ahnenstolz in ihr auf; dann begann sie zu lachen. Aber ob sie über einen Gedanken, der ihr durch den Kopf gegangen war, lachte oder ob etwas an Humphreys Heiratsantrag ihr komisch erschien, das hätte nur sie zu sagen vermocht.

»Betty, ich flehe dich an, mich zu heiraten.«

»Niemals.«

»Du kannst so nicht weiterleben.«

Er legte die ganze Qual seines Herzens in seine Stimme, und sein Gesicht war bleich und zermartert. Sie lächelte liebevoll.

»Warum nicht? Sei nicht so dumm. Du weißt, daß ich dich furchtbar gern habe, Humphrey, aber du kommst mir wie ein altes Weib vor.«

»Betty, Betty.«

Spürte sie denn nicht, daß er es bloß um ihretwillen tun

wollte? Daß es nicht Liebe war, die ihn zum Sprechen gebracht hatte, sondern bloß Scham und menschliches Mitleid? Sie erhob sich.

»Lassen wir das nun, Humphrey. Du solltest jetzt zu Bett
gehen. Morgen mußt du zeitig aufstehen. Ich werde dich
nicht begleiten, und wir müssen uns jetzt verabschieden.
Leb wohl, und Gott segne dich. Es war wundervoll, dich
hier zu haben.«

Sie küßte ihn auf beide Wangen.

Da er um acht an Bord sein mußte, verließ Carruthers am
nächsten Morgen schon früh das Haus. Albert erwartete ihn
im Wagen. Er hatte ein Trikothemd an, weiße Leinenhosen
und eine Baskenmütze. Carruthers Gepäck lag hinten. Er
wandte sich an den Diener.

»Legen Sie mein Gepäck neben den Chauffeur«, sagte er.
»Ich will hinten sitzen.«

Albert schwieg. Carruthers stieg ein, und sie fuhren los.
Als sie am Hafen angelangt waren, liefen die Träger herbei.
Albert sprang aus dem Wagen. Carruthers schaute von sei-
ner Höhe auf ihn hinab.

»Sie brauchen nicht mit an Bord zu kommen. Ich kann
sehr gut allein fertig werden. Da ist ein Trinkgeld für Sie.«

Er gab ihm eine Fünfpfundnote. Albert errötete. Er war
betroffen und hätte das Geld gern zurückgewiesen, wußte
aber nicht, wie. Servilität von Jahren machte sich geltend.

»Danke, Sir.«

Carruthers nickte ihm kurz zu und ging. Er hatte Bettys
Liebhaber gezwungen, ›Sir‹ zu ihm zu sagen. Es war, als
hätte er ihr einen Schlag über den lächelnden Mund versetzt,

als hätte er ihr ein Schimpfwort ins Gesicht geschleudert. Eine bittere Genugtuung erfüllte ihn.

Er zuckte die Achseln, und ich merkte, daß selbst dieser kleine Triumph ihm nun eitel erschien. Eine Weile schwiegen wir. Was sollte ich sagen? Dann hob er wieder zu reden an.

»Sie finden es sicher merkwürdig, daß ich Ihnen das alles erzähle. Es ist mir gleichgültig. Mir ist, als gäbe es nichts Wichtiges mehr auf der Welt, keinen Anstand, nichts. Der Himmel weiß, daß ich nicht eifersüchtig bin. Eifersüchtig kann man nur sein, wenn man liebt, und meine Liebe ist tot. Ein einziger Augenblick hatte sie getötet. Nach all den Jahren. Ich kann nur mit Grauen an Betty denken. Was mich vernichtet, was mich so entsetzlich unglücklich macht, ist der Gedanke an ihre unsagbare Erniedrigung.«

Es gibt Leute, die behaupten, daß auch Othello nicht aus Eifersucht getötet hat, sondern aus Schmerz über die Enttäuschung. Den Gedanken, daß das Wesen, das er für engelhaft gehalten hatte, sich als verderbt und unwürdig erwies, konnte er nicht ertragen. Sein edles Herz zerbrach, weil die Tugend gefallen war.

»Ich war der Überzeugung, daß es eine zweite Frau wie sie nicht mehr gäbe. Ich bewunderte sie über die Maßen. Ich bewunderte ihren Mut, ihre Offenheit, ihre Intelligenz, ihren Schönheitssinn. Aber es ist alles nur Schein. Sie ist gar nichts.«

»Glauben Sie das wirklich? Sind denn wir anderen so ganz aus einem Guß? Vielleicht muß man es anders sehen. Vielleicht war Albert nur ein Werkzeug, nur der Tribut, den sie der Erde zollte, damit ihre Seele sich um so freier zu ihren Höhen aufschwingen konnte. Vielleicht verlieh die bloße Tatsache, daß er so tief unter ihr stand, ihrer Beziehung zu ihm eine Freiheit, die sie bei einem Mann ihrer eigenen Klasse entbehrt hätte. Es ist seltsam bestellt um den Geist; nie erhebt er sich höher, als wenn der Leib eine Weile durch die Gosse gewatet ist.«

»Ach, reden Sie doch nicht solchen Stuß!« entgegnete er wütend.

»Ich denke nicht, daß es Stuß ist. Ich kann es vielleicht nicht gut ausdrücken, aber die Idee scheint mir vernünftig.«

»Und was habe ich davon? Ich bin völlig am Ende. Ich bin erledigt.«

»Ach, Unsinn. Warum schreiben Sie nicht eine Erzählung darüber?«

»Ich?«

»Das ist schließlich der große Vorteil, den ein Schriftsteller gegenüber anderen Menschen hat. Wenn ihn etwas schrecklich unglücklich gemacht hat und er sich grämt und elend ist, kann er es alles in eine Geschichte stecken – es ist erstaunlich, wieviel Trost und Erleichterung es einem bringt.«

»Das wäre abscheulich. Betty hat mir alles auf der Welt bedeutet. Ich könnte nichts so Niederträchtiges tun.«

Er schwieg eine Weile, und ich sah ihn überlegen. Ich sah, daß er trotz allem Widerwillen, den mein Vorschlag in ihm erregte, die Situation für eine Minute aus der Sicht des Schriftstellers betrachtete. Er schüttelte den Kopf.

»Nicht ihr zuliebe, sondern um meinetwillen werde ich es nicht tun. Schließlich besitze ich etwas Selbstachtung. Außerdem: Es gibt für eine Geschichte nichts her.«

Tugend

Ich sage immer, es geht doch nichts über eine gute Havanna. Als ich noch jung und sehr arm war und nur dann eine Zigarre rauchte, wenn ich eine geschenkt bekam, nahm ich mir fest vor, wenn ich zu Geld kommen sollte, jeden Tag nach dem Lunch und nach dem Dinner eine Zigarre zu rauchen. Dies ist der einzige Vorsatz meiner Jugend, den ich gehalten habe. Es ist die einzige Erfüllung meines Lebens, in die sich nie die Bitternis der Enttäuschung gemengt hat. Eine Zigarre nach meinem Sinn muß mild, aber aromatisch sein, weder so klein, daß sie zu Ende ist, ehe man auf den Geschmack kommt, noch so groß, daß sie lästig wird; sie muß so gerollt sein, daß sie zieht, ohne daß man sich bewußt anstrengt, und ein Blatt haben, das auf den Lippen nicht aufweicht und solcherart ist, daß es bis zum Schluß sein Aroma behält. Aber wenn man nach dem letzten Zug den formlosen Stumpf weggelegt hat und die letzte Rauchwolke blau in der Luft zergangen ist, dann wird man sich, wenn man ein fühlender Mensch ist, einer gewissen Melancholie nicht erwehren können. Wieviel Arbeit, Mühe und Anstrengung ist nun dahin, welche Sorgfalt, welch komplizierte Organisation war notwendig, um uns diese halbe Stunde des Genusses zu verschaffen! Dafür haben Menschen jahrelang unter tropischer Sonne geschmachtet und Schiffe die sieben Meere durchpflügt. Derartige Überlegungen werden noch peinigender, wenn man ein Dutzend Austern ißt (mit einer halben Flasche trockenen Weißweins), und sie werden fast unerträglich, wenn man ein Lammkotelett verspeist. Denn hier haben wir es mit Tieren zu tun, und wahrhaftig, die Vorstellung ist erschreckend: Seitdem die Erdoberfläche die Fähigkeit erlangt hat, Leben zu erhalten, sind in einer langen Reihe, von Generation zu Generation, durch Millionen und Millionen von Jahren Geschöpfe in die Welt gesetzt worden, um schließlich auf einer Platte mit zerstoßenem Eis oder auf einem silbernen Grill zu enden.

Es mag sein, daß eine träge Phantasie den tragischen Ernst, den das Verspeisen einer Auster birgt, nicht erfassen kann, und die Entwicklungsgeschichte lehrt, daß sich das Schaltier durch die Jahrtausende in einer Weise eigenbrötlerisch verhalten hat, die dem Mitgefühl wenig förderlich war. Eine solche Reserviertheit hat etwas Beleidigendes für den ehrgeizigen Eroberungsgeist des Menschen, eine solche Selbstgenügsamkeit verletzt seine Eitelkeit. Aber wie man ein Lammkotelett betrachten kann, ohne Fragen in sich aufsteigen zu fühlen, die selbst für Tränen zu tiefsinnig sind, werde ich nie begreifen. Denn hier hat die Hand des Menschen tätig mitgewirkt, und die Geschichte der Rasse ist eng verknüpft mit dem zarten Bissen auf unserem Teller.

Und muß uns nicht selbst das Schicksal der menschlichen Kreatur bisweilen unbegreiflich erscheinen? Sehen wir uns diesen oder jenen Menschen an, die gewöhnlichen, unscheinbaren Gestalten des Alltags: den Bankbeamten, den Straßenfeger, das ältliche Mädchen in den letzten Statistenreihen auf der Bühne. Ist es nicht seltsam, zu bedenken, welch endlose Geschichte hinter jedem einzelnen liegt, welch tausendfache Verkettung von Zufällen all diese Menschen im Lauf der Ereignisse aus dem urzeitlichen Schlamm just in diesem Augenblick an diesen bestimmten Ort geführt hat! Wenn es solch ungeheuerlicher Evolutionen bedurfte, um sie bis an diesen Punkt zu bringen, dann müßte man doch meinen, daß ihr Dasein von überwältigender Wichtigkeit sei, daß ihr Geschick dem ›Geist des Lebens‹, oder wie die Macht, die sie hervorgebracht hat, auch heißen möge, etwas bedeute. Ein Unfall stößt ihnen zu. Der Faden ist abgerissen. Die Geschichte, deren Anfang auf den Weltbeginn zurückgeht, ist jäh zu Ende, und es sieht aus, als wäre sie ohne jeden Sinn. Ein Idiot könnte sie erzählt haben. Und ist es nicht unfaßbar, daß ein Ereignis von so tragischer Wichtigkeit durch die trivialsten Ursachen herbeigeführt werden kann? Die Geschichte zum Beispiel, die ich erzählen werde, hätte sich nie ereignet, wenn ich nicht eines Tages auf die andere Seite der Straße hinübergegangen wäre. Das Leben ist wahrhaftig höchst grotesk, und es gehört schon ein besonderer Sinn für Humor dazu, es von der heiteren Seite zu nehmen.

Ich schlenderte an einem Frühlingsvormittag die Bond Street hinunter, und da ich bis zum Lunch nichts Besonderes zu tun hatte, beschloß ich, einen kleinen Abstecher in das Auktionshaus von Sotheby zu machen, um mir die neu ausgestellten Sachen anzusehen. Es herrschte eine kleine Verkehrsstockung, und ich bahnte mir meinen Weg durch die Wagen. Als ich drüben ankam, stieß ich mit einem Mann zusammen, den ich von Borneo her kannte und der eben aus einem Hutladen trat.

»Hallo, Morton«, sagte ich. »Seit wann sind Sie in England?«

»Seit einer Woche ungefähr.«

Er war auf Borneo Distriktoffizier. Der Gouverneur hatte mir eine Empfehlung mitgegeben, und ich hatte ihm geschrieben, daß ich die Absicht hätte, mich an dem Ort, in dem er lebte, eine Woche lang aufzuhalten und in dem von der Regierung eingerichteten Gästehaus abzusteigen. Er holte mich vom Schiff ab und lud mich ein, bei ihm zu wohnen. Ich lehnte es ab. Wie konnte ich für acht Tage die Gastfreundschaft eines wildfremden Menschen in Anspruch nehmen? Ich scheute mich, ihm Kosten zu verursachen. Außerdem versprach ich mir größere Freiheit, wenn ich für mich blieb. Aber er wollte nichts davon hören.

»Ich habe eine Menge Platz«, sagte er, »und das Gästehaus ist abscheulich. Seit sechs Monaten habe ich mit keinem Weißen mehr gesprochen, und meine eigene Gesellschaft hängt mir zum Halse heraus.«

Aber als Morton mich dann überredet hatte, als sein Motorboot uns an seinem Bungalow abgesetzt und er mir etwas zu trinken angeboten hatte, wußte er nicht mehr das geringste mit mir anzufangen. Mit einemmal packte ihn die Schüchternheit, und obwohl er bis dahin recht gesprächig gewesen war, fiel ihm nun nichts mehr ein. Ich bemühte mich nach Kräften, ihm über seine Fremdheit hinwegzuhelfen (das Geringste, was ich für ihn tun konnte, in seinem eigenen Haus), und so fragte ich ihn, ob er keine neuen Platten habe. Er zog das Grammophon auf, und die Klänge eines Ragtimes gaben ihm seine Sicherheit wieder.

Von seinem Bungalow aus sah man hinab auf den Fluß, und eine große Veranda bildete sein Wohnzimmer. Sie war in der unpersönlichen Art eingerichtet, die so charakteristisch für die Wohnung eines Regierungsbeamten ist, der von heute auf morgen da- und dorthin versetzt werden kann, je nach den dienstlichen Erfordernissen. An den Wänden hingen als Zierde einheimische Kopfbedeckungen, Tiergeweihe, Blasrohre und Speere. Auf dem Bücherregal sah man Detektivromane und alte Zeitschriften. Ein Pianino mit gelben Tasten stand an der Wand. Das Zimmer war sehr unordentlich, aber nicht ungemütlich.

Leider kann ich mich nicht genau erinnern, wie er aussah. Er war jung, achtundzwanzig Jahre alt, wie ich später erfuhr, und hatte ein jungenhaftes anziehendes Lächeln. Ich verbrachte eine angenehme Woche mit ihm. Wir fuhren den Fluß hinauf und hinunter, und wir bestiegen einen Berg. Einmal frühstückten wir bei einem Plantagenverwalter, der zwanzig Meilen entfernt wohnte, und jeden Abend gingen wir in den Klub. Die einzigen Mitglieder waren der Leiter einer Kautschukfabrik und seine Assistenten, aber sie redeten nicht miteinander, und nur auf Mortons Vorhaltungen, ihn doch um Gottes willen nicht im Stich zu lassen, wenn er einen Gast habe, wurde es möglich, eine Bridgerunde zusammenzustellen. Die Atmosphäre war gespannt. Wir kamen zum Dinner wieder nach Hause, hörten uns ein paar Platten an und gingen schlafen. Morton hatte nur wenig im Büro zu tun. Eigentlich hätte man meinen müssen, daß ihm die Zeit nicht gerade kurzweilig durch die Finger lief, aber dem war nicht so. Er war voller Energie und Lebensfreude; es war sein erster Posten, und er war glücklich, unabhängig zu sein. Er hatte nur eine Sorge: daß er versetzt werden könnte, ehe die Straße fertig war, an der er baute. Diese Straße war seine Herzensangelegenheit. Sie entsprang einer eigenen Idee, und er hatte mit viel Kunst die Regierung beredet, ihm das nötige Geld zu bewilligen; er hatte selbst das Terrain geprüft und den Weg festgelegt. Er hatte ohne Hilfe die technischen Probleme gelöst, die sich ergaben. Jeden Morgen, ehe er ins Büro ging, fuhr er in einem wackligen alten Ford an die Baustelle und überzeugte sich von den Fortschritten der Kulis. Er dachte an nichts anderes. Er träumte in der Nacht von seiner Straße. Er errechnete, daß sie in einem Jahr fertig sein würde, und wollte erst dann seinen Heimaturlaub nehmen. Wäre er ein Maler oder ein Bildhauer gewesen, der mit einem Kunstwerk beschäftigt ist, er hätte unmöglich mit größerer Hingabe arbeiten können. Ich glaube, es war diese Intensität, die mich für ihn einnahm. Ich bewunderte seinen Eifer. Seine unbeirrte Art gefiel mir. Und mich beeindruckte die Besessenheit, mit der er sein Werk vorantrieb und die das einsame Leben, Karrierefragen und den Gedanken an die Heimat für ihn zweitrangig sein ließ. Ich weiß nicht mehr, wie lang die Straße war – fünfzehn oder zwanzig Meilen etwa –, und ich weiß nicht mehr, welchem Zweck sie dienen sollte. Ich nehme an, daß Morton sich darüber nicht viel Kopfzerbrechen machte. Seine Leidenschaft war die Leidenschaft des Künstlers, sein Triumph der Triumph des Menschen über die Natur. Er lernte fortwährend dazu. Er hatte gegen den Dschungel zu kämpfen, gegen Wolkenbrüche, die das Werk von Wochen vernichteten, gegen topographische Hindernisse; er mußte Arbeitskräfte finden und sie zusammenhalten; und das bei unzureichenden Mitteln. Aber seine Phantasie hielt ihn aufrecht. Seine Anstrengungen gewannen eine epische Qualität, und die wechselvollen Ereignisse während der Arbeit gestalteten sich zu einer großen Saga mit unzähligen Episoden.

Nur eines machte ihm Kummer: Der Tag war zu kurz. Er hatte Bürodienst, er war Richter, Steuereinnehmer, Vater und Mutter der Bevölkerung seines Distrikts – all dies mit achtundzwanzig Jahren! Er mußte hie und da Inspektionsreisen unternehmen, die ihn von seinem Wohnort fernhielten. Und wenn er nicht selbst an Ort und Stelle war, wurde nichts geleistet. Er hätte am liebsten vierundzwanzig Stunden am Tag dabeistehen mögen, um die unwilligen Kulis anzutreiben. Kurz vor meiner Ankunft hatte sich etwas ereignet, was ihn mit freudiger Genugtuung erfüllte. Er hatte einem Chinesen für ein bestimmtes Arbeitsquantum Bedingungen angeboten, die dieser nicht annehmen wollte. Er verlangte mehr, als Morton zahlen konnte. Trotz endloser Diskussionen war es unmöglich, eine Einigung zu erzielen. Voller Wut mußte Morton zusehen, wie seine Arbeit aufgehalten wurde. Er wußte keinen Ausweg. Eines Morgens nun, als er ins Büro ging, hörte er, daß es in der Nacht zuvor in einem chinesischen Spielhaus zu einer großen Schlägerei gekommen war. Ein Kuli war schwer verwundet worden, und sein Angreifer saß in Arrest. Dieser Angreifer war niemand anders als der widerspenstige Chinese. Er kam vor Gericht, seine Schuld wurde einwandfrei festgestellt, und Morton verurteilte ihn zu achtzehn Monaten Zwangsarbeit.

»Jetzt kann er ohne Bezahlung an der verfluchten Straße bauen«, sagte Morton, und seine Augen blitzten.

Wir sahen den Burschen eines Morgens bei der Arbeit. Seelenvergnügt schaufelte er in seinem Sträflingskittel drauflos. Er schien sein Mißgeschick nicht weiter schwerzunehmen.

»Ich habe versprochen, ihm den Rest seiner Strafe zu erlassen, sobald die Straße fertig ist«, sagte Morton, »und er ist ganz zufrieden damit. Glück muß man haben, nicht?«

Als ich mich von Morton verabschiedete, forderte ich ihn auf, mich zu verständigen, wenn er nach England käme, und er versprach, es gleich nach seiner Ankunft zu tun. In dem Augenblick, da man derartige Einladungen ausspricht, meint man sie vollkommen ernst. Wird man aber beim Wort genommen, so wird einem etwas bange: Die Leute sind so anders zu Hause als im Ausland. Dort sind sie unbefangen, herzlich und natürlich. Sie haben interessante Dinge zu erzählen. Sie sind unbeschreiblich freundlich und nett. Man hat den Wunsch, sich für die genossene Gastfreundschaft dankbar zu erweisen. Doch es ist nicht leicht. Die Menschen, die in ihrer eigenen Umgebung so amüsant waren, werden in der unseren äußerst langweilig. Sie sind befangen und schüchtern. Wir stellen sie unseren Freunden vor, und unsere Freunde finden sie hoffnungslos ledern. Sie bemühen sich nach Kräften, höflich zu ihnen zu sein, aber sie seufzen erleichtert auf, wenn die Fremden aufbrechen und die Konversation wieder ungehindert in den gewohnten Bahnen dahinplätschern kann. Ich vermute, daß die Leute aus den Kolonien diese Situation sehr bald begreifen – denn sie haben so manche bittere und demütigende Enttäuschung hinter sich –, jedenfalls machte ich die Erfahrung, daß sie nur selten einer Einladung Folge leisten, die in irgendeiner entlegenen Station des Dschungels so herzlich ausgesprochen und ebenso herzlich angenommen wurde. Aber mit Morton war es anders. Er war jung und unverheiratet. In den meisten Fällen liegt die Schwierigkeit bei den Ehefrauen: Die anderen Frauen betrachten kritisch ihre unmodernen Kleider, erfassen mit einem Blick das Provinzlerische ihrer Erscheinung und vernichten sie mit ihrer eisigen Gleichgültigkeit. Aber ein Mann kann Bridge spielen, er kann Tennis spielen und tanzen. Und Morton besaß Charme. Ich war überzeugt, daß er ohne weiteres in ein bis zwei Tagen Boden fassen würde.

»Warum haben Sie mich nicht von Ihrer Ankunft verständigt?«

»Ich wollte Sie nicht belästigen«, lächelte er.

»Was für ein Unsinn!«

Selbstverständlich erschien er mir, als wir nun auf der Straße beisammenstanden und einen Augenblick plauderten, etwas ungewohnt. Ich hatte ihn immer nur in Khakihosen und Tennishemd gesehen oder beim Dinner, wenn wir vom Klub nach Hause kamen, in Sarong und Pyjamajacke, der bequemsten Abendkleidung, die je erdacht wurde. In seinem blauen Anzug sah er ein bißchen unbeholfen aus. Sein Gesicht wirkte sehr braun über dem weißen Kragen.

»Wie steht's mit der Straße?« fragte ich.

»Fertig. Ich dachte schon, ich würde meinen Urlaub aufschieben müssen. Knapp vor der Vollendung stellten sich uns allerlei Hindernisse in den Weg. Aber ich ließ nicht locker, und am Tag vor der Abreise bin ich mit meinem Ford die ganze Strecke, ohne anzuhalten, hin- und zurückgesaust.«

Ich lachte. Er war reizend in seiner Freude.

»Was haben Sie bisher unternommen in London?«

»Anzüge gekauft.«

»Und fühlen Sie sich wohl?«

»Sehr. Es ist natürlich ein bißchen einsam, aber das stört

mich nicht. Ich habe mir jeden Abend eine Theatervorstellung angesehen. Die Palmers – Sie kennen sie doch von Sarawak her – sollten gleichzeitig mit mir in London sein, und wir wollten gemeinsam allerhand unternehmen, aber sie mußten nach Schottland fahren, weil ihre Mutter krank wurde.«

Diese Worte, so beiläufig hingesprochen, schnitten mir tief ins Herz. Das war die übliche Erfahrung. Es war erschütternd. Monate, lange Monate hindurch malten sich diese Leute ihre Ferien aus, und wenn sie dann das Schiff verließen, waren sie halb närrisch vor Freude und Erwartung. London – Läden, Klubs, Theater, Restaurants – London. Wie wollten sie es genießen! London. Es verschluckte sie. Eine fremde, turbulente Stadt, nicht feindselig, aber gleichgültig. Sie verloren sich in ihr. Sie hatten keine Freunde. Sie hatten nichts Gemeinsames mit den Menschen, die sie kennenlernten. Sie waren einsamer als im Dschungel. Es war ein Glücksfall, wenn sie in irgendeinem Theater zufällig mit einem Bekannten aus dem Fernen Osten zusammentrafen (gleichgültig, ob sie ihn dort für besonders sympathisch und unterhaltsam gehalten hatten oder nicht). Dann wurde ein Abend verabredet, man konnte wieder einmal herzlich lachen, man erzählte sich, wie großartig man sich amüsierte, man sprach von gemeinsamen Freunden und gestand sich zu guter Letzt – wenn auch nicht ohne Verlegenheit –, daß man über das Ende des Urlaubs gar nicht sehr betrübt sein werde und gern ins Joch zurückkehre. Sie fuhren zu ihren Familien und freuten sich natürlich ungemein, sie zu sehen, aber ganz so wie früher war es nicht mehr, man gehörte nicht mehr recht dazu; was war es doch für ein trübseliges Dasein, das die Leute in England führten! Es war wunderbar, nach Hause zu kommen, aber leben konnte man hier nicht mehr. Man dachte an den Bungalow mit seinem Blick auf den Fluß, an die Reisen durch den Distrikt und was für Spaß es machte, wenn man alle Jubeljahre einmal eine kleine Spritzfahrt nach Sandakan oder Kuching oder Singapur unternahm.

Und weil ich mich erinnerte, mit was für Erwartungen Morton den Zeitpunkt herbeigesehnt hatte, an dem er, nach Fertigstellung seiner Straße, endlich seinen Urlaub würde antreten dürfen, konnte ich mich eines schmerzlichen Gefühls nicht erwehren. Ich stellte mir vor, wie er allein in einem öden Klub zu Abend aß, wo er niemanden kannte, oder allein in einem Restaurant in Soho und wie er nachher in irgendein Theater ging, wo wiederum keiner neben ihm saß, mit dem er die Vorstellung genießen konnte oder mit dem er in der Pause ein Gläschen trank. Und gleichzeitig überlegte ich: selbst wenn ich gewußt hätte, daß er in London war – ich hätte nichts für ihn tun können, weil ich in der letzten Woche nicht einen Augenblick frei gehabt hatte. Auch für diesen Abend war ich mit Freunden verabredet, und am nächsten Tag würde ich ins Ausland reisen.

»Was machen Sie heute abend?« fragte ich ihn.

»Ich gehe in den ›Pavillon‹. Es ist zwar immer furchtbar voll dort, aber ich habe in meiner Straße einen großartigen Mann entdeckt, der mir noch ein Billett verschafft hat, das zurückgegeben wurde. Wissen Sie, ein einzelner Platz ist immer noch leichter zu kriegen als zwei.«

»Haben Sie nicht Lust, mit mir zu Abend zu essen? Ich gehe mit Bekannten ins Haymarket Theatre, und nachher wollen wir noch zu Ciro.«

»Furchtbar gern.«

Wir verabredeten uns für elf Uhr, und ich verließ ihn.

Ich hatte die Befürchtung, daß die Freunde, mit denen ich mich treffen wollte, für Morton nicht sehr interessant sein würden, denn sie waren deutlich mittleren Alters, und von jüngeren Leuten wußte ich niemanden, den ich zu dieser Zeit des Jahres, so im letzten Moment, hätte herbeizitieren können. Keine der jungen Frauen, die ich kannte, wäre besonders entzückt gewesen, einen ganzen Abend mit einem schüchternen jungen Mann aus Malaya tanzen zu müssen. Auf die Bishops konnte ich mich verlassen, sie würden bestimmt nett zu ihm sein; jedenfalls war es vergnüglicher für ihn, in einem Klub zu essen, wo eine gute Musikkapelle spielte und hübsche Frauen tanzten, als um elf Uhr nach Hause zu gehen und sich schlafen zu legen. Ich hatte Charlie Bishop kennengelernt, als ich Medizin studierte. Er war damals ein dünner kleiner Kerl gewesen, mit rotblondem Haar und stumpfen Zügen; er hatte schöne Augen, dunkel und leuchtend, aber er trug eine Brille. Sein Gesicht war rund, fröhlich und rot. Er interessierte sich sehr für Mädchen. Es mußte irgend etwas an ihm sein, was ihnen gefiel, denn auch ohne Geld und ohne gutes Aussehen brachte er es fertig, eine ganze Reihe junger Dinger aufzutreiben, die seine unsteten Begierden befriedigten. Er war intelligent und überheblich, rechthaberisch und jähzornig. Er hatte eine scharfe Zunge. Rückschauend möchte ich sagen, daß er ein ziemlich unangenehmer junger Mensch war, aber man langweilte sich nicht mit ihm. Jetzt, Mitte Fünfzig, neigte er zur Korpulenz und war sehr kahl, aber seine Augen hinter den goldenen Brillenrändern leuchteten immer noch lebhaft. Er war dogmatisch, arrogant, streitsüchtig und bissig geblieben; und doch wirkte er gutmütig und amüsant. Wenn man einen Menschen sehr lange kennt, ärgert man sich über seine Eigenheiten nicht mehr. Man nimmt sie hin, wie man eigene körperliche Mängel hinnimmt. Von Beruf Pathologe, sandte er mir ab und zu ein dünnes Buch, das er soeben veröffentlicht hatte. Es war von strengem Stil, äußerst wissenschaftlich und mit düsteren Fotografien von Bakterien illustriert. Ich las es nicht. Ich entnahm nur Bemerkungen, die hie und da gemacht wurden, daß Charlies Ansichten über Themen, mit denen er sich befaßte, nicht überzeugend seien. Ich glaube nicht, daß er bei seinen Berufsgenossen sehr beliebt war. Er selbst machte kein Hehl daraus, daß er sie alle für eine Bande von unfähigen Idioten hielt. Aber er hatte seinen Beruf, der ihm an die sechs- bis achthundert Pfund im Jahr einbrachte, und scherte sich nicht darum, was andere Leute von ihm dachten.

Ich hatte Charlie Bishop gern, weil ich ihn seit dreißig Jahren kannte – Margery, seine Frau, hingegen, hatte ich gern, weil sie sehr nett war. Ich war seinerzeit, als er von seinen Heiratsabsichten sprach, äußerst erstaunt gewesen. Er war damals knapp vierzig und so unbeständig in seinen Neigungen, daß ich überzeugt war, er würde ledig bleiben. Er hatte eine große Schwäche für Frauen, war jedoch nicht im mindesten sentimental, und seine Absichten waren frivoler Natur. Seine Ansichten über das weibliche Geschlecht würden in unseren idealistischen Tagen als roh bezeichnet werden. Er wußte, was er wollte, und scheute sich nicht, es zu verlangen. Und wenn er es für Geld und gute Worte nicht bekommen konnte, zuckte er die Achseln und ging seiner Wege. Um es kurz zu machen: Er suchte in den Frauen nicht die Erfüllung eines Ideals, sondern nur eine Gelegenheit für seine Ausschweifungen. Es war erstaunlich, daß sich trotz seines unansehnlichen Äußeren so viele fanden, die sich mit ihm einließen. Befriedigung für seine geistigen Bedürfnisse suchte er lediglich in einzelligen Organismen. Er war stets ein sachlicher Mensch gewesen, und als er mir erzählte, daß er im Begriff sei, eine junge Frau namens Margery Hobson zu heiraten, fragte ich ihn ohne Umschweife, warum. Er grinste.

»Drei Gründe. Erstens, weil sie nur unter dieser Bedingung mit mir schlafen will. Zweitens, weil ich mit ihr lachen kann wie eine Hyäne. Drittens, weil sie allein auf der Welt dasteht, ohne die geringste Verwandtschaft, und unbedingt jemanden haben muß, der für sie sorgt.«

»Der erste Grund ist Unsinn und der zweite faules Gerede. Der dritte ist der wirkliche, und das besagt, daß sie dich wirklich kleingekriegt hat.«

»Du kannst schon recht haben.«

»Aber noch schlimmer! Du freust dich sogar darüber!«

»Könntest du nicht morgen mit uns essen und sie dir ansehen? Du wirst es nicht bereuen.«

Charlie war Mitglied eines gemischten Klubs, den ich zu jener Zeit häufig besuchte, und wir beschlossen, uns dort zum Lunch zu treffen. Ich fand, daß Margery eine sehr anziehende junge Person war. Sie war damals etwa dreißig Jahre alt. Sie war eine Dame. Ich stellte diese Tatsache mit Befriedigung und nicht ohne eine gewisse Verwunderung fest, denn es war mir nicht entgangen, daß Charlie im allgemeinen Frauen bevorzugte, deren Erziehung etwas zu wünschen übrigließ. Sie war nicht schön, aber ansehnlich, mit vollem dunklem Haar, hübschen Augen, einer guten Gesichtsfarbe, und sie strahlte Gesundheit aus. Sie wirkte ehrlich, einfach und zuverlässig. Ich fühlte mich sofort zu ihr hingezogen. Man konnte sich gut mit ihr unterhalten, und wenn sie auch nichts besonders Geistreiches von sich gab, verstand sie doch immer sofort, wovon die Rede war; sie hatte Sinn für Humor und war nicht schüchtern. Sie machte einen tüchtigen, nüchternen Eindruck. Ihre so glückliche Ausgeglichenheit ließ auf ein gutes Temperament und eine ausgezeichnete Konstitution schließen.

Die beiden schienen äußerst entzückt voneinander zu sein. Ich hatte mich, als ich sie kennenlernte, gefragt, warum Margery diesen reizbaren Mann heiraten wollte, der schon ziemlich kahl und keineswegs mehr der Jüngste war, aber bald entdeckte ich, daß sie es tat, weil sie ihn liebte. Sie neckten einander ausgiebig und lachten viel, und hin und wieder begegneten sich ihre Blicke so bedeutungsvoll, als tauschten sie eine rasche heimliche Botschaft miteinander aus. Es war beinahe rührend.

Eine Woche später wurden sie auf dem Standesamt getraut. Es wurde eine sehr glückliche Ehe. Wenn ich jetzt, nach sechzehn Jahren, zurückblickte und überlegte, wie erfreulich sie ihr gemeinsames Leben gestaltet hatten, konnte ich mich eines anerkennenden Schmunzelns nicht erwehren. Niemals hatte ich ein verliebteres Paar gekannt. Sie verfügten nie über sehr viel Geld. Sie schienen es niemals zu brauchen. Ehrgeizige Wünsche kannten sie nicht. Ihr Leben war ein Picknick, das nie zu Ende ging. Sie wohnten in der Panton Street in der kleinsten Wohnung, die ich je gesehen hatte: ein kleines Schlafzimmer, ein kleines Wohnzimmer und ein Badezimmer, das auch als Küche diente. Sie hatten keinen Sinn für Häuslichkeit, aßen in Restaurants und nahmen nur das Frühstück zu Hause ein. Diese Wohnung war lediglich zum Schlafen bestimmt. Sie war bequem – obgleich eine dritte Person, die bei ihnen etwa einen Whisky mit Soda trinken wollte, kaum mehr Platz fand –, und Margery hielt sie mit Hilfe einer Aufwartefrau so weit instand, wie es bei Charlies Mangel an Ordnungssinn möglich war. Aber es war nicht ein einziger Gegenstand zu sehen, der eine persönliche Note zeigte. Sie besaßen ein winziges Auto, und sobald Charlie sich freimachen konnte, nahmen sie es mit über den Kanal und fuhren los, wohin es sie gerade lockte. Eine Reisetasche für jeden bildete das ganze Gepäck. Keine Panne störte sie, schlechtes Wetter gehörte mit zum Spaß, ein geplatzter Reifen erhöhte nur ihr Vergnügen, und wenn sie sich verirrt hatten und im Freien schlafen mußten, so fanden sie das herrlich.

Charlie fuhr fort, reizbar und streitsüchtig zu sein, aber er mochte sich aufführen, wie er wollte, nichts war imstande, Margerys wunderbare Ruhe zu stören. Sie konnte ihn mit einem Wort besänftigen. Sie konnte ihn immer noch zum Lachen bringen. Sie tippte seine Monographien über unbekannte Bakterien ab und las die Korrekturbögen seiner Artikel in den wissenschaftlichen Zeitschriften. Einmal fragte ich sie, ob sie manchmal Streit hätten.

»Nein«, antwortete sie. »Wir haben eigentlich nie Anlaß dazu. Charlie ist ein Engel an Sanftmut.«

»Unsinn«, sagte ich, »er ist ein anmaßender, aggressiver, rechthaberischer Mensch. Das war er schon immer.«

Sie blickte zu ihm hinüber und kicherte, und es war deutlich zu sehen, daß sie mich für einen Witzbold hielt.

»Laß ihn nur reden«, meinte Charlie. »Er ist ein ahnungsloser Narr und gebraucht Worte, von deren Bedeutung er keinen Schimmer hat.«

Sie waren reizend zueinander. Sie fühlten sich glücklich, wenn sie beisammen sein konnten, und trennten sich nie, wenn es nicht sein mußte. So viele Jahre sie auch schon verheiratet waren, Charlie setzte sich tagtäglich um die Mittagszeit in seinen Wagen und fuhr in den Westen, um mit Margery in einem Restaurant zu essen. Man lächelte über die beiden, nicht boshaft, aber vielleicht mit einem kleinen Kopfschütteln, denn wenn sie über ein Wochenende zu Freunden aufs Land eingeladen wurden, dann schrieben sie, daß sie gern kommen wollten, aber nur unter der Bedingung, daß sie ein gemeinsames Schlafzimmer bekämen. Sie hatten so viele Jahre miteinander gelebt, daß sie beide nicht mehr allein schlafen konnten. Es brachte die Gastgeber manchmal in Verlegenheit. Ehepaare verlangten im allgemeinen nicht nur getrennte Schlafzimmer, sondern nahmen es sogar übel, wenn ihnen zugemutet wurde, das gleiche Badezimmer zu benützen. Die modernen Häuser waren auf eheliche Idyllen nicht eingerichtet, aber unter den Freunden der Bishops wurde es allmählich zur Selbstverständlichkeit: Wenn man auf ihren Besuch Wert legte, mußte man ihnen ein gemeinsames Schlafzimmer geben. Manche Leute fanden das geschmacklos, außerdem war es meist nicht ganz einfach zu bewerkstelligen, aber die beiden waren als Gäste sehr beliebt, und es lohnte sich, ihre Eigenheiten mit in Kauf zu nehmen. Charlie war immer voll von Schnurren, und seine bissige Art brachte Leben in die Unterhaltung; und Margery war ausgeglichen und angenehm. Man hatte keine Mühe mit ihnen. Nichts war ihnen lieber, als wenn man sich nicht weiter um sie kümmerte und ihnen erlaubte, weite Spaziergänge miteinander zu unternehmen.

Wenn ein Mann heiratet, ist es die Regel, daß seine Frau ihn früher oder später seinen alten Freunden entfremdet; bei Margery war eher das Gegenteil der Fall. Sie gestaltete seine Beziehungen vertrauter. Er wurde durch sie toleranter und zu einem erträglichen Gesellschafter. Die beiden wirkten eigentlich nicht wie Eheleute, sondern amüsanterweise eher wie zwei Junggesellen mittleren Alters, die miteinander lebten; und wenn Margery, wie es sich oft ergab, die einzige Frau unter einem halben Dutzend von lauten, disputierenden und lästernden Männern war, dann wurde ihre Anwesenheit nicht als Störung, sondern eher als Gewinn empfunden. Wann immer ich nach England kam, suchte ich die beiden auf. Sie dinierten gewöhnlich in dem Klub, den ich erwähnt habe, und wenn ich gerade allein war, ging ich hin und leistete ihnen Gesellschaft.

Als wir uns an jenem Abend vor dem Theater trafen, teilte ich ihnen mit, daß ich Morton für nachher zu Ciro eingeladen hatte.

»Ich fürchte, ihr werdet ihn nicht unterhaltsam finden«, sagte ich. »Aber er ist ein netter junger Kerl und war furchtbar freundlich zu mir, als ich auf Borneo war.«

»Warum hast du mir das nicht früher gesagt?« rief Margery. »Dann hätte ich ein junges Mädchen mitbringen können.«

»Wozu braucht er ein junges Mädchen?« meinte Charlie. »Du wirst doch da sein.«

»Daß es einem jungen Mann Spaß machen kann, mit einer Dame vorgeschrittenen Alters, wie ich es bin, zu tanzen, bezweifle ich.«

»Unsinn. Was hat dein Alter damit zu tun?« Er wandte sich an mich. »Hast du je eine Frau gesehen, die besser tanzt als sie?«

Das hatte ich gewiß, aber sie tanzte tatsächlich sehr gut. Sie war leichtfüßig und hatte ein ausgesprochenes Gefühl für Rhythmus.

»Nie!« antwortete ich von Herzen.

Morton erwartete uns bereits, als wir zu Ciro kamen. Er sah sonnenverbrannt aus in seinem Abendanzug, und ich hatte den Eindruck, daß er sich darin nicht ganz wohl fühlte. Aber vielleicht schien es mir nur so, weil ich wußte, daß dieser Smoking vier Jahre lang, mit Mottenkugeln verpackt, in einem Zinnkoffer gelegen hatte. Auf alle Fälle bewegte sich Morton in seinen Khakihosen freier. Charlie Bishop redete viel und hörte sich gern zu. Morton war befangen. Ich lud ihn zu einem Cocktail ein und bestellte Champagner. Ich hatte das Gefühl, daß er gern tanzen wollte, war mir aber nicht klar, ob es ihm einfallen würde, Margery aufzufordern. Mit scharfer Deutlichkeit wurde mir bewußt, daß wir drei einer anderen Generation angehörten.

»Mrs. Bishop ist eine wunderbare Tänzerin«, sagte ich.

»Wirklich?« Er errötete ein wenig. »Wollen Sie mit mir tanzen?«

Sie stand auf, und sie begaben sich miteinander auf das Parkett. Margery sah an diesem Abend besonders reizend aus. Nicht die Spur von elegant – ihr einfaches schwarzes Kleid konnte unmöglich mehr als sechs Pfund gekostet haben –, aber sehr damenhaft. Sie hatte ungewöhnlich schöne Beine, und damals wurden noch sehr kurze Röcke getragen. Sie war wohl ein wenig geschminkt, wirkte jedoch im Gegensatz zu den anderen Frauen sehr natürlich. Das kurzgeschnittene Haar stand ihr; es war noch ohne den kleinsten Anflug von Weiß und hatte einen schönen Schimmer. Sie war keine hübsche Frau, aber ihr liebenswürdiges Wesen, ihre Frische und ihre Gesundheit erweckten, wenn auch nicht die Illusion, daß sie es dennoch sei, zumindest die Überzeugung, daß es nicht das geringste zu bedeuten habe. Als sie an den Tisch zurückkam, waren ihre Wangen gerötet, und ihre Augen leuchteten.

»Wie tanzt er?« fragte ihr Gatte.

»Himmlisch.«

»Das ist Ihr Verdienst«, sagte Morton.

Charlie fuhr in seiner Unterhaltung fort. Er hatte eine sarkastische Art, und es war fesselnd, ihm zuzuhören, weil er sich selbst so lebhaft für seinen Gegenstand interessierte. Aber er sprach über Dinge, von denen Morton nichts wußte, und obwohl dieser sich höflich bemühte zu folgen, merkte ich doch, daß er viel zu beansprucht war von der angeregten Stimmung ringsumher, der Musik und dem Champagner, um dem Gespräch seine Aufmerksamkeit zu schenken. Als die Kapelle wieder einsetzte, suchten seine Blicke sofort die Augen Margerys. Charlie fing den Blick auf und lächelte.

»Tanz mit ihm, Margery. Gut für deine Linie, wenn du dir Bewegung machst.«

Sie entfernten sich, und Charlie sah ihr einen Augenblick liebevoll nach.

»Margery ist selig. Sie tanzt so leidenschaftlich gern, und mir nimmt's den Atem. Netter Junge.«

Mein Abend wurde ein richtiger Erfolg, und als Morton und ich uns von den Bishops verabschiedet hatten und noch ein Stückchen zusammen Richtung Piccadilly Circus gingen, dankte er mir aufs wärmste. Er hatte sich großartig unterhalten. Am nächsten Morgen reiste ich ins Ausland.

Es tat mir leid, daß ich nicht mehr für Morton hatte tun können. Bei meiner Heimkehr würde er voraussichtlich schon auf dem Rückweg nach Borneo sein.

Hier und da dachte ich noch flüchtig an ihn, aber als ich im Herbst nach Hause zurückkehrte, war er meinem Gedächtnis schon wieder entschwunden. Ich mochte bereits eine Woche in London gewesen sein, als ich eines Abends zufällig in den Klub kam, dem auch Charlie Bishop angehörte. Er saß mit drei, vier Männern zusammen, die ich ebenfalls kannte, und ich trat an ihren Tisch. Ich hatte sie alle seit meiner Rückkehr noch nicht gesehen. Einer von ihnen, Bill Marsh, mit dessen Frau Janet ich gut befreundet war, lud mich zu einem Drink ein.

»Wo kommst denn du so plötzlich her?« fragte Charlie. »Hab dich eine Ewigkeit nicht mehr gesehen.«

Ich merkte sofort, daß er betrunken war. Das wunderte mich. Charlie war dem Alkohol niemals abgeneigt gewesen, aber er konnte eine Menge vertragen und schlug eigentlich nie über die Stränge. In längst vergangenen Jahren, als wir noch sehr jung gewesen waren, hatte er sich manchmal einen Schwips geleistet, aber wohl eher, um zu zeigen, was für ein schneidiger Kerl er war. Es wäre unfair, einem Menschen die

Verfehlungen seiner Jugend vorzuwerfen, allerdings konnte ich mich erinnern, daß Charlie im betrunkenen Zustand noch nie sehr angenehm gewesen war: Seine natürliche Aggressivität pflegte sich dann zu verschärfen, er sprach zu viel und zu laut; er wurde zänkisch. Gegenwärtig war er äußerst dogmatisch, stellte die gewagtesten Behauptungen auf und ließ keinen Widerspruch aufkommen. Die anderen wußten, daß er betrunken war, und schwankten zwischen Gereiztheit, die seine Unleidlichkeit in ihnen wachrief, und gutmütiger Toleranz, die sein Zustand erforderte. Er bot keinen erfreulichen Anblick. Ein Mensch in diesem Alter, kahl und fett, mit einer Brille, ist widerwärtig, wenn er betrunken ist. Er war im allgemeinen ziemlich auf sein Äußeres bedacht, aber nun war er ungepflegt und über und über mit Zigarrenasche bestreut. Charlie rief den Kellner und bestellte abermals einen Whisky. Der Kellner war seit dreißig Jahren im Klub.

»Sie haben noch einen vor sich stehen, Sir«, sagte er.

»Kümmern Sie sich um Ihre eigenen Angelegenheiten«, schrie Charlie. »Wenn Sie mir nicht augenblicklich einen doppelten Whisky bringen, melde ich Ihre Unverschämtheit beim Klubsekretär.«

»Sehr wohl, Sir«, sagte der Kellner.

Charlie leerte sein Glas auf einen Zug, aber seine Hand war unsicher, und etwas von dem Whisky ging daneben. »Na, Charlie, mein Junge, jetzt wollen wir aber langsam aufbrechen«, meinte Bill Marsh. Er wandte sich zu mir. »Charlie wohnt nämlich jetzt für eine Weile bei uns.«

Mein Erstaunen wurde noch größer. Aber ich spürte, daß da etwas nicht stimmte, und schwieg.

»Wir können gleich gehen«, sagte Charlie. »Ich will nur schnell noch einen Whisky trinken. Dann schlafe ich besser.«

Es sah mir nicht danach aus, als ob die Gesellschaft in absehbarer Zeit aufbrechen würde. Deshalb stand ich auf und erklärte, daß ich noch ein Stück zu Fuß gehen wolle.

»Da fällt mir ein«, rief Bill, als ich mich schon verabschiedet hatte, »könntest du nicht morgen abend zu uns zum Essen kommen? Wir werden ganz unter uns sein: nur ich, Janet und Charlie.«

»Doch«, antwortete ich, »gern.«

Es war klar, daß sich etwas ereignet hatte.

Die Marshs wohnten in einer Häuserreihe an der Ostseite des Regent's Park. Das Mädchen, das mir die Tür öffnete, bat mich in Bills Zimmer. Er erwartete mich.

»Ich wollte dich gern allein sprechen, ehe wir hinaufgehen«, setzte er gleich nach der Begrüßung an. »Du weißt doch, daß Margery Charlie verlassen hat?«

»Nein!«

»Es hat ihn furchtbar getroffen. Janet wollte ihn nicht allein lassen in seiner scheußlichen kleinen Wohnung, und da haben wir ihn für eine Weile zu uns genommen. Wir haben getan, was wir konnten. Er trinkt wie ein Faß. Seit vierzehn Tagen hat er kein Auge geschlossen.«

»Aber sie wird doch wieder zu ihm zurückkommen?«

Ich war wie vor den Kopf geschlagen.

»Nein. Sie hat sich in einen jungen Menschen namens Morton verliebt.«

»Morton? Wer ist denn das?«

Ich wäre nie auf den Gedanken gekommen, daß es sich um meinen Freund aus Borneo handeln könnte.

»Durch dich hat sie ihn doch kennengelernt, zum Teufel! Da hast du was Schönes angerichtet! Komm, laß uns hinaufgehen. Ich wollte dich bloß vorbereiten.«

Er öffnete die Tür, und wir verließen das Zimmer.

Ich war völlig verwirrt.

»Ja, aber …«, stammelte ich.

»Frag Janet. Sie weiß alles. Mir geht das Verständnis ab für solche Dinge. Ich finde Margerys Verhalten unentschuldbar, und der Kerl muß ein Schwein sein.«

Er ging voraus und führte mich in den Salon. Janet Marsh erhob sich bei meinem Eintritt und kam mir mit ausgestreckten Händen entgegen. Charlie saß am Fenster und las die Abendzeitung; er legte sie fort, als ich zu ihm hintrat und ihn begrüßte. Er war vollkommen nüchtern und sprach in seiner gewohnten, etwas herausfordernden Art, aber ich bemerkte, daß er sehr schlecht aussah. Wir tranken ein Glas Sherry und setzten uns zu Tisch. Janet war eine geistreiche Frau. Sie war groß, blond und angenehm anzusehen. Sie hielt das Gespräch geschickt im Gang. Als wir Männer uns nach dem Dinner noch auf ein Glas Portwein hinunterverzogen, verließ sie uns mit der Ermahnung, ja nicht länger als zehn Minuten wegzubleiben. Bill, der für gewöhnlich etwas schweigsam war, bemühte sich eifrig zu reden. Ich unterstützte ihn nach Kräften. Zwar fühlte ich mich gehemmt, weil ich nicht genau wußte, was vorgefallen war, aber es war klar, daß die Marshs Charlie ablenken wollten. Und auch ich tat, was ich konnte, um ihn zu zerstreuen.

Er zeigte sich willig, die ihm zugeschriebene Rolle zu spielen; mit der gewohnten Freude am Dozieren redete er vom Standpunkt des Pathologen über einen Mord, der damals gerade die Öffentlichkeit beschäftigte. Aber er sprach ohne Leben. Er war eine hohle Muschel, und man hatte, obgleich er sich seinen Gastgebern zuliebe zum Sprechen zwang, doch den Eindruck, daß seine Gedanken anderswo weilten. Es war eine Erlösung, als uns ein Klopfen von oben anzeigte, daß Janet ungeduldig wurde.

Die Gegenwart einer Frau würde die Situation erleichtern. Wir gingen hinauf und spielten Bridge. Als es an der Zeit war, sich zu verabschieden, erklärte Charlie, daß er mich bis zur Marylebone Road begleiten würde.

»Oh, Charlie, es ist spät. Sie sollten wirklich lieber zu Bett gehen«, sagte Janet.

»Ich werde besser schlafen, wenn ich zuvor noch einen kleinen Bummel gemacht habe«, antwortete er.

Sie blickte ihn bekümmert an. Man kann einem fünfundfünfzigjährigen Professor der Pathologie nicht verbieten, einen kleinen Spaziergang zu machen, wenn es ihn danach verlangt. Sie warf ihrem Mann einen ermunternden Blick zu.

»Dir würde ein bißchen frische Luft auch nicht schaden, Bill.« Die Bemerkung war taktlos. Frauen gehen oft zu weit in ihrer Fürsorglichkeit.

Charlie warf ihr einen unwilligen Blick zu.

»Es besteht nicht die geringste Veranlassung, Bill auf die Straße zu scheuchen«, sagte er mit einer gewissen Heftigkeit.

»Habe auch gar nicht die Absicht, mich scheuchen zu lassen«, sagte Bill lächelnd. »Ich bin todmüde und gehe in die Klappe.«

Ich vermute, daß es nach unserem Aufbruch eine kleine Auseinandersetzung zwischen Bill Marsh und seiner Frau gab.

»Sie sind furchtbar nett zu mir«, sagte Charlie, während wir längs des Parkzauns dahinschlenderten. »Ich weiß nicht, was ich ohne die beiden angefangen hätte. Seit vierzehn Tagen habe ich nicht mehr geschlafen.«

Ich gab meinem Bedauern Ausdruck, fragte aber nicht nach der Ursache, und wir gingen schweigend weiter. Sicherlich war er nur deshalb mitgekommen, um sich mit mir auszusprechen, aber ich wollte ihn nicht bedrängen. Ich hatte den Wunsch, ihm meine Teilnahme zu zeigen, fürchtete jedoch, etwas Falsches zu sagen. Er sollte nicht glauben, daß ich darauf aus war, ihm Bekenntnisse zu entlocken. Was sollte ich tun? Ob er vielleicht doch eine Frage von mir erwartete? Es schien mir unwahrscheinlich. Es lag nicht in seiner Art, sich um die Dinge herumzudrücken. Offenbar überlegte er, was für Worte er wählen sollte. Wir erreichten die Ecke.

»Dort bei der Kirche kannst du ein Taxi bekommen«, sagte er. »Ich laufe noch ein Stückchen. Gute Nacht.«

Er nickte mir zu und ließ mich stehen. Ich war verblüfft. Es blieb mir nichts anderes übrig, als weiterzugehen, bis ich einen Wagen bekam.

Am nächsten Morgen saß ich in der Badewanne, als das Telefon schrillte und mich aus dem Wasser riß. Ein Handtuch um den nassen Leib, nahm ich den Hörer ab. Es war Janet.

»Also, wie findest du das Ganze?« fragte sie. »Ihr scheint ja noch lange aufgeblieben zu sein, gestern abend. Ich habe Charlie um drei Uhr nach Hause kommen hören.«

»Wir haben uns an der Ecke der Marylebone Road getrennt«, antwortete ich. »Er hat mir nicht das geringste erzählt.«

»Nicht!?«

Etwas in Janets Stimme ließ mich befürchten, daß sie gute Lust auf ein längeres Gespräch mit mir hatte. Offenbar stand das Telefon neben ihrem Bett.

»Übrigens«, sagte ich schnell, »ich bade gerade.«

»Ach, du hast ein Telefon im Badezimmer stehen?« Aus ihrer Stimme klang lebhaftes Interesse und ein klein wenig Neid.

»Nein, keineswegs«, antwortete ich kurz angebunden. »Ich triefe, und der Teppich ist schon ganz naß.«

»Oh!« Enttäuschung und eine Spur von Unwillen lag in ihrem Ton. »Wann kann ich dich also sprechen? Kannst du um zwölf bei mir sein?«

Es paßte mir zwar schlecht, aber ich war entschlossen, mich augenblicklich unter keinen Umständen auf Diskussionen einzulassen.

»Jawohl, adieu.«

Ich hängte ein, ehe sie noch imstande war, ein Wort hinzuzufügen. Wenn die Seligen im Himmel dereinst das Telefon benützen, dann werden sie sagen, was zu sagen ist, und nicht eine Silbe mehr.

Ich hatte Janet aufrichtig gern, aber ich wußte, daß es nichts gab, was sie mehr belebte als die Schicksalsschläge ihrer Freunde. Sie war rührend bemüht, ihnen zu helfen, aber sie stellte die unerbittliche Forderung, voll und ganz in ihr Unglück eingeweiht zu werden. Sie war die personifizierte ›Freundin in der Not‹. Die Angelegenheiten anderer Leute waren ihr Speis und Trank. Es war unmöglich, sich zu verlieben, ohne sie als Vertraute mit in Kauf zu nehmen, oder in eine Scheidungsaffäre verwickelt zu sein, ohne zu entdecken, daß auch sie ihre Hand im Spiel hatte. Trotz alledem war sie eine sehr nette Frau. Als ich nun um die Mittagsstunde in Janets Salon erschien und die erwartungsvolle Spannung bemerkte, mit der sie mich begrüßte, konnte ich ein inneres Schmunzeln nicht unterdrücken. Sie war außer sich über die Katastrophe, welche die Bishops heimgesucht hatte, aber sie fühlte sich in ihrem Element. Sie brannte darauf, einen Uneingeweihten über alle Einzelheiten zu unterrichten. In ihrer nüchtern-praktischen Art glich sie einer Mutter, die sich mit dem Hausarzt über die erste Entbindung ihrer verheirateten Tochter unterhält. Die Sache war ernst, sehr ernst sogar, und niemand sollte meinen, daß Janet sie nicht wichtig genug nahm – aber sie war entschlossen, die Sensation bis ins letzte auszukosten.

»Ich war natürlich entsetzt, als Margery mir sagte, daß sie sich von Charlie trennen wolle.« Sie sprach mit der Geläufigkeit eines Menschen, der das gleiche mindestens zehnmal in genau den gleichen Worten wiedererzählt hat.

»Wie haben diese beiden Menschen aneinander gehangen! Wie haben sie sich verstanden! Es war eine vollkommene Ehe. Natürlich, auch Bill und ich stehen sehr gut miteinander. Aber hie und da zanken wir uns furchtbar. Umbringen könnte ich ihn manchmal.«

»Deine Beziehung zu Bill interessiert mich nicht«, unterbrach ich. »Erzähle mir von den Bishops. Das ist der Grund meines Hierseins.«

»Ich *mußte* dich einfach sehen! Schließlich bist du der einzige Mensch, der Licht in diese Geschichte bringen kann.«

»Um Gottes willen, hör auf. Bis zum gestrigen Abend war ich ahnungslos.«

»Aha! Dann hatte ich also doch recht. Es fiel mir nämlich

plötzlich ein, daß du am Ende nichts weißt und daß man dich vor einem Fauxpas bewahren muß.«

»Wie wäre es, wenn du von vorn anfingest?« fragte ich.

»Nun, du bist selbst der Anfang. Von dir ist nämlich das ganze Unglück ausgegangen. *Du* hast den jungen Mann vorgestellt. Deshalb war ich ja so wild darauf, dich zu sprechen. Du kennst ihn. Ich habe ihn nie gesehen. Ich weiß nichts weiter über ihn, als was Margery mir erzählt hat.«

»Um wieviel Uhr ißt du zu Mittag?« fragte ich.

»Halb zwei.«

»Ich ebenfalls. Erzähle weiter.«

Aber meine Bemerkung hatte Janet auf eine Idee gebracht.

»Sag, könntest du deinen Lunch nicht absagen? Ich sage auch ab. Wir essen dann hier eine Kleinigkeit. Es ist bestimmt ein bißchen kaltes Fleisch im Haus. Dann müßten wir uns nicht beeilen. Ich muß erst um drei beim Friseur sein.«

»Nein, nein, nein«, wehrte ich ab. »Das kann ich nicht. Spätestens zwanzig nach eins gehe ich von hier fort.«

»Dann kann ich nur in flüchtigen Umrissen erzählen. Was hältst *du* von Gerry?«

»Gerry? Wer ist das?«

»Na, Gerry Morton. Er heißt doch Gerald.«

»Habe ich nie gewußt.«

»Wieso? Du hast doch bei ihm gewohnt. Hast du denn niemals Briefe herumliegen sehen?«

»Wahrscheinlich ja; aber ich habe sie nicht gelesen«, antwortete ich mit einer gewissen Schärfe.

»Ach, sei doch nicht so dumm. Ich meine natürlich die Umschläge. Wie ist er denn?«

»Ganz in Ordnung. Ein Kipling-Typ. Sehr begeistert für seine Arbeit. Tüchtig. Jemand, der Großes vorhat.«

»Das meine ich doch nicht«, rief Janet ungeduldig. »Ich möchte wissen, wie er aussieht.«

»Wie er aussieht? Gott, wie alle Welt, eigentlich. Ich würde ihn natürlich sofort wiedererkennen, wenn ich ihm begegnete, aber genau im Kopf habe ich sein Bild nicht. Proper sieht er aus.«

»Ach, du lieber Himmel«, seufzte Janet. »Und sowas nennt sich Romanschriftsteller! Was für eine Augenfarbe hat er denn?«

»Weiß ich nicht.«

»Das *mußt* du wissen. Man kann doch nicht eine Woche mit einem Menschen gelebt haben, ohne zu wissen, ob er blaue oder braune Augen hat. Ist er blond oder dunkel?«

»Weder das eine noch das andere.«

»Ist er groß oder klein?«

»Mittel, glaube ich.«

»Du willst mich ärgern.«

»Nein. Er sieht vollkommen alltäglich aus. Er ist weder häßlich noch schön. Ordentlich sieht er aus. Wie ein Gentleman.«

»Margery behauptet, daß er ein reizendes Lächeln hat und eine wunderbare Figur.«

»Das mag schon stimmen.«

»Er ist ganz vernarrt in sie.«

»Woraus schließt du das?« fragte ich trocken.

»Ich habe seine Briefe gelesen.«

»Willst du damit sagen, daß Margery sie dir gezeigt hat?«

»Selbstverständlich.«

Es wird für einen Mann immer schwer sein, den Mangel an Verschwiegenheit zu begreifen, den Frauen in ihren Liebesangelegenheiten an den Tag legen. Sie haben kein Schamgefühl. Ohne Verlegenheit sprechen sie miteinander über die intimsten Dinge. Diskretion ist eine männliche Eigenschaft. Aber obwohl der Mann dies theoretisch wissen müßte, erlebt er immer wieder einen peinlichen Schock, wenn er sich einem neuen Fall von weiblicher Indiskretion gegenübersieht. Was hätte Morton dazu gesagt, wenn er gewußt hätte, daß seine Briefe außer von Margery auch noch von Janet Marsh gelesen wurden und daß Janet Marsh tagtäglich über die fortschreitenden Phasen seiner zärtlichen Gefühle auf dem laufenden gehalten wurde? Sie erzählte mir, daß er sich auf den ersten Blick in Margery verliebt habe. Am Morgen nach unserem Abendessen bei Ciro habe er sie angerufen und sie eingeladen, am Nachmittag mit ihm auszugehen, irgendwohin, wo man Tee trinken und ein wenig tanzen könnte. Es war mir, während ich Janet zuhörte, natürlich klar, daß sie Margerys Sicht der Dinge wiedergab, und ich blieb wachsam. Ich stellte mit Interesse fest, daß ihre Sympathien durchaus Margery gehörten. Zwar war es ihre Idee gewesen, Charlie auf zwei, drei Wochen einzuladen und ihn nicht elend und trübselig in seiner vereinsamten Wohnung zu lassen, und sie war unbeschreiblich gut zu ihm. Beinahe täglich aß sie mit ihm zu Mittag, weil auch Margery täglich mit ihm zu Mittag gegessen hatte; sie ging mit ihm im Regent's Park spazieren und veranlaßte Bill, sonntags mit ihm Golf zu spielen. Sie hörte mit wunderbarer Geduld zu, wenn er ihr von seinem Unglück erzählte, ließ nichts unversucht, ihn zu trösten. Sie hatte schreckliches Mitleid mit ihm. Aber nichtsdestoweniger stand sie unbeirrbar auf Margerys Seite. Als ich über diese eine mißbilligende Bemerkung machte, fuhr sie auf mich los wie eine Furie. Die Sache elektrisierte sie. Sie hatte sie von allem Anfang an miterlebt: von dem Moment an, da Margery lächelnd, geschmeichelt und ein wenig zweifelnd bei ihr erschienen war und ihr erzählt hatte, daß ein junger Mann sich um sie bemühe, bis zu jener letzten Szene, da Margery, verstört und aufgerieben, erklärt hatte, daß sie die nervliche Anspannung nicht länger ertragen habe und aus der Wohnung ausgezogen sei.

»Zuerst wollte ich meinen Ohren nicht trauen«, sagte Janet. »Du weißt doch, wie Charlie und Margery miteinander standen. Sie waren einfach so unzertrennlich, daß es manchmal schon komisch wirkte. Ich fand Charlie nie übertrieben sympathisch, und äußerlich war er weiß Gott nicht besonders attraktiv. Aber was man auch gegen ihn einwenden mochte, man mußte ihn gern haben, weil er so furchtbar nett zu Margery war. Manchmal beneidete ich sie geradezu. Sie hatten kein Geld und lebten recht ›genialisch‹, wie man sagt, aber sie waren ungeheuer glücklich. Ich dachte mir natürlich, daß dieser Flirt spurlos vorbeigehen würde. Margery amüsierte sich über ihre Eroberung. ›Ich nehme es selbstverständlich nicht ernst‹, behauptete sie, ›aber es macht Spaß, in meinem Alter noch ein wenig angeschwärmt zu werden. Seit Jahren habe ich keine Blumen mehr geschickt bekommen. Ich mußte ihn bitten, mir keine weiteren zu senden, weil Charlie mich sonst auslachen würde. Gerry kennt keine Menschenseele in London und tanzt so wahnsinnig gern. Und weil es so traurig für ihn ist, immer allein ins Theater zu gehen, waren wir zusammen auf zwei, drei Matineen. Du glaubst nicht, wie dankbar er ist, wenn ich mit ihm ausgehe; es ist geradezu rührend‹. – ›Auf alle Fälle scheint er ein lieber Kerl zu sein‹, sagte ich. – ›Das ist er‹, antwortete sie. ›Ich wußte gleich, daß du mich verstehen würdest. Du tadelst mich doch nicht?‹ – ›Aber keine Spur, meine Liebe‹, sagte ich. ›So weit müßtest du mich schon kennen. Ich würde genauso handeln wie du.‹«

Margery machte kein Geheimnis aus ihren Unternehmungen mit Morton, und ihr Gatte neckte sie gutmütig mit ihrem Beau. Im Grunde fand er ihn sehr manierlich und angenehm und freute sich, daß Margery jemanden ›zum Zeitvertreib‹ hatte, während er beschäftigt war. Er kam gar nicht auf den Gedanken, eifersüchtig zu sein. Sie dinierten einige Male zu dritt und besuchten ein Varieté. Aber damit gab sich Gerry Morton nicht zufrieden. Sehr bald bat er Margery, einen Abend mit ihm allein zu verbringen. Sie wollte anfangs nichts davon hören, und erst als er nicht lockerließ und sie immer heftiger bestürmte, wandte sie sich an Janet. Sie bat sie, Charlie an einem bestimmten Tag zum Dinner und zum Bridge einzuladen. Charlie ging niemals ohne seine Frau aus, aber die Marshs waren alte Freunde, und Janet beschwor ihn, sie nicht im Stich zu lassen. Sie erfand irgendeine abenteuerliche Geschichte und stellte seine Anwesenheit als unerläßlich dar. Am nächsten Tag traf sie sich wieder mit Margery. Der Abend war wunderbar gewesen. Sie hatten in Maidenhead diniert und dann getanzt, und schließlich waren sie durch die Sommernacht nach Hause gefahren.

»Er sagt, daß er wahnsinnig in mich verliebt ist«, erzählte ihr Margery.

»Hat er dich geküßt?« fragte Janet.

»Natürlich«, lachte Margery. »Sei doch nicht dumm, Janet. Er ist furchtbar nett und hat eine so reizende Art. Selbstverständlich glaube ich nicht die Hälfte von dem, was er mir sagt.«

»Liebes Kind, du wirst dich doch nicht in ihn verlieben?«

»Ist bereits geschehen«, sagte Margery.

»Ja aber, meine Liebe, wird das nicht furchtbar schwierig werden?«

»Ach, es wird nicht lange dauern. Schließlich muß er im Herbst nach Borneo zurück.«

»Du siehst jedenfalls um Jahre verjüngt aus.«

»Ja, ich fühle mich auch um Jahre verjüngt.«

Bald kamen sie jeden Tag zusammen. Sie trafen sich am Morgen und spazierten miteinander durch den Park oder durch eine Bildergalerie. Um die Mittagsstunde, wenn Margery zu ihrem Mann mußte, trennten sie sich, und nach dem Lunch trafen sie sich wieder und fuhren miteinander ins Freie oder irgendwohin an den Fluß. Margery erzählte ihrem Mann nichts davon. Sie ahnte natürlich, daß er für derlei nicht viel Verständnis aufbringen würde.

»Wie kommt es, daß du Morton niemals kennengelernt hast?« fragte ich Janet.

»Ach, Margery wollte es nicht. Gott, wir gehören schließlich der gleichen Generation an. Ich kann das sehr gut begreifen.«

»Aha.«

»Ich habe ihr natürlich geholfen, soweit ich konnte. Wenn sie mit Gerry ausging, war sie offiziell bei mir.«

»Hatten sie ein intimes Verhältnis miteinander?«

»Aber nein! So etwas würde Margery doch nicht tun.«

»Wie kannst du das wissen?«

»Sie hätte es mir bestimmt erzählt.«

»Das glaube ich allerdings auch.«

»Ich habe sie auf den Kopf zu gefragt. Aber sie hat es schlankweg verneint. Und ich bin überzeugt, daß sie die Wahrheit gesagt hat. Was das betrifft, ist nie etwas zwischen ihnen gewesen.«

»Wie merkwürdig!«

»Gott, Margery ist eine furchtbar anständige Person.«

Ich zuckte die Achseln.

»Sie war vollkommen aufrichtig zu Charlie. Sie hätte ihn um nichts in der Welt betrogen. Es war ihr unerträglich, ein Geheimnis vor ihm zu haben. Sobald sie sich ihrer Verliebtheit bewußt geworden war, wollte sie Charlie alles erzählen. Ich flehte sie an, es nicht zu tun. Ich setzte ihr auseinander, daß bestimmt nichts Gutes dabei herauskommen würde. Es würde Charlie unglücklich machen, sonst nichts. Und in ein paar Monaten mußte der Junge ja doch wieder fort. Hatte es einen Sinn, eine Sache aufzubauschen, die unmöglich von Dauer sein konnte?«

Aber Gerrys bevorstehende Abreise führte schließlich die Katastrophe herbei. Die Bishops hatten geplant, im Sommer wie gewöhnlich ins Ausland zu gehen und mit dem Auto durch Belgien, Holland und Norddeutschland zu reisen. Charlie studierte schon eifrig Landkarten und Reiseführer. Er zog bei seinen Freunden Erkundigungen über Hotels und Straßen ein. Er blickte seinen Ferien aufgeregt und ungeduldig wie ein Schuljunge entgegen. Margery hörte ihm mit immer schwererem Herzen zu. Charlie wollte vier Wochen fortbleiben, und im September ging Gerrys Schiff. Sie konnte es nicht ertragen, so viel von der kurzen Zeit, die er noch blieb, zu verlieren, und der Gedanke an die Autotour erfüllte sie mit Verzweiflung. Je näher der Tag des Aufbruchs heranrückte, desto unruhiger wurde sie. Schließlich erkannte sie, daß ihr nur eines übrigblieb.

Als er ihr eines Tages von einem Restaurant erzählte, das man ihm kürzlich empfohlen habe, unterbrach sie ihn plötzlich: »Charlie, ich kann diese Reise nicht mitmachen. Suche dir jemand andern, der dich begleitet.«

Er blickte sie verständnislos an. Sie war über das, was sie gesagt hatte, bestürzt, und ihre Lippen zitterten.

»Warum? Was ist denn los?«

»Gar nichts. Ich habe keine Lust. Ich möchte ein bißchen allein sein.«

»Bist du krank?«

Sie sah die plötzliche Furcht in seinen Augen. Seine Besorgnis war mehr, als sie ertragen konnte.

»Nein. Ich war nie im Leben gesünder. Ich bin verliebt.«

»Verliebt? Ja, in wen denn?«

»In Gerry.«

Er traute seinen Ohren nicht. Verblüffung breitete sich auf seinem Gesicht aus. Sie mißverstand seinen Ausdruck.

»Es hat keinen Zweck, mir Vorwürfe zu machen. Ich kann nichts dafür. Er geht in ein paar Wochen fort. Und die kurze Zeit, die er noch bleibt, lasse ich mir nicht nehmen.«

Er fing an zu lachen.

»Margery, wie kannst du dich so lächerlich machen? Du könntest seine Mutter sein.«

Sie errötete.

»Er ist ebenso verliebt in mich wie ich in ihn.«

»Hat er dir das gesagt?«

»Tausendmal.«

»Dann ist er ein Lügner.«

Er lachte. Sein dicker Bauch wackelte. Er fand die ganze Geschichte furchtbar komisch. Man kann sagen, daß das wohl nicht die richtige Art war, seine Frau zu behandeln. Janet schien der Ansicht, daß er zart und teilnahmsvoll hätte sein müssen. Er hätte ›alles verstehen müssen‹. Ich konnte mir die Szene, wie sie nach ihrem Geschmack gewesen wäre, ausmalen: seine mühsam bewahrte Haltung, den still nagenden Kummer, den schließlichen Verzicht. Frauen haben einen besonderen Sinn für die Schönheit der Selbstaufopferung bei anderen. Janet hätte auch einen Wutanfall gebilligt, sie wäre einverstanden gewesen, wenn er ein paar Möbelstücke zertrümmert hätte (die er anschließend hätte ersetzen müssen) oder wenn er Margery ins Gesicht geschlagen hätte. Aber sie auszulachen, nein, das war unverzeihlich. Ich hätte einwenden können, daß es für einen ziemlich dicken, nicht sehr großen, fünfundfünfzigjährigen Professor der Pathologie nicht ganz leicht ist, sich plötzlich wie ein Höhlenmensch aufzuführen. Aber ich unterließ es. Die Auslandsreise wurde jedenfalls aufgegeben, und die Bishops blieben im August in London. Sie waren nicht sehr glücklich. Sie aßen täglich zu Mittag und zu Abend miteinander, weil sie es durch viele Jahre so gehalten hatten, und die übrige Zeit verbrachte Margery mit Gerry. Die Stunden, die sie mit ihm verlebte, entschädigten sie für alles, was sie zu erdulden hatte, und das war viel. Charlie hatte eine höhnische und sarkastische Art und machte sich auf ihre und Gerrys Kosten lustig. Er weigerte sich beharrlich, die Sache ernst zu nehmen. Er ärgerte sich über Margerys Albernheit, kam jedoch anscheinend nicht auf den Gedanken, daß sie ihn betrügen könnte. Ich ließ eine verwunderte Bemerkung darüber fallen.

»Er hatte nicht den leisesten Verdacht«, sagte Janet. »Dazu kannte er Margery zu gut.«

Die Wochen gingen hin, und schließlich reiste Gerry ab. Er schiffte sich in Tilbury ein, und Margery begleitete ihn dorthin. Als sie zurückkam, weinte sie achtundvierzig Stunden lang. Charlie sah ihr mit wachsender Gereiztheit zu. Seine Nerven waren sehr mitgenommen.

»Hör mal, Margery«, fing er schließlich an, »ich habe viel Geduld mit dir gehabt, aber jetzt mußt du dich zusammennehmen. Das ist kein Spaß mehr.«

»Kannst du mich nicht in Ruhe lassen?« rief sie. »Ich habe alles verloren, alles.«

»Red keinen Unsinn«, sagte er.

Ich weiß nicht, was er sonst noch sagte. Jedenfalls war er unklug genug, ihr auseinanderzusetzen, was er von Gerry hielt, und das Bild, das er entwarf, war nicht gerade schmeichelhaft. Es gab Anlaß zu der ersten heftigen Szene ihres Zusammenlebens. Charlies Spöttereien waren ihr erträglich gewesen, solange sie wußte, daß sie Gerry eine Stunde später oder am nächsten Tag wiedersehen würde. Aber nun, da es feststand, daß sie ihn für immer verloren hatte, konnte sie sie nicht länger ertragen. Sie hatte sich wochenlang beherrscht: jetzt war sie am Ende ihrer Kräfte. Vielleicht wurde ihr gar nicht klar, was sie Charlie alles ins Gesicht schrie. Er war ein jähzorniger Mensch, und es kam schließlich so weit, daß er sie schlug. Sie waren beide erschrocken, als es geschehen war. Er packte seinen Hut und stürzte aus der Wohnung. All die Zeit, so unglücklich sie auch gewesen waren, hatten sie miteinander im selben Bett geschlafen. Als er nach jenem Auftritt in der Nacht nach Hause kam, hatte sie sich im Wohnzimmer auf dem Sofa ein eigenes Lager zurechtgemacht.

»Dort kannst du nicht schlafen«, sagte er. »Sei nicht so dumm. Leg dich ins Bett.«

»Ich will nicht. Nein, laß mich in Ruhe.«

Sie stritten die ganze Nacht hindurch, aber zu guter Letzt setzte sie ihren Willen durch und bettete sich von nun an allabendlich auf das Sofa. Aber wie konnten sie in dieser kleinen Wohnung voneinander loskommen? Sie sahen und hörten einander, ob sie wollten oder nicht. All die Jahre hatten sie in einer solchen Vertrautheit gelebt, daß es ihnen zum Instinkt geworden war, zusammen zu sein. Er versuchte, sie zur Vernunft zu bringen. Er redete endlos auf sie ein, um ihr klarzumachen, wie töricht sie sei. Er ließ ihr keine Ruhe. Er diskutierte halbe Nächte durch, bis sie beide völlig erschöpft waren. Er bildete sich ein, ihr die Liebe ausreden zu können. Dazwischen gab es Tage, an denen sie kein Wort miteinander wechselten. Eines Abends beim Nachhausekommen traf er sie bitterlich weinend an. Der Anblick ihrer Tränen überwältigte ihn. Er beteuerte ihr, daß er sie unendlich liebe, und versuchte, sie durch die Erinnerung an die glücklichen Jahre, die sie miteinander verlebt hatten, zu rühren. Er wollte das Vergangene begraben sein lassen. Er versprach, Gerry nie mehr zu erwähnen. War es nicht möglich, das Furchtbare, das sie durchgemacht hatten, zu vergessen? Aber es war vergeblich. Der Gedanke an eine Versöhnung und an alles, was eine Versöhnung zur Folge hatte, erfüllte sie mit Abscheu. Sie schützte heftige Kopfschmerzen vor und bat um ein Schlafmittel. Als er am nächsten Morgen zur Arbeit ging, stellte sie sich immer noch schlafend. Doch kaum war er fort, packte sie ihre Koffer und verließ das Haus. Ein paar Schmuckstücke, die sie geerbt hatte, verkaufte sie und verschaffte sich dadurch ein wenig Geld. Sie mietete sich ein Zimmer in einer billigen Pension und hielt ihre Adresse vor Charlie geheim.

Als er entdeckte, daß sie ihn verlassen hatte, brach er vollständig zusammen. Dieser Schlag gab ihm den Rest. Er klagte Janet gegenüber, daß seine Einsamkeit unerträglich sei. In Briefen flehte er Margery an zurückzukehren, er bat Janet, ein gutes Wort für ihn einzulegen; es gab nichts, was er nicht versprechen wollte; so sehr erniedrigte er sich. Margery blieb unerbittlich.

»Glaubst du, daß sie jemals zu ihm zurückkommen wird?« fragte ich Janet.

»Sie sagt nein.«

Da es mittlerweile beinahe halb zwei geworden war und ich eine Verabredung am anderen Ende von London hatte, mußte ich unser Gespräch abbrechen.

Zwei oder drei Tage später wurde ich von Margery angerufen. Sie bat mich um ein Treffen. Ob sie mich besuchen dürfe? Ich lud sie zum Tee ein. Ich bemühte mich, nett zu ihr zu sein; ihre Liebesangelegenheiten gingen mich nichts an; aber insgeheim fand ich sie sehr töricht, und mein Benehmen war vielleicht etwas kühl. Sie war niemals schön gewesen, und die Jahre hatten sie nur wenig verändert. Sie hatte immer noch ihre hübschen dunklen Augen, und ihr Gesicht war überraschend glatt. Sie war sehr einfach gekleidet, und falls sie Schminke aufgelegt hatte, war es so geschickt geschehen, daß es nicht zu merken war. Sie besaß immer noch ihren alten Charme, der hauptsächlich in ihrer unbedingten Natürlichkeit und in ihrem freundlichen Wesen bestand.

»Ich hätte ein Bitte an dich«, begann sie ohne weitere Umschweife.

»Nämlich?«

»Charlie zieht heute in unsere Wohnung zurück. Ich fürchte, die ersten Tage werden etwas schwierig für ihn sein; es wäre schrecklich nett von dir, wenn du ihn zum Dinner einladen oder dich sonst ein wenig um ihn kümmern könntest.«

»Ich muß nachsehen, was ich vorhabe.«

»Es heißt, daß er sehr viel trinkt. Das ist schlimm. Vielleicht kannst du ihn zur Vernunft bringen.«

»Er soll ja in der letzten Zeit allerhand häuslichen Kummer gehabt haben«, sagte ich vielleicht etwas scharf.

Margery errötete. Sie zuckte zusammen, als ob ich sie geschlagen hätte, und warf mir einen gequälten Blick zu.

»Ich kann verstehen, daß du für ihn Partei ergreifst. Du kennst ihn um so vieles länger als mich.«

»Liebes Kind, ich bin hauptsächlich deinetwegen so lange mit ihm befreundet, wenn du die Wahrheit wissen willst. Für ihn hatte ich nie besonders viel übrig. Aber dich fand ich immer furchtbar nett.«

Sie lächelte mich an, und ihr Lächeln war sehr charmant. Sie wußte, daß ich die Wahrheit sprach.

»Findest du, daß ich ihm eine gute Frau war?«

»Unbedingt.«

»Er war nicht sehr beliebt. Die Leute ärgerten sich über ihn. Ich habe ihn eigentlich niemals schwierig gefunden.«

»Er hat dich sehr, sehr liebgehabt.«

»Ich weiß. Wir haben großartig miteinander gelebt. Fünfzehn Jahre waren wir vollkommen glücklich.« Sie hielt inne und blickte zu Boden. »Ich mußte von ihm fortgehen. Es ging nicht länger. Wir standen wie Hund und Katze.«

»Dann mag es wohl das richtige gewesen sein, daß ihr euch getrennt habt.«

»Ja, zum Schluß konnte ich ihn nicht mehr sehen.«

»Das ist natürlich entsetzlich, für beide Teile.«

»Ich kann nichts dafür, daß ich mich verliebt habe. Es war eine ganz andere Art von Liebe als die, die ich für Charlie empfand. In meinem Gefühl für ihn war immer etwas Mütterliches, Schützendes gewesen. Ich war um so vieles vernünftiger als er. Es war schwer, mit ihm umzugehen. Ich verstand es, ihn zu nehmen. Gerry war ganz anders.« Ihre Stimme wurde weich, und ihr Gesicht verklärte sich. »Er hat mir meine Jugend wiedergegeben. Für ihn war ich ein junges Mädchen. Ich konnte mich auf seine Stärke verlassen. Bei ihm fühlte ich mich geborgen.«

»Er ist ein sympathischer Mensch«, sagte ich langsam, »und wird seinen Weg machen. Als ich ihn kennenlernte, war er sehr jung für den Posten, den er innehatte. Wenn ich mich nicht irre, ist er erst neunundzwanzig Jahre alt, nicht wahr?«

Sie lächelte still. Sie wußte genau, was ich damit meinte.

»Ich habe ihm gegenüber nie ein Geheimnis aus meinem Alter gemacht. Er behauptet, daß es keine Rolle spiele.«

Was sie sagte, war zweifellos wahr. Sie war nicht die Frau, die ihr Alter vertuschte. Sie hatte ihm mit freudiger Entschlossenheit reinen Wein eingeschenkt.

»Wie alt bist du?«

»Vierundvierzig.«

»Und was gedenkst du zu tun?«

»Ich habe Gerry geschrieben, daß ich Charlie verlassen habe. Sobald ich von ihm höre, reise ich ihm nach.«

Ich war bestürzt.

»Du weißt vielleicht nicht, daß die Kolonie, in der er lebt, sehr primitiv und klein ist. Deine Stellung wäre keine sehr angenehme.«

»Er hat mir das Versprechen abgenommen, ihm nachzukommen, sobald das Leben hier unerträglich für mich werden sollte.«

»Und du hältst es für klug, dich daran zu halten? Glaubst du, daß man den Worten, die ein junger Mann in seiner Verliebtheit äußert, so viel Bedeutung beimessen darf?«

Wieder erschien der Ausdruck von Verklärtheit auf ihrem Gesicht.

»Ja, wenn dieser junge Mann Gerry ist.«

Mein Herz sank. Ich schwieg einen Augenblick. Dann erzählte ich ihr die Geschichte von der Straße, die Gerry Morton gebaut hatte. Ich dramatisierte etwas und war in jeder Hinsicht auf Wirkung bedacht.

»Zu welchem Zweck hast du mir das erzählt?« fragte sie, als ich fertig war.

»Ich finde, daß es eine interessante Geschichte ist.«

Sie schüttelte den Kopf und lächelte.

»Nein, du wolltest mir zeigen, wie jung, wie unternehmungslustig und wie erfüllt von seiner Arbeit er ist – und wie ihm für anderes nicht viel Zeit übrigbleibt. Ich würde ihn in seiner Arbeit nicht stören. Du kennst ihn nicht so gut wie ich. Er ist unglaublich romantisch. Er betrachtet sich als Pionier. Und seine Begeisterung hat mich angesteckt. Ich finde es großartig, mitzuwirken an dem Aufbau neuer Länder. Vergleiche damit doch unser langweiliges und nüchternes Leben hier! Andererseits ist es dort unten gewiß sehr einsam. Da kann also sogar die Gesellschaft einer nicht mehr jungen Frau, wie ich es bin, ein Gewinn sein.«

»Hast du die Absicht, ihn zu heiraten?« fragte ich.

»Ich verlasse mich ganz auf ihn. Seine Wünsche sind auch die meinen.«

Sie sprach mit solcher Einfachheit, es war etwas so Rührendes in ihrem Vertrauen, daß ich ihr, als sie mich verließ, nicht länger böse sein konnte. Selbstverständlich fand ich sie sehr töricht. Doch wo kämen wir hin, wenn wir uns über die Torheit der Menschen ereifern wollten? Müßten wir unser Leben nicht in einem chronischen Zustand von Gereiztheit zubringen? Ich hatte die Hoffnung, daß sich alles wieder einrenken würde. Sie hatte behauptet, Gerry sei romantisch. Das stimmte, aber die Romantiker kommen in dieser nüchternen Welt mit ihrem Unsinn nur deshalb durch, weil irgendwo in ihnen ein sehr gesunder Instinkt für die Wirklichkeit steckt; das Nachsehen hat bloß derjenige, der ihre Phantastereien für bare Münze nimmt. Die Engländer sind romantisch, weshalb sie von den anderen Völkern für Heuchler gehalten werden. Das ist falsch: Sie machen sich in aller Ehrlichkeit auf die Suche nach dem Reich Gottes, aber die Reise ist beschwerlich, und sie handeln nur vernünftig, wenn sie unterwegs jede sichere Geldanlage mitnehmen, die sich ihnen bietet. Die britische Seele marschiert wie Wellingtons Armee mit dem Magen. Es war anzunehmen, daß Margerys Brief Gerry eine böse Viertelstunde bereiten würde. Das rührte mich zwar nicht weiter, aber ich war gespannt, wie er sich aus der Affäre ziehen würde. Margery stand vermutlich eine bittere Enttäuschung bevor; nun, das war nicht das Schlimmste. Schließlich würde sie geläutert zu ihrem Mann zurückkehren und glücklich und zufrieden mit ihm weiterleben bis an das Ende ihrer Tage.

Aber es kam anders. Ich hatte die nächsten Tage vollauf zu tun, und es war mir unmöglich, eine Verabredung mit Charlie Bishop zu treffen. So schrieb ich ihm denn, ob er Lust hätte, an einem Abend der folgenden Woche mit mir zu essen und nachher ins Theater zu gehen. Ich schlug es nicht ohne eine gewisse Besorgnis vor: ich wußte ja, daß er trank wie ein Faß und in betrunkenem Zustand einigermaßen lärmend wurde. Hoffentlich würde er mir keine Scherereien machen. Wir verabredeten, uns im Klub zu treffen und um sieben Uhr zu essen, weil das Stück, zu dem wir uns entschieden hatten, um Viertel nach acht begann. Ich kam in den Klub. Ich wartete. Er erschien nicht. Ich rief in seiner Wohnung an, erhielt aber keine Antwort und schloß daraus, daß er unterwegs sei. Ich hasse es, den Anfang eines Stückes zu versäumen, und so wartete ich ungeduldig in der Halle, um ihn sofort in den Speisesaal zu führen. Um Zeit zu sparen, hatte ich das Essen schon bestellt. Die Uhr zeigte halb acht, dann dreiviertel; ich sah nicht ein, warum ich noch länger warten sollte, und setzte mich allein zu Tisch. Er kam nicht. Ich ließ mich vom Speisesaal aus mit den Marshs verbinden, und sehr bald meldete mir der Kellner, daß Bill Marsh am Apparat sei.

»Wißt ihr, was mit Charlie Bishop los ist?« fragte ich. »Wir wollten miteinander essen und nachher ins Theater gehen; aber er ist nicht erschienen.«

»Er ist heute nachmittag gestorben.«

»Was?«

Mein Ausruf klang so erschrocken, daß ein paar von den umsitzenden Leuten aufblickten. Der Speisesaal war voll, und die Kellner liefen hin und her. Das Telefon stand auf dem Pult des Kassierers, und ein Kellner mit einer Flasche Rheinwein und zwei langstieligen Gläsern auf einem Tablett gab soeben dem Kassierer einen Bon. Der stattliche Oberkellner rempelte mich an, während er zwei Herren an einen Tisch komplimentierte.

»Von wo aus sprichst du denn?« fragte Bill.

Wahrscheinlich hörte er das Getöse, das mich umgab. Als ich es ihm erklärt hatte, bat er mich, gleich nach dem Essen hinüberzukommen. Janet wollte mit mir sprechen.

»Ich komme sofort«, sagte ich.

Ich fand Janet und Bill im Salon. Er las die Zeitung, und sie legte Patiencen. Sie kam, als das Mädchen mich hereinführte, rasch auf mich zu. Sie ging geschmeidig, sozusagen sprungbereit, auf leisen Sohlen, wie ein Panther, der sich an seine Beute anschleicht. Ich merkte sofort, daß sie in ihrem Element war. Sie gab mir die Hand und wandte das Gesicht ab, um die Tränen in ihren Augen zu verbergen. Ihre Stimme war leise und voller Tragik.

»Ich habe Margery hierhergeholt und sie ins Bett gepackt. Der Arzt hat ihr ein Beruhigungsmittel verschrieben. Sie ist völlig erledigt. Ist es nicht schrecklich?« Ein Laut, halb Stöhnen, halb Schluchzen, entrang sich ihr. »Ich weiß nicht, warum solche Dinge gerade immer mir passieren müssen…«

Die Bishops hatten nie ein Dienstmädchen gehabt. Jeden Morgen kam eine Aufwartefrau, um die Wohnung aufzuräumen und das Frühstücksgeschirr zu spülen. Sie hatte ihren eigenen Schlüssel. An diesem Morgen war sie wie gewöhnlich erschienen und hatte zuerst das Wohnzimmer in Ordnung gebracht. Seitdem Margery ihn verlassen hatte, war Charlie unregelmäßig in seinen Gewohnheiten geworden, und die Frau wunderte sich nicht weiter, daß er noch in seinem Schlafzimmer war. Aber die Zeit verging, und sie befürchtete, daß er seine Arbeit versäumen würde. Also ging sie an die Schlafzimmertür und klopfte. Es kam keine Antwort. Es kam ihr so vor, als ob er stöhnte. Sie öffnete leise die Tür. Er lag im Bett, auf dem Rücken, und atmete röchelnd. Er wachte nicht auf. Sie versuchte, ihn zu wecken. Etwas an ihm war ihr unheimlich. Sie läutete an der Tür der Nachbarwohnung, die einem Journalisten gehörte. Dieser hatte noch im Bett gelegen und öffnete ihr im Pyjama.

»Verzeihung, Sir«, sagte sie, »könnten Sie nicht einen Augenblick herüberkommen und sich Mr. Bishop ansehen? Er will mir gar nicht gefallen.«

Der Journalist kam mit in Charlies Wohnung. Neben dem Bett lag ein leeres Röhrchen Veronal.

»Wir müssen die Polizei holen«, sagte er.

Ein Schutzmann erschien und rief einen Krankenwagen. Man brachte Charlie ins Charing Cross Hospital. Er erlangte das Bewußtsein nicht wieder. Zuletzt war Margery bei ihm.

»Natürlich wird es zu einer gerichtlichen Untersuchung kommen«, meinte Janet. »Aber es ist ja klar, was geschehen ist. Er hat in den letzten drei, vier Wochen furchtbar schlecht geschlafen und offenbar Veronal genommen. Und diesmal muß er versehentlich mehr geschluckt haben, als er vertragen konnte.«

»Ist das auch Margerys Meinung?« fragte ich.

»Sie ist viel zu aufgeregt, um überhaupt eine Meinung zu haben; aber ich habe ihr versichert, daß es ganz bestimmt kein Selbstmord war. Charlie war doch nicht der Mensch, so etwas zu tun. Habe ich nicht recht, Bill?«

»Doch, Liebes«, antwortete er.

»Hat er einen Brief hinterlassen?«

»Nein, nichts. Merkwürdigerweise hat Margery heute früh einen Brief von ihm bekommen, Gott, einen Brief kann man es eigentlich nicht nennen – eine Zeile – weiter nichts. ›Ich fühle mich so vereinsamt ohne Dich, Liebling.‹ Das ist alles. Aber das hat natürlich nicht das geringste zu bedeuten. Sie hat mir versprochen, es bei der Untersuchung nicht zu erwähnen. Wozu den Leuten einen Floh ins Ohr setzen? Jeder Mensch weiß, daß es mit Veronal so eine Sache ist; ich für meine Person würde um nichts in der Welt welches nehmen. Es war ganz bestimmt ein Versehen. Habe ich nicht recht, Bill?«

»Doch, Liebes«, antwortete er.

Janet war also fest entschlossen, zu glauben, daß Charlie Bishop nicht Selbstmord verübt hatte. Aber wieweit sie in ihrem Herzen das, was sie glauben wollte, auch wirklich glaubte, konnte ich bei meiner ungenügenden Kenntnis der weiblichen Seele nicht beurteilen. Außerdem war es durchaus möglich, daß sie recht hatte. Daß ein Gelehrter gesetzten Alters sich das Leben nimmt, weil seine ebenfalls nicht mehr junge Frau ihn verläßt, ist keineswegs selbstverständlich. Die Möglichkeit, daß er, aufgerieben durch Schlaflosigkeit und betäubt durch Alkohol, ein größere Dosis des Schlafmittels genommen hatte, als er vertrug, war sehr plausibel. Jedenfalls war dies auch die Auffassung des Gerichtsbeamten. Man erklärte ihm, daß Charlie Bishop zu trinken begonnen habe, daß seine Frau aus diesem Grund von ihm fortgegangen sei und daß ihm nichts ferner gelegen habe, als seinem Leben ein Ende zu setzen. Der Beamte sprach der Witwe sein Beileid aus und erging sich in langen Erörterungen über die Gefahren von Schlafmitteln.

Ich bin kein Freund von Beerdigungen, aber Janet bat mich, an Charlies Begräbnis teilzunehmen. Ein paar von seinen Kollegen aus der Klinik hatten die Absicht geäußert, ebenfalls zu erscheinen, waren aber auf Margerys Wunsch gebeten worden, davon Abstand zu nehmen; Janet, Bill, Margery und ich sollten die einzigen Trauergäste sein. Wir wollten dem Sarg von der Leichenhalle aus das Geleit geben, und die anderen erboten sich, mich auf dem Weg zum Friedhof abzuholen. Ich stand am Fenster und hielt Ausschau nach dem Wagen, und als ich ihn herankommen sah, eilte ich hinunter. Aber Bill stieg aus und kam mir ins Haus entgegen.

»Einen Moment!« sagte er. »Ich muß etwas mit dir besprechen. Janet möchte, daß du nachher zu einer Tasse Tee zu uns kommst. Man dürfe Margery nicht ihren trüben Gedanken überlassen, meinte sie. Nach dem Tee könnten wir ein paar Rubber Bridge spielen. Willst du kommen?«

»In diesem Aufzug?«

Ich hatte einen Gehrock an, eine schwarze Krawatte und meine Smokinghose.

»Ach, das hat nichts zu sagen. Wir müssen Margery ablenken.«

»Schön, ich komme.«

Aber schließlich spielten wir doch nicht Bridge.

Die hellblonde Janet sah in ihrer dunklen Trauerkleidung sehr elegant aus und spielte die Rolle der teilnahmsvollen Freundin mit bewunderungswürdigem Geschick. Sie weinte ein wenig, insgeheim darauf bedacht, die Farbe auf ihren Wimpern nicht zu verwischen, und als Margery verzweifelt schluchzte, schob sie ihr liebevoll den Arm unter. Sie war wahrhaftig ein Mensch, auf den man sich im Unglück verlassen konnte. Wir kehrten in die Wohnung zurück. Es war ein Telegramm für Margery da. Sie nahm es und ging in ihr Zimmer hinauf. Kondolenz von einem der Freunde Charlies, der eben von seinem Tod gehört hatte, vermutete ich. Bill zog sich zurück, um sich umzuziehen, während Janet mich in den Salon führte, damit ich ihr bei den Vorbereitungen für das Bridgespiel behilflich sei. Sie nahm ihren Hut ab und legte ihn aufs Klavier.

»Ich bin nicht für Heuchelei. Margery ist natürlich verzweifelt bis aufs äußerste, aber jetzt muß sie sich zusammennehmen. Eine Partie Bridge wird ihr helfen, wieder in ihren normalen Zustand zurückzufinden. Der arme Charlie tut mir schrecklich leid. Aber ich bin überzeugt, daß er die Sache mit Margery nie verwunden hätte. Und für sie ist die Situation zweifellos leichter geworden. Heute früh hat sie Gerry telegraphiert.«

»Was denn?«

»Daß der arme Charlie tot ist.«

In diesem Augenblick kam das Mädchen ins Zimmer.

»Möchten Sie bitte zu Mrs. Bishop hinaufkommen, gnädige Frau? Sie wünscht Sie zu sprechen.«

»Natürlich, sofort.«

Sie ging rasch aus dem Zimmer, und ich blieb allein zurück. Nach einer Weile erschien Bill, und wir tranken ein Glas Whisky. Endlich kam Janet wieder. Sie reichte mir ein Telegramm. Es lautete:

Warte um Himmels willen Brief ab. Gerry.

»Was, glaubst du, hat das zu bedeuten?«

»Wörtlich das, was dasteht.«

»Dummer Mensch! Ich habe Margery gesagt, daß es gar nichts zu bedeuten hat. Aber sie läßt sich nicht beruhigen. Das Telegramm muß sich mit dem ihren gekreuzt haben. Sie hat nun doch keine Lust, Bridge zu spielen. Und vielleicht wäre es auch nicht ganz richtig, just heute.«

»Vielleicht«, sagte ich.

»Es ist möglich, daß er auf ihr Telegramm hin noch einmal telegraphiert. Eigentlich müßte er es tun, nicht? Was aber können wir einstweilen tun? Still dasitzen und auf seinen Brief warten.«

Es schien mir zwecklos, die Konversation fortzusetzen. Ich ging. Einige Tage später rief Janet bei mir an und teilte mir mit, daß Margery ein Beileidstelegramm von Morton bekommen habe. Sie las es mir vor.

Aufs tiefste erschüttert über die traurige Nachricht. Nehme herzlichen Anteil an Deinem großen Kummer. Innigst Gerry.

»Was hältst du davon?« fragte sie mich.

»Es ist sehr korrekt,«

»Na ja. Schließlich konnte er nicht gut schreiben, daß er entzückt sei.«

»Nein, als taktvoller Mensch gewiß nicht.«

»Immerhin steht zum Schluß ›innigst‹.«

Ich konnte mir ausmalen, wie diese Frauen die beiden Telegramme unter allen Aspekten geprüft und jedes Wort unter die Lupe genommen hatten. Es war mir, als ob ich ihre endlosen Gespräche mit angehört hätte.

»Es ist nicht auszudenken, was mit Margery geschehen soll, wenn er sie jetzt im Stich läßt«, fuhr Janet fort. »Jetzt wird es sich zeigen, ob er ein Gentleman ist.«

»Blödsinn«, sagte ich und hängte schnell ein.

Im Lauf der folgenden Tage war ich einige Male bei den Marshs zum Dinner. Margery sah müde aus. Man merkte ihr an, daß sie den angekündigten Brief mit Herzklopfen erwartete. Kummer und Angst hatten an ihr gezehrt. Sie war bis zum Schatten abgemagert. Sie wirkte sehr zerbrechlich, und ihr Gesicht hatte einen Ausdruck der Vergeistigung angenommen, den ich früher nie an ihr bemerkt hatte. Sie war sehr sanft, sehr dankbar für jede Freundlichkeit, und in ihrem unsicheren, schüchternen Lächeln lag etwas unendlich Rührendes. Aber Morton war einige tausend Meilen weit fort. Eines Morgens, endlich, rief Janet mich an.

»Der Brief ist gekommen. Margery sagt, daß ich ihn dir zeigen kann. Kommst du herüber?«

Ihre gepreßte Stimme verriet mir alles. Als ich kam, reichte sie mir den Brief stumm hin. Es war ein sehr sorgfältig abgefaßtes Schreiben, dem anzumerken war, daß es mehrere Male neu geschrieben worden war. Morton hatte sich große Mühe gegeben, sich nichts, was Margery irgendwie verletzen konnte, entschlüpfen zu lassen; und doch verriet sich hinter jedem Wort nur eines: sein Entsetzen. Es war nicht zu übersehen, daß er innerlich vor Angst zitterte. Er hatte einen leicht scherzhaften Ton angeschlagen, wahrscheinlich, weil er sich einbildete, daß er damit die Situation am leichtesten bewältigen werde. Auf recht amüsante Art machte er sich über die weißen Leute in der Kolonie lustig. Was würden sie sagen, wenn Margery plötzlich auftauchte? Zweifellos würde man ihm sehr schnell den Laufpaß geben. In England stellte man sich das Leben im Fernen Osten frei und ungezwungen vor; weit gefehlt! Es war konventioneller als in jeder englischen Kleinstadt. Er liebte Margery viel zu sehr, um sie der hochnäsigen Behandlung dieser schrecklichen Weiber da unten auszusetzen. Außerdem hatte man ihn an eine Station versetzt, die zehn Tagereisen von jeder menschlichen Behausung entfernt lag; bei ihm, in seinem Bungalow, konnte sie nicht gut wohnen, und ein Hotel gab es selbstverständlich nicht. Seine Arbeit hielt ihn oft tagelang im Dschungel fest. Ein solches Leben sei nichts für eine Frau. Margery bedeute ihm viel, unendlich viel sogar. Dennoch könne er ihr nicht verhehlen, daß er es für richtiger halte, wenn sie zu ihrem Mann zurückkehre. Nie würde er es sich verzeihen können, zwischen sie und Charlie getreten zu sein. Ja, es war ein schwerer Brief gewesen. Ich war überzeugt davon.

»Freilich wußte er da noch nicht, daß Charlie tot ist. Damit ist eine völlig veränderte Situation geschaffen, wie ich Margery erklärt habe.«

»Und ist sie der gleichen Ansicht?«

»Ach, ich finde sie sehr unvernünftig. Was liest denn du aus dem Brief heraus?«

»Daß er nichts mehr von ihr wissen will.«

»Findest du? Vor zwei Monaten wollte er noch sehr viel von ihr wissen.«

»Ja, aber andere Luft und andere Umgebung können Wunder wirken. Wahrscheinlich ist ihm zumute, als läge London jahrelang hinter ihm. Er ist wieder unter seinen alten Freunden, in seinem alten Wirkungskreis. Margery darf sich keine Illusionen machen. Das Leben draußen hat ihn wieder mit Beschlag belegt, und für sie ist kein Platz mehr da.«

»Ich habe ihr geraten, den Brief zu ignorieren und einfach zu ihm hinunterzufahren.«

»Hoffentlich ist sie vernünftiger als du. Sie würde sich einer schrecklichen Demütigung aussetzen.«

»Ja, aber was soll denn mit ihr geschehen? Es ist zu grausam. Sie ist der beste, der anständigste Mensch auf der Welt.«

»Das mag stimmen. Aber vielleicht ist es gerade ihre Anständigkeit, die das ganze Unglück heraufbeschworen hat. Warum, zum Teufel, hat sie kein richtiges Verhältnis mit Morton gehabt? Charlie hätte nichts davon gewußt und sich dabei sehr wohl gefühlt. Sie und Morton wären eine Zeitlang sehr glücklich miteinander gewesen. Und zu guter Letzt hätten sie sich mit dem Bewußtsein getrennt, daß eine angenehme Episode ein harmonisches Ende gefunden hat. Es wäre eine schöne Erinnerung für beide gewesen. Und ausgeruht und befriedigt hätte Margery zu Charlie zurückkehren können, um ihm weiter die musterhafte Gattin zu sein, die sie immer gewesen war.«

Janet kräuselte die Lippen. Sie blickte mich verächtlich an.

»Es gibt aber etwas, das man Tugend nennt.«

»So eine Tugend kann mir gestohlen bleiben. Eine Tugend, die bloß Unglück und Verheerung anrichtet, ist nichts wert. Du kannst es Tugend nennen, wenn es dir beliebt. Ich nenne es Feigheit.«

»Der Gedanke, Charlie untreu zu sein, solange sie mit ihm lebte, hatte etwas Abstoßendes für sie. Solche Frauen soll es nämlich geben.«

»Ach, du lieber Himmel, von mir aus hätte sie ihm im Geist treu bleiben können, während sie ihn körperlich betrog. Derartige Kunststücke bringen Frauen im allgemeinen spielend fertig.«

»Was für ein abscheulicher Zyniker du bist.«

»Ist es zynisch, der Wahrheit ins Gesicht zu sehen und mit gesundem Menschenverstand zu urteilen? Dann will ich gern zynisch und abscheulich sein. Machen wir uns doch nichts vor. Margery ist längst über ihre Jugend hinaus. Charlie war fünfundfünfzig. Sie waren sechzehn Jahre miteinander verheiratet. Es ist durchaus begreiflich, daß sie sich von einem jungen Mann, der viel Aufhebens um sie machte, den Kopf verdrehen ließ. Aber das darf man doch nicht Liebe nennen. Es war albern von ihr, auch nur das geringste von dem, was er sagte, ernst zu nehmen. Das war nicht er, der redete, das war sein Geschlecht, er war doch sexuell völlig ausgehungert. Vier Jahre lang hatte er zumindest keine weiße Frau berührt. Es war Zufall, daß gerade Margery ihm über den Weg lief. Er begehrte sie, und weil er sie nicht bekommen konnte, begehrte er sie nur noch mehr. Es mag sein, daß er das für Liebe hielt. Aber glaube mir, es war reine Lust. Wenn sie miteinander geschlafen hätten, würde Charlie heute noch leben. Es ist ihre verdammte Tugend, die das ganze Unglück verschuldet hat.«

»Wie dumm du bist. Begreifst du nicht, daß es für sie einen anderen Weg gar nicht gab? Sie ist eben keine leichtsinnige Frau.«

»Mir ist eine leichtsinnige Frau lieber als eine egoistische und borniert.«

»Ach, schweig doch endlich. Ich habe dich nicht hergebeten, damit du dich so abscheulich aufführst!«

»Wozu denn sonst, wenn ich fragen darf?«

»Gerry ist dein Freund. Du hast ihn Margery vorgestellt. Daran, daß sie in der Patsche sitzt, ist natürlich er schuld, aber dich trifft eine gewisse Verantwortung. Es ist deine Pflicht, ihm zu schreiben und ihn an seine Ehre zu erinnern.«

»Das werde ich nie und nimmer tun.«

»Dann kannst du gehen.«

Ich schickte mich an, dieser Aufforderung Folge zu leisten.

»Es ist nur ein Glück, daß Charlie sein Leben versichert hatte«, sagte Janet.

Jäh drehte ich mich um.

»Und *du* hast die Stirn, mich einen Zyniker zu nennen.«

Ich möchte das Schimpfwort nicht wiederholen, mit dem ich sie bedachte, während ich die Tür hinter mir zuschlug. Aber Janet ist trotz allem eine sehr reizende Frau. Ich denke mir oft, daß es nett sein müßte, mit ihr verheiratet zu sein.

Das fremde Samenkorn

Ich kannte die Blands schon lange, ehe ich erfuhr, daß sie mit Ferdy Rabenstein verwandt waren. Als ich Ferdy Rabenstein zum erstenmal begegnete, muß er um die Fünfzig gewesen sein, und zu der Zeit, von der ich spreche, war er weit über siebzig. Er hatte sich kaum verändert. Sein kräftiges, volles, gekräuseltes Haar war weiß geworden, aber seine Figur war die gleiche geblieben, und er hielt sich gerade wie immer. Es fiel nicht schwer, zu glauben, daß er in seiner Jugend so schön gewesen war, wie es allgemein hieß. Er hatte noch das feine semitische Profil und die schimmernden schwarzen Augen, die so manchen Sturm in einer weiblichen Brust entfesselt hatten. Er war sehr groß, schlank, das Gesicht oval und der Teint klar. Er war immer sehr gut angezogen, und auch jetzt noch war er im Abendanzug einer der bestaussehenden Männer, die ich je gesehen hatte. Seine Hemdbrust war mit großen schwarzen Perlen und seine Finger mit Ringen aus Platin und Saphiren geschmückt. Vielleicht war alles an ihm ein wenig auffallend, aber das gehörte so zu seiner ganzen Erscheinung, daß etwas anderes nicht zu ihm gepaßt hätte.

»Schließlich bin ich Orientale«, pflegte er zu sagen, »und kann mir ein wenig barbarischen Prunk schon leisten.«

Es ist mir oft in den Sinn gekommen, daß Ferdy Rabenstein einen großartigen Gegenstand für eine Biographie abgeben würde. Er gehörte nicht zu den ›großen Männern‹, aber innerhalb seiner selbstbestimmten Grenzen hatte er aus seinem Leben ein Kunstwerk gemacht. Es war ein Meisterwerk im Kleinen wie eine persische Miniatur, deren Wert in ihrer Vollkommenheit liegt. Leider gibt es nur wenig Material dafür. Es würde aus Briefen bestehen, wenn es sie noch gäbe, und aus den Erinnerungen von Leuten, die heute alt und deren Tage gezählt sind. Er selbst besitzt ein glänzendes Gedächtnis, aber er würde niemals seine Memoiren schreiben. Seine Vergangenheit ist für ihn eine Quelle rein privaten Vergnügens. Außerdem ist er ein Mann absoluter Diskretion. Ich kenne auch niemanden, der einer solchen Aufgabe gewachsen wäre, es sei denn Max Beerbohm. Außer ihm ist niemand in dieser harten, kalten Welt von heute imstande, auf das Alltägliche mit so zarter Sympathie zu blicken und dem Vergänglichen ein so feines Pathos abzugewinnen. Ich wundere mich, daß Max, der Ferdy besser und länger als ich kennt, sich nie versucht gefühlt hat, sein erlesenes Einfühlungsvermögen an einem solchen Thema zu erproben. Rabenstein wäre das geborene Modell für Max gewesen. Und wer hätte das Buch, das mir vorschwebt, illustrieren sollen, wenn nicht Aubrey Beardsley? Auf diese Weise wäre ein Denkmal aus dreifachem Erz entstanden und das Flüchtige wie in durchsichtigem Bernstein für die Nachwelt erhalten geblieben.

Ferdys Eroberungen waren gesellschaftlicher Natur und sein Wirkungskreis die große Welt. Er war in Südafrika geboren und erst mit zwanzig nach England gekommen. Eine Zeitlang hatte er sich mit Börsengeschäften abgegeben, aber nach dem Tod seines Vaters ein so beträchtliches Vermögen geerbt, daß er sich vom Geschäft zurückziehen und nur noch das Leben eines Weltmannes führen konnte. Damals war die englische Gesellschaft noch ein geschlossener Kreis, und für einen Juden war es nicht leicht, ihre Schranken zu durchbrechen. Vor Ferdy fielen sie wie die Mauern von Jericho. Er sah gut aus, war reich, ein guter Sportsmann und Gesellschafter, er hatte ein Haus in der Curzon Street, das mit den schönsten französischen Möbeln eingerichtet war, einen französischen Koch und ein Coupé. Es wäre interessant, die ersten Schritte seines Aufstiegs zu verfolgen, aber sie sind im Dunkel der Zeiten verlorengegangen. Als ich ihn kennenlernte, war seine Stellung als einer der elegantesten Männer Londons längst gefestigt. Ich war damals als vielversprechender junger Schriftsteller in ein sehr großes Haus in Norfolk eingeladen worden, da sich die Gastgeberin für Literatur interessierte. Die Gesellschaft war überaus vornehm, und ich kam mir sehr unbedeutend vor. Wir waren sechzehn Personen, ich fühlte mich eingeschüchtert und allein inmitten all dieser Minister, großen Damen und Peers des Königreichs, die über Menschen und Dinge sprachen, von denen ich keine Ahnung hatte. Sie waren mir gegenüber höflich, aber gleichgültig, und mir war bewußt, daß ich für die Dame des Hauses so etwas wie das fünfte Rad am Wagen war. Ferdy rettete mich. Er setzte sich zu mir und unterhielt sich mit mir. Er entdeckte, daß ich Schriftsteller war, und wir sprachen über Theaterstücke und Romane. Ich erzählte, daß ich längere Zeit auf dem Kontinent gelebt hatte, und so brachte er sehr liebenswürdig das Gespräch auf Frankreich, Deutschland und Spanien. Ich hatte den Eindruck, daß er meine Gesellschaft suchte. Er verschaffte mir das schmeichelhafte Gefühl, daß er und ich abseits von der übrigen Gesellschaft standen und daß neben unserem Gespräch über geistige Dinge ihre Unterhaltung über die politische Lage, den letzten Scheidungsskandal und die wachsende Abneigung der Fasanen, sich abschießen zu lassen, etwas lächerlich wirkte.

Wenn Ferdy im tiefsten Grunde seines Herzens eine leichte Verachtung für diese vornehmen englischen Banausen empfand, die uns umgaben, so ließ er sich nur mir gegenüber eine Spur davon anmerken, und heute, in der Erinnerung, frage ich mich, ob er mir damit nicht letztlich eine kleine Aufmerksamkeit erweisen wollte. Ich bin überzeugt, daß er es liebte, seinen Charme spielen zu lassen, und ich wage zu sagen, daß das offensichtliche Gefallen, das ich an seiner Unterhaltung fand, ihm selbst größtes Vergnügen bereitete. Andererseits hätte er sich kaum soviel mit einem unbekannten Schriftsteller abgegeben, hätte er nicht wirklich Interesse für Kunst und Literatur gehabt.

Ich fühlte, daß er und ich gleichermaßen Fremde in dieser Gesellschaft waren, ich, weil ich Schriftsteller, er, weil er Jude war; aber ich beneidete ihn um die Leichtigkeit, mit der er sich in diesem Kreis bewegte. Er war völlig zu Hause. Jeder nannte ihn Ferdy. Er schien immer gut gelaunt zu sein, war nie um ein geistreiches Wort, einen Scherz, eine treffende Antwort verlegen. Er war in jenem Haus sehr beliebt, weil er sie zum Lachen brachte, aber nie von oben herab zu ihnen sprach. Er trug einen Hauch orientalischer Romantik in ihr Leben, jedoch in so kluger Form, daß sie sich noch mehr als Engländer fühlten. Es war nie langweilig, wenn er dabei war, in seiner Gegenwart war man sicher vor jenen verheerenden Gesprächspausen, die manchmal auf englischen Gesellschaften eintreten. Drohte einmal eine, dann brachte Ferdy Rabenstein irgendein Thema aufs Tapet, das alle interessierte. Er war für jede gesellige Zusammenkunft von unschätzbarem Wert. Er hatte einen unerschöpflichen Vorrat an jüdischen Anekdoten, war ein großartiger Schauspieler und konnte das Jiddische in Tonfall und Geste vollendet nachahmen. Dann zog er die Schultern hoch, sein Gesicht nahm einen verschlagenen Ausdruck an, und seine Stimme wurde ölig. Er war ein Rabbiner oder ein Kleiderhändler oder ein gewisser Hausierer oder eine fette Kupplerin aus Frankfurt. Es war eine richtige kleine Vorstellung, die er da gab. Da er Jude war und es betonte, konnte man rückhaltlos über ihn lachen, was mich betrifft, allerdings nicht ohne ein gewisses unterschwelliges Unbehagen. Ich war mir nicht ganz klar über diese Art von Humor, der die eigene Rasse zur Zielscheibe eines grausamen Spaßes machte. Jiddische Anekdoten waren, wie ich später entdeckte, seine Spezialität, und ich bin selten irgendwo mit ihm zusammengekommen, ohne daß er die letzten, die er gehört hatte, über kurz oder lang zum besten gab.

Aber die beste Geschichte, die er mir erzählte, war keine jüdische. Sie machte auf mich einen solchen Eindruck, daß ich sie nie vergessen habe, wenngleich ich aus irgendeinem Grund nie Gelegenheit hatte, sie niederzuschreiben. Ich erzähle sie hier, weil sie einen kleinen interessanten Vorfall behandelt, der Personen betrifft, deren Namen wenigstens in den gesellschaftlichen Annalen der Viktorianischen Ära fortleben werden, und weil es meiner Meinung nach schade wäre, wenn sie in Vergessenheit gerieten. Nach seiner Erzählung also hielt er, damals noch ein sehr junger Mann, sich zu Besuch in einem Landhaus auf, in dem auch Mrs. Langtry als Gast weilte, die zu jener Zeit auf dem Höhepunkt ihrer Schönheit und ihrer größten Erfolge stand. Zufällig lebte in nicht allzu großer Entfernung von jenem Haus die Herzogin von Somerset, die bei dem Wettbewerb von Eglinton Schönheitskönigin geworden war. Ferdy kannte sie flüchtig, und er hatte den Einfall, daß es doch interessant sein müßte, die beiden Frauen zusammenzubringen. Er machte Mrs. Langtry diesen Vorschlag, die damit einverstanden war. So schrieb er an die Herzogin und fragte, ob er die gefeierte Schönheit mitbringen dürfe. Es wäre doch angebracht, wenn die schönste Frau ihrer Epoche (nämlich der achtziger Jahre) der schönsten Frau der vorangegangenen ihre Aufwartung machen würde. »Bringen Sie sie auf jeden Fall her«, antwortete die Herzogin, »aber ich mache Sie darauf aufmerksam, daß sie schockiert sein wird.« Sie fuhren in einer zweispännigen Kutsche hinüber. Mrs. Langtry trug eine enganliegende blaue Kappe mit langen Satinbändern, die ihren feingeformten Kopf betonte und ihre blauen Augen noch blauer erscheinen ließ. Sie wurden von einer kleinen häßlichen alten Hexe empfangen, die mit trüben Augen ironisch die strahlende Schönheit betrachtete, die gekommen war, um sie zu besuchen. Sie tranken Tee, plauderten, und dann fuhren sie wieder nach Hause. Mrs. Langtry war sehr schweigsam, und als Ferdy sie einmal ansah, bemerkte er, daß sie leise weinte. Nach ihrer Rückkehr zog sie sich sofort zurück und wollte abends nicht zum Dinner erscheinen. Zum erstenmal war ihr bewußt geworden, daß Schönheit vergänglich ist.

Ferdy bat um meine Adresse und lud mich zum Dinner ein, kurz nachdem ich wieder in London war. Wir waren nur sechs Personen bei Tisch, eine Amerikanerin, die mit einem Peer verheiratet war, ein schwedischer Maler, eine Schauspielerin und ein sehr bekannter Kritiker. Das Essen war ausgezeichnet und der Wein hervorragend, die Unterhaltung beschwingt und klug. Nach dem Essen ließ Ferdy sich überreden, sich ans Klavier zu setzen. Er spielte nur Wiener Walzer. Wie ich später entdeckte, hatte er sich darauf spezialisiert, und die leichte, melodiöse, sinnliche Musik paßte ausgezeichnet zu seiner verhaltenen Leidenschaftlichkeit. Er spielte ohne Ziererei, mit Schwung und leichtem Anschlag. Es war das erste einer langen Reihe von Essen bei ihm. Er lud mich zwei- oder dreimal im Jahr ein, und im Laufe der Zeit begegneten wir uns immer häufiger auf anderen Gesellschaften. Mein Ansehen stieg, und seines sank vielleicht ein bißchen. In den letzten Jahren hatte ich ihn ein paarmal in Häusern getroffen, in denen auch andere Juden verkehrten, und ich bildete mir ein, in seinen feuchtschimmernden Augen, die mit einem gewissen nachsichtigen Amüsement auf seinen Stammesgenossen ruhten, so etwas wie Erstaunen zu lesen, wohin es mit der Welt gekommen war. Es gab Leute, die ihn für einen Snob hielten, was er meiner Meinung nach nicht war. Es hatte sich einfach ergeben, daß er gleich zu Anfang immer nur mit Leuten erster Kreise zusammengekommen war. Für Kunst besaß er eine echte Leidenschaft, und im Umgang mit Menschen, die sie hervorbrachten, fühlte er sich am wohlsten. Ihnen gegenüber hatte er nie jene leicht ironische Haltung wie im Umgang mit bekannten Persönlichkeiten, was den Verdacht aufkommen ließ, daß er sich nie von deren Größe blenden ließ. Er besaß unfehlbaren Geschmack, und viele seiner Freunde waren glücklich, sich seiner Kenntnisse bedienen zu können. Er war einer der ersten, die den Wert antiker Möbel entdeckten, und er stöberte auf den Dachböden alter Herrenhäuser viele unschätzbare Stücke auf, die später einen Ehrenplatz in seinem Salon erhielten. Er hatte Spaß daran, die Auktionshäuser zu durchstreifen. Dabei war er immer bereit, alten Damen mit seinem Rat beizustehen, die ein schönes Stück erwerben und gleichzeitig ihr Geld gut anlegen wollten. Er war reich und gutmütig. Es machte ihm Freude, Kunst zu fördern, und er gab sich große Mühe, einem jungen Maler, dessen Talent er bewunderte, einen Auftrag oder einem Violinisten, der sich auf keine andere Weise durchsetzen konnte, die Möglichkeit zu verschaffen, im Hause eines reichen Mannes ein Konzert zu geben. Aber er legte den reichen Mann dabei nicht herein. Er hatte einen viel zu guten Geschmack, um jemanden zu betrügen, und so entgegenkommend er auch war, hätte er keinen Finger krumm gemacht, um einem mittelmäßigen Talent zu helfen. Seine eigenen musikalischen Abende, klein und erlesen, waren ein Genuß.

Er hatte nie geheiratet.

»Ich bin ein Mann von Welt«, pflegte er zu sagen, »und ich bilde mir ein, keine Vorurteile zu haben. *Tous les goûts sont dans la nature.* Aber ich glaube nicht, daß ich es über mich bringen könnte, eine Christin zu heiraten. Es ist kein Unglück, im Smoking in die Oper zu gehen, aber ich könnte es einfach nicht tun.«

»Und warum haben Sie keine Jüdin geheiratet?«

(Ich habe das Gespräch nicht selbst gehört, sondern es

wurde mir von einer lebhaften unbekümmerten Person erzählt, die ihn auf diese Weise in die Enge trieb.)

»Ja, meine Liebe, unsere Frauen sind so schrecklich fruchtbar. Ich könnte den Gedanken nicht ertragen, die Welt mit einem kleinen Ikey und einem kleinen Jacob und einer kleinen Rebecca und einer kleinen Lea und einer kleinen Rahel zu bevölkern.«

Dafür hatte er ernste Affären gehabt, und noch immer umgab ihn der Zauber vergangener Romanzen. In seinen jungen Jahren spielte Erotik eine große Rolle. Ich habe alte Damen getroffen, die mir erzählten, wie unwiderstehlich er gewesen sei. Wenn sie einmal in Erinnerungen schwelgten, nannten sie diese und jene Frau, die seinetwegen völlig den Kopf verloren hatte, und ich merkte, daß er ein so schöner Mann gewesen sein mußte, daß sie es nicht übers Herz brachten, diese Frauen zu verurteilen. Es war interessant, von großen Damen zu hören, deren Namen mir aus Memoiren bekannt waren oder denen ich als respektablen Witwen begegnet bin, die über das Wohl ihrer in Eton studierenden Enkel wachten oder sich furchtbar über ›eine Hand im Bridge‹ aufregen konnten, und zu denken, daß sie sich einmal vor Leidenschaft für den schönen Juden verzehrt hatten. Ferdys berühmteste Liebschaft war die mit der Herzogin Hereford gewesen, der schönsten, reizvollsten und elegantesten Frau am Ende der Herrschaft von Königin Victoria. Sie dauerte zwanzig Jahre. Zweifellos hatte er nebenbei andere kleine Affären, aber ihre Beziehung war etabliert und anerkannt. Es spricht für seinen bewunderungswürdigen Takt, daß er, als es zu Ende war, die alternde Geliebte zu einer treuen Freundin machte. Vor nicht allzu langer Zeit traf ich mich einmal mit den beiden zum Lunch. Sie war eine alte Frau, hochgewachsen, eine imposante Erscheinung, aber mit einer dicken Schicht Schminke auf ihrem verlebten Gesicht. Wir frühstückten im Carlton, und Ferdy, unser Gastgeber, kam ein paar Minuten zu spät. Er bot uns einen Cocktail an, aber die Herzogin lehnte mit der Bemerkung ab, wir hätten bereits einen getrunken.

»Aha, und ich wunderte mich schon, warum deine Augen noch mehr strahlen als sonst«, sagte er.

Die alte rotbemalte Dame wurde vor Freude noch röter.

Meine jungen Jahre vergingen, ich kam in das mittlere Alter und fragte mich, wie bald ich wohl anfangen müßte, mich als älteren Herrn zu bezeichnen. Ich schrieb Bücher und Theaterstücke, reiste viel, sammelte Erfahrungen, verliebte und entliebte mich und begegnete auf Gesellschaften immer wieder Ferdy. Der Krieg brach aus, Millionen von Menschen starben, die Welt bekam ein anderes Gesicht. Ferdy hatte nichts für den Krieg übrig, er war zu alt geworden, um daran teilzunehmen, und sein deutscher Name war verdächtig, aber er war zurückhaltend und darauf bedacht, sich keinerlei Demütigung auszusetzen. Seine alten Freunde blieben ihm treu, er lebte in einer komfortablen und nicht allzu strengen Zurückgezogenheit. Aber dann kam der Friede, und Ferdy machte sich tapfer daran, sich den veränderten Bedingungen anzupassen. Die Gesellschaft war jetzt gemischt, die Partys lärmend, aber Ferdy fand sich in das neue Leben. Er erzählte noch immer seine komischen jüdischen Anekdoten, spielte noch immer seine Walzer von Strauß, durchstreifte Auktionshäuser und sagte den Neureichen, was sie kaufen sollten. Ich lebte im Ausland, aber jedesmal, wenn ich in London war, sah ich Ferdy. Irgendwie kam er mir ein bißchen unheimlich vor. Er hatte nicht aufgegeben. Er war nicht einen Tag lang krank gewesen. Er schien keine Müdigkeit zu kennen. Er zog sich erstklassig an. Er interessierte sich noch immer für jeden. Er war geistig rege, er wurde von vielen zum Essen gebeten, nicht wegen der früheren Zeiten, sondern um seiner selbst willen. Er gab noch immer kleine bezaubernde Musikabende in seinem Haus in der Curzon Street.

Als er mich wieder einmal zu einem solchen Abend einlud, machte ich die Entdeckung, die dazu geführt hat, daß ich mich jetzt wieder mit ihm beschäftige. Wir speisten in einem Haus in der Hill Street, es war eine große Gesellschaft, und nachdem die Damen nach oben gegangen waren, setzten Ferdy und ich uns zusammen. Er erzählte mir, daß Lea Makart zugesagt hatte, am nächsten Freitagabend bei ihm zu spielen, und daß er sich freuen würde, wenn ich auch käme.

»Das tut mir schrecklich leid«, sagte ich, »aber ich bin bei den Blands eingeladen.«

»Welchen Blands?«

»Sie leben in Sussex. Der Ort heißt Tilby.«

»Ich wußte nicht, daß Sie sie kennen.«

Er sah mich etwas sonderbar an. Er lächelte, ich wußte nicht, worüber er sich amüsierte.

»O doch, ich kenne sie seit Jahren. Sie bewohnen ein hübsches Haus.«

»Adolf ist mein Neffe.«

»Sir Adolphus?«

»Der Name klingt nach einem der Beaus aus der Zeit der Regentschaft, nicht wahr? Aber ich möchte Ihnen nicht verheimlichen, daß sein Taufname Adolf war.«

»Er wird von allen, die ich kenne, Freddy genannt.«

»Ich weiß, und meines Wissens hört seine Gattin Miriam nur auf den Namen Muriel.«

»Und wieso ist er Ihr Neffe?«

»Weil Hannah Rabenstein, meine Schwester, einen Alfons Bleikogel heiratete, der sein Leben als Sir Alfred Bland, erster Baronet, beschloß, worauf ihr einziger Sohn Adolf zu gegebener Zeit als zweiter Baronet Sir Adolphus Bland wurde.«

»Dann ist Freddy Blands Mutter, Lady Bland, die in Portland Place lebt, Ihre Schwester?«

»Ja, meine Schwester Hannah. Sie war die älteste von uns. Sie ist heute achtzig, aber im vollen Besitz ihrer geistigen und körperlichen Kräfte und eine bemerkenswerte Frau.«

»Ich bin ihr nie begegnet.«

»Ich glaube, Ihre Freunde, die Blands, würden auch keinen Wert darauf legen. Sie hat heute noch einen deutschen Akzent.«

»Kommen Sie niemals mit ihnen zusammen?« fragte ich.

»Seit zwanzig Jahren habe ich kein Wort mehr mit ihnen gewechselt. Ich bin nun einmal ein Jude, und sie sind so englisch.«

Er lächelte. »Ich würde niemals behalten, daß sie Freddy und Muriel hießen. Ich würde im unpassenden Augenblick immer mit Adolf und Miriam herausplatzen. Außerdem mochten sie meine Anekdoten nicht. Es war besser, sich aus dem Weg zu gehen. Als ich mich bei Kriegsausbruch weigerte, meinen Namen zu ändern, war es endgültig aus. Für mich war es zu spät, meine Freunde hätten sich nie daran gewöhnt, in mir einen anderen zu sehen als Ferdy Rabenstein. Das genügte mir. Ich hatte nicht den Ehrgeiz, ein Herr Smith oder Brown oder Robinson zu sein.«

So leichthin er auch sprach, lag doch in seinem Ton ein kaum spürbarer Spott, und ich fühlte, ich kann es nicht einmal fühlen nennen, so flüchtig war der Eindruck, daß er, wie mir manchmal schon vage vorgekommen war, in der Tiefe seines undurchdringlichen Herzens eine zynische Verachtung für uns nichtjüdische Engländer barg, über die er triumphiert hatte.

»Dann kennen Sie die beiden Jungens gar nicht!« sagte ich.

»Nein.«

»Der älteste heißt George. Ich halte ihn nicht für so intelligent wie Harry, den anderen, aber er ist bezaubernd. Ich glaube, Sie würden ihn mögen.«

»Wo ist er jetzt?«

»Sie haben ihn gerade aus Oxford verwiesen. Ich glaube, er ist zu Hause. Harry ist noch in Eton.«

»Warum bringen Sie George nicht einmal zum Lunch mit?«

»Ich will ihn fragen, ich könnte mir denken, daß er sehr gern kommen würde.«

»Ich habe gehört, er soll etwas schwierig sein.«

»Nicht daß ich wüßte. Er lehnte es ab, in die Armee einzutreten, obwohl seine Eltern es gern gesehen hätten. Sie dachten sogar an die Garde. Statt dessen ging er nach Oxford. Er arbeitete nicht, gab entsetzlich viel Geld aus und stellte die ganze Stadt auf den Kopf. Alles völlig normal.«

»Warum hat man ihn von dort verwiesen?«

»Keine Ahnung. Nichts von Belang.«

In diesem Augenblick erhob sich unser Gastgeber, und wir gingen nach oben. Als Ferdy sich von mir verabschiedete, bat er mich noch einmal, die Einladung an seinen Großneffen nicht zu vergessen.

»Rufen Sie mich an«, sagte er. »Mir würde Mittwoch passen. Oder Freitag.«

Am nächsten Tag fuhr ich nach Tilby. Es war ein elisabethanisches Herrenhaus, mitten in einem großen Park gelegen, in dem es Damwild gab. Von den Fenstern aus hatte man einen weiten Blick auf hügeliges Land. Ich hatte den Eindruck, daß alles, so weit das Auge reichte, den Blands gehörte. Die Pächter müssen Sir Adolphus als vorbildlichen Pachtherrn angesehen haben, denn die Gehöfte waren ausnehmend gut erhalten und gepflegt, die Scheunen und Ställe tipptopp und die Schweineställe mustergültig. Die Wohnhäuser sahen aus wie auf alten englischen Aquarellen, und die Landhäuser, die er auf dem Gut hatte errichten lassen, vereinigten malerisches Aussehen und Zweckmäßigkeit auf vorbildliche Weise. Es muß ihn einen Haufen Geld gekostet haben, das Gut in diesem Stil zu führen. Zum Glück besaß er es. Der Park mit seinen großen alten Bäumen (und einem Golfplatz mit neun Löchern) war wie ein Garten gehalten, und auf die ausgedehnten Anlagen war die ganze Gegend stolz. Das prächtige Herrenhaus mit seinen steilen Dächern und doppelbogigen Fenstern war von Lady Bland mit Geschmack und Verstand in einem Stil eingerichtet, der vollkommen zum Haus paßte.

»Aber alles ist doch sehr einfach gehalten«, erklärte sie. »Eben ein englisches Haus auf dem Land.«

Der Speisesaal war mit alten englischen Jagdszenen geschmückt und die Chippendale-Sessel von unschätzbarem Wert. Im Salon hingen Porträts von Reynolds und Gainsborough sowie Landschaften von Old Crome und Richard Wilson. Sogar in meinem Schlafzimmer mit dem Himmelbett gab es Aquarelle von Birket Foster. Alles war sehr schön und der Aufenthalt in Tilby jedesmal ein Genuß. Und doch – Muriel Bland wäre zutiefst verzweifelt gewesen, hätte sie eine Ahnung davon gehabt, daß sonderbarerweise genau das Gegenteil von dem entstanden war, was sie beabsichtigt hatte. Man hatte nicht einen Augenblick das Gefühl, in einem englischen Haus zu sein. Jeder Gegenstand war mit einer fast ängstlichen Berücksichtigung des Gesamteindrucks gekauft. Es fehlten die langweiligen akademisch gemalten Porträts, die im Speisezimmer neben einem Carlo Dolci hängen, den irgendein Vorfahre von der großen Europareise mitgebracht hatte, es fehlten die Aquarelle von der Hand einer Großtante, die damit den ganzen Salon vollgehängt hatte. Es gab kein häßliches viktorianisches Sofa, das schon immer da gestanden hatte und das rauszuwerfen niemals jemandem in den Sinn gekommen wäre. Es waren keine Sessel da mit Stickereien, mit denen sich eine unverheiratete Tochter um die Zeit der Great Exhibition solche Mühe gegeben hatte. Alles war wunderschön, aber unpersönlich.

Dabei war es sehr komfortabel, und man wurde von allen Seiten bedient. Wie herzlich wurde man von den Blands begrüßt! Es schien ihnen wirklich etwas an Menschen zu liegen. Sie waren großzügig und freundlich und niemals glücklicher, als wenn sie ein Fest für die ganze Gegend geben konnten. Obwohl sie sich erst vor zwanzig Jahre dort niedergelassen hatten, waren sie bei allen Nachbarn sehr beliebt. Abgesehen vielleicht von dem Prunk, den sie entfalteten, und der vorbildlichen Weise, in welcher der Besitz verwaltet wurde, deutete nichts darauf hin, daß sie nicht schon seit Jahrhunderten hier ansässig waren.

Freddy war in Eton und Oxford gewesen. Er war jetzt Anfang Fünfzig, von ruhiger Wesensart, verbindlich, sehr klug, wie ich glaube, aber eine Spur reserviert. Er war eine elegante Erscheinung, aber seine Eleganz war nicht englisch. Sein Haar war grau, und er trug einen kurzen grauen Spitzbart, hatte schöne dunkle Augen und eine Adlernase. Er war etwas größer als der Durchschnitt. Meiner Meinung nach hätte man ihn nicht für einen Juden gehalten, eher für einen ausländischen Diplomaten. Er hatte Charakter, machte aber trotz seiner Erfolge im Leben einen leicht melancholischen Eindruck. Seine Erfolge waren finanzieller und politischer Natur gewesen. Auf sportlichem Gebiet hatte er, trotz aller Mühe, sich nie hervorgetan. Jahrelang war er auf die Jagd gegangen, aber er war ein schlechter Reiter, und ich kann mir vorstellen, daß es eine Erleichterung für ihn war, als er seine Jahre und die Last der Geschäfte zum Anlaß nehmen konnte, das Jagdreiten aufzugeben. Er besaß ein ausgezeichnetes Revier und gab große Jagdgesellschaften, war aber selbst ein schlechter Schütze. Und trotz des Golfplatzes in seinem Park brachte er es nicht weiter als zu einem mäßigen Spieler. Er wußte selbst nur zu gut, wie wichtig all diese Dinge in England genommen werden, und sein Versagen war eine bittere Enttäuschung für ihn. Aber das würde George eines Tages wettmachen.

George war im Golf ein Scratchspieler, und Tennis war zwar nicht sein Lieblingssport, aber er spielte besser als der Durchschnitt. Die Blands hatten ihm Schießen beibringen lassen, sobald er alt genug war, ein Gewehr zu halten, und er war ein guter Schütze. Mit zwei Jahren hatten sie ihn auf ein Pony gesetzt, und Freddy, der ihm beim Aufsteigen zusah, war sicher, daß den Jungen auf einer Fuchsjagd beim Sprung über eine Hecke ein Hochgefühl überkommen würde, und nicht die elende Schwäche in der Magengrube, die trotz der grimmigen Entschlossenheit, mit der er jahrelang Fuchsjagden geritten hatte, ihm diesen Sport zu einer Qual gemacht hatte. George war groß und schlank, sein hellbraunes welliges Haar war so fein, seine Augen waren so blau, daß er der vollkommene Typ des jungen Engländers war. Er besaß auch die entwaffnende Offenheit dieses Menschenschlags. Seine Nase war gerade, wenn auch eine Spur zu fleischig, und seine Lippen waren ein wenig zu voll und sinnlich, aber er hatte herrliche Zähne, und seine weiche Haut war wie Elfenbein. Er war der Augapfel seines Vaters, der den zweiten Sohn Harry nicht gleichermaßen liebte. Dieser war eher untersetzt, breitschultrig, kräftig für sein Alter, hatte schwarze Augen, die vor Gescheitheit blitzten. Sein dickes dunkles Haar und seine große Nase verrieten seine Abstammung. Freddy war streng zu ihm und oft ungeduldig, während er George gegenüber von unendlicher Nachsicht war. Harry würde einmal Geschäftsmann werden, er hatte Verstand und Willenskraft, aber George war der Erbe. George würde ein englischer Gentleman werden.

George hatte mir angeboten, mich in dem Roadster, den sein Vater ihm zum Geburtstag geschenkt hatte, abzuholen.

Er fuhr sehr schnell, und wir kamen vor den übrigen Gästen an. Die Blands saßen im Garten, unter einer herrlichen Zeder, und tranken Tee.

»Übrigens«, sagte ich bald darauf, »ich habe neulich Ferdy Rabenstein getroffen. Er möchte, daß ich George zum Lunch mitbringe.«

Unterwegs hatte ich George nichts von der Einladung erzählt, weil ich mir sagte, es sei besser, mit seinen Eltern darüber zu reden, da es sich um eine abgekühlte Familienbeziehung handelte.

»Wer um Gottes willen ist Ferdy Rabenstein?« fragte George.

Wie kurz ist menschlicher Ruhm! Noch eine Generation zuvor wäre diese Frage grotesk gewesen.

»Er ist unter anderem dein Großonkel«, erwiderte ich.

Die Eltern wechselten einen Blick, als ich den Namen erwähnte.

»Er ist ein widerlicher alter Mann«, meinte Muriel.

»Ich halte es für gänzlich unnötig, daß George eine Beziehung wieder aufnimmt, die noch vor seiner Geburt endgültig abgebrochen wurde«, sagte Freddy entschieden.

»Ich habe jedenfalls die Einladung überbracht«, sagte ich etwas verschnupft.

»Ich will den alten Kerl nicht sehen«, sagte George.

Die Ankunft der anderen Gäste machte der Unterhaltung ein Ende, und kurz darauf entfernte sich George, um mit einem seiner Freunde aus Oxford Golf zu spielen.

Erst am nächsten Tag kamen wir auf das Thema zurück. Ich hatte am Morgen mit Freddy Bland eine wenig befriedigende Runde Golf und am Nachmittag ein paar Sätze von dem gespielt, was man als Wochenend-Tennis bezeichnet, und saß nun mit Muriel allein auf der Terrasse. In England haben wir so oft schlechtes Wetter, daß es nur gerecht ist, daß ein schöner Tag hier noch schöner ist als irgendwo sonst in der Welt, und dieser Juniabend war vollkommen. Der blaue Himmel war wolkenlos und die Luft mild. Vor uns lagen das grüne hügelige Land und der Wald, und in der Ferne erblickte man das rote Dach einer Dorfkirche. Es war ein Tag, an dem es Glück genug bedeutete, zu leben. Unzusammenhängende Zeilen von Gedichten gingen mir durch den Kopf. Muriel und ich hatten über dieses und jenes geplaudert.

»Ich hoffe, Sie denken nicht zu schlecht von uns, weil wir nicht wollten, daß George mit Ferdy zu Mittag ißt«, sagte sie plötzlich. »Er ist so ein schrecklicher Snob, nicht wahr?«

»Glauben Sie wirklich? Mir gegenüber hat er sich immer sehr nett benommen.«

»Wir sprechen schon seit zwanzig Jahren nicht mehr miteinander. Freddy hat ihm niemals verziehen, wie er sich im Krieg verhalten hat. So unpatriotisch meiner Meinung nach, und man muß ja schließlich einmal einen Schlußstrich ziehen. Wenn man nur daran denkt, daß er sich absolut weigerte, seinen gräßlichen deutschen Namen abzulegen. Wo Freddy doch im Parlament saß und mit der Munitionsbeschaffung zu tun hatte und all diesen Dingen – es war völlig unmöglich. Ich verstehe nur nicht, warum er plötzlich George sehen will. Er kann ihm doch ganz egal sein.«

»Er ist ein alter Mann. George und Harry sind seine Großneffen, er muß sein Geld irgend jemandem hinterlassen.«

»Wir legen keinen Wert auf sein Geld«, meinte Muriel abweisend.

Natürlich war es mir völlig gleichgültig, ob George zum Lunch bei Ferdy Rabenstein erschien, und mir wäre es durchaus recht gewesen, die Sache fallenzulassen, aber offensichtlich hatten die Blands darüber gesprochen, und Muriel hatte das Gefühl, mir eine Erklärung schuldig zu sein.

»Sie wissen natürlich, daß Freddy jüdisches Blut in den Adern hat«, sagte sie.

Sie sah mich scharf an. Muriel war eine ziemlich stattliche Blondine und verwandte viel Zeit darauf, ihre Neigung zur Korpulenz zu bekämpfen. In ihrer Jugend muß sie sehr hübsch gewesen sein, auch heute noch war sie eine ansehnliche Frau. Aber ihre runden, leicht hervorstehenden blauen Augen, ihre dicke Nase, die Form ihres Gesichts und ihr Nacken, ihr etwas übertriebenes Benehmen verrieten sie. So blond sie war, sie sah nicht wie eine Engländerin aus, und ihre Bemerkung deutete unmißverständlich an, daß sie es für selbstverständlich hielt, von mir für eine Engländerin gehalten zu werden.

Ich antwortete ausweichend: »Das haben heutzutage viele.«

»Sicher. Aber schließlich braucht man es ja nicht zu betonen. Im Grunde sind wir hundert Prozent Engländer. Keiner kann englischer sein als George, dem Aussehen, dem Benehmen, seinem ganzen Wesen nach. Ich meine, er ist so ein guter Sportsmann und was nicht sonst noch alles, und ich sehe nicht den geringsten Grund, warum er einen Juden kennenlernen soll, nur weil er zufällig ein entfernter Verwandter von ihm ist.«

»Es ist ziemlich schwer heute in England, keine Juden kennenzulernen, oder?«

»Ja, ich weiß. In London begegnet man ihnen auf Schritt und Tritt. Ich bin sogar der Ansicht, daß einige von ihnen sehr nett sind. Sie sind so künstlerisch. Ich gehe nicht so weit, zu sagen, daß Freddy und ich ihnen absichtlich aus dem Weg gehen, das würden wir natürlich nie tun, aber zufällig kennen wir keinen Juden näher, hier bei uns trifft man überhaupt keinen.«

Ich mußte die überzeugende Art bewundern, mit der sie das vorbrachte. Ich hätte mich nicht gewundert, wenn sie mir erklärt hätte, daß sie an jedes ihrer Worte glaubte.

»Sie sagen, Ferdy könnte George sein Geld hinterlassen. Erstens glaube ich nicht, daß es sehr viel ist. Er hat vielleicht vor dem Krieg ein ganz hübsches Vermögen gehabt, aber heute nicht mehr. Außerdem hoffen wir, daß George sich der Politik zuwenden wird, wenn er älter ist, und ich kann mir nicht denken, daß es ihm in seinem Wahlkreis sehr angenehm sein würde, Geld von einem Mister Rabenstein geerbt zu haben.«

»Interessiert sich George für Politik?« fragte ich, um das Thema zu wechseln.

»Oh, ich möchte es hoffen. Schließlich gibt es hier den Wahlkreis der Familie, der nur auf George wartet, ein sicherer konservativer Sitz. Man kann von Freddy nicht erwarten, daß er ewig in der Tretmühle des Unterhauses eingespannt bleibt.«

Muriel war großartig. Sie sprach von ihrem Wahlkreis so, als ob wenigstens zwanzig Generationen von Blands dafür kandidiert hätten. Immerhin waren ihre Bemerkungen für mich ein erster Hinweis, daß Freddys Ehrgeiz nicht gänzlich befriedigt war.

»Ich nehme an, daß Freddy zum Oberhaus überwechseln wird, sobald George alt genug für eine Kandidatur ist.«

»Wir haben viel für die Partei getan«, erwiderte Muriel.

Muriel war Katholikin, und sie erzählte immer wieder, daß sie in einem Kloster erzogen worden war. »Süße Frauen, diese Nonnen! Ich sage immer, hätte ich eine Tochter, ich hätte sie auch in ein Kloster gegeben.« Hingegen sah sie es gern, wenn die Dienerschaft zur anglikanischen Kirche gehörte, und am Sonntagabend gab es nur ein ›Souper‹, wie sie es nannten, weil der Fisch kalt war und Eis gereicht wurde, damit die Diener zur Kirche gehen konnten, und es bedienten nur zwei statt vier.

Es war immer noch hell, und Freddy und ich gingen in der Dämmerung, unsere Zigarren rauchend, auf der Terrasse auf und ab. Wahrscheinlich hatte Muriel ihm von ihrer Unterhaltung mit mir berichtet, und vielleicht beschäftigte es ihn immer noch, daß er gegen eine Begegnung Georges mit seinem Großonkel gewesen war. Aber da er behutsamer war als seine Frau, ging er auf das Thema mehr indirekt ein, erzählte, er mache sich Sorgen um George. Es sei für ihn eine große Enttäuschung gewesen, daß George nicht in die Armee habe eintreten wollen.

»Und ich hätte gedacht, daß das Leben in der Armee ihm großen Spaß machen würde«, sagte er.

»Die Gardeuniform hätte ihm sicher blendend gestanden.«

»Nicht wahr? Ich bin überzeugt davon«, erwiderte Freddy naiv. »Ich verstehe nicht, daß ihn das nicht gereizt hat.«

In Oxford hatte er sich überhaupt nicht seinen Studien gewidmet. Obwohl sein Vater ihm genügend Geld ausgesetzt hatte, hatte er enorme Schulden gemacht und war schließlich von der Hochschule verwiesen worden. Auch wenn er sich in scharfen Worten über ihn aussprach, merkte man doch deutlich, daß er auf den Taugenichts von Sohn stolz war. Er liebte ihn mit einer ach so unenglischen Liebe, und im Grunde schmeichelte es ihm, daß George solch ein Draufgänger war.

»Worüber machen Sie sich eigentlich Sorgen?« bemerkte ich. »In Wirklichkeit legen Sie doch gar keinen Wert darauf, daß George seinen Doktor macht, oder?«

Er lachte in sich hinein.

»Ich nehme an, ich lege wirklich keinen Wert darauf. Ich war immer der Ansicht, daß die Bedeutung von Oxford darin liegt, daß die Leute wissen, daß man da gewesen ist, und ich möchte auch sagen, daß George es nicht ärger getrieben hat als alle jungen Leute seines Standes. Ich mache mir mehr über die Zukunft Gedanken. Er ist so verdammt faul. Er hat offenbar nichts anderes im Sinn als sein Amüsement.«

»Er ist eben noch jung.«

»Für Politik interessiert er sich nicht, und obwohl er ein so guter Tennis- und Golfspieler ist, macht er sich nichts aus Sport. Die meiste Zeit scheint er damit zuzubringen, auf dem Klavier herumzuklimpern.«

»Das ist ein recht harmloses Vergnügen.«

»Gewiß, und ich habe auch gar nichts dagegen, aber er kann doch nicht immerzu nur herumbummeln. Sehen Sie, das alles hier wird eines Tages ihm gehören.« Freddy machte mit dem Arm eine umfassende Bewegung, als ob ihm die ganze Grafschaft gehörte, was, wie ich wußte, noch keineswegs der Fall war. »Mein größter Wunsch ist, daß er so weit kommt, daß er die Verantwortung dafür übernehmen kann. Seine Mutter ist sehr ehrgeizig in bezug auf ihn, während ich schon zufrieden wäre, wenn aus ihm ein richtiger englischer Gentleman würde.«

Freddy warf mir einen schnellen Seitenblick zu, als ob er noch etwas sagen wollte, zögerte aber, als fürchtete er, ich könne es lächerlich finden. Das ist der Vorzug eines Schriftstellers, die Leute nehmen ihn nicht wichtig und erzählen ihm oft Dinge, die sie ihresgleichen nicht mitteilen würden. Schließlich riskierte er es.

»Ich kann es Ihnen ja ruhig sagen, daß meiner Auffassung nach niemand auf der Welt das griechische Ideal so vollkommen verwirklicht wie ein englischer Landedelmann, der auf seinen Besitzungen lebt. Sein Leben hat die Schönheit eines Kunstwerkes.«

Ich konnte ein Lächeln nicht unterdrücken, wenn ich daran dachte, daß ein englischer Landedelmann in diesen Zeiten nichts dergleichen verwirklichen konnte, wenn er nicht einen Haufen Geld sicher in amerikanischen Schatzanweisungen angelegt hatte, aber mein Lächeln war voller Sympathie. Ich fand es eher rührend, daß dieser jüdische Finanzmann einen so romantischen Traum mit sich herumtrug.

»Ich möchte, daß aus George ein guter und tüchtiger Gutsherr wird, daß er seinen Teil an der Führung des Landes beiträgt und daß er ein guter Sportsmann wird.«

›Armer Irrer‹, dachte ich, aber laut sagte ich: »Schön, was also sind Ihre Zukunftspläne in bezug auf ihn?«

»Ich glaube, er würde gern die diplomatische Laufbahn einschlagen. Er hat nur den einen Gedanken, nach Deutschland zu gehen, um die Sprache zu lernen.«

»Eine sehr gute Idee, würde ich sagen.«

»Aus irgendeinem Grund hat er sich in den Kopf gesetzt, nach München zu gehen.«

»Eine schöne Stadt.«

Am nächsten Tag kehrte ich nach London zurück und rief bald nach meinem Eintreffen Ferdy an.

»Tut mir leid, aber George ist Mittwoch verhindert, zum Lunch zu kommen.«

»Und was ist mit Freitag?«

»Freitag geht auch nicht.« Ich dachte, es hat doch keinen Zweck, um den heißen Brei herumzureden. »Die Sache ist die, daß seine Familie keinen Wert darauf legt, daß er zu Ihnen kommt.«

Einen Augenblick lang trat Schweigen ein. Dann:

»Ich verstehe. Gut, aber Sie kommen doch am Mittwoch?«

»Ja, sehr gern«, antwortete ich.

So begab ich mich am Mittwoch um halb zwei in die Curzon Street. Ferdy begrüßte mich mit dem etwas umständlichen Zeremoniell, das er kultivierte. Die Blands erwähnte er mit keinem Wort. Wir setzten uns in den Salon, und ich mußte wieder den ausgeprägten Sinn für Schönheit bewundern, den die ganze Familie besaß. Der Raum war voller gestellt, als die heutige Mode erlaubt, und die goldenen Schnupftabakdosen in den Vitrinen und das französische Porzellan entsprachen einem Geschmack, der nicht der meine war. Aber alles waren ausgesucht schöne Stücke, und die Louis-XV-Einrichtung mit ihrer herrlichen Petit-Point-Stickerei mußte ein Vermögen wert sein. Die Bilder von Lancret, Pater und Watteau an den Wänden sagten mir offen gestanden nichts, aber zugegeben, sie waren in sich vollendet. Es war die richtige Umgebung für diesen alternden Weltmann. Es paßte zu seiner Epoche.

Plötzlich öffnete sich die Tür, und George wurde gemeldet.

Ferdy sah meine Überraschung und blickte mich mit einem kleinen triumphierenden Lächeln an.

»Ich freue mich sehr, daß du doch noch gekommen bist«, sagte er und gab George die Hand.

Mir entging nicht, daß er George, den er zum erstenmal sah, kurz von oben bis unten musterte. George war sehr gut angezogen. Er trug ein kurzes schwarzes Jackett, gestreifte Hosen und die graue zweireihige Weste, die damals Mode war. Man konnte sie nur tragen, wenn man groß und schlank war und einen sehr flachen Bauch hatte. Ich war überzeugt, daß Ferdy genau wußte, wer Georges Schneider war und wo er seine Krawatten und Hemden kaufte, und gegen beide nichts einzuwenden hatte. George, smart und gepflegt, der seine Sachen mit so viel Eleganz trug, sah ohne Zweifel blendend aus. Wir gingen hinunter, und Ferdy, der gesellschaftlichen Takt bis in die Fingerspitzen besaß, behandelte den Jungen sehr zuvorkommend, aber ich merkte, daß er ihn die ganze Zeit eingehend musterte. Dann begann er, ich weiß nicht, warum, eine seiner jüdischen Geschichten zu erzählen. Er erzählte gewandt und mit viel schauspielerischem Talent. Ich sah, daß George errötete und, trotz seines Lachens, verlegen wurde. Ich fragte mich, was in aller Welt Ferdy zu dieser Taktlosigkeit bewogen hatte. Er aber erzählte eine Anekdote nach der andern, wobei er George die ganze Zeit im Auge behielt.

Man hatte das Gefühl, er würde kein Ende finden. Ich fragte mich, ob er aus einem mir unerklärlichen Grund nicht einen grausamen Spaß mit dem offensichtlich peinlich berührten Jungen trieb. Schließlich gingen wir nach oben; um der Situation ein Ende zu machen, bat ich Ferdy, uns etwas vorzuspielen. Er spielte drei oder vier kleine Walzer. Er hatte nichts von seiner bezaubernden Leichtigkeit und seinem Schwung eingebüßt. Dann wandte er sich zu George um.

»Spielst du auch?« fragte er.

»Ein wenig.«

»Willst du uns nicht etwas vorspielen?«

»Ich spiele leider nur klassische Musik. Ich glaube nicht, daß dich das interessieren würde.«

Ferdy lächelte, bestand aber nicht weiter darauf. Ich sagte, es sei Zeit für mich zu gehen, und George begleitete mich.

»Was für ein widerlicher alter Jude«, sagte er, kaum daß wir auf der Straße waren. »Ich finde seine Geschichten gräßlich.«

»Seine große Nummer. Er erzählt sie immer.«

»Würden Sie das tun, wenn Sie Jude wären?«

Ich zuckte die Achseln.

»Warum bist du doch noch gekommen?« fragte ich.

Er lachte leichthin. Er hatte Sinn für Humor und nahm die Dinge nicht allzu schwer und hatte sehr schnell seine Gereiztheit gegen seinen Großonkel überwunden.

»Er hat Großmama aufgesucht. Sie kennen Großmama nicht, oder?«

»Nein.«

»Sie behandelt Papa, als ob er noch in Eton wäre. Großmama entschied, ich solle zum Lunch zu Großonkel Ferdy gehen, und was sie sagt, geschieht.«

»Ich verstehe.«

Ein oder zwei Wochen später ging George nach München, um Deutsch zu lernen. Ich unternahm damals eine längere Reise und kehrte erst im Frühjahr darauf nach London zurück. Gleich nach meiner Rückkehr fand ich mich bei einem Dinner an der Seite von Muriel Bland wieder. Ich fragte nach George.

»Er ist noch in Deutschland«, sagte sie.

»In der Zeitung habe ich gelesen, daß Sie in Tilby ein großes Fest anläßlich seiner Volljährigkeit planen.«

»Ja, wir geben den Pächtern ein Fest, und dabei wollen sie George ihre Glückwünsche überbringen.«

Sie war weniger lebhaft als sonst, was ich nicht weiter beachtete. Ihr Leben war anstrengend, und vielleicht war sie müde. Ich wußte, daß sie gern von ihrem Sohn sprach, und so fuhr ich fort:

»Ich nehme an, George hat eine sehr schöne Zeit in Deutschland verbracht?«

Sie antwortete nicht gleich, und ich sah sie an. Zu meinem Erstaunen füllten sich ihre Augen mit Tränen.

»Ich fürchte, George ist verrückt geworden«, erwiderte sie.

»Was meinen Sie damit?«

»Wir sind verzweifelt. Freddy ist so zornig, daß er nicht

einmal darüber sprechen will. Ich weiß nicht, was wir machen sollen.«

Ich kam sofort auf den Gedanken, daß George, der vermutlich wie die meisten jungen Engländer, die die Sprache lernen wollen, bei einer deutschen Familie wohnte, sich in die Tochter des Hauses verliebt hatte und jetzt heiraten wollte.

Ich hatte die Blands im Verdacht, daß sie für ihn eine ganz große Partie im Sinn hatten.

»Wieso, was ist passiert?«

»Er will Pianist werden.«

»Was bitte?«

»Berufsmäßiger Pianist.«

»Wie in aller Welt ist er auf diese Idee gekommen?«

»Gott weiß wie! Wir haben keine Ahnung. Wir glaubten, daß er sich auf sein Examen vorbereitete. Ich besuchte ihn, um mich zu überzeugen, daß alles in Ordnung sei. Oh, mein Gott, er sieht völlig unmöglich aus. Und dabei war er so elegant, ich hätte heulen mögen. Er erklärte mir, daß er sich nicht auf sein Examen vorbereitete und auch nie die Absicht gehabt hatte. Er habe den diplomatischen Dienst nur als Vorwand genommen, damit wir ihn nach Deutschland gehen ließen und er so die Möglichkeit bekäme, Musik zu studieren!«

»Hat er denn überhaupt Talent?«

»Ach, keine Spur. Und selbst wenn er ein Genie wie Paderewski wäre, könnten wir nicht dulden, daß George herumreist und Konzerte gibt. Kein Mensch kann abstreiten, daß ich sehr künstlerisch veranlagt bin, Freddy nicht minder, wir lieben Musik und kennen unzählige Künstler, aber bei der Stellung, die George einmal einnehmen wird, kommt das überhaupt nicht in Frage. Wir haben unser ganzes Herz daran gehängt, daß er ins Parlament kommt. Er wird einmal sehr reich sein. Es gibt nichts, was ihm nicht offenstände.«

»Haben Sie ihm das alles klargemacht?«

»Natürlich habe ich das. Er hat mich ausgelacht. Ich sagte, daß es seinem Vater das Herz brechen würde. Er entgegnete, sein Vater könne ja immer noch auf Harry zurückgreifen. Natürlich liebe ich Harry, und er ist clever wie noch was, aber es war immer klar, daß er mal ins ›big business‹ gehen würde. Auch wenn ich seine Mutter bin, muß ich gestehen, daß er nicht die Vorzüge von George hat. Wissen Sie, was George mir sagte? Er meinte, wenn sein Vater ihm fünf Pfund die Woche zahlen würde, würde er auf alles zugunsten von Harry verzichten. Harry könne Alleinerbe und Nachfolger in der Baronie und allem andern werden. Es ist einfach lachhaft. Er sagte, wenn der Kronprinz von Rumänien dem Thron entsagen könne, sehe er nicht ein, warum er nicht auf das Baronat verzichten könne. Aber das kann er gar nicht. Zwangsläufig wird er dritter Baron, und wenn Freddy eines Tages Peer werden sollte, wird er auch darin sein Nachfolger, bei Freddys Tod. Begreifen Sie, er will sogar den Namen Bland aufgeben und irgendeinen gräßlichen deutschen Namen annehmen!«

Ich konnte nicht umhin, zu fragen, welchen.

»Bleikogel oder so ähnlich«, gab sie zur Antwort.

Der Name war mir geläufig. Ich erinnerte mich, daß Ferdy mir erzählt hatte, daß Hannah Rabenstein einen Alfons Bleikogel geheiratet hatte, der schließlich Sir Alfred Bland, erster Baronet, wurde. Das alles war sehr sonderbar.

Ich fragte mich, was in dem bezaubernden, so typisch englischen Jungen vorgegangen sein mochte, den ich erst vor wenigen Monaten noch gesehen hatte.

»Natürlich, als ich nach Hause kam und Freddy alles erzählte, war er außer sich. Ich habe ihn nie so zornig gesehen. Er hatte Schaum vor dem Mund. Er telegraphierte an George, sofort zurückzukommen, und George telegraphierte zurück, daß er nicht könne, weil er zu arbeiten habe.«

»Arbeitet er denn?«

»Von früh bis spät. Das ist ja gerade das Verrückte daran. Er, der nie in seinem Leben auch nur einen Finger gerührt hat! Freddy sagte immer, er sei der geborene Faulpelz.«

»Hm.«

»Darauf telegraphierte Freddy, daß er ihm jede Unterstützung entziehe, wenn er nicht zurückkehre, und George antwortete: ›Dann entziehe sie.‹ Das schlug dem Faß den Boden aus. Sie ahnen nicht, wie Freddy sein kann, wenn er in Wut gerät.«

Ich wußte, daß Freddy ein großes Vermögen geerbt, und auch, daß er es noch enorm vergrößert hatte, und ich konnte mir sehr wohl vorstellen, daß in dem höflichen, liebenswürdigen Gutsherrn von Tilby ein rücksichtsloser Geschäftsmann steckte. Er war gewohnt, seinen Kopf durchzusetzen, und ich zweifelte nicht, daß er hart und grausam werden konnte, wenn man ihm widersprach.

»Wir hatten George zuvor ein sehr anständiges Studiengeld ausgesetzt, aber Sie wissen, wie schrecklich extravagant er war. Wir konnten uns nicht vorstellen, daß er es lange ohne unsere Unterstützung aushalten würde, und tatsächlich schrieb er innerhalb von vier Wochen an Ferdy und bat ihn, ihm hundert Pfund zu leihen. Ferdy ging zu meiner Schwiegermutter, sie ist seine Schwester, wie Sie wissen, und fragte sie, was das zu bedeuten habe. Obwohl sie seit zwanzig Jahren kein Wort miteinander gesprochen hatten, suchte Freddy ihn auf und bat ihn, George keinen Penny zu schicken, was er auch versprach. Ich weiß nicht, wie George durchgekommen ist. Ich bin überzeugt, daß Freddy recht hat, aber das schließt ja nicht aus, daß ich mir die größten Sorgen mache. Hätte ich Freddy nicht mein Wort gegeben, daß ich George nichts schicken würde, hätte ich ihm schon ein paar Scheine im Brief beigelegt, für alle Fälle. Es ist ein furchtbarer Gedanke für mich, daß er vielleicht nichts zu essen hat.«

»Es wird ihm nicht viel schaden, sich eine Zeitlang einschränken zu müssen.«

»Wir saßen wie in einer Falle, wir hatten alles mögliche für seine Volljährigkeit vorbereitet, und ich hatte Hunderte von Einladungen verschickt. Und nun erklärte George plötzlich, er würde nicht kommen. Ich war dem Wahnsinn nahe. Ich schrieb und telegraphierte, ich wäre selber nach Deutschland gefahren, aber Freddy wollte das auf keinen Fall, ich hätte mich vor George auf die Knie geworfen, ich hätte ihn angefleht, uns nicht einer solchen Demütigung auszusetzen. Verstehen Sie, es war eine Lage, die man nur schwer erklären kann. Dann griff meine Schwiegermutter ein. Sie kennen sie nicht, nicht wahr? Sie ist eine außergewöhnliche alte Dame. Man würde niemals glauben, daß sie Freddys Mutter ist. Sie ist von Geburt Deutsche, aber aus sehr guter Familie.«

»So?«

»Um die Wahrheit zu sagen, ich habe etwas Angst vor ihr. Sie nahm sich Freddy vor, und dann schrieb sie selber an George. Sie schrieb, wenn er zu seinem einundzwanzigsten Geburtstag nach Hause käme, würde sie seine sämtlichen Schulden in München bezahlen, und wir würden uns dann alle hier in Ruhe anhören, was er zu sagen habe. Er war damit einverstanden, und wir erwarten ihn nächste Woche. Aber ich kann nicht sagen, daß ich mich sehr darauf freue.«

Sie seufzte tief. Als wir nach dem Essen nach oben gingen, sprach Freddy mich an.

»Ich nehme an, Muriel hat Ihnen von George erzählt. Der verdammte Narr! Meine Geduld mit ihm ist zu Ende. Pianist werden zu wollen, kein Gentleman käme auf diese blödsinnige Idee!«

»Bedenken Sie, daß er noch sehr jung ist«, sagte ich beschwichtigend.

»Ihm ist alles zu leicht gemacht worden. Ich war viel zu nachsichtig. Alles, was er sich wünschte, hat er von mir bekommen. Aber jetzt soll er mich kennenlernen!«

Die Blands hatten eine gewisse Abneigung, etwas an die große Glocke zu hängen, und ich erfuhr erst aus der Presse, daß die Feiern in Tilby zu Georges einundzwanzigstem Geburtstag entsprechend den Bräuchen des englischen Landadels begangen worden waren. Es gab eine Dinner-Party und einen Ball für den Adel, ein Frühstück und ein Tanzvergnügen unter Zelten auf dem Rasen für die Pächter. Aus London waren kostspielige Kapellen engagiert worden. In den Illustrierten sah man Bilder von George, wie er im Kreis seiner Familie von den Pächtern ein massives silbernes Teeservice als Geschenk entgegennahm. Ursprünglich hatten sie für ein Porträt von ihm gesammelt, seine Abwesenheit machte die Anfertigung jedoch unmöglich. So hatten sie für das Geld ein Teeservice gekauft. Den Klatschspalten der Presse entnahm ich, daß sein Vater ihm ein Reitpferd, seine Mutter einen Plattenspieler mit automatischer Auswechslung, seine Großmutter, die Witwe Lady Bland, ihm die *Encyclopaedia Britannica* und sein Großonkel, Ferdinand Rabenstein, das Bild *Jungfrau mit Kind* von Pellegrino da Modena geschenkt hatten. Ich konnte den Gedanken nicht unterdrücken, daß all diese Geschenke zu bombastisch waren, um sich leicht zu Geld machen zu lassen. Daraus, daß Ferdy bei den Feiern anwesend war, schloß ich, daß Georges unverantwortliche Auflehnung zu einer Versöhnung zwischen Onkel und Neffen geführt hatte. Ich hatte recht. Ferdy war mit der Absicht seines Großneffen, Pianist zu werden, alles andere als einverstanden. Beim ersten Anzeichen von Gefahr für ihren Ruf rückte die Familie zusammen und stellte sich Georges Absichten in geschlossener Front entgegen. Da ich nicht dabei war, weiß ich alles, was sich im Anschluß an die Geburtstagsfeier ereignete, nur vom Hörensagen. Einiges erfuhr ich von Ferdy, anderes von Muriel, und später gab mir George eine Darstellung, wie er es sah. Die Blands müssen sich in der Hoffnung gewiegt haben, daß George weich werden würde, wenn er erst einmal wieder zu Hause sein, die Hauptrolle spielen und in der prunkvollen Umgebung sich davon überzeugen würde, was es hieß, der Erbe eines so großen Besitzes zu sein. Sie umgaben ihn denn auch mit aller Liebe und schmeichelten ihm. Sie hingen an seinen Lippen. Sie rechneten mit seinem guten Herz und glaubten, daß er es nicht über sich bringen würde, ihnen Schmerz zu bereiten, wo sie so lieb zu ihm waren. Sie schienen es für sicher zu halten, daß er nicht nach Deutschland zurückkehren würde, und schlossen ihn bei jedem Gespräch in ihre Zukunftspläne ein. George sagte nicht viel. Er schien alles sehr zu genießen und setzte sich nicht ans Klavier. Es sah so aus, als ob alles glattginge. Friede senkte sich auf das gequälte Haus. Dann kam bei einem Lunch das Gespräch auf ein Gartenfest, zu dem die ganze Nachbarschaft in der folgenden Woche eingeladen war, als George, wie nebenbei, bemerkte:

»Auf mich dürft ihr nicht zählen. Ich werde nicht dabeisein.«

»Aber George, warum nicht?« fragte seine Mutter.

»Ich muß zurück an meine Arbeit. Montag reise ich wieder nach München.«

Eine qualvolle Pause entstand. Jeder suchte krampfhaft nach etwas, worüber er sprechen könnte, schwieg aber aus Angst, etwas Falsches zu sagen, und schließlich schien es unmöglich, überhaupt noch etwas zu sagen. Unter Schweigen ging das Essen zu Ende. Dann verschwand George im Garten, und die anderen, die alte Lady Bland, Ferdy, Muriel und Sir Adolphus zogen sich in die Halle zurück. Ein Familienrat fand statt. Muriel weinte. Freddy regte sich furchtbar auf. Plötzlich hörte man, daß jemand im Salon eine *Nocturne* von Chopin spielte. Es war George. Es klang, als ob er damit endgültig seinen Entschluß bekanntgeben wollte, als hätte er Trost, Ruhe und Kraft bei dem Instrument gesucht, das er liebte. Freddy sprang auf.

»Schluß mit dem Geklimper«, schrie er. »Ich verbitte mir, daß er in meinem Hause Klavier spielt!«

Muriel klingelte nach einem Diener und erteilte ihm einen Auftrag:

»Bitte sagen Sie Mr. Bland, daß Ihre Ladyschaft starke Kopfschmerzen hat und er bitte aufhören möchte, Klavier zu spielen.«

Ferdy, der Mann von Welt, wurde abgesandt, um mit George zu sprechen. Er wurde ermächtigt, ihm bestimmte Vorschläge zu machen, wenn er die Absicht, Pianist zu werden, aufgeben würde. Wenn er nicht die diplomatische Laufbahn einschlagen wollte, würde sein Vater nicht darauf bestehen. Sollte er für das Parlament kandidieren, übernähme sein Vater die gesamten Kosten der Wahl, dazu bekäme er eine jährliche Summe von fünftausend Pfund und eine Wohnung in London, die er ihm einrichten würde. Ich muß sagen, daß das ein sehr anständiges Angebot war. Ich weiß nicht, was Ferdy dem Jungen sagte, ich vermute, er malte ihm das Leben, das ein junger Mann in London unter solchen Umständen führen konnte, in den rosigsten Farben. Sicher schilderte er es höchst verlockend. Es war alles umsonst. George verlangte nichts weiter als fünf Pfund in der Woche, um sein Studium fortsetzen zu können, und im übrigen in Ruhe gelassen zu werden. Die große Rolle, die er eines Tages spielen könnte, ließ ihn kalt. Er wollte keine Jagden reiten, er wollte nicht schießen. Er wollte nicht Parlamentsmitglied werden. Er wollte kein Millionär sein. Er wollte nicht Baronet werden. Er wollte nicht Peer werden. Ferdy verließ ihn geschlagen und in beträchtlicher Aufregung.

Am Abend, nach dem Essen, kam es zu einer furchtbaren Szene. Freddy war leicht erregbar und nicht gewohnt, Widerstand zu begegnen, und zeigte sich George gegenüber von seiner härtesten Seite. Ich kann mir denken, daß sie wirklich sehr hart war. Den Frauen, die ihn zu besänftigen versuchten, verbot er rücksichtslos den Mund. Vielleicht zum erstenmal in seinem Leben hörte Freddy nicht auf seine Mutter. George blieb verbohrt und abweisend. Er hatte seinen Entschluß gefaßt, und wenn sein Vater nicht damit einverstanden war, konnte er auch ohne ihn auskommen. Freddy war zum Äußersten entschlossen. Er verbot George, nach Deutschland zurückzugehen. George antwortete, er sei einundzwanzig Jahre alt und sein eigner Herr. Er werde gehen, wohin es ihm beliebte. Freddy schwor, er werde keinen Penny von ihm bekommen.

»In Ordnung. Dann verdiene ich mir selber Geld.«

»Du! Du, der du dich dein ganzes Leben lang vor jeder Arbeit gedrückt hast, womit willst du denn Geld verdienen?«

»Alte Kleider verkaufen«, grinste George.

Allen blieb fast das Herz stehen. Muriel war so erschüttert, daß sie das Dümmste sagte, was sie sagen konnte:

»Wie ein Jude.«

»Schön, bin ich kein Jude? Und du und Daddy, seid ihr keine Juden? Wir sind alle Juden, unsere ganze Sippschaft. Und jeder weiß das. Und was zum Teufel hilft's, wenn wir so tun, als wären wir keine?«

Da geschah etwas Schreckliches. Freddy brach plötzlich in Tränen aus. Es tut mir leid, es sagen zu müssen, aber er benahm sich nicht gerade wie ein Sir Adolphus Bland, Baronet, Mitglied des Parlaments, der gute alte englische Gentleman, der er so gern sein wollte, sondern wie ein sentimentaler Adolf Bleikogel, der seinen Sohn liebte und vor Verzweiflung weinte, weil all die großen Hoffnungen, die er in ihn gesetzt hatte, sich in Luft auflösten und der Stolz seines ganzen Lebens zusammenbrach. Er weinte wortlos unter lautem Schluchzen, raufte sich den Bart und schlug sich hin und wieder vor die Brust. Darauf fingen alle an zu weinen, die alte Lady Bland und Muriel und Ferdy, der schnaubte, sich die Nase putzte und die Tränen, die ihm die Wangen herabrannen, mit dem Taschentuch abtupfte, und sogar George weinte. Natürlich war das alles sehr schmerzlich, aber für unsere robuste angelsächsische Gemütsart muß es, wie ich gestehe, auch einen Hauch von Komik gehabt haben. Keiner versuchte, den anderen zu trösten. Sie schluchzten und schluchzten nur. Dann ging die ganze Gesellschaft auseinander.

Die Lage blieb trotzdem die gleiche. George gab nicht nach. Sein Vater sprach nicht mehr mit ihm. Es kam zu neuerlichen Szenen. Muriel versuchte sein Mitleid zu erregen. Er überhörte ihre flehentlichen Bitten. Er schien sich nichts daraus zu machen, wenn ihr das Herz brach, wenn sein Vater daran zugrunde ging. Ferdy appellierte an ihn als Sportsmann und Mann von Welt. Georges Antworten waren spöttisch, er wurde sogar persönlich ausfallend. Die alte Lady Bland mit ihrem gutturalen deutschen Akzent und ihrem ausgeprägten gesunden Menschenverstand versuchte sich mit ihm auszusprechen, aber er verschloß sich gegen alle vernünftigen Argumente. Immerhin war sie es, die schließlich einen Ausweg fand. Sie machte George klar, daß es sinnlos sei, auf all die Herrlichkeiten der Welt, die auf ihn warteten, zu verzichten, es sei denn, er habe wirklich großes

Talent. Daß er das annehme, sei selbstverständlich, aber er könne sich doch irren. Ein Pianist zweiten Ranges zu werden lohne nicht. Seine einzige Entschuldigung, seine einzige Rechtfertigung wäre, ein Genie zu sein. In diesem Fall hätte die Familie kein Recht, ihm im Wege zu stehen.

»Du kannst von mir nicht erwarten, daß ich jetzt schon ein Genie bin«, sagte George. »Ich muß noch jahrelang arbeiten.«

»Bist du sicher, daß du durchhalten wirst?«

»Ich habe auf dieser Welt keinen anderen Wunsch. Ich will arbeiten wie ein Pferd. Ich verlange nichts weiter, als daß man mir eine Chance gibt.«

Dieses war ihr Vorschlag: Sein Vater war entschlossen, ihm nichts zu geben, andererseits konnten sie den Jungen nicht hungern lassen. Er hatte von fünf Pfund die Woche gesprochen. Gut, sie sei bereit, ihm das selbst zu geben. Er solle nach Deutschland zurückkehren und weitere zwei Jahre studieren. Danach müsse er zurückkommen, und sie würden eine sachverständige, unparteiische Person bitten, sich sein Spiel anzuhören, und wenn das Urteil dahin ginge, daß er alles Zeug zu einem erstrangigen Pianisten habe, würden ihm keine Hindernisse mehr in den Weg gelegt. Die Familie würde ihn im Gegenteil in jeder Weise unterstützen und ermutigen. Lautete das Urteil hingegen, daß seine Begabung dafür nicht ausreiche, müsse er sein Wort geben, jeden Gedanken an die Musik als Beruf aufzugeben und sich in jeder Beziehung den Wünschen seines Vaters zu fügen. George traute seinen Ohren kaum.

»Meinst du das im Ernst, Großmama?«

»Allerdings.«

»Wird Vater einverstanden sein?«

»Dafür werde ich sorgen«, war die Antwort.

George umarmte sie und küßte sie stürmisch auf beide Wangen.

»Du Allerliebste! Du Beste!« rief er.

»Und das Versprechen?«

Er gab ihr sein feierliches Ehrenwort, daß er getreulich die Bedingungen des Abkommens einhalten würde. Zwei Tage danach kehrte er nach Deutschland zurück. Obwohl sein Vater widerstrebend seine Zustimmung gab – es blieb ihm ja doch nichts anderes übrig –, söhnte er sich nicht mit ihm aus, und als George abreiste, lehnte er es ab, sich von ihm zu verabschieden.

Man kann sich kaum vorstellen, daß er sich selbst so viel Schmerz zufügen konnte. Ich erlaube mir hier eine kleine Bemerkung. Es ist sonderbar, daß Menschen, die kurzlebigen Bewohner einer feindlichen und unmenschlichen Welt, sich solche Mühe geben, sich selbst unglücklich zu machen.

George hatte zur Bedingung gemacht, daß seine Familie ihn in den zwei Studienjahren nicht besuchen sollte. Als Muriel einige Monate vor seiner Rückkehr hörte, daß ich auf meinem Weg nach Wien, wohin mich geschäftliche Gründe führten, durch München käme, war es nur natürlich, daß sie mich bat, ihn aufzusuchen. Sie brannte darauf, etwas über ihn aus erster Hand zu erfahren. Sie gab mir seine Adresse, und ich schrieb ihm, daß ich mich einen Tag in München aufhalten würde, und lud ihn zum Lunch ein. Ich fand seine Antwort im Hotel vor. Er schrieb, er habe den ganzen Tag zu arbeiten und keine Zeit, mit mir zu essen. Wenn ich aber zu ihm kommen wollte, gegen sechs Uhr, würde er sich freuen, mir sein Studio zu zeigen, und wenn ich nichts Besseres vorhätte, würde er gern den Abend mit mir verbringen. So begab ich mich kurz nach sechs Uhr zu der angegebenen Adresse. Er wohnte im zweiten Stock in einem großen Häuserblock, und als ich vor seiner Tür stand, hörte ich Klavierspiel. Es brach ab, als ich klingelte. George öffnete selbst die Tür. Ich erkannte ihn kaum wieder. Er war sehr dick geworden, trug das Haar lang, in malerischer Unordnung. Er hatte seine alten Hosen aus Oxford an, ein Tennishemd und Pantoffeln. Er sah nicht sehr sauber aus, und seine Fingernägel waren schwarz. Ein erschreckender Wandel von dem gepflegten, schlanken jungen Mann, der seine teuren Anzüge mit solcher Eleganz trug, war mit ihm vorgegangen. Unwillkürlich mußte ich daran denken, wie schockiert Ferdy bei seinem Anblick gewesen wäre. Sein Studio war groß und kahl, an den Wänden hingen drei oder vier ungerahmte kubistische Bilder. Es gab mehrere arg verschlissene Sessel und einen Flügel. Ein paar Bücher lagen herum und alte Zeitungen und Kunstzeitschriften. Alles war schmutzig und ungepflegt, und in der Luft hing der Geruch von abgestandenem Bier und kaltem Rauch.

»Wohnst du hier allein?« fragte ich.

»Ja. Nur eine Frau kommt dreimal in der Woche zum Saubermachen. Frühstück und Mittagessen mache ich mir selbst.«

»Kannst du kochen?«

»Oh, ich esse nur Brot und Käse und trinke eine Flasche Bier zu Mittag, abends esse ich in einer Bierstube.«

Ich freute mich festzustellen, daß er sehr froh war, mich

zu sehen. Er schien in bester Laune und außerordentlich glücklich. Er fragte mich nach seiner Familie, und wir plauderten über dies und jenes. Zweimal in der Woche nahm er Stunden, und die übrige Zeit übte er. Wie er mir erzählte, übte er zehn Stunden am Tag.

»Eine ziemliche Veränderung«, bemerkte ich.

Er lachte.

»Daddy meinte ja, ich sei von Natur aus träge. Ich war in Wirklichkeit gar nicht träge, ich sah nur nicht ein, warum ich arbeiten sollte, wenn es mich langweilte.«

Ich fragte ihn, wie er mit seinem Spiel vorankomme. Er schien mit seinen Fortschritten zufrieden, und ich bat ihn, mir etwas vorzuspielen.

»Ach, jetzt nicht. Ich habe genug, ich habe schon den ganzen Tag am Klavier gesessen. Gehen wir lieber aus und essen erst, und wenn wir später zurückkommen, spiele ich. Im allgemeinen gehe ich immer in dasselbe Lokal, wo mehrere Studenten verkehren, die ich kenne, und wo es sehr nett ist.«

Kurz darauf brachen wir auf. Er hatte sich Socken und Schuhe angezogen und eine sehr alte Golfjacke, und wir wanderten zusammen durch die breiten, stillen Straßen. Der Tag war klar und kalt. Seine Schritte waren beschwingt. Er blickte beglückt um sich.

»Ich liebe München«, sagte er. »Ich finde, es ist die einzige Stadt in der Welt, in der die Luft mit Kunst gesättigt ist. Schließlich ist Kunst das einzige, was von Wert ist. Nicht wahr? Ich hasse den Gedanken, nach Hause zu gehen.«

»Trotzdem wird dir nichts anderes übrigbleiben.«

»Ich weiß. Ich werde auch gehen, aber ich möchte nicht daran denken, bis es soweit ist.«

»Bevor du fährst, wäre es vielleicht nicht schlecht, dir die Haare schneiden zu lassen. Verzeih mir, wenn ich das sage, aber du siehst fast etwas zu künstlerisch aus, um überzeugend zu sein.«

»Ihr Engländer, ihr seid solche Philister«, sagte er.

Er nahm mich in ein ziemlich großes Eßlokal in einer Nebenstraße mit, das schon zu dieser frühen Stunde voll besetzt war. Es war im schweren altdeutschen Stil eingerichtet. Ein abseits stehender rotgedeckter Tisch war für George und seine Freunde reserviert. Als wir erschienen, saßen vier oder fünf junge Leute daran, ein Pole, der orientalische Sprachen studierte, ein Student der Philosophie, ein Maler (ich nehme an, der Urheber der kubistischen Bilder bei George), ein Schwede und einer, der sich, unter Hackenzusammenschlagen, als Hans Reiting, Dichter, vorstellte. Keiner von ihnen war über zweiundzwanzig, und ich fühlte mich etwas fehl am Platz. Alle sprachen George mit ›du‹ an, und ich stellte fest, daß er fließend Deutsch sprach. Ich hatte es lange Zeit nicht gesprochen, und meine Kenntnisse waren so eingerostet, daß ich mich an der lebhaften Unterhaltung kaum beteiligen konnte. Trotzdem machte es mir großes Vergnügen. Sie aßen nur wenig, tranken dafür aber um so mehr Bier. Sie redeten über Kunst und Frauen. Sie waren sehr revolutionär und bei aller Ausgelassenheit im Grunde ernst. Sie blickten auf jeden mit Verachtung, der einen Namen hatte, und waren sich hauptsächlich in einem Punkt einig, nämlich, daß in dieser verkehrten Welt nur das Vulgäre auf Erfolg hoffen durfte. Sie diskutierten lebhaft technische Fragen, widersprachen einander, schrien und wurden obszön.

Sie waren groß in Form.

Gegen elf Uhr gingen George und ich zu seiner Wohnung zurück. München ist eine Stadt, die auch in ihrem Vergnügen bürgerlich bleibt. Abgesehen vom Marienplatz waren die Straßen still und leer. Zu Hause angelangt, zog er sich den Rock aus und sagte:

»Jetzt werde ich Ihnen etwas vorspielen.«

Ich setzte mich in einen der schäbigen Sessel, eine Sprungfeder bohrte sich mir in den Hintern, aber ich machte es mir so bequem wie möglich. George spielte Chopin. Ich verstehe nur sehr wenig von Musik, und das ist einer der Gründe, weshalb es mir schwergefallen ist, diese Geschichte niederzuschreiben. Wenn ich in ein Konzert in Queenshall gehe und in der Pause das Programm studiere, so sind das griechische Buchstaben für mich. Ich weiß nichts von Harmonie und Kontrapunkt. Ich werde nie vergessen, wie deprimierend es für mich war, als ich einmal nach München zu Wagner-Festspielen fuhr und eine wundervolle Aufführung von *Tristan und Isolde* verließ, ohne einen einzigen Ton gehört zu haben. Schon bei den ersten Takten schweiften meine Gedanken ab, und ich begann darüber nachzudenken, wie mir die Figuren gefielen, über die ich gerade schrieb. Sie erwachten zum Leben, ich hörte ihre langen Gespräche, ich litt mit ihnen und teilte ihre Freuden. Jahre zogen vorüber, und ich erlebte unzählige Dinge, der Frühling erfüllte mich mit Entzücken, und im Winter fror ich und hungerte. Und ich liebte und haßte und starb. Ich glaube, es gab Pausen, in denen ich im Garten herumwanderte und wahrscheinlich Schinkenbrötchen aß und Bier trank, aber genau kann ich mich nicht daran erinnern. Das einzige, was ich weiß, ist, daß ich beim Fallen des Vorhangs aufschreckte. Es waren herrliche Stunden, aber ich mußte doch feststellen, daß es reichlich stupid von mir war, so weit zu reisen und so viel Geld auszugeben, nur um nichts zu sehen und zu hören.

Das meiste, was George spielte, war mir bekannt. Es waren die üblichen Konzertstücke. Er spielte mit ungeheurer Verve. Dann schloß er Beethovens *Appassionata* an. Ich habe sie selbst einmal gespielt, als ich noch Klavier spielte (sehr schlecht), in meiner Jugend, und erinnerte mich an jede Note. Es ist ohne Zweifel ein klassisches, großartiges Werk, es wäre einfach dumm, das zu leugnen, aber ich gestehe, daß es mich um Mitternacht kalt läßt. Es ist wie *Paradise lost*, herrlich, aber eine Spur hausbacken. Auch dieses Stück spielte George mit großer Leidenschaft. Er schwitzte ausgiebig. Anfangs fand ich nicht heraus, was mir an seinem Spiel auffiel. Irgend etwas störte mich. Dann wurde es mir plötzlich klar. Der Anschlag der beiden Hände war ungleichmäßig, so daß zwischen den tiefen und hohen Tönen eine winzige Lücke entstand. Aber ich wiederhole, ich verstehe nichts davon. Was mich irritierte, konnte ebensogut davon kommen, daß er zuviel getrunken hatte. Vielleicht bildete ich es mir auch nur ein. Jedenfalls sagte ich, was mir an Beifälligem einfiel.

»Ich weiß natürlich selbst, daß ich noch viel mehr arbeiten muß. Ich bin erst ein Anfänger, aber ich fühle, daß ich es schaffen werde. Ich spüre es in den Fingerspitzen. Es wird mich noch zehn Jahre kosten. Aber dann bin ich ein Pianist.«

Er war müde und stand auf. Es war nach Mitternacht, und ich wollte gehen, aber davon wollte er nichts hören. Er machte zwei Flaschen Bier auf, zündete sich eine Pfeife an und wollte sich noch unterhalten.

»Bist du glücklich hier?« fragte ich ihn.

»Sehr«, war die Antwort. »Am liebsten bliebe ich immer hier. Das Leben hat mir noch nie soviel Spaß gemacht. Dieser Abend zum Beispiel. War es nicht großartig?«

»Es war sehr nett. Aber man kann doch nicht ewig leben wie ein Student. Deine Freunde hier werden älter, und eines Tages werden sie weggehen.«

»Dann kommen andere. Studenten wird es hier immer geben oder ähnliche Leute.«

»Ja. Aber du wirst auch älter. Gibt es etwas Kläglicheres, als wenn ein Mann in mittleren Jahren sein Studentenleben endlos fortsetzen will? Ein alter Knabe, der versucht, unter Jugendlichen den Jugendlichen zu spielen, und sich einredet, daß sie ihn als ihresgleichen akzeptieren – das ist lächerlich. Das kann man nicht machen.«

»Ich fühle mich hier so zu Hause. Mein guter Vater verlangt, ich soll ein englischer Gentleman sein. Da überläuft mich eine Gänsehaut. Ich bin kein Sportsmann. Ich schere mich den Teufel um Fuchsjagden und Schießen und Cricketspielen. Ich habe immer nur geschauspielert.«

»Du hast sehr natürlich gespielt.«

»Erst hier ist mir klargeworden, daß das alles nicht echt war. Ich habe Eton gemocht, und Oxford war eine tolle Sache, und trotzdem fühlte ich die ganze Zeit, daß ich in Wirklichkeit nicht dazugehörte. Ich spielte meine Rolle nicht schlecht, weil mir schauspielern im Blut liegt. Aber in meiner Seele blieb immer etwas Unbefriedigtes zurück. Das Haus in Grosvenor Square ist freier Grundbesitz, und Daddy hat für

Tilby 180 000 Pfund bezahlt. Für mich waren es nichts weiter als Häuser, die wir für eine Saison gemietet hatten und eines Tages wieder räumen würden, wenn die wirklichen Eigentümer zurückkämen.«

Ich hörte aufmerksam zu und fragte mich, wieviel von dem, was er erzählte, Ausdruck seines wirklichen Gefühls war und wieviel er sich unter den neuen Verhältnissen nur einbildete.

»Ich habe es immer gehaßt, als Großonkel Ferdy seine jüdischen Geschichten erzählte. Ich fand es so verdammt schmutzig. Heute verstehe ich, daß es eine Art Notventil war. Mein Gott, die fortgesetzte Anspannung, ein Mann der Gesellschaft zu sein. Für Daddy ist es leichter. Er kann in Tilby den alten englischen Landedelmann spielen, aber in der City kann er er selber sein. Das ist alles in Ordnung. Ich habe mich abgeschminkt und mein Kostüm ausgezogen und kann endlich auch ich selbst sein. Was für ein Gefühl der Erleichterung. Sie wissen, ich mag die Engländer nicht. Ich weiß nie, woran ich mit euch bin. Ihr seid so langweilig und konventionell. Ihr laßt euch niemals gehen. Es ist nichts Freies in euch, keine Freiheit der Seele, ihr seid solche Schisser. Vor nichts auf der Welt habt ihr mehr Angst als davor, etwas falsch zu machen.«

»Vergiß nicht, daß du selber Engländer bist, George«, murmelte ich.

Er lachte.

»Ich? Ich bin kein Engländer. Ich habe nicht einen Tropfen englisches Blut in mir. Ich bin Jude, das wissen Sie, und dazu noch ein deutscher Jude. Ich wünsche mir nicht, Engländer zu sein. Ich will Jude sein. Meine Freunde sind Juden. Sie ahnen nicht, wie frei und leicht ich mich in ihrem Kreis fühle. Ich kann ich selber sein. Zu Hause taten wir alles, um Juden aus dem Weg zu gehen. Mummy, weil sie blond ist, dachte, sie könnte auf diese Weise davonkommen, und gab vor, eine reinrassige Engländerin zu sein. So ein Unsinn! Wissen Sie, daß es mir ungeheuren Spaß macht, in den Münchener Vierteln umherzuschlendern, in denen Juden wohnen, und mir die Leute anzusehen. Ich fuhr einmal nach Frankfurt, wo es Haufen von Juden gibt, und ich wanderte umher und sah mir die alten schlampigen Männer mit ihren Hakennasen an und die fetten Weiber mit ihren falschen Haaren. Und ich fühlte eine solche Sympathie für sie, ich fühlte, daß ich zu ihnen gehörte. Ich hätte sie küssen mögen. Wenn sie mich anblickten, fragte ich mich, ob sie ahnten, daß ich einer der Ihren war. Ich wünschte mir über alles, ich könnte Jiddisch. Ich würde gern Freundschaft mit ihnen schließen und zu ihnen in ihre Wohnungen gehen und koscher essen und all das andere Zeug. Ich wäre gern in eine Synagoge gegangen, aber ich hatte Angst, etwas falsch zu machen und hinausgeworfen zu werden. Ich liebe den Geruch des Gettos und das ganze Leben und Treiben und das Geheimnisvolle und den Dreck und den Schmutz und die Romantik. Ich werde nie die Sehnsucht danach aus meinem Herzen verlieren. Das ist die Wahrheit. Alles andere ist nur Vorspiegelung falscher Tatsachen.«

»Du wirst deinem Vater das Herz brechen«, erwiderte ich nur.

»Entweder seins oder meins. Warum kann er mich nicht gehenlassen? Es gibt doch noch Harry. Der würde nichts lieber werden als Gutsherr auf Tilby. Er würde der richtige englische Gentleman sein. Sie wissen ja, Mummy hat ihr ganzes Herz darangesetzt, daß ich eine Christin heirate. Harry würde nichts lieber tun. Er würde eine gute englische Familie im alten Stil gründen. Schließlich verlange ich so wenig. Ich will nur fünf Pfund die Woche, und sie können ihren Titel und den Park und die Gainsboroughs und den ganzen Hokuspokus behalten.«

»Schön. Die Tatsache bleibt, daß du dein feierliches Wort gegeben hast, nach zwei Jahren zurückzukehren.«

»Ich werde auch zurückkehren«, sagte er mürrisch. »Lea Makart hat versprochen, zu kommen und sich mein Spiel anzuhören.«

»Was wirst du tun, wenn sie sagt, du seist nicht gut?«

»Mich erschießen«, erwiderte er vergnügt.

»So ein Unsinn«, antwortete ich im gleichen Ton.

»Fühlen Sie sich eigentlich in England zu Hause?«

»Nein«, erwiderte ich, »aber ich fühle mich nirgends zu Hause.«

Natürlich hatte er kein wirkliches Interesse für meine Angelegenheiten.

»Ich hasse den Gedanken, zurückzugehen. Jetzt, wo ich weiß, was das Leben zu bieten hat, möchte ich um keinen Preis der Welt ein englischer Landedelmann werden. Mein Gott, wäre das langweilig!«

»Geld ist eine schöne Sache, und ich habe immer verstanden, daß es recht angenehm sein muß, ein englischer Peer zu sein.«

»Geld bedeutet mir gar nichts. Ich will nichts von alldem, was man für Geld kaufen kann, und ich bin nun einmal kein Snob.«

Mittlerweile war es sehr spät geworden, und ich mußte am

nächsten Morgen früh aufstehen. Mir schien auch überflüssig, zu viel auf das zu geben, was George so sagte. Es war die Art von Gerede, zu dem ein junger Mann sich leicht verführen läßt, wenn er plötzlich unter Maler und Literaten gerät. Kunst ist starker Wein, und es gehört ein starker Kopf dazu, ihn zu vertragen. Das göttliche Feuer brennt am hellsten in denen, die seine Glut durch nüchternen Verstand dämpfen. Schließlich war George noch nicht dreiundzwanzig. Die Zeit ist ein großer Lehrmeister. Seine Zukunft war nicht meine Sache. Ich wünschte ihm eine gute Nacht und ging in mein Hotel zurück. Sterne funkelten am teilnahmslosen Himmel. Am nächsten Morgen verließ ich München.

Nach meiner Rückkehr nach London sagte ich Muriel nichts von dem, was George mir gestanden und wie er ausgesehen hatte, und erklärte nur, daß es ihm gutgehe, daß er glücklich sei, hart arbeite und sehr solide und einfach zu leben scheine. Monate später kehrte er zurück. Muriel bat mich, das Wochenende mit ihnen in Tilby zu verbringen, Ferdy würde Lea Makart mitbringen, damit sie George spielen hören konnte, und er habe besonders gewünscht, mich dort zu sehen. Ich sagte gerne zu. Muriel holte mich am Bahnhof ab.

»Wie fanden Sie George?« fragte ich.

»Er ist sehr dick geworden, scheint aber in bester Stimmung. Ich habe den Eindruck, daß er gern wieder hier ist. Seinem Vater gegenüber hat er sich sehr lieb benommen.«

»Das freut mich.«

»Ach, mein Lieber, ich hoffe so sehr, daß Lea Makart ihn nicht gut findet. Es würde für uns alle eine große Erleichterung sein.«

»Ich fürchte, für ihn würde es eine furchtbare Enttäuschung bedeuten.«

»Das' Leben ist voller Enttäuschungen«, sagte Muriel scharf. »Man muß lernen, mit ihnen fertigzuwerden.«

Ich lächelte ihr amüsiert zu. Wir fuhren in einem Rolls-Royce, und neben dem Chauffeur saß ein Diener. Sie trug eine Perlenkette, die vermutlich 40 000 Pfund wert war. Ich erinnerte mich, daß bei dem letzten Geburtstagsempfang Sir Adolphus Bland nicht zu den dreien gehört hatte, denen der König die Peerwürde zu verleihen geruht hatte.

Lea Makart würde nur auf einen kurzen Besuch herüberkommen können. Sie spielte am Abend in Brighton und wurde am Sonntagvormittag zum Lunch in Tilby erwartet. Sie mußte noch am selben Tag nach London zurückkehren, weil sie am Montag ein Konzert in Manchester gab. George sollte ihr im Laufe des Nachmittags vorspielen.

»Er ist fleißig beim Üben«, sagte mir seine Mutter. »Deshalb ist er nicht mitgekommen, um Sie abzuholen.«

Wir passierten das große Portal zum Park und fuhren die prächtige alte Ulmenallee hinauf, die zum Haus führte. Wie ich sah, waren keine weiteren Gäste geladen.

Zum erstenmal begegnete ich der verwitweten Lady Bland. Ich war immer neugierig auf sie gewesen. Meiner Vorstellung nach mußte sie eine uralte Jüdin sein, die allein in einem großen Haus in Portland Place lebte, überall ihre Finger drin hatte und ihre Familie despotisch beherrschte. Sie enttäuschte mich nicht. Sie war eine imposante Erscheinung, ziemlich groß und stämmig, ohne jedoch korpulent zu sein. Ihr ganzes Benehmen war ausgesprochen jüdisch. Sie hatte einen ziemlich starken Damenbart und trug eine Perücke von einem eigentümlich metallischen Braun. Ihr Kleid aus schwarzem Brokat war prächtig. Ihre Brust zierte eine Reihe großer Diamanten, um den Hals schlang sich ein Diamantkollier, und Diamantringe funkelten an ihren welken Händen. Sie sprach ziemlich laut und heiser und mit starkem deutschem Akzent. Als ich ihr vorgestellt wurde, musterte sie mich scharf mit glänzenden Augen. In Sekundenschnelle taxierte sie mich und machte nicht den geringsten Versuch, zu verheimlichen, daß ihr Urteil über mich ungünstig ausgefallen war.

»Sie kennen meinen Bruder Ferdinand schon lange, nicht wahr?« fragte sie mit einem kehligen rollenden R. »Mein Bruder Ferdinand hat immer nur in der ersten Gesellschaft verkehrt. Wo ist Sir Adolphus, Muriel? Weiß er nicht, daß sein Gast gekommen ist? Willst du nicht nach George schicken? Wenn er seine Stücke jetzt noch nicht kann, wird er sie auch morgen nicht können.«

Muriel erklärte, daß Freddy gerade eine Runde Golf mit seinem Sekretär zu Ende spiele und daß sie George bereits von meiner Ankunft unterrichtet habe. Allem Anschein nach hielt Lady Bland die Antwort Muriels für höchst unbefriedigend und wandte sich wieder mir zu.

»Meine Schwiegertochter hat mir gesagt, Sie seien in Italien gewesen.«

»Ja, ich bin eben erst zurückgekommen.«

»Es ist ein schönes Land. Wie geht es dem König?«

Ich erwiderte, ich wüßte es nicht.

»Ich habe ihn gut gekannt, als er noch klein war. Er war damals sehr schwächlich. Mit seiner Mutter, der Königin Margherita, war ich eng befreundet. Man glaubte allgemein, er würde nie heiraten. Die Herzogin von Aosta war außer sich, als er sich in diese Prinzessin von Montenegro verliebte.«

Sie schien einer längst vergangenen Epoche der Geschichte anzugehören, war aber sehr lebendig, und ich konnte mir gut vorstellen, daß ihren Augen nichts entging. Dann kam Freddy herein, stilvoll in Knickerbockern. Es war etwas belustigend und zugleich rührend, zu sehen, wie dieser graubärtige Mann, der für gewöhnlich etwas Gebieterisches an sich hatte, sich so offensichtlich beflissen gegenüber der alten Dame benahm. Er redete sie mit ›Mama‹ an. Dann kam George. Er war immer noch dick, hatte aber meinen Rat befolgt und sich die Haare schneiden lassen. Er sah nicht mehr so jungenhaft aus, eher wie ein erwachsener, selbstsicherer junger Mann. Man sah mit Vergnügen, wie gut ihm der Tee schmeckte. Er aß Mengen belegter Brote und riesige Stücke Kuchen. Er hatte noch immer den Appetit eines Jungen. Sein Vater schaute ihm mit einem zärtlichen Lächeln zu, und wenn ich ihn mir ansah, war ich nicht überrascht, daß sie ihm alle nur Liebe und Zuneigung entgegenbrachten. Er hatte eine Unbekümmertheit, einen Charme und eine Begeisterungsfähigkeit, die zweifellos für ihn einnahm. Von ihm ging eine Großzügigkeit, Offenheit und natürliche Herzlichkeit aus, der niemand widerstehen konnte. Ich weiß nicht, ob er auf einen Wink der Großmutter hin oder dank seines eigenen guten Herzens sich alle Mühe gab, nett zu seinem Vater zu sein. Und die sanften Augen seines Vaters, die Art, wie er an den Lippen des Jungen hing, die stolzen, glücklichen und zufriedenen Blicke verrieten deutlich, wie schwer die Entfremdung der letzten zwei Jahre auf ihm gelastet hatte. Er betete George an.

Am nächsten Vormittag spielten wir eine Partie Golf, da Muriel zur Messe gehen mußte. Um ein Uhr kam Ferdy in Lea Makarts Wagen. Wir setzten uns zum Lunch. Natürlich wußte ich, wie berühmt Lea Makart war. Sie galt als die größte Pianistin Europas. Sie war eine alte Freundin von Ferdy, der ihr zu Beginn ihrer Karriere durch sein Eintreten und seine Unterstützung sehr geholfen hatte. Er war es auch, der dafür gesorgt hatte, daß sie gekommen war, um ihr Urteil über die Aussichten von George abzugeben. Es hatte eine Zeit gegeben, wo ich, sooft ich konnte, ihre Konzerte besucht hatte. Sie spielte ohne jede Affektiertheit, wie ein Vogel singt, ohne den leisesten Schein von Anstrengung, ganz natürlich. Von ihren schlanken Fingern rieselten die Töne wie silberne Perlen so mühelos, daß man den Eindruck bekam, sie improvisiere all diese komplizierten Kompositionen. Es hieß allgemein, ihre Technik sei vollkommen. Ich habe nie herausfinden können, wieviel von meinem Entzücken, sie spielen zu hören, mit ihrer Persönlichkeit zusammenhing. Sie sah damals so ätherisch aus, daß man sich immer wieder wunderte, daß ein so zartes, zerbrechliches Geschöpf soviel Kraft besaß. Sie war sehr schlank, blaß, mit großen Augen und wundervollem schwarzem Haar. Am Flügel wirkte sie faszinierend wie ein frühreifes Kind. Sie war sehr schön, auf eine kaum irdische Weise, und wenn sie spielte, lag ein Lächeln um ihren Mund, als erinnerte sie sich an etwas, was sie in einer anderen Welt gehört hatte. Jetzt, als Frau von Anfang Vierzig, war sie nicht mehr die Sylphide von einst, sie war voller und ihr Gesicht breiter geworden. Sie besaß nicht mehr die liebliche Entrücktheit, sondern die Autorität ihrer langen Reihe von Triumphen. Sie war kurz angebunden, schien recht geschäftsmäßig, irgendwie entwaffnend. Ihre Vitalität umhüllte sie wie ein natürliches Scheinwerferlicht, wie der Heiligenschein Heilige umgibt. Außer für ihre eigenen Angelegenheiten hatte sie für nichts wirkliches Interesse. Aber da sie Humor besaß und die Welt kannte, nahm sie sie leicht. Sie beherrschte die Unterhaltung, ohne sie an sich zu reißen. George sprach nur wenig. Hin und wieder sah sie kurz zu ihm hinüber, versuchte aber nicht, ihn ins Gespräch zu ziehen. Ich war der einzige Nichtjude bei Tisch. Alle, außer der alten Lady Bland, sprachen perfekt Englisch, und doch wurde ich den Eindruck nicht los, daß sie alle nicht wie Engländer sprachen. Die Vokale waren runder, als wir sie sprechen, außerdem redeten sie lauter, und die Worte schienen nicht zu fallen, sondern von den Lippen zu strömen. Hätte ich in einem Nebenraum gesessen und nur die Stimmen gehört, ohne die Worte zu verstehen, hätte ich geglaubt, daß sie sich in einer fremden Sprache unterhielten. Es war etwas verwirrend.

Lea Makart wollte um sechs Uhr nach London zurückfahren, und so wurde abgemacht, daß George um vier Uhr spielen sollte. Wie das Vorspielen auch ausgehen würde, ich hatte das Gefühl, daß ich nach ihrer Abfahrt als einziger Fremder in einem ausschließlich familiären Kreis zurückbleiben und nur störend wirken könnte, und schützte deshalb eine Verabredung in der Stadt früh am nächsten Morgen vor und bat sie, mich in ihrem Wagen mitzunehmen.

Kurz vor vier waren wir alle im Salon. Die alte Lady Bland saß mit Ferdy auf dem Sofa. Freddy, Muriel und ich machten es uns auf Sesseln bequem. Lea Makart saß abseits.

Instinktiv hatte sie sich einen hochlehnigen Sessel aus der Zeit Jacobs I. ausgesucht, der irgendwie an einen Thronsessel erinnerte. Sie sah sehr hübsch aus mit ihrem gelben Kleid und dem olivfarbenen Teint. Sie war stark geschminkt, und ihr Mund war scharlachrot.

George ließ nichts von Nervosität erkennen. Er saß bereits am Flügel, als ich mit seinen Eltern hereinkam, und sah ruhig zu uns, als wir uns hinsetzten. Mir lächelte er leicht zu. Als er sah, daß wir alle Platz genommen hatten, begann er zu spielen. Er spielte Chopin, zwei Walzer, die ich kannte, eine Polonaise und eine Etüde. Er spielte mit großem Schwung. Ich wünschte, ich verstünde mehr von Musik, um eine genaue Schilderung seines Spiels geben zu können. Es war kraftvoll und jugendlich überschwenglich, aber ich fühlte, daß ihm das fehlte, was für mich den besonderen Zauber Chopins ausmacht – Zartheit, diese nervöse Melancholie, nachdenkliche Heiterkeit und die leicht verblaßte Romantik, die mich immer wieder an eine frühviktorianische Nippfigur erinnert. Und wieder kam es mir vor, allerdings nur ganz undeutlich, als ob seine beiden Hände nicht den gleichen Takt hielten. Ich blickte zu Ferdy hinüber und bemerkte, daß er seine Schwester etwas erstaunt ansah. Muriels Augen waren auf den Flügel gerichtet, aber dann senkte sie den Blick und starrte bis zum Schluß auf den Boden. Auch sein Vater sah zu ihm hin, aber wenn ich mich nicht täuschte, wurde sein Gesicht blaß und verriet so etwas wie Enttäuschung. Musik lag ihnen allen im Blut, ihr ganzes Leben lang hatten sie die größten Pianisten der Welt gehört, und ihr Urteil war von instinktsicherer Genauigkeit.

Die einzige, deren Gesicht nichts von ihren Gefühlen verriet, war Lea Makart. Sie hörte aufmerksam zu und blieb reglos wie eine Statue.

Als George geendet hatte, drehte er sich auf seinem Klaviersessel zu ihr um. Er sprach kein Wort.

»Was erwarten Sie von mir zu hören?« fragte sie.

Sie sahen sich in die Augen.

»Ich möchte, daß Sie mir sagen, ob ich die Aussicht habe, mit der Zeit ein Pianist ersten Ranges zu werden.«

»In tausend Jahren nicht.«

Einen Augenblick herrschte tödliches Schweigen. Freddy ließ den Kopf sinken und sah angestrengt auf den Teppich zu seinen Füßen. Seine Frau streckte den Arm aus und ergriff seine Hand. Nur George sah nach wie vor Lea Makart an.

»Ferdy hat mir alle Umstände erzählt«, sagte sie schließlich. »Glauben Sie nicht, daß ich mich davon hätte beeinflussen lassen. Nichts von alldem ist von großer Bedeutung.« Sie machte eine ausholende Geste, die den ganzen Raum mit allen seinen Kostbarkeiten und uns alle einschloß. »Wenn ich glaubte, daß Sie das Zeug zu einem Künstler hätten, würde ich Sie beschwören, alles aufzugeben um der Kunst willen. Kunst ist das einzige, was zählt. Im Vergleich zur Kunst sind Reichtum, Rang und Macht nicht einen Pfifferling wert.« Aus dem Blick, mit dem sie uns ansah, sprach ehrliche Überzeugung, ohne einen Schimmer von Einbildung. »Wir sind die einzigen, die zählen. Wir geben der Welt erst einen Sinn. Sie anderen sind nur unser Rohstoff.«

Ich war nicht übermäßig erfreut, mit den übrigen in einen Topf geworfen zu werden, doch das ist nebensächlich.

»Natürlich merke ich, daß Sie sehr fleißig gewesen sind.

Glauben Sie nicht, daß es umsonst war. Es wird für Sie immer einen Genuß bedeuten, Klavier zu spielen, und es wird Ihnen die Möglichkeit geben, eine große Darbietung ganz anders zu würdigen, als der Durchschnittshörer je hoffen könnte. Sehen Sie sich Ihre Hände an, es sind nicht die Hände eines Virtuosen.«

Unwillkürlich blickte ich auf Georges Hände. Ich hatte vorher nie auf sie geachtet. Jetzt war ich überrascht, wie plump sie mit den kurzen, stumpfen Fingern wirkten.

»Sie haben kein perfektes Gehör. Meiner Ansicht nach können Sie nicht darauf hoffen, jemals mehr als ein sachverständiger Amateur zu werden. In der Kunst ist der Unterschied zwischen einem Amateur und einem Berufskünstler unermeßlich.«

George gab keine Antwort; von seiner Blässe abgesehen, hätte man nicht geahnt, daß in diesem Augenblick all seine Hoffnungen in nichts zerstoben. Das Schweigen, das folgte, war qualvoll. Lea Makarts Augen füllten sich plötzlich mit Tränen.

»Aber verlassen Sie sich nicht allein auf mein Urteil«, sagte sie. »Schließlich bin ich nicht unfehlbar. Ziehen Sie noch einen anderen zu Rate. Sie wissen, wie gut und hilfsbereit Paderewski ist. Ich werde Ihretwegen an ihn schreiben. Sie können hinfahren und ihm vorspielen. Ich bin sicher, daß er Sie anhören wird.«

George lächelte schwach. Er hatte vorzügliche Manieren und wollte nicht die Situation für die anderen zu schwer machen, ganz gleich was in ihm vorgehen mochte.

»Ich glaube nicht, daß das nötig ist, ich gebe mich mit Ihrem Urteil zufrieden. Um die Wahrheit zu sagen, es unterscheidet sich nicht wesentlich von dem meines Lehrers in München.«

Er stand auf und zündete sich eine Zigarette an. Das löste die Spannung. Die anderen rückten in ihren Sesseln hin und her. Lea Makart lächelte George zu.

»Soll ich Ihnen etwas vorspielen?« fragte sie.

»Ja bitte.«

Sie stand auf und ging zum Flügel. Sie streifte die Ringe von ihren Fingern. Sie spielte Bach. Ich weiß die Namen der einzelnen Stücke nicht, aber ich sah das steife französische Zeremoniell der kleinen deutschen Höfe vor mir und den nüchternen sparsamen Komfort der Bürger und den Tanz auf dem Dorfanger, die grünen Bäume, die wie Weihnachtsbäume aussahen, und die Sonne auf dem weiten deutschen Land und die freundliche Behaglichkeit. Ich roch den warmen Duft des Bodens und spürte die dumpfe Kraft, die ihre Wurzeln tief in der Mutter Erde zu haben schien, und die elementare Gewalt, die zeit- und raumlos war. Sie spielte wundervoll, mit jenem milden Glanz, der einen an den Vollmond in einer Sommernacht denken ließ. – Ein anderer Teil meines Ichs beobachtete die anderen. Ich sah, wie gespannt sie folgten. Sie waren hingerissen. Ich wünschte von ganzem Herzen, Musik könnte mir den gleichen Rausch verschaffen, der sie ergriffen hatte. Lea Makart hatte geendet, ein Lächeln um die Lippen, und sie streifte ihre Ringe wieder über.

George lachte kurz auf.

»Ich denke, das genügt«, sagte er.

Diener brachten Tee, und dann verabschiedeten wir uns und bestiegen den Wagen. Wir fuhren nach London zurück. Sie erzählte den ganzen Weg über, nicht glänzend, aber interessant. Sie sprach von ihrer Jugend in Manchester und dem Kampf am Anfang ihrer Laufbahn. Der Name George fiel nicht mehr. Die Episode war für sie abgeschlossen, sie dachte nicht mehr daran.

Was inzwischen in Tilby vor sich ging, davon wußten wir wenig. Ich erfuhr es später von Ferdy Rabenstein. Nachdem wir fort waren, ging George auf die Terrasse, wohin ihm sein Vater folgte. Er hatte gesiegt, aber er war nicht glücklich darüber. Mit seiner großen Sensibilität fühlte er, was in George vorging. Und die Verzweiflung seines Sohnes brach ihm das Herz. Er hatte ihn nie so geliebt wie in diesem Augenblick. Als er die Terrasse betrat, begrüßte George ihn mit einem kleinen Lächeln. Freddy versagte die Stimme. In einem ihn plötzlich überwältigenden Gefühlsausbruch überwand er sich und legte seinem Sohn die Früchte seines Sieges zu Füßen.

»Sieh mal, alter Junge«, sagte er. »Ich kann den Gedanken nicht ertragen, daß du eine solche Enttäuschung erlebt hast. Möchtest du nach München zurückkehren und noch ein Jahr studieren und dann weitersehen?«

George schüttelte den Kopf.

»Das hätte keinen Zweck. Ich habe meine Chance gehabt.«

»Nimm's nicht so schwer.«

»Das einzige auf der Welt, was ich mir gewünscht hatte, war, Pianist zu werden, und gerade das ist unmöglich. Schon ein harter Brocken, sich damit abzufinden.«

George, der versuchte, so tapfer wie möglich zu sein, brachte ein vages Lächeln zustande.

»Möchtest du eine Weltreise machen? Du könntest dir

einen deiner Kameraden aus Oxford mitnehmen. Ich zahle alles. Du hast so lange schwer arbeiten müssen.«

»Furchtbar lieb von dir, Daddy, wir können darüber noch reden. Jetzt möchte ich gern etwas spazierengehen.«

»Soll ich mitkommen?«

»Ich möchte lieber allein sein.«

Dann geschah etwas Unerwartetes. George legte seinen Arm um den Hals seines Vaters und gab ihm einen Kuß auf den Mund. Er lachte ein bißchen sonderbar und gerührt und ging.

Freddy kehrte in den Salon zurück, wo noch immer seine Mutter, Ferdy und Muriel zusammensaßen.

»Freddy, warum verheiratest du den Jungen nicht«, meinte die alte Lady. »Er ist dreiundzwanzig. Es würde ihn auf andere Gedanken bringen, und wenn er erst verheiratet ist und ein Kind hat, wird alles in Ordnung kommen wie bei allen anderen auch.«

»Wen soll er denn heiraten, Mama?« fragte Sir Adolphus lächelnd.

»Das ist nicht schwer. Lady Frielinghausen besuchte mich neulich mit ihrer Tochter Violet. Sie ist ein sehr hübsches Mädchen und wird ein Vermögen mitbekommen. Ihre Mutter gab mir zu verstehen, daß Sir Jacob sich sehr großzügig zeigen würde, wenn Violet eine gute Partie machen würde.«

Muriel stieg das Blut ins Gesicht.

»Ich hasse Lady Frielinghausen. George ist viel zu jung, um zu heiraten. Er kann es sich außerdem leisten, zu heiraten, wen er sich aussucht.«

Die alte Lady Bland streifte ihre Schwiegertochter mit einem eigentümlichen Blick.

»Du redest recht dummes Zeug, Miriam«, sagte sie und benutzte den Namen, den Muriel schon lange abgelegt hatte. »Solange ich lebe, werde ich nicht dulden, daß du eine Dummheit begehst.«

Sie wußte haargenau, daß Muriel George mit einer nicht-jüdischen Engländerin zu verheiraten wünschte, aber sie wußte genausogut, daß weder Freddy noch Muriel wagen würden, einen solchen Vorschlag zu machen, solange sie am Leben war.

George war nicht spazierengegangen. Vielleicht weil es kurz vor Eröffnung der Jagdsaison war, war ihm in den Sinn gekommen, die Gewehrkammer aufzusuchen. Er hatte angefangen, das Gewehr zu reinigen, das seine Mutter ihm zu seinem zwanzigsten Geburtstag geschenkt hatte. Seit seiner Abreise nach Deutschland hatte niemand es benutzt. Die Dienerschaft wurde durch einen Schuß alarmiert. Als sie die Gewehrkammer betraten, fanden sie George am Boden; der Schuß hatte ins Herz getroffen. Offenbar war die Waffe geladen gewesen, und während George mit ihr hantierte, hatte er sich aus Versehen erschossen. Man liest von solchen Unglücksfällen öfter in der Zeitung.

Der Büchersack

Manche Menschen lesen zu ihrer Belehrung, was löblich ist, und manche zu ihrem Vergnügen, was harmlos ist, aber nicht wenige lesen aus Gewohnheit, und das ist weder harmlos noch löblich. Zu dieser beklagenswerten Gruppe gehöre ich. Gespräche langweilen mich nach einer gewissen Zeit, Spiele ermüden mich, und meine eigenen Gedanken, die nie versagende Zuflucht eines verständigen Menschen, wie behauptet wird, neigen leider dazu, zu versiegen. Und dann stürze ich mich auf meine Bücher wie der Opiumraucher auf seine Pfeife. Ich würde lieber den Katalog der *Army & Navy Stores* oder Bradshaws *Eisenbahnkursbuch* lesen als gar nichts und habe in der Tat so manche genußreiche Stunde über diesen beiden Büchern zugebracht. Eine Zeitlang ging ich nie ohne den Katalog eines Antiquariats in der Tasche aus dem Haus. Ich kenne keine fruchtbarere Lektüre. Natürlich ist diese Art Lektüre ebenso anstößig wie der Genuß von Rauschmitteln, und ich kann mich gar nicht genug wundern über die Anmaßung großer Leser, die, weil sie eine Leidenschaft für Bücher haben, auf den ungebildeten Teil der Menschheit herabblicken. Denn ist es, vom Standpunkt der Ewigkeit betrachtet, besser, tausend Bücher gelesen als eine Million Ackerfurchen gezogen zu haben? Geben wir zu, daß das Lesen für uns bloß ein Betäubungsmittel ist, ohne das wir nicht auskommen – wer von uns kennt nicht die Unrast, die uns erfaßt, wenn wir allzulange vom Lesen abgehalten werden, das Unbehagen und die Reizbarkeit, und schließlich der Seufzer der Erleichterung, den der Anblick bedruckter Seiten in uns auslöst? –, und bilden wir uns nicht ein, daß wir besser seien als die armen Abhängigen von Injektionsspritze und Flasche.

Und wie der Rauschgiftsüchtige, der keinen Schritt tut, ohne ein ausreichendes Quantum der tödlichen Substanz mitzunehmen, wage auch ich mich niemals weit fort, ohne mich mit einem erheblichen Vorrat an Lesestoff einzudekken. Bücher sind mir dermaßen unentbehrlich, daß ich ganz bestürzt bin, wenn ich auf einer Eisenbahnfahrt bemerke, daß irgendein Mitreisender nicht ein einziges bei sich hat. Aber wenn ich eine große Reise vorhabe, nimmt das Problem erschreckende Dimensionen an. Inzwischen bin ich schlauer. Einmal, als ich aufgrund einer Krankheit drei Monate in einer javanischen Gebirgsstadt festsaß, hatte ich schließlich alle Bücher, die ich mitgebracht hatte, ausgelesen und sah mich, da ich nicht Holländisch kann, gezwungen, die Schulbücher zu kaufen, aus denen intelligente Javaner ihre Kenntnisse der deutschen und französischen Sprache schöpfen. So las ich nach fünfundzwanzig Jahren die kühlen Dramen Goethes wieder, die Fabeln von La Fontaine und die Tragödien des empfindsamen und präzisen Racine. Ich hege die höchste Bewunderung für Racine, muß jedoch gestehen, daß es für einen Menschen, der an einer Kolitis leidet, eine gewisse Anstrengung bedeutet, eines seiner Stücke nach dem anderen zu lesen. Seit jener Zeit habe ich es mir zum Prinzip gemacht, mit dem größten im Handel erhältlichen Wäschesack zu reisen und ihn bis zum Rand mit Büchern für jede Gelegenheit und jede Stimmung zu füllen. Er ist zentnerschwer, und selbst starke Träger stöhnen unter seinem Gewicht. Zollbeamte blicken ihn mißtrauisch an, weichen aber konsterniert zurück, wenn ich ihnen mein Wort gebe, daß er nichts als Bücher enthalte. Ein solcher Sack hat bloß den Nachteil, daß das Werk, das man haben möchte, gewöhnlich ganz unten liegt und unmöglich zu erreichen ist, ohne daß der gesamte Inhalt auf den Boden ausgeleert wird. Doch gäbe es diesen Umstand nicht, hätte ich vielleicht niemals die eigentümliche Geschichte von Olive Hardy erfahren.

Ich reiste in den malaiischen Staaten umher und hielt mich da und dort auf, mal eine oder zwei Wochen lang, wenn es ein Rasthaus oder ein Hotel gab, mal wenige Tage, wenn ich gezwungen war, mich bei einem Pflanzer oder einem Distriktsbeamten einzuquartieren, dessen Gastfreundschaft ich nicht allzulange in Anspruch nehmen wollte; und so kam ich auch nach Penang. Es ist eine nette kleine Stadt mit einem Hotel, das ich immer sehr angenehm fand, aber für einen Fremden gibt es dort nur wenig zu unternehmen, und die Zeit wurde mir etwas lang. Eines Morgens erhielt ich einen Brief von einem Mann, den ich nur dem Namen nach kannte. Es war Mark Featherstone. Er war stellvertretender Resident in einem Ort namens Tenggarah – der Resident selbst befand sich auf Urlaub. Es gab dort einen Sultan, und Featherstone teilte mir mit, daß ein Wasserfest stattfinden sollte, das mich vielleicht interessieren würde. Er schrieb, daß er sich freuen würde, mich für ein paar Tage bei sich zu sehen. Ich telegraphierte, daß ich seine Einladung mit dem größten Vergnügen annehmen wollte, und fuhr am nächsten

Tag mit dem Zug nach Tenggarah. Featherstone erwartete mich am Bahnhof. Er war ein Mann von ungefähr fünfundvierzig, groß und stattlich, mit schönen Augen und einem markanten, ernsten Gesicht. Er hatte einen borstigen schwarzen Schnurrbart und buschige Augenbrauen. Er sah mehr wie ein Soldat als wie ein Regierungsbeamter aus. Er war sehr elegant, mit weißen Hosen und weißem Tropenhelm, und verstand seine Kleider zu tragen. Er war etwas schüchtern, was bei einem Mann von so energischem Aussehen sonderbar erschien, aber ich führte es darauf zurück, daß er es nicht gewohnt war, mit Schriftstellern, dieser wunderlichen Menschengattung, umzugehen, und hoffte, ihm seine Befangenheit bald zu nehmen.

»Meine Boys werden sich um Ihr Gepäck kümmern«, sagte er. »Wir wollen inzwischen in den Klub gehen. Geben Sie ihnen die Schlüssel, und sie werden die Koffer auspacken, ehe wir zurückkommen.«

Ich sagte ihm, daß ich sehr viel Gepäck hätte und vielleicht nur das Nötigste mitnehmen und den Rest am Bahnhof lassen sollte. Aber davon wollte er nichts hören.

»Das macht gar nichts. Zu Hause ist es sicherer untergebracht. Und dann ist es immer angenehm, seine Sachen bei sich zu haben.«

»Schön.«

Ich übergab meine Schlüssel und den Schein für meine Koffer und meinen Büchersack einem chinesischen Boy, der neben meinem Gastgeber stand. Vor dem Bahnhof wartete ein Wagen auf uns, und wir stiegen ein.

»Spielen Sie Bridge?« fragte Featherstone.

»Jawohl.«

»Ich dachte, daß Schriftsteller das gewöhnlich nicht tun.«

»Das stimmt auch«, sagte ich. »Es gilt unter Schriftstellern im allgemeinen als Zeichen von mangelnder Intelligenz, wenn man Karten spielt.«

Der Klub war ein Bungalow, hübsch, aber anspruchslos; er enthielt ein großes Lesezimmer, ein Billardzimmer mit einem Tisch und ein kleines Spielzimmer. Als wir ankamen, war es leer, bis auf ein, zwei Personen, die englische Wochenzeitungen lasen, und wir gingen durch die Räume zu den Tennisplätzen, wo ein paar Sätze gespielt wurden. Ein paar Leute saßen rauchend und an Longdrinks nippend auf der Veranda und schauten zu. Ich wurde einigen von ihnen vorgestellt. Aber es wurde immer dunkler, und bald konnten die Spieler den Ball kaum mehr sehen. Featherstone fragte einen der Männer, denen ich vorgestellt worden war, ob er Lust auf eine Partie Bridge habe. Er sagte ja. Dann sah sich Featherstone nach einem vierten um. Sein Blick fiel auf einen Mann, der etwas abgesondert saß; er zögerte eine Sekunde und trat schließlich auf ihn zu. Die beiden wechselten ein paar Worte und gesellten sich zu uns. Wir begaben uns in das Spielzimmer. Es wurde ein sehr nettes Spiel. Ich schenkte unseren beiden Mitspielern nicht viel Aufmerksamkeit. Sie spendierten mir Drinks, und ich, als kurzfristiges Mitglied des Klubs, revanchierte mich. Die Getränke waren sehr klein, Viertel-Whiskys, und in den zwei Stunden, die wir spielten, konnte jeder von uns seine Freigebigkeit zeigen, ohne daß wir übermäßige Mengen von Alkohol konsumierten. Als die Zeit so weit vorgeschritten war, daß wir nur noch einen letzten Rubber zu spielen hatten, gingen wir von Whisky zu Gin Pahits über. Der Rubber war zu

Ende, Featherstone rief nach dem Buch, und die Gewinne und Verluste jedes einzelnen wurden eingetragen. Einer der Männer stand auf.

»Ich muß jetzt gehen«, sagte er.

»Fahren Sie zurück zur Plantage?« fragte Featherstone.

»Ja«, nickte er. Er wandte sich an mich. »Werden Sie morgen wieder hier sein?«

»Ich hoffe doch.«

Er verließ das Zimmer.

»Ich werd mal meine Frau holen – zu Hause wartet das Abendessen«, sagte der andere.

»Und wir gehen auch, wenn es Ihnen recht ist«, meinte Featherstone, zu mir gewandt.

»Bitte, ich richte mich ganz nach Ihnen«, antwortete ich.

Wir stiegen in den Wagen und fuhren zu ihm nach Hause. Es war eine ziemlich lange Fahrt. In der Dunkelheit konnte ich kaum etwas sehen, aber nach einer Weile merkte ich, daß wir einen steilen Hügel hinauffuhren. Wir erreichten die Residenz.

Es war ein Abend gewesen wie jeder andere, angenehm, aber nicht im geringsten aufregend; ich weiß nicht, wie viele genau solcher Abende ich schon verlebt hatte. Ich nahm nicht an, daß er irgendeinen Eindruck in mir hinterlassen würde.

Featherstone führte mich in sein Wohnzimmer. Es sah bequem, aber ein bißchen gewöhnlich aus. Große Korbstühle, mit Kretonne überzogen, standen dort, und an den Wänden hingen zahlreiche gerahmte Fotografien; die Tische waren übersät mit Papieren, Zeitschriften und amtlichen Berichten, dazwischen lagen Pfeifen, gelbe Blechdosen mit Zigaretten und rosa Tabakschachteln. Auf einem Regal waren unordentlich ziemlich viele Bücher aufgereiht; ihre Einbände waren fleckig von der Feuchtigkeit und von den Spuren weißer Ameisen. Featherstone zeigte mir mein Zimmer und verließ mich mit den Worten:»Sind Sie in zehn Minuten für einen Gin Pahit zu haben?«

»Gewiß«, antwortete ich.

Ich badete, zog mich um und ging hinunter. Featherstone mixte bereits unsere Drinks, als er mich die hölzerne Treppe herunterklappern hörte. Wir aßen zu Abend und unterhielten uns. Das Fest, zu dem er mich eingeladen hatte, sollte am übernächsten Tag stattfinden, aber Featherstone sagte mir, er habe vereinbart, daß ich noch vorher vom Sultan empfangen würde.

»Er ist ein spaßiger Kerl«, sagte er. »Und der Palast ist eine Augenweide.«

Nach dem Dinner unterhielten wir uns noch eine Weile. Featherstone stellte das Grammophon an, und wir sahen uns die neuesten Illustrierten an, die aus England gekommen waren. Dann gingen wir zu Bett. Featherstone kam in mein Zimmer, um zu sehen, ob mir nichts fehle.

»Sie haben wohl keine Bücher mit?« fragte er. »Ich habe nicht das geringste zum Lesen.«

»Bücher?« rief ich.

Ich zeigte auf meinen Büchersack. Er stand aufrecht da, seltsam ausgebeult, so daß er aussah wie ein buckliger Gnom, der etwas zuviel getrunken hatte.

»Darin haben Sie Bücher? Ich dachte, es sei schmutzige Wäsche oder ein Feldbett oder ähnliches. Können Sie mir etwas leihen?«

»Suchen Sie sich etwas aus.«

Featherstones Boys hatten den Verschluß des Sacks geöffnet, aber abgeschreckt von dem Anblick, der sich ihnen bot, nichts weiter unternommen. Ich wußte aus langer Erfahrung, wie man ihn auspacken mußte. Ich kippte ihn auf die Seite, ergriff seinen Lederboden und zog, rückwärts schreitend, den Sack von seinem Inhalt weg. Ein Strom von Büchern ergoß sich auf den Boden. Verblüffung malte sich auf Featherstones Gesicht.

»Mit all diesen Büchern reisen Sie? Mein Gott!«

Er bückte sich, nahm rasch eines nach dem anderen auf und sah sich die Titel an. Es waren Bücher aller Art. Gedichtbände, Romane, philosophische Werke, kritische Studien (es wird behauptet, Bücher, die von Büchern handeln, seien wertlos, aber sie bilden trotzdem eine anregende Lektüre), Biographien, Geschichtswerke; es waren Bücher da, die man lesen konnte, wenn man krank war, und andere, die dem Hirn, wenn es frisch und aufnahmefähig war, etwas zu tun gaben; Bücher, die man immer schon hatte lesen wollen, aber zu denen man in der Hast des Lebens niemals Zeit gefunden hatte; Bücher für Kreuzfahrten, wenn man sich auf einem Frachtdampfer durch enge Wasserstraßen bewegte; und Bücher für schlechtes Wetter, wenn die Kajüte in allen Fugen ächzte und man sich in seiner Koje verbarrikadieren mußte, um nicht hinauszufallen; dann gab es Bücher, die nur ihres Umfanges wegen gewählt worden waren, und die man mitnahm, wenn auf einer Expedition das Gepäck leicht sein mußte; und es gab Bücher, die man las, wenn man nichts anderes lesen konnte. Featherstone nahm schließlich eine Biographie Byrons in die Hand, die vor kurzem erschienen war.

»Na, so was«, sagte er. »Ich habe vor einiger Zeit eine Besprechung des Buches gelesen.«

»Ich glaube, es ist sehr gut«, antwortete ich. »Ich habe es aber noch nicht gelesen.«

»Darf ich es mitnehmen? Für heute nacht wird es mir auf alle Fälle genügen.«

»Natürlich. Nehmen Sie alles, was Sie wollen.«

»Nein, das ist genug. Gute Nacht also. Frühstück um halb zehn.«

Als ich am nächsten Morgen herunterkam, sagte mir der Erste Boy, daß Featherstone, der schon seit sechs Uhr arbeitete, in ein paar Minuten zurück sein werde. Während ich auf ihn wartete, sah ich mir die Bücherregale an.

»Ich sehe, Sie haben eine große Bibliothek von Büchern über Bridge«, sagte ich, als wir uns zum Frühstück setzten.

»Ja, ich lasse mir jedes Buch über Bridge kommen, das erscheint. Ich interessiere mich dafür.«

»Einer unserer Mitspieler spielte sehr gut.«

»Welcher? Hardy?«

»Ich weiß nicht. Nicht der, der sagte, er werde seine Frau holen. Der andere.«

»Ja, das war Hardy. Deshalb hatte ich ihn auch aufgefordert. Er kommt nicht oft in den Klub.«

»Hoffentlich kommt er heute abend.«

»Ich würde nicht darauf schwören. Seine Plantage liegt ungefähr dreißig Meilen entfernt. Es ist eine lange Fahrt, bloß wegen einer Partie Bridge.«

»Ist er verheiratet?«

»Nein. Das heißt ja. Aber seine Frau ist in England.«

»Es muß furchtbar einsam sein für einen Mann, so allein auf einer Plantage«, sagte ich.

»Ja, aber es nicht so schlimm für ihn. Ich glaube, es ist ihm nicht wichtig, andere Leute zu treffen. In London würde er wahrscheinlich genauso einsam leben wie hier.«

Es war etwas in der Art, in der Featherstone sprach, was mich eigentümlich berührte. Seine Stimme klang irgendwie verschlossen. Er schien sich plötzlich von mir entfernt zu haben. Es war, als ginge man nachts durch eine Straße und bliebe eine Sekunde stehen, um in ein erleuchtetes Fenster hineinzuschauen, hinter dem ein behagliches Zimmer zu sehen ist, und mit einemmal zöge eine unsichtbare Hand einen Vorhang zu. Seine Augen, die dem Blick der Person, mit der er sprach, sonst frei begegneten, vermieden nun die meinen, und ich hatte den Eindruck, daß es nicht bloß Einbildung war, wenn ich in seinem Gesicht einen Ausdruck von Schmerz zu erkennen glaubte. Es verzog sich einen Augenblick wie unter einem Anflug von Neuralgie. Mir fiel nichts zu sagen ein, und Featherstone sprach nicht. Ich merkte, daß seine Gedanken sich von mir und unserer Unterhaltung entfernt und einem mir unbekannten Gegenstand zugewandt hatten. Nach einer Weile seufzte er auf, sehr leicht, aber unverkennbar, und rief sich mit einem Ruck in die Wirklichkeit zurück.

»Ich gehe gleich nach dem Frühstück ins Büro«, sagte er. »Was werden Sie anfangen?«

»Ach, machen Sie sich um mich keine Sorgen. Ich werde faulenzen. Ich werde herumschlendern und mir ein wenig die Stadt anschauen.«

»Da gibt's nicht viel zu sehen.«

»Um so besser. Ich habe genug von Sehenswürdigkeiten.«

Ich fand, daß Featherstones Veranda mir für den Vormittag genügend Unterhaltung bot. Ich genoß eine der bezauberndsten Aussichten, die ich in Malaya gesehen hatte. Die Residenz lag auf einer Hügelkuppe, und der Garten war groß und gut gepflegt. Mächtige Bäume gaben ihm fast das Aussehen eines englischen Parks. Er hatte große Rasenflächen, die von Tamilen, schwarz und abgezehrt, mit bedächtigen, schönen Bewegungen gemäht wurden. Jenseits und unterhalb des Gartens stand dicht der Dschungel und wucherte bis an das Ufer eines breiten, gewundenen, rasch fließenden Flusses, auf dessen anderer Seite sich, so weit das Auge reichte, die bewaldeten Hügel von Tenggarah erstreckten. Der Kontrast zwischen den sauberen Rasenflächen, die so seltsam englisch wirkten, und der wilden Wirrnis des Dschungels dahinter regte angenehm die Phantasie an. Ich saß, las und rauchte. Es gehört zu meinem Beruf, neugierig in bezug auf Menschen zu sein, und ich fragte mich, wie der Friede dieser Landschaft, auf der dennoch etwas Unruhiges und Düsteres lastete, auf Featherstone wirken mochte. Er kannte sie in jeder Stimmung: in der Morgendämmerung, wenn der aus dem Fluß aufsteigende Nebel einen geisterhaften Mantel um sie legte; im strahlenden Mittagsglanz; und schließlich, wenn das Dunkel der Schatten sich sacht aus dem Dschungel stahl – wie eine Armee, die vorsichtig in unbekanntes Land vordringt – und kurz darauf die grünen Rasenflächen, die hohen blühenden Bäume und die prangenden Kassien mit Nacht und Stille umhüllte. Ich fragte mich, ob das liebliche und doch seltsam finstere Bild dieser Landschaft nicht unterschwellig auf seine Nerven und seine Einsamkeit wirkte und ein mystisches Element in ihm weckte, so daß das Leben, das er führte, das Leben des kompetenten Verwaltungsbeamten, des Sportsmanns und guten Kameraden, ihm bisweilen nicht ganz wirklich erschien. Ich lächelte über meine Phantasien, denn das Gespräch, das ich am Abend zuvor mit ihm geführt hatte, hatte keineswegs auf irgendwelche besonderen Seelenregungen schließen lassen. Ich hatte ihn ganz nett gefunden. Er hatte in Oxford studiert und war Mitglied eines guten Londoner Klubs. Gesellschaftliche Dinge schienen eine große Rolle für ihn zu spielen. Er war ein Gentleman und wußte, daß er einer besseren Klasse angehörte als die meisten Engländer, mit denen sein Leben ihn in Berührung brachte. Ich schloß aus den zahlreichen Silberpokalen, die sein Speisezimmer schmückten, daß er ein brillanter Sportler war. Er spielte Tennis und Billard. Wenn er Ferien hatte, jagte er, und bestrebt, nicht dicker zu werden, hielt er sorgfältig eine Diät ein. Er sprach viel von dem, was er tun würde, wenn er sich einmal zurückzog. Er sehnte sich nach dem Leben eines englischen Landbesitzers. Ein kleines Haus in Leicestershire, ein paar Jagdhunde und Nachbarn, mit denen man Bridge spielen konnte. Er würde seine Pension haben, und außerdem besaß er etwas Vermögen. Aber bis dahin arbeitete er fleißig und verrichtete seine Aufgaben, wenn nicht glanzvoll, so doch sicherlich mit Befähigung. Ich zweifle nicht, daß er bei seinen Vorgesetzten als ein verläßlicher Beamter galt. Er repräsentierte einen Typ, den ich zu gut kannte, um ihn wirklich interessant zu finden. Er war wie ein Roman, der sorgfältig, redlich und routiniert geschrieben wurde und doch ein bißchen banal ist, so daß man das Gefühl hat, ihn schon einmal gelesen zu haben, und die Seiten ohne Spannung umblättert, weil man weiß, daß man keinerlei Überraschung oder Erschütterung zu erwarten hat.

Aber die Menschen sind unberechenbar, und wer sich einbildet, zu wissen, wessen ein Mensch fähig ist, ist ein Narr.

Am Nachmittag führte mich Featherstone zum Sultan. Wir wurden von einem seiner Söhne empfangen, einem schüchternen, lächelnden jungen Mann, der als sein Adjutant fungierte. Er hatte einen netten blauen Anzug an, aber um die Hüften trug er einen Sarong, weiße Blumen auf gelbem Grund, auf dem Kopf einen roten Fez und an den Füßen derbe amerikanische Schuhe. Der Palast, im maurischen Stil erbaut, wirkte wie ein sehr großes Puppenhaus und war in einem leuchtenden Gelb, der königlichen Farbe, gestrichen. Wir wurden in ein geräumiges Zimmer geführt, dessen Einrichtung an die einer englischen Pension in einem Seebad erinnerte, aber die Stühle waren mit gelber Seide überzogen, den Fußboden bedeckte ein Brüsseler Teppich, und an den Wänden hingen Fotografien in sehr prunkvollen vergoldeten Rahmen, die den Sultan bei verschiedenen Staatsfeierlichkeiten zeigten. In einem Schrank war eine große Sammlung der verschiedenartigsten Früchte untergebracht, allesamt in Häkelarbeit ausgeführt. Der Sultan trat mit einem kleinen Gefolge ein. Er war ein Mann von vielleicht fünfzig Jahren, kurz und dick, bekleidet mit Hosen und einer Tunika aus großkariertem weiß-gelbem Stoff; um die Taille trug er einen sehr schönen gelben Sarong und auf dem Kopf einen weißen Fez. Er hatte große, schöne, freundliche Augen. Er gab uns Kaffee zu trinken, Süßigkeiten zu essen und Zigarren zu rauchen. Das Gespräch verlief mühelos, weil er liebenswürdig war; er erzählte mir, daß er nie in einem Theater gewesen sei und noch nie Karten gespielt habe, denn er sei sehr religiös, und er habe vier Frauen und vierundzwanzig Kinder. Nur eines schien sein Glück zu stören, daß nämlich der Anstand ihn zwang, seine Zeit gleichmäßig zwischen seinen vier Frauen aufzuteilen. Eine Stunde mit der einen erscheine ihm wie ein Monat, erklärte er mir, während sie mit der anderen verfliege wie fünf Minuten. Ich bemerkte ihm gegenüber, daß Professor Einstein – oder war es Bergson? – die gleichen Betrachtungen über die Zeit angestellt und damit der Welt viel nachzudenken gegeben habe. Nach einer Weile verabschiedeten wir uns, und der Sultan beschenkte mich mit ein paar wunderschönen weißen Malaccas.

Am Abend gingen wir in den Klub. Einer von den Herren, mit denen wir am Vortag gespielt hatten, stand von seinem Stuhl auf, als wir eintraten.

»Lust auf eine Partie?« rief er uns zu.

»Wo ist unser vierter?« fragte ich.

»Ach, wir finden leicht jemanden.«

»Und der Herr, mit dem wir gestern gespielt haben?« Ich hatte seinen Namen vergessen.

»Hardy? Der ist nicht da.«

»Dann hat es keinen Sinn, auf ihn zu warten«, meinte Featherstone.

»Er kommt sehr selten in den Klub. Ich war erstaunt, ihn gestern abend zu sehen.«

Irgendwie schien mir, als ob sich hinter den ganz gewöhnlichen Worten der beiden Männer eine seltsame Verlegenheit verbarg. Hardy hatte keinen Eindruck auf mich gemacht, und ich erinnerte mich nicht einmal, wie er aussah. Für mich war er nichts weiter als ein vierter Mann am Bridgetisch gewesen. Ich hatte das Gefühl, daß sie etwas gegen ihn hatten. Es ging mich nichts an, und ich war durchaus bereit, mit dem Mann zu spielen, der sich in diesem Augenblick zu uns gesellte. Es wurde ein fröhlicheres Spiel als das gestrige. Späße und Neckereien flogen von einer Tischseite zur anderen. Wir spielten weniger ernst. Wir lachten. Ich fragte mich, ob es bloß daran lag, daß sie mir, der ich so plötzlich als Fremder hereingeschneit war, heute unbefangener gegenüberstanden, oder ob es Hardy gewesen war, der ihnen eine gewisse Reserviertheit auferlegt hatte. Um halb neun hörten wir auf, und Featherstone und ich fuhren zum Dinner nach Hause.

Nach dem Essen saßen wir in Lehnstühlen und rauchten Zigarren. Aus irgendeinem Grund wollte unser Gespräch nicht recht in Gang kommen; ich schnitt ein Thema nach dem anderen an, konnte Featherstone jedoch für keines erwärmen. Fast schien es, als hätte er in den letzten vierundzwanzig Stunden alles gesagt, was er zu sagen hatte. Ich verstummte entmutigt. Unser Schweigen zog sich in die Länge, und wieder hatte ich – ohne sagen zu können, warum – den Eindruck, daß sich etwas dahinter verbarg, was mir entging. Ich fühlte ein gewisses Unbehagen. Manchmal, wenn man in einem leeren Zimmer sitzt, überkommt einen plötzlich die sonderbare Empfindung, daß man nicht allein sei. So erging es mir. Mir wurde mit einemmal bewußt, daß Featherstone mich unverwandt anblickte. Ich saß neben einer Lampe, aber er war im Schatten, so daß ich sein Mienenspiel nicht sah. Aber er hatte sehr große, strahlende Augen, und in dem Halbdunkel schienen sie schwach zu leuchten. Sie waren wie neue Stiefelknöpfe, in denen sich ein Lichtschein fängt. Ich fragte mich, warum er mich so ansah. Ich blickte zu ihm hinüber, und als ich seinem beharrlich auf mich gerichteten Auge begegnete, lächelte ich schwach.

»Interessantes Buch, das Sie mir gestern abend geliehen haben«, sagte er plötzlich, und unwillkürlich dachte ich, daß seine Stimme nicht ganz natürlich klang. Die Worte kamen über seine Lippen, als würden sie gestoßen.

»Oh, *Das Leben Byrons*?« fragte ich leichthin. »Haben Sie es schon gelesen?«

»Nicht ganz, aber einen großen Teil. Ich habe bis drei Uhr früh gelesen.«

»Es soll ein gutes Buch sein. Mich persönlich interessiert Byron nicht so sehr. Es ist so viel Zweitrangiges in ihm. Es bleibt immer ein gewisses Unbehagen, wenn ich mich mit ihm beschäftige.«

»Was, glauben Sie, ist die Wahrheit über die Beziehung zwischen ihm und seiner Schwester?«

»Augusta Leigh? Ich weiß nicht viel darüber. Ich habe *Astarte* nie gelesen.«

»Glauben Sie, daß sie wirklich ineinander verliebt waren?«

»Ich nehme es an. Heißt es nicht, daß sie die einzige Frau gewesen sei, die er wirklich geliebt habe?«

»Können Sie so etwas begreifen?«

»Eigentlich nicht. Ich könnte nicht sagen, daß es mich besonders schockiert. Es erscheint mir bloß sehr unnatürlich. Vielleicht ist unnatürlich nicht einmal der richtige Ausdruck. Es ist mir unverständlich. Es gelingt mir nicht, mich in die Gefühlssphäre zu versetzen, in der derartige Dinge möglich sind. Und auf diese Weise lernt ein Schriftsteller ja schließlich die Leute kennen, über die er schreibt: Er versetzt sich in ihre Haut und fühlt mit ihrem Herzen.«

Ich wußte, daß ich mich nicht sehr klar ausdrückte, aber ich versuchte, einen inneren Vorgang, einen Akt des Unterbewußtseins zu beschreiben, der mir aus der Erfahrung vollkommen vertraut war, den ich jedoch nur schwer in Worte fassen konnte. Ich fuhr fort:

»Sie war zwar bloß seine Halbschwester, aber ebenso wie die Gewohnheit die Liebe tötet, verhindert sie – sollte man meinen – auch ihr Entstehen. Wenn zwei Menschen einander ihr Leben lang gekannt und in engem Kontakt miteinander gelebt haben, kann ich mir nicht vorstellen, wie oder warum jener plötzliche Funke zwischen ihnen aufblitzen sollte, aus dem die Liebe entsteht. Viel eher wäre anzunehmen, daß sie durch gegenseitige Zuneigung aneinander gebunden sind, und nichts ist der Liebe konträrer als Zuneigung.«

In dem Halbdunkel sah ich, wie ein flüchtiges Lächeln über das schwere und, wie mir schien, etwas düstere Gesicht meines Gastgebers huschte.

»Sie glauben also nur an Liebe auf den ersten Blick?«

»Eigentlich schon, aber mit der Einschränkung, daß Menschen einander zwanzigmal begegnet sein können, ohne einander zu sehen. Es gibt eine aktive und eine passive Art des Sehens. Die meisten Menschen bedeuten uns so wenig, daß wir uns niemals die Mühe machen, sie anzuschauen. Wir stehen lediglich unter dem Eindruck, den sie auf uns machen.«

»Ach, aber man hat doch so oft von Paaren gehört, die einander jahrelang gekannt haben. Kein Mensch wäre auf den Gedanken gekommen, daß sie sich auch nur im geringsten füreinander interessieren, und plötzlich gehen sie hin und heiraten. Wie erklären Sie das?«

»Wenn Sie mich unbedingt zwingen wollen, logisch und konsequent zu sein, so würde ich sagen, daß es sich da um eine andere Art von Liebe handelt. Schließlich ist Leidenschaft nicht der einzige Heiratsgrund. Vielleicht nicht einmal der beste. Zwei Menschen können heiraten, weil sie sich einsam fühlen oder weil sie gute Freunde sind oder aus Vernunftgründen. Ich habe behauptet, Zuneigung sei der größte Feind der Liebe, aber ich leugne keineswegs, daß sie ein sehr guter Ersatz ist. Ich bin gar nicht sicher, ob die auf Zuneigung gegründeten Ehen nicht die glücklichsten sind.«

»Was denken Sie über Tim Hardy?«

Ich war etwas erstaunt über die plötzliche Frage, die nichts mit dem Gegenstand unseres Gesprächs zu tun zu haben schien.

»Ich habe mir noch nicht viele Gedanken über ihn gemacht. Er schien mir sehr nett. Warum?«

»Kam er Ihnen vor wie jeder andere?«

»Ja. Ist etwas Besonderes an ihm? Wenn Sie mir das früher gesagt hätten, hätte ich ihn mir besser angesehen.«

»Er ist sehr still, finden Sie nicht? Wahrscheinlich würde sich niemand, der nichts von ihm weiß, den Kopf über ihn zerbrechen.«

Ich versuchte, mich zu erinnern, wie er aussah. Das einzige, was mir an ihm aufgefallen war, als wir Karten spielten, waren seine sehr schönen Hände. Es war mir flüchtig durch den Kopf gegangen, daß es nicht Hände waren, wie man sie bei einem Pflanzer erwartet. Aber warum ein Pflanzer andere Hände haben sollte als andere Menschen – darüber hatte ich nicht weiter nachgedacht. Die seinen waren etwas groß, aber sehr wohlgeformt, mit besonders langen Fingern, und die Nägel waren wunderbar ebenmäßig. Es waren männliche, und doch seltsam sensible Hände. Ich hatte es bemerkt und nicht weiter darüber nachgedacht. Aber als Schriftsteller gewinnt man im Laufe der Jahre die Fähigkeit, Eindrücke zu speichern, ohne sich dessen bewußt zu werden. Manchmal stimmen sie mit den Tatsachen nicht überein, und es kann vorkommen, daß einem eine Frau als dunkles, massives, ochsenäugiges Geschöpf im Unterbewußtsein bleibt, während sie in Wirklichkeit klein und von undefinierbarem Teint ist. Aber das hat nichts zu sagen. Der Eindruck kann trotzdem zutreffender sein als die nüchterne Wahrheit. Und nun, als ich versuchte, aus meinen Tiefen ein Bild dieses Mannes heraufzubeschwören, hatte ich den Eindruck einer gewissen Unbestimmtheit. Er war glattrasiert, und sein ovales, aber nicht mageres Gesicht schien seltsam bleich unter dem Braun, mit dem die tropische Sonne es überzogen hatte. Seine Züge waren verschwommen. Ich wußte nicht, ob ich mich daran erinnerte oder mir nur einbildete, daß sein rundes Kinn an eine gewisse Schwäche denken ließ. Er hatte dichtes braunes Haar, das am Ergrauen war, und eine lange Strähne fiel ihm ständig über die Stirn. Er strich sie mit einer Geste zurück, die ihm zur Gewohnheit geworden war; seine braunen Augen waren groß und freundlich, aber vielleicht ein wenig traurig; sie hatten etwas Sanftes und Weiches, was vermutlich von großer Wirkung auf andere Menschen sein konnte.

Nach einer Pause fuhr Featherstone fort:

»Es ist sonderbar, daß ich Tim Hardy nach all den Jahren wieder begegnet bin. Aber so geht es in den Malaiischen Staaten. Man zieht herum, und plötzlich findet man sich am selben Ort mit einem Menschen wieder, den man vor Jahren in einem ganz anderen Teil des Landes gekannt hat. Ich hatte Tim kennengelernt, als er eine Plantage in der Nähe von Sibuku besaß. Sind Sie jemals dort gewesen?«

»Nein, wo liegt es?«

»Ach, im Norden oben. Bei Siam. Für Sie würde es sich nicht lohnen, hinzufahren. Es ist genauso wie jeder andere Ort in Malaya. Aber es ist ganz hübsch. Es gab dort einen sehr netten kleinen Klub und einige recht angenehme Leute. Darunter ein Lehrer und ein Polizeihauptmann, ein Arzt, ein Pfarrer und ein Ingenieur. Die übliche Gesellschaft. Ein paar Pflanzer. Drei oder vier Frauen. Ich war Adjutant des Distriktoffiziers. Es war eine meiner ersten Stellungen. Tim Hardy hatte eine Plantage, die ungefähr fünfundzwanzig Meilen entfernt war. Dort lebte er mit seiner Schwester. Sie besaßen etwas Vermögen, und er hatte die Plantage gekauft. Kautschuk war damals sehr gewinnbringend, und er machte ganz schöne Geschäfte. Wir verstanden uns ziemlich gut. Im allgemeinen ist es nicht ganz leicht mit Pflanzern. Manche von ihnen sind sehr nette Kerle, aber nicht gerade …« – er suchte nach einem Wort oder einer Phrase, die nicht herablassend klang –, »nun, sie sind nicht die Sorte von Menschen, mit denen man zu Hause verkehren würde. Tim und Olive gehörten der gleichen Gesellschaftsschicht an wie ich – Sie verstehen doch?«

»Olive war die Schwester?«

»Ja. Sie hatten eine ziemlich unglückliche Vergangenheit.

Ihre Eltern hatten sich getrennt, als sie noch ganz klein waren – sieben oder acht Jahre alt –, und die Mutter hatte Olive und der Vater Tim zu sich genommen. Tim wurde nach Clifton geschickt – sie stammten aus Westengland – und kam bloß in den Ferien nach Hause. Sein Vater war Marineoffizier in Pension und lebte in Fowey. Aber Olive ging mit ihrer Mutter nach Italien; sie sprach perfekt Italienisch und auch gut Französisch. In all den Jahren sahen Tim und Olive einander nicht ein einziges Mal, aber sie schrieben einander regelmäßig. Sie hatten als Kinder sehr aneinander gehangen. Soviel ich aus ihren Andeutungen entnehmen konnte, war das Leben in ihrem Elternhaus ziemlich stürmisch gewesen, mit vielen Szenen und Aufregungen – Sie wissen ja, wie es ist, wenn zwei Menschen nicht miteinander auskommen –, und die Kinder waren viel sich selbst überlassen. Dann starb Mrs. Hardy, und Olive kehrte nach England und zu ihrem Vater zurück. Sie war damals achtzehn Jahre alt und Tim siebzehn. Ein Jahr später brach der Krieg aus. Tim wurde Soldat, und sein Vater, der über fünfzig war, bekam irgendeine Beschäftigung in Portsmouth. Ich nehme an, daß er sehr flott gelebt und viel getrunken hat. Er brach noch vor Kriegsende zusammen und starb nach längerer Krankheit. Es scheinen keine Verwandten dagewesen zu sein. Tim und Olive waren die letzten Sprößlinge einer ziemlich alten Familie; sie besaßen ein schönes altes Haus in Dorsetshire, das seit Generationen der Familie gehörte, aber sie waren nicht reich genug, es zu bewohnen, und es wurde immer vermietet. Ich erinnere mich, Fotografien davon gesehen zu haben. Es war ein sehr herrschaftliches Haus, aus grauem Stein und ziemlich majestätisch, mit einem geschnitzten Wappen über dem Eingangstor und Stabwerkfenstern. Tims und Olives großer Ehrgeiz war, genügend Geld zu erwerben, um es bewohnen zu können. Sie sprachen häufig davon. In ihren Gesprächen war nie davon die Rede, daß einer von ihnen heiraten könnte; es schien ausgemacht für sie, daß sie beisammenbleiben würden. Das war merkwürdig, wenn man bedachte, wie jung sie waren.«

»Wie alt waren sie denn damals?« fragte ich.

»Nun, er muß fünfundzwanzig oder sechsundzwanzig gewesen sein, und sie war ein Jahr älter. Sie waren furchtbar freundlich zu mir, als ich nach Sibuku kam. Sie schlossen mich gleich ins Herz. Sehen Sie, wir hatten viel mehr gemeinsam als die meisten anderen Leute dort. Ich glaube, sie freuten sich über meine Gesellschaft. Sie waren nicht besonders beliebt.«

»Warum nicht?« fragte ich.

»Sie waren sehr zurückhaltend, und es war deutlich zu sehen, daß sie ihre eigene Gesellschaft der anderer Menschen vorzogen. Das lieben die Leute nicht; es reizt sie; sie nehmen es einem übel, wenn sie bemerken, daß man ohne sie auskommt.«

»Nun ja, es verletzt ihre Eitelkeit«, sagte ich.

»Den anderen Pflanzern war es ein Dorn im Auge, daß Tim sein eigener Herr war und Privatvermögen besaß. Sie mußten sich mit einem alten Ford zufriedengeben, während Tim einen eleganten Wagen hatte. Tim und Olive waren sehr nett, wenn sie in den Klub kamen, und spielten bei den Tennisturnieren mit und so weiter, aber man hatte den Eindruck, daß sie immer froh waren, wenn sie wieder gehen durften. Und genauso war es, wenn sie Einladungen annahmen. Sie verhielten sich äußerst freundlich, aber es war deutlich zu spüren, daß sie ebensogern zu Hause geblieben wären. Wenn man ein bißchen Verstand hatte, konnte man es ihnen nicht verdenken. Ich weiß nicht, ob Sie viel mit Pflanzern verkehrt haben und in ihre Häuser gekommen sind. Sie sind recht trübselig. Eine Menge kitschiger Möbel und silberne Prunkstücke und Tigerfelle. Und das Essen ist ungenießbar. Aber die Hardys hatten sich ihren Bungalow sehr hübsch gemacht. Nichts Großartiges; es war behaglich, wohnlich und bequem. Das Wohnzimmer war wie der Salon in einem englischen Landhaus. Man merkte, daß sie an ihren Sachen hingen und sie seit langer Zeit um sich hatten. Es war ein Haus, in dem man sich gerne aufhielt. Der Bungalow stand inmitten des Grundstücks auf einem kleinen Hügel, und man sah über die Kautschukbäume hinweg auf das ferne Meer. Olive gab sich sehr viel Mühe mit dem Garten, und er war wirklich wunderschön. Nie habe ich so prachtvolle Cannas gesehen. Ich verbrachte gewöhnlich das Wochenende dort. Es war bloß eine halbe Stunde Autofahrt bis zum Meer, und wir packten unseren Lunch ein und gingen baden und segeln. Tim besaß ein kleines Boot. Diese Tage waren herrlich. Ich hatte nicht gewußt, daß man das Leben so genießen konnte. Es ist ein wunderschönes Stück Küste, und es war wirklich außerordentlich romantisch. An den Abenden legten wir Patiencen oder spielten Schach oder hörten Platten vom Grammophon. Es gab auch sehr gutes Essen; andere Sachen als die, die man gewöhnlich vorgesetzt bekam. Olive hatte ihrer Köchin beigebracht, allerhand italienische Gerichte zuzubereiten, und wir vertilgten riesige Schüsseln Makkaroni, Risotto, Gnocchi und dergleichen.

Unwillkürlich beneidete ich die beiden um ihr Leben, es war so heiter und friedlich, und wenn sie Zukunftspläne schmiedeten für die Zeit ihrer Rückkehr nach England, prophezeite ich ihnen immer wieder, daß sie sich nach dem, was sie hinter sich ließen, zurücksehnen würden.

›Ja, wir sind sehr glücklich hier‹, sagte Olive.

Sie hatte eine Art, Tim anzusehen – von der Seite her mit einem langsamen Blick, unter den langen Wimpern hervor –, die sehr reizvoll war.

In ihrem Haus waren sie ganz anders, als wenn sie ausgingen. Sie waren so natürlich und herzlich. Jeder gab das zu, und man kam gern zu ihnen. Sie luden häufig Gäste ein und verstanden es, sie zu empfangen; man fühlte sich bei ihnen zu Hause. Es war eine sehr harmonische Atmosphäre. Natürlich mußte jeder merken, wie sehr die beiden aneinander hingen. Und was man ihnen auch vorzuwerfen hatte – man fand sie ungesellig und egozentrisch –, die Zuneigung, die zwischen ihnen herrschte, rührte alle. Sie hätten nicht inniger verbunden sein können, wenn sie verheiratet gewesen wären, meinten die Leute, und wenn man bedachte, wie manche Paare miteinander lebten, so fiel der Vergleich für die meisten Ehen ziemlich unvorteilhaft aus. Sie schienen immer das gleiche zu denken. Sie hatten ihre ganz privaten kleinen Späße, über die sie lachen konnten wie Kinder. Sie waren so reizend miteinander, so fröhlich, so glücklich, daß es eine geistige Erfrischung bedeutete, mit ihnen zusammen zu sein. Ich weiß nicht, wie ich es sonst ausdrücken soll. Wenn man von ihnen fortging, nach ein paar Tagen in ihrem Bungalow, dann hatte man das Gefühl, etwas von ihrem Frieden und von ihrer ruhigen Heiterkeit in sich aufgenommen zu haben. Es war wie ein Seelenbad in kühlem Wasser. Man fühlte sich seltsam gereinigt.«

Es war ganz merkwürdig, Featherstone so schwärmerisch reden zu hören. Er sah so adrett aus in seinem eleganten weißen Rock, sein Schnurrbart war so gepflegt, sein dichtes, gewelltes Haar so sorgfältig gebürstet, daß mich seine Überschwenglichkeit ein wenig peinlich berührte. Aber ich merkte, daß er sich in seiner ungeschickten Art bemühte, etwas sehr tief Empfundenes auszudrücken.

»Wie sah Olive Hardy aus?« fragte ich.

»Ich kann sie Ihnen zeigen. Ich habe eine Menge Fotos.«

Er erhob sich und holte von einem Regal ein großes Album herunter. Es war das Übliche – mittelmäßige Gruppenaufnahmen und wenig schmeichelhafte Einzelbilder. Die Personen, die darauf zu sehen waren, hatten Badeanzüge oder Shorts oder Tenniskleider an, die Gesichter waren verkniffen – weil die Sonne sie blendete – oder vom Lachen verzerrt. Ich erkannte Hardy, der sich in zehn Jahren nicht sehr verändert hatte, mit seiner Haarsträhne in der Stirn – die Erinnerung an ihn wurde durch die Bilder deutlicher. Auf ihnen sah er frisch und jung aus. Er hatte einen lebhaften Gesichtsausdruck, den ich bei meiner Begegnung mit ihm bestimmt nicht bemerkt hatte. In seinen Augen lag etwas wie eine Lebensgier, die heiß aus dem vergilbten Abzug hervorzuleuchten schien. Ich betrachtete die Fotografien seiner Schwester. Ihr Badeanzug ließ erkennen, daß sie eine gute Figur hatte, gut entwickelt, aber schmal; und ihre Beine waren lang und schlank.

»Sie sehen einander ziemlich ähnlich«, sagte ich.

»Ja, obwohl sie ein Jahr älter war, hätte man sie für Zwillinge halten können. Sie hatten beide das gleiche ovale Gesicht und die gleiche blasse Haut, ohne jede Farbe in den Wangen, und sie hatten die gleichen sanften braunen Augen, sehr glänzend und ausdrucksvoll, so daß man unwillkürlich das Gefühl hatte, man könnte ihnen niemals böse sein, was immer sie taten. Und beide hatten sie eine nachlässige, selbstverständliche Eleganz, die sie immer bezaubernd aussehen ließ, mochten sie anhaben, was sie wollten, und mochten sie noch so unordentlich sein. Das ist ihm jetzt abhanden gekommen, nehme ich an, aber damals, in der ersten Zeit unserer Bekanntschaft, hatte er es bestimmt. Sie erinnerten mich immer an die Geschwister in *Was ihr wollt*. Sie wissen, welche ich meine?«

»Viola und Sebastian?«

»Sie schienen mir nicht ganz der Gegenwart anzugehören. Es war etwas Elisabethanisches an ihnen. Ich war damals sehr jung, aber ich glaube nicht, daß sie mir nur deshalb so romantisch erschienen. Ich konnte sie mir in Illyrien vorstellen. «

Ich sah mir eines der Bilder ein zweites Mal an.

»Das Mädchen sieht aus, als hätte es weit mehr Charakter als der Bruder«, sagte ich.

»Das stimmt. Ich weiß nicht, ob man Olive schön hätte nennen können, aber sie war außerordentlich reizvoll. Sie hatte etwas Poetisches, etwas Lyrisches, möchte ich sagen, das ihre Bewegungen, ihre Handlungen und alles an ihr bestimmte. Es schien sie über den Alltag emporzuheben. Es war etwas so Reines in ihrem Ausdruck, etwas so Mutiges und Selbständiges in ihrem Verhalten, daß bloße Schönheit daneben flach und langweilig wirkte.«

»Sie sprechen, als wären Sie in sie verliebt gewesen«, unterbrach ich ihn.

»So war es ja auch – selbstverständlich. Ich hätte gedacht, daß Sie das sofort erraten hätten. Ich war furchtbar verliebt in sie.«

»War es Liebe auf den ersten Blick?« lächelte ich.

»Ja, ich denke schon, aber ich begriff es nicht sofort. Als mir nach ungefähr einem Monat klar wurde, daß das, was ich fühlte – ich kann es nur schwer erklären, es war eine Art von heftigem Aufruhr, der jede Faser in mir erschütterte –, daß das Liebe war, da wußte ich, daß ich es vom ersten Augenblick an empfunden hatte. Es war nicht nur ihr Äußeres, so bezaubernd es war, die Glätte ihrer blassen Haut, die Art, wie ihr das Haar in die Stirn fiel, und der sanfte Ernst ihrer braunen Augen – es war mehr: Man fühlte sich wohl in ihrer Nähe, man war gelöst, man hatte die Empfindung, vollkommen natürlich, ganz man selbst sein zu dürfen. Man fühlte, daß sie keiner Niedrigkeit fähig war. Es war unmöglich, sich vorzustellen, daß sie neidisch oder boshaft sein könne. Sie besaß eine angeborene Seelengröße. Man konnte eine Stunde mit ihr zusammen sein, ohne zu sprechen, und sich dennoch niemals langweilen.«

»Eine seltene Gabe«, warf ich ein.

»Sie war ein großartiger Kamerad. Sie war für jeden Spaß zu haben. Sie war das anspruchsloseste Mädchen, das ich je kennengelernt habe. Man konnte sie im letzten Moment versetzen, und so enttäuscht sie auch war, es änderte nichts an ihrer Freundschaft. Wenn man ihr das nächste Mal begegnete, war sie genauso herzlich und heiter wie immer.«

»Warum haben Sie sie nicht geheiratet?«

Featherstones Zigarre war ausgegangen. Er warf den Stumpen weg und zündete sich bedächtig eine neue an. Er antwortete nicht gleich. Menschen, die in hochzivilisierter Umgebung leben, werden es vielleicht merkwürdig finden, daß er einem Fremden diese intimen Dinge anvertraute; mir schien es nicht merkwürdig. Ich war daran gewöhnt. Diese Leute, die so rettungslos allein in den entlegensten Winkeln der Erde leben, empfinden es als Wohltat, jemandem, den sie aller Wahrscheinlichkeit nach niemals wiedersehen werden, die Geschichte zu erzählen, die durch Jahre ihr Wachen und Träumen bestimmt hat. Es mag auch sein, daß die Tatsache, einen Schriftsteller vor sich zu haben, ihr Vertrauen weckt. Sie nehmen vielleicht an, daß das, was sie ihm erzählen wollen, ihn auf eine unpersönliche Weise interessieren wird, und das macht es ihnen leichter, ihm ihr Herz auszuschütten. Überdies – wir wissen es alle aus eigener Erfahrung – ist es niemals unangenehm, über sich selbst zu sprechen.

»Warum haben Sie sie nicht geheiratet?« hatte ich ihn gefragt.

»Es wäre mein sehnlichster Wunsch gewesen«, antwortete Featherstone endlich. »Aber ich zögerte, es ihr vorzuschlagen. Sie war immer so nett zu mir, wir kamen so großartig miteinander aus und waren so gute Freunde – und doch konnte ich das Gefühl nicht loswerden, daß sie etwas Rätselhaftes an sich hatte. Obwohl sie so einfach, so offen und natürlich war, spürte ich immer einen Kern von Fremdheit, als hüte sie, tief in ihrem Herzen, nicht ein Geheimnis, aber eine Art von ureigenstem Sein, in das keinem Menschen jemals Einblick gewährt werden würde. Ich weiß nicht, ob ich mich klar ausdrücke.«

»Doch, ich glaube schon.«

»Ich führte es auf die Art zurück, wie sie aufgewachsen war. Sie sprach nie von ihrer Mutter, aber irgendwie gewann ich den Eindruck, daß sie eine jener neurotischen, ganz ihren Gefühlen preisgegebenen Frauen gewesen war, die ihr eigenes Glück zerstören und unerträglich sind für jeden, der mit ihnen in Berührung kommt. Ich hatte den Verdacht, daß sie in Florenz ein ziemlich hemmungsloses Leben geführt hatte, und vermutete, daß Olive ihre schöne Heiterkeit einer bewußten Willensanstrengung verdankte und daß ihre innere Abgeschlossenheit eine Art von Festung war, die sie in sich errichtet hatte, um sich vor dem Wissen um allerhand beschämende Dinge zu schützen. Aber gerade diese Fremdheit fesselte mich. Es war seltsam erregend, zu denken, daß man, wenn man von ihr geliebt wurde und mit ihr verheiratet war, endlich bis in das verborgene Herz dieses Geheimnisses eindringen würde; und teilte man es dann mit ihr, so würde es die Erfüllung all dessen sein, was man je im Leben gewünscht hatte. Es würde sicherlich nicht der Himmel sein. Mir war zumute wie Blaubarts Frau vor der versperrten Kammer im Märchen. Alle Zimmer standen mir offen, aber ich würde keine Ruhe finden, ehe ich nicht auch in das letzte, das mir verschlossen blieb, eingedrungen war.«

Mein Blick fiel auf einen Tschik-Tschak, eine kleine braune Hauseidechse mit großem Kopf, hoch oben an der Wand. Es ist ein freundliches kleines Tier, und es ist nett, es im Haus zu haben. Es belauerte eine Fliege. Es hielt sich ganz still. Mit einemmal schoß es vorwärts, um gleich darauf, als die Fliege davongeflogen war, mit einem Ruck in seine seltsame Reglosigkeit zurückzusinken.

»Und noch aus einem anderen Grund zögerte ich. Wenn ich ihr einen Heiratsantrag machte und sie mich abwies, würde sie mir vielleicht nicht mehr erlauben, wie bisher in ihr Haus zu kommen. Das wäre furchtbar gewesen. Ich ging so gerne hin. Es machte mich so glücklich, in ihrer Nähe zu sein. Aber sehen Sie, manchmal wird man schwach. Schließlich sprach ich doch, aber fast durch Zufall. Eines Abends, nach dem Dinner, als wir allein auf der Veranda saßen, nahm ich ihre Hand. Sie zog sie sofort zurück.

›Warum hast du das getan?‹ fragte ich.

›Ich mag es nicht, wenn man mich berührt‹, sagte sie. Sie wandte den Kopf ein wenig und lächelte. ›Bist du beleidigt? Du darfst nicht böse sein, es ist bloß eine komische Eigenheit von mir. Ich kann nichts dafür.‹

›Ob du wohl bemerkt hast, daß ich dich furchtbar liebhabe?‹ sagte ich.

Ich brachte es wahrscheinlich sehr ungeschickt heraus, aber ich hatte noch nie eine Liebeserklärung gemacht.« Featherstone gab einen kleinen Laut von sich – man wußte nicht, ob es ein Lachen oder ein Seufzer war. »Übrigens war es auch meine letzte. Sie schwieg eine Minute, dann sagte sie:

›Das freut mich sehr, aber mehr darf nicht sein zwischen uns.‹

›Warum nicht?‹ fragte ich.

›Ich könnte mich niemals von Tim trennen.‹

›Und was, wenn er heiratet?‹

›Das wird nicht geschehen.‹

Ich war nun schon so weit gegangen, daß ich es für das beste hielt, fortzufahren. Aber meine Kehle war so trocken, daß ich kaum sprechen konnte. Ich zitterte vor Aufregung.

›Ich bin schrecklich verliebt in dich, Olive. Ich möchte dich heiraten. Es ist mein größter Wunsch auf der Welt.‹

Sie legte ihre Hand sehr zart auf meinen Arm. Es war, als streife mich eine Blume.

›Nein, Lieber, ich kann nicht‹, sagte sie.

Ich schwieg. Es fiel mir schwer, meine Gedanken auszusprechen. Ich bin von Natur aus ziemlich scheu. Sie war eine sehr junge Frau. Ich konnte ihr doch nicht sagen, daß es nicht das gleiche ist, mit einem Ehemann oder mit einem Bruder zusammenzuleben. Sie war normal und gesund; sie mußte sich doch Kinder wünschen, sie durfte ihre natürlichen Instinkte nicht verkümmern lassen. Es wäre so schade um ihre Jugend. Aber sie war es, die zuerst sprach.

›Reden wir nicht weiter darüber‹, sagte sie. ›Nimm es mir nicht übel. Hie und da hatte ich wohl den Eindruck, daß du in mich verliebt bist. Tim hat es auch bemerkt. Es tat mir leid, weil ich Angst hatte, es könnte unsere Freundschaft zerstören. Das möchte ich nicht, Mark. Wir verstehen uns so gut, wir drei, und wir haben es so nett miteinander. Ich weiß gar nicht, was wir ohne dich anfangen würden.‹

›Das war auch meine Angst‹, sagte ich.

›Und glaubst du, daß es unvermeidlich ist?‹

›Wenn es nach mir geht, bestimmt nicht, Olive‹, sagte ich. ›Du mußt doch wissen, wie gerne ich herkomme. Noch nie habe ich mich irgendwo so glücklich gefühlt.‹

›Und du bist mir nicht böse?‹

›Warum sollte ich dir böse sein? Du kannst doch nichts dafür. Es zeigt mir bloß, daß du mich nicht liebst, sonst würdest du dich den Teufel um Tim scheren.‹

›Du bist lieb‹, sagte sie.

Sie legte den Arm um meinen Hals und küßte mich leicht auf die Wange. Ich hatte den Eindruck, daß die Art unserer Beziehung damit für sie besiegelt war. Sie sah mich von nun an als ihren zweiten Bruder an.

Ein paar Wochen später fuhr Tim nach England. Der Pächter ihres Hauses in Dorset hatte gekündigt, und obwohl ein anderer bereits gefunden war, hielt Tim es für angezeigt, an Ort und Stelle zu sein, um die Verhandlungen zu führen. Und er brauchte ein paar neue Maschinen für die Plantage. Die wollte er sich bei dieser Gelegenheit anschaffen. Er nahm an, daß er nicht länger als drei Monate wegbleiben würde, und Olive beschloß, nicht mitzufahren. Sie kannte kaum jemanden in England, und es war fast ein fremdes Land für sie; sie machte sich nichts daraus, allein gelassen zu werden, und wollte solange die Plantage beaufsichtigen. Natürlich hätten sie auch einen Verwalter einsetzen können, aber das war nicht das gleiche. Der Kautschukpreis fiel, und es war ratsam, daß einer von ihnen dablieb, für den Fall, daß etwas Unvorhergesehenes eintrat. Ich versprach Tim, mich um sie zu kümmern. Wenn sie mich brauchte, konnte sie mich immer rufen lassen. Meine Liebeserklärung hatte nichts zwischen uns geändert. Wir benahmen uns, als wäre nichts geschehen. Ich weiß nicht, ob sie Tim etwas erzählt hatte. Er verriet durch kein Zeichen, daß er es wußte. Ich liebte sie natürlich genauso wie vorher, aber ich behielt es für mich. Ich kann mich sehr gut beherrschen. Mein Gefühl sagte mir, daß ich keine Chance hätte. Ich hoffte, daß meine Liebe sich mit der Zeit in etwas anderes verwandeln würde und daß wir schließlich einfach gute Freunde sein würden. Das ist merkwürdigerweise nie geschehen. Wahrscheinlich war ich allzu tief getroffen, um jemals ganz darüber hinwegzukommen.

Sie begleitete Tim nach Penang, und als sie zurückkehrte, holte ich sie vom Bahnhof ab und brachte sie nach Hause. Ich konnte nicht gut im Bungalow wohnen, während Tim fort war, aber ich fuhr jeden Sonntag zum Lunch hinüber, und nachher gingen wir miteinander an den Strand und badeten. Die Leute bemühten sich, nett zu ihr zu sein, und sie wurde wiederholt aufgefordert, ein paar Tage da und dort zu verbringen, aber das wollte sie nicht. Sie entfernte sich nur selten von der Plantage. Sie hatte eine Menge zu tun. Sie las viel. Sie langweilte sich niemals. Sie schien vollkommen zufrieden mit ihrer eigenen Gesellschaft, und wenn sie Gäste einlud, so tat sie es nur aus einer Art von Pflichtgefühl. Sie wollte nicht, daß man sie für unfreundlich hielt. Aber es bedeutete eine Anstrengung für sie, und sie vertraute mir an, wie erleichtert sie sich fühlte, wenn der letzte gegangen war und sie wieder ungestört die friedliche Einsamkeit ihres Hauses genießen durfte. Sie war eine sehr eigenartige junge Frau. Es war merkwürdig, daß sie in ihrem Alter so gleichgültig gegen die Gesellschaften und kleinen Vergnügungen war, die die Station bot. Auf geistigem Gebiet, wenn Sie verstehen, was ich meine, war sie vollkommen selbständig. Ich weiß nicht, wie die Leute entdeckten, daß ich in sie verliebt war; ich hatte mir eingebildet, mich niemals verraten zu haben. Aber aus kleinen Andeutungen da und dort entnahm ich, daß man es wußte. Man vermutete, daß Olive meinetwegen nicht mit ihrem Bruder nach England gefahren war. Eine von den Damen, Mrs. Sergison, die Gattin des Polizeioffiziers, ging so weit, mich zu fragen, wann man mir würde gratulieren dürfen. Ich stellte mich natürlich so, als wüßte ich nicht, was sie meinte, aber es war nicht ganz überzeugend. Die Sache war beinahe komisch. Ich bedeutete Olive in dieser Hinsicht so wenig, daß sie wahrscheinlich längst meinen Heiratsantrag vergessen hatte. Ich kann nicht sagen, daß sie nicht nett zu mir gewesen wäre – es gab niemanden, zu dem sie nicht nett war –, aber sie behandelte mich mit der gleichen Selbstverständlichkeit wie eine Schwester ihren jüngeren Bruder. Sie war zwei oder drei Jahre älter als ich. Sie freute sich immer furchtbar, mich zu sehen, aber sie kam gar nicht auf die Idee, Umstände mit mir zu machen; sie war fast verblüffend vertraulich mit mir, aber unbewußt, wissen Sie, wie man es einem Menschen gegenüber ist, den man sein Leben lang gekannt hat; daß ich ein Mann war, spielte überhaupt keine Rolle; ebensogut hätte ich ein alter Mantel sein können, den sie anzog, weil er bequem und angenehm war, und in dem man alles unternehmen konnte. Ich hätte verrückt sein müssen, wenn ich nicht gesehen hätte, daß sie viele tausend Meilen von mir entfernt war.

Dann, eines Tages, drei oder vier Wochen vor Tims Rückkehr, merkte ich, als ich zu ihr kam, daß sie geweint hatte. Ich war bestürzt. Sie war immer so ruhig. Ich hatte sie niemals in Aufregung gesehen.

›Hallo, was ist los?‹ fragte ich.

›Nichts.‹

›Mach mir nichts vor, Liebes‹, sagte ich. ›Warum hast du geweint?‹

Sie versuchte zu lächeln.

›Ich wollte, du hättest nicht so scharfe Augen‹, sagte sie. ›Ich bin bloß dumm. Eben habe ich ein Telegramm von Tim bekommen: er hat die Heimreise aufgeschoben.‹

›Oh, das tut mir aber leid, Olive‹, sagte ich. ›Das muß dich furchtbar enttäuschen.‹

›Ich hatte die Tage gezählt. Ich habe solche Sehnsucht nach ihm.‹

›Gibt er den Grund für seinen Aufschub an?‹ fragte ich.

›Nein, er sagt, daß er schreiben wird. Ich will dir das Telegramm zeigen.‹

Ich merkte, daß sie sehr nervös war. Ihre ruhigen stillen Augen waren voll Bangigkeit, und zwischen ihren Brauen hatte sich eine kleine Falte eingegraben. Sie ging in ihr Schlafzimmer und kam einen Augenblick später mit dem Telegramm zurück. Ich spürte, daß sie mich gespannt beobachtete, während ich es las. Soweit ich mich erinnern kann, hatte es folgenden Wortlaut:

Liebes, ich kann am 7. noch nicht abreisen. Bitte verzeihe mir. Ausführlicher Brief folgt. Innigst Tim.

›Gott, vielleicht sind die Maschinen, die er haben wollte, noch nicht fertig, und er will ohne sie nicht abreisen‹, sagte ich.

›Was könnte es ausmachen, wenn sie mit einem späteren Schiff kämen? In Penang müßten sie ohnedies liegenbleiben.«

›Vielleicht ist etwas mit dem Haus?‹

›Warum hat er es dann nicht angedeutet? Er muß doch wissen, wie schrecklich beunruhigt ich bin.‹

›Er hat es vielleicht nicht bedacht‹, sagte ich. ›Wenn man fort ist, vergißt man so leicht, daß die Menschen, die man zurückgelassen hat, manches nicht wissen, was einem an Ort und Stelle selbstverständlich erscheint.‹

Sie lächelte wieder, aber nun schon glücklicher.

›Du wirst wahrscheinlich recht haben. Tim wäre das zuzutrauen. Er war immer ein wenig nachlässig und unbekümmert. Sicherlich habe ich aus einer Fliege einen Elefanten gemacht. Ich muß einfach geduldig warten, bis sein Brief kommt.‹

Olive besaß sehr viel Selbstbeherrschung, und ich merkte, wie sie sich zusammennahm. Die kleine Falte zwischen ihren Brauen verschwand, und sie wurde wieder das heitere, lächelnde, freundliche Geschöpf, das sie immer war. Sie war stets sanft: an diesem Tag ging eine Milde von ihr aus, die mich erschütterte. In der folgenden Zeit jedoch konnte ich sehen, daß sie ihre Unruhe bloß mit der größten Willensanstrengung bezwang. Es war, als fühlte sie ein Unheil herannahen. An dem Tag, ehe die Post ankam, war ich bei ihr. Ihre Aufregung wirkte um so mitleiderregender, als sie sich die größte Mühe gab, sie zu verbergen. Ich hatte an den Posttagen immer viel zu tun, aber ich versprach, gegen Abend zu kommen, um zu hören, was es Neues gebe. Ich war gerade im Begriff, mich auf den Weg zu machen, als Hardys Seis im Wagen vorfuhr und mir eine Botschaft von der Amah überbrachte, ich solle sofort zu ihrer Herrin kommen. Die Amah war eine anständige ältere Person, der ich ein paar Dollar gegeben hatte, mit der Bitte, mich sofort zu benachrichtigen, wenn irgend etwas auf der Plantage nicht in Ordnung war. Ich sprang in meinen Wagen. Als ich vorfuhr, stand die Amah schon auf der Treppe und wartete auf mich.

›Ein Brief ist heute angekommen‹, sagte sie.

Ich ließ sie nicht weiterreden und rannte die Treppe hinauf. Das Wohnzimmer war leer.

›Olive‹, rief ich.

Ich trat auf den Korridor, und plötzlich hörte ich einen Laut, der mein Herz erstarren ließ. Die Amah kam mir nach und öffnete die Tür zu Olives Zimmer. Was ich gehört hatte, war Olives Weinen. Ich trat ein. Sie lag auf ihrem Bett, das Gesicht nach unten, den Leib von Schluchzen geschüttelt. Ich legte meine Hand auf ihre Schulter.

›Olive, was ist geschehen?‹ fragte ich.

›Wer ist das?‹ rief sie. Sie sprang plötzlich auf, wie wahnsinnig vor Schreck. Und dann: ›Ach, du bist es‹, sagte sie. Sie stand vor mir, den Kopf zurückgeworfen, die Augen geschlossen und tränenüberströmt. Es war furchtbar. ›Tim hat geheiratet‹, stieß sie hervor, und ihr Gesicht verzerrte sich zu einer Grimasse des Schmerzes.

Ich muß gestehen, daß für einen Augenblick etwas wie Freude in mir aufwallte; es war wie ein kleiner elektrischer Schlag, der mein Herz durchzuckte; eine Hoffnung stieg in mir auf; nun würde sie vielleicht einwilligen, mich zu heiraten. Ich weiß, es war furchtbar egoistisch von mir; Sie müssen bedenken, die Nachricht kam völlig überraschend. Aber es dauerte bloß einen Augenblick; danach sah ich ihre schreckliche Verzweiflung, und das einzige, was ich empfand, war tiefer Kummer, weil sie so unglücklich war. Ich legte meinen Arm um sie.

›Ach, meine Liebe, wie leid tut mir das!‹ sagte ich. ›Komm, laß uns ins Wohnzimmer gehen und alles besprechen, und ich serviere dir einen Drink.‹

Sie ließ sich von mir ins Nebenzimmer führen, und wir setzten uns aufs Sofa. Ich trug der Amah auf, Whisky und Sodawasser zu holen, mischte einen starken Drink und zwang Olive, ein wenig davon zu trinken. Ich nahm sie in den Arm und legte ihren Kopf auf meine Schulter. Sie ließ alles mit sich geschehen. Die dicken Tränen strömten über ihr elendes Gesicht.

›Wie konnte er nur?‹ stöhnte sie. ›Wie konnte er nur?‹

›Liebes‹, sagte ich, ›früher oder später mußte es geschehen. Er ist ein junger Mann. Wie konntest du dir vorstellen, daß er niemals heiraten würde? Das ist doch nur normal.‹

›Nein, nein, nein‹, stieß sie hervor.

Zusammengeballt in ihrer Hand hielt sie einen Brief, und ich nahm an, daß es der von Tim war.

›Was schreibt er?‹ fragte ich.

Sie machte eine erschrockene Bewegung und preßte den Brief an ihr Herz, als fürchtete sie, ich könnte ihn ihr entreißen.

›Er schreibt, daß er nicht anders konnte. Er mußte, schreibt er. Was bedeutet das?‹

›Gott, auf seine Art ist er eben genauso anziehend wie du. Er hat soviel Charme. Wahrscheinlich hat er sich wahnsinnig in irgendein Mädchen verliebt und sie in ihn.‹

›Er ist so schwach‹, stöhnte sie.

›Werden sie hierher kommen?‹ fragte ich.

›Sie haben sich gestern eingeschifft. Er sagt, daß sich nichts ändern wird. Er ist wahnsinnig. Wie könnte ich hierbleiben?‹

Sie fing an, krampfhaft zu weinen. Es war qualvoll, dieses sonst so ruhige Mädchen so völlig verstört und aufgelöst zu sehen. Ich hatte immer geahnt, daß sich hinter ihrer heiteren Gelassenheit ein tiefes Empfindungsvermögen verbarg. Aber die Hemmungslosigkeit ihres Schmerzes brachte mich aus der Fassung. Ich hielt sie in den Armen und küßte sie, ihre Augen und ihre nassen Wangen und ihr Haar. Ich glaube nicht, daß sie wußte, was ich tat. Ich wußte es selber kaum. Ich war so tief erschüttert.

›Was soll ich tun?‹ jammerte sie.

›Warum heiratest du nicht mich?‹

Sie versuchte, sich von mir zurückzuziehen, aber ich ließ sie nicht.

›Das wäre schließlich ein Ausweg‹, sagte ich.

›Wie kann ich dich heiraten?‹ stöhnte sie. ›Ich bin um Jahre älter als du.‹

›Unsinn, es sind höchstens zwei oder drei. Was liegt daran?‹

›Nein, nein.‹

›Warum nicht?‹ fragte ich.

›Ich liebe dich nicht.‹

›Das macht nichts. Ich liebe dich.‹

Ich weiß nicht, was ich sonst noch sagte. Ich versprach ihr, daß ich alles tun wollte, um sie glücklich zu machen. Ich sagte, daß ich nie mehr von ihr verlangen wollte, als was sie mir freiwillig gab. Ich redete und redete. Ich versuchte, sie zur Vernunft zu bringen. Ich spürte, daß sie nicht dableiben wollte, an demselben Ort wie Tim, und erklärte ihr, daß ich bald in einen anderen Distrikt versetzt werden würde. Ich dachte, dies könnte sie verlocken. Sie mußte doch zugeben, daß wir uns immer großartig verstanden hatten. Nach einiger Zeit schien sie etwas ruhiger zu werden. Ich hatte den Eindruck, daß sie mir zuhörte. Es kam mir sogar vor, daß ihr bewußt war, daß sie in meinen Armen lag, und daß es sie tröstete. Ich flößte ihr noch etwas Whisky ein. Ich gab ihr eine Zigarette. Schließlich dachte ich, es mit einem Scherz versuchen zu können.

›Ich bin wirklich ein ganz netter Kerl‹, sagte ich, ›du hättest es schlechter treffen können.‹

›Du kennst mich nicht‹, war ihre Antwort. ›Du weißt nichts von mir. Nicht das geringste.‹

›Ich bin lernfähig‹, sagte ich.

Sie lächelte ein wenig.

›Du bist furchtbar nett, Mark.‹

›Sag ja, Olive‹, bettelte ich.

Sie seufzte tief auf. Lange Zeit starrte sie zu Boden. Aber sie rührte sich nicht, und ich fühlte die Weichheit ihres Körpers in meinen Armen. Ich wartete. Ich war furchtbar aufgeregt, und die Minuten schienen mir endlos.

›Gut‹, sagte sie endlich, als wäre sie sich gar nicht bewußt, daß eine Pause zwischen meiner Bitte und ihrer Antwort lag.

Ich war dermaßen bewegt, daß ich kein Wort fand. Aber als ich sie auf die Lippen küssen wollte, wandte sie das Gesicht ab und ließ es nicht zu. Ich wollte, daß wir sofort heirateten, aber sie bestand darauf, zu warten, bis Tim zurückkäme. Manchmal kann man in den Gedanken des anderen lesen, so daß man sie genauer kennt, als wären sie ausgesprochen; ich sah, daß sie nicht ganz daran glaubte, daß das, was Tim geschrieben hatte, wahr sei, und daß sie eine armselige Hoffnung in sich nährte, das Ganze würde sich als Irrtum erweisen und er wäre überhaupt nicht verheiratet. Es gab mir einen Stich, aber ich liebte sie so sehr, daß ich es einfach hinnahm. Ich war bereit, alles hinzunehmen. Ich betete sie an. Sie wollte mir nicht erlauben, irgendeinem Menschen von unserer Verlobung zu erzählen; ich mußte versprechen, kein Wort davon zu sagen, bis Tim wieder da wäre. Der Gedanke, Gratulationen entgegennehmen zu müssen und dergleichen, war ihr unerträglich. Sie verbot mir sogar, Tims Heirat bekanntzumachen. Sie war sehr eigensinnig in diesem Punkt. Sie schien zu fürchten, daß das Bekanntwerden der Tatsache dieser eine Gewißheit verlieh, die sie ihr nicht zugestehen wollte.

Aber die Sache wurde ihr aus der Hand genommen. Neuigkeiten verbreiten sich im Osten auf geheimnisvolle Weise. Ich weiß nicht, was Olive in Gegenwart der Amah gesagt hatte, als sie die Nachricht von Tims Verheiratung erhielt; jedenfalls teilte der Seis von Hardys es dem Seis der Sergisons mit, und als ich das nächste Mal in den Klub kam, stürzte sich Mrs. Sergison auf mich.

›Ich höre, Tim hat geheiratet‹, sagte sie.

›Ach‹, antwortete ich, in dem Wunsch, mich nicht zu verraten.

Sie lächelte über mein verdutztes Gesicht und erzählte mir, sie habe, nachdem sie durch ihre Amah von dem Gerücht erfahren habe, Olive angerufen und sie geradeheraus gefragt, ob es wahr sei. Olives Antwort sei etwas merkwürdig gewesen. Sie habe nicht einfach ja gesagt, sondern erklärt, Tim habe ihr einen Brief geschrieben, in dem er ihr mitteilte, daß er geheiratet habe.

›Sie ist ein sonderbares Mädchen‹, sagte Mrs. Sergison. ›Als ich sie nach Einzelheiten fragte, sagte sie, sie wisse keine, und als ich sie fragte: ‘Freuen Sie sich nicht?’ gab sie keine Antwort.‹

›Olive hängt furchtbar an Tim, Mrs. Sergison‹, sagte ich. ›Seine Heirat muß ein Schock für sie gewesen sein. Sie weiß nichts von Tims Frau. Sie hat wohl ein bißchen Angst vor ihr.‹

›Und wann werden Sie beide heiraten?‹ fragte sie mich unvermittelt.

›Was für eine indiskrete Frage‹, lächelte ich, in dem Versuch, sie mit einem Scherz abzuspeisen.

Sie blickte mich schalkhaft an.

›Können Sie mir Ihr Ehrenwort geben, daß Sie nicht mit Olive verlobt sind?‹

Ich wollte sie nicht bewußt anlügen und sie auch nicht bitten, sich um ihre eigenen Angelegenheiten zu kümmern; anderseits hatte ich Olive fest versprochen, mit keinem Menschen darüber zu sprechen, bis Tim zurück wäre. Ich versuchte auszuweichen.

›Mrs. Sergison‹, sagte ich. ›Wenn es etwas mitzuteilen gibt, werden Sie die erste sein, die es erfährt; das verspreche ich Ihnen. Alles, was ich Ihnen jetzt sagen kann, ist, daß es mein sehnlichster Wunsch wäre, Olive zu heiraten.‹

›Ich bin sehr froh, daß Tim geheiratet hat‹, antwortete sie. ›Und ich hoffe aufrichtig, daß Olive Sie bald heiratet. Es war ein unnatürliches und ungesundes Leben, das die beiden da oben miteinander führten. Sie haben sich viel zu sehr abgesondert und waren viel zu sehr voneinander absorbiert.‹

Ich sah Olive fast täglich. Sie wollte nicht – das spürte ich –, daß ich ihr meine Liebe zeigte, und ich begnügte mich damit, sie zu küssen, wenn ich kam und wenn ich ging. Sie war sehr nett zu mir, freundlich und aufmerksam; ich wußte, daß sie froh war, wenn ich erschien, und daß es ihr leid tat, wenn ich wieder ging. Im allgemeinen neigte sie zur Schweigsamkeit, aber während dieser Zeit sprach sie mehr als je zuvor, doch niemals von der Zukunft und niemals von Tim und seiner Frau. Sie erzählte mir viel von ihrem Leben mit ihrer Mutter in Florenz. Sie hatte ein merkwürdiges, einsames Dasein geführt, zumeist mit Dienstboten und Erzieherinnen, während ihre Mutter vermutlich in eine Liebesaffäre nach der anderen verwickelt war, mit obskuren italienischen Grafen und russischen Fürsten. Mit vierzehn Jahren wußte Olive wohl so ziemlich alles, was es zu wissen gab. Es war ihr selbstverständlich, vollkommen unkonventionell zu sein, denn in der Welt, die sie bis zu ihrem achtzehnten Jahr gekannt hatte, war von Konventionen niemals die Rede gewesen, weil sie nicht existierten. Allmählich schien Olive ihre Ruhe zurückzugewinnen, und ich hätte mir einbilden können, sie fange an, sich an den Gedanken von Tims Heirat zu gewöhnen, wenn ich nicht bemerkt hätte, wie blaß und müde sie aussah. Ich beschloß, nach seiner Rückkehr darauf zu dringen, daß sie mich sofort heirate. Ich konnte jederzeit einen Kurzurlaub beantragen, und war dieser abgelaufen, hoffte ich, eine Versetzung an einen anderen Ort zu erreichen. Olive brauchte eine Luftveränderung und neue Eindrücke.

Wir erfuhren, an welchem Tag man mit der Ankunft von Tims Schiff in Penang rechnete, aber es war die Frage, ob es so rechtzeitig eintreffen würde, daß er den Zug noch erreichen konnte. Ich schrieb deshalb an den Schiffahrtsagenten und bat ihn, zu telegraphieren, sobald er Genaueres wüßte. Als ich das Telegramm erhielt und es Olive brachte, stellte ich fest, daß sie soeben eines von Tim bekommen hatte. Das Schiff war frühzeitig eingelaufen, und er würde am nächsten Tag dasein. Der Zug sollte um acht Uhr morgens ankommen, aber Ver-

spätungen von einer bis zu sechs Stunden waren an der Tages-
ordnung, und ich brachte eine Einladung von Mrs. Sergison
mit, in der sie Olive aufforderte, mit mir zusammen bei ihr zu
übernachten, um an Ort und Stelle zu sein und erst, wenn der
Zug gemeldet wurde, auf den Bahnhof zu gehen.

Ich fühlte mich unendlich erleichtert. Ich dachte, wenn
der Schlag nun endlich fiele, würde Olive ihn nicht so sehr
fühlen. Sie hatte in einem derartigen Zustand von Erregung
gelebt, daß ich annahm, es müsse nun eine Gegenreaktion
eintreten. Vielleicht würde ihr ihre Schwägerin gefallen.
Warum sollten sie nicht zu dritt miteinander auskommen?
Zu meiner Überraschung erklärte Olive, daß sie nicht mit
zum Bahnhof kommen wolle.

›Sie werden furchtbar enttäuscht sein‹, sagte ich.

›Ich erwarte sie lieber hier‹, antwortete sie. Sie lächelte ein
wenig. ›Versuche nicht mich zu überreden, Mark. Ich bin
fest entschlossen.‹

›Ich habe bei mir zu Hause das Frühstück bestellt‹, sagte
ich.

›Das ist recht. Hole sie ab und gib ihnen Frühstück, und
nachher können sie herkommen. Ich schicke ihnen natürlich
den Wagen.‹

›Ich glaube, sie werden kein Frühstück wollen, wenn du
nicht da bist‹, sagte ich.

›Oh, doch, sicherlich. Wenn der Zug rechtzeitig eintrifft,
werden sie bestimmt noch nicht gefrühstückt haben und
hungrig sein. Sie werden die lange Autofahrt nicht antreten
wollen, ohne vorher etwas zu sich zu nehmen.‹

Ich wußte nicht, was ich denken sollte. Sie hatte Tims
Rückkehr so brennend herbeigesehnt, und es war sonder-

bar, daß sie nun ganz allein warten wollte, während wir anderen fröhlich miteinander frühstückten. Vielleicht war sie nervös und wollte die Zusammenkunft mit der fremden Frau, die nun kam, um ihren Platz einzunehmen, so lange wie möglich hinausschieben. Es schien mir unvernünftig, ich sah nicht ein, daß eine Stunde früher oder später einen Unterschied ausmachen sollte, aber ich wußte, daß Frauen unberechenbar sind, und spürte auch, daß es nicht am Platz war, Olive weiter zu drängen.

›Telefoniere, wenn ihr aufbrecht, damit ich weiß, wann ich euch erwarten kann‹, sagte sie.

›Schön‹, antwortete ich, ›aber ich werde nicht mit herkommen können. Morgen ist der Tag, an dem ich nach Lahad fahre.‹

Das ist eine Stadt, wo ich einmal in der Woche hinfahren mußte, um verschiedenes zu erledigen. Sie war ziemlich weit entfernt, und man mußte mit einer Fähre über den Fluß setzen, was einige Zeit in Anspruch nahm, so daß ich immer erst spät zurückkehrte. Es lebten ein paar Europäer dort, und es gab einen Klub, in dem ich mich gewöhnlich eine Weile aufhielt, um nicht ungesellig zu sein und zu hören, wie die Dinge liefen.

›Außerdem‹, fügte ich hinzu, ›bringt Tim zum erstenmal seine Frau nach Hause, und da werdet ihr mich bestimmt nicht brauchen können. Aber wenn du mich zum Dinner einladen willst, komme ich gerne.‹

Olive lächelte.

›Es steht mir nicht mehr zu, Einladungen auszusprechen‹, sagte sie. ›Du wirst dich an die junge Frau wenden müssen.‹

Sie sagte das so leichthin, daß mein Herz hüpfte. Ich hatte das Gefühl, daß sie sich endlich dazu durchgerungen hatte, die neuen Umstände hinzunehmen und, was mehr war, sogar mit Humor. Sie lud mich ein, zum Dinner zu bleiben. Gewöhnlich ging ich gegen acht Uhr und aß zu Hause. Sie war sehr lieb, fast zärtlich, und ich fühlte mich glücklicher als seit Wochen. Nie war ich leidenschaftlicher in sie verliebt gewesen. Ich trank ein paar Gin Pahits und war, glaube ich, ziemlich gut in Form während der Mahlzeit. Ich weiß, daß ich sie zum Lachen brachte. Ich hatte den Eindruck, daß sie nun endlich die Last des Kummers, der sie bedrückte, abgeschüttelt hatte. Aus diesem Grund ließ ich mich von dem, was sich am Schluß dieses Abends zutrug, nicht weiter beunruhigen.

›Glaubst du nicht, daß es nun Zeit ist, sich von einer sogenannt jungfräulichen Dame zu verabschieden?‹ sagte sie.

Sie sprach in einer so ruhig heiteren Art, daß ich ohne Zögern antwortete:

›Oh, meine Liebe, wenn du glaubst, daß dir auch nur eine Spur von gutem Ruf geblieben ist, so irrst du dich. Du bildest dir doch nicht ein, daß die Damen von Sibuku nicht wissen, daß ich seit einem Monat tagtäglich zu dir komme? Die allgemeine Ansicht ist, daß es allerhöchste Zeit wäre, daß wir heiraten. Glaubst du nicht, daß ich ihnen allmählich unsere Verlobung mitteilen sollte?‹

›Ach, Mark, du darfst unsere Verlobung nicht zu ernst auffassen‹, sagte sie.

Ich lachte. ›Wie soll ich sie sonst auffassen? Sie ist doch ernst?‹

Sie schüttelte leicht den Kopf.

›Nein, ich war aufgeregt und hysterisch an jenem Tag. Du

warst so lieb zu mir. Ich sagte ja, weil ich zu elend war, um nein zu sagen; aber jetzt hatte ich Zeit, mich zu sammeln. Halte mich nicht für gefühllos. Ich habe einen Irrtum begangen. Es war ein großes Unrecht von mir. Du mußt mir verzeihen.‹

›Ach, Liebes, du redest Unsinn. Du hast doch nichts gegen mich?‹

Sie blickte mich fest an. Sie war ganz ruhig. Sogar ein kleines Lächeln lag in ihren Augen.

›Ich kann dich nicht heiraten. Ich kann niemanden heiraten. Es war unsinnig von mir, zu denken, daß ich es jemals könnte.‹

Ich antwortete nicht gleich. Sie war in einem merkwürdigen Zustand, und ich hielt es für besser, sie nicht zu bedrängen.

›Mit Gewalt kann ich dich nicht zum Altar zerren‹, sagte ich.

Ich streckte ihr meine Hand hin, und sie gab mir die ihre. Ich legte meinen Arm um sie, und sie machte keinen Versuch, sich mir zu entwinden. Sie ließ es zu, daß ich sie wie gewöhnlich auf die Wange küßte.

Am nächsten Morgen ging ich zum Bahnhof. Ausnahmsweise traf der Zug pünktlich ein. Tim winkte mir, als sein Waggon die Stelle passierte, an der ich stand, und als ich ihm nachlief, war er bereits abgesprungen und half seiner Frau beim Aussteigen. Er faßte warm meine Hand.

›Wo ist Olive?‹ fragte er, und sein Blick überflog den Bahnsteig. ›Dies ist Sally.‹

Ich begrüßte sie und erklärte gleichzeitig, warum Olive nicht da war.

›Es ist furchtbar früh, nicht?‹ meinte Mrs. Hardy.

Ich setzte ihr auseinander, daß ich mir gedacht hatte, sie sollten bei mir frühstücken und anschließend nach Hause fahren.

›Ich lechze nach einem Bad‹, sagte Mrs. Hardy.

›Sie sollen eines haben‹, sagte ich.

Sie war wirklich ein besonders hübsches kleines Ding, hellblond, mit riesigen blauen Augen und einer reizenden geraden kleinen Nase. Ihre Haut, ganz Milch und Rosen, war wunderbar. Sie hatte etwas von einem Revuegirl, und man konnte das abgeschmackt finden, aber auf ihre Weise war sie bezaubernd. Wir fuhren zu mir nach Hause, sie nahmen beide ein Bad, und Tim rasierte sich; zwei Minuten war ich mit ihm allein. Er fragte mich, wie Olive seine Heirat aufgenommen habe. Ich sagte ihm, daß sie sehr unglücklich gewesen sei.

›Das habe ich befürchtet‹, sagte er, und sein Gesicht verdüsterte sich. Er seufzte kurz auf. ›Es blieb mir nichts anderes übrig.‹

Ich wußte nicht, was er damit meinte. In diesem Augenblick kam Mrs. Hardy wieder herein und schob ihren Arm unter den ihres Gatten. Er nahm ihre Hand und drückte sie zärtlich. Er warf ihr einen Blick zu, der etwas Wohlgefälliges und liebevoll Belustigtes hatte, als nehme er sie nicht ganz ernst, freue sich jedoch seines Besitzes und sei stolz auf ihre Schönheit. Sie war wirklich entzückend. Sie war nicht im geringsten schüchtern, hatte mich bereits aufgefordert, sie Sally zu nennen, als unsere Bekanntschaft noch keine zehn Minuten alt war, und sie war schlagfertig. Natürlich war sie auch noch ganz aufgeregt von ihrer Ankunft. Sie war noch nie im Fernen Osten gewesen und fand alles ungeheuer interessant. Jeder konnte sehen, daß sie bis über beide Ohren in Tim verliebt war. Sie ließ die Augen nicht von ihm und hing an seinen Lippen. Wir frühstückten fröhlich miteinander und trennten uns dann. Sie stiegen in ihren Wagen, um nach Hause, und ich in den meinen, um nach Lahad zu fahren. Ich versprach, von dort aus direkt zur Plantage zu kommen, und nahm bereits meinen Abendanzug mit. Ich sah nicht ein, warum Sally Olive nicht gefallen sollte; sie war offen, fröhlich und unbefangen; sie war ganz jung, sicherlich nicht älter als neunzehn, und ihr ungewöhnlich hübsches Äußeres würde seine Wirkung auf Olive nicht verfehlen. Ich war aufrichtig froh, eine plausible Entschuldigung zu haben, die drei den Tag über sich selbst zu überlassen, aber als ich dann von Lahad aufbrach, dachte ich mir, daß sie sich, wenn ich nun ankam, sicherlich alle freuen würden, mich zu sehen. Ich fuhr vor dem Bungalow vor und hupte zwei-, dreimal, in der Erwartung, jemanden herauskommen zu sehen. Keine Seele. Das Haus lag in völliger Dunkelheit da. Ich war erstaunt. Es herrschte absolute Stille. Ich konnte es nicht verstehen. Sie mußten zu Hause sein. Sehr merkwürdig, dachte ich. Ich wartete einen Augenblick, dann stieg ich aus und ging die Treppe hinauf. Oben angekommen, stolperte ich über etwas. Ich fluchte und beugte mich nieder, um zu sehen, was es war; es hatte sich wie ein menschlicher Körper angefühlt. Ich hörte einen Schrei und sah, daß es die Amah war. Sie wich zusammengekauert zurück, als ich sie berührte, und brach in lautes Jammern aus.

›Was, zum Teufel, ist denn los?‹ rief ich, und dann spürte ich eine Hand auf meinem Arm und hörte eine Stimme:

›Tuan, Tuan.‹ Ich wandte mich um und erkannte in der Finsternis Tims Ersten Boy. Er fing in abgerissenen, ängstlichen Sätzen zu reden an. Ich hörte ihm mit Entsetzen zu. Was er mir erzählte, war unsagbar. Ich schob ihn beiseite und rannte ins Haus. Das Wohnzimmer war dunkel. Ich drehte das Licht an. Das erste, was ich sah, war Sally, die in sich verkrochen auf einem Lehnstuhl saß. Sie war erschrocken über mein plötzliches Erscheinen und schrie auf. Ich konnte kaum sprechen. Ich fragte sie, ob es wahr sei. Als sie es bejahte, hatte ich das Gefühl, das Zimmer fange an, sich um mich zu drehen. Ich mußte mich hinsetzen.

Als der Wagen, der Tim und Sally nach Hause brachte, die Straße hinauffuhr, die zum Bungalow führte, und Tim die Hupe ertönen ließ, um seine Ankunft anzukündigen, und die Amah und die Boys zur Begrüßung herbeigerannt kamen, war plötzlich ein Schuß erklungen. Alle stürzten in Olives Zimmer und fanden sie vor ihrem Spiegel in einer Blutlache. Sie hatte mit Tims Revolver auf sich geschossen.

›Ist sie tot?‹ fragte ich.

›Nein, man hat den Arzt kommen lassen, und er hat sie ins Krankenhaus gebracht.‹

Ich wußte kaum, was ich tat. Ich kam nicht einmal auf den Gedanken, Sally zu sagen, wohin ich ging. Ich stand auf und wankte zur Tür. Ich stieg in meinen Wagen und trug dem Seis auf, so schnell wie möglich zum Krankenhaus zu fahren. Ich stürzte hinein. Ich fragte, wo sie liege. Man versuchte, mir den Weg zu verstellen, aber ich stieß alle beiseite. Ich wußte, wo die Einzelzimmer waren. Jemand packte meinen Arm, aber ich schüttelte ihn ab. Ich begriff vage, daß der Arzt den Befehl gegeben hatte, niemanden hereinzulassen. Es war mir gleichgültig. An der Tür stand ein Sanitäter. Er streckte den Arm aus, um mich am Eintreten zu hindern. Ich beschimpfte ihn und befahl ihm, den Weg freizugeben. Ich glaube, ich machte einen ordentlichen Krach, ich war außer mir; die Tür wurde geöffnet, und der Arzt kam heraus.

›Wer, zum Teufel, macht solchen Lärm?‹ rief er. ›Ach, Sie sind es. Was wollen Sie?‹

›Ist sie tot?‹ fragte ich.

›Nein. Aber bewußtlos. Sie ist nicht mehr zu sich gekommen. Es kann höchstens noch ein bis zwei Stunden dauern.‹

›Ich will sie sehen.‹

›Das können Sie nicht.‹

›Ich bin mit ihr verlobt.‹

›Was?‹ rief er, und es fiel mir auf, daß er mich mit einem eigentümlichen Blick ansah. ›Dann um so weniger.‹

Ich wußte nicht, was er meinte. Ich war benommen vor Entsetzen.

›Sicher können Sie etwas tun, um sie zu retten‹, rief ich.

Er schüttelte den Kopf.

›Wenn Sie sie sähen, würden Sie es nicht wünschen‹, sagte er.

Ich starrte ihn fassungslos an. In der Stille hörte ich das krampfhafte Schluchzen eines Mannes.

›Wer ist das?‹ fragte ich.

›Ihr Bruder.‹

Dann fühlte ich eine Hand auf meinem Arm. Ich wandte mich um und sah, daß es Mrs. Sergison war.

›Mein armer Junge‹, sagte sie. ›Sie tun mir so leid.‹

›Warum hat sie es nur getan?‹ stöhnte ich.

›Kommen Sie fort, mein Lieber‹, sagte Mrs. Sergison. ›Sie können hier nichts tun.‹

›Nein, ich muß bleiben‹, sagte ich.

›Schön, dann setzen Sie sich in mein Zimmer, und warten Sie dort‹, sagte der Arzt.

Ich war so gebrochen, daß ich mich von Mrs. Sergison beim Arm nehmen und in das Privatzimmer des Arztes führen ließ. Sie zwang mich, Platz zu nehmen. Ich konnte immer noch nicht glauben, daß es wahr war. Ich dachte, es sei ein schrecklicher Traum, aus dem ich wieder erwachen würde. Ich weiß nicht, wie lange ich dort saß. Drei Stunden. Vier Stunden. Endlich kam der Doktor herein.

›Es ist vorbei‹, sagte er.

Nun konnte ich mich nicht mehr halten. Ich fing zu weinen an. Es war mir gleichgültig, was man von mir dachte. Ich war so furchtbar unglücklich.

Wir begruben sie am nächsten Tag.

Mrs. Sergison begleitete mich nach Hause und blieb eine Weile bei mir. Sie wollte, daß ich mit ihr in den Klub kam. Ich konnte nicht. Sie war sehr gut zu mir, aber ich war froh, als sie mich allein ließ. Ich versuchte zu lesen, aber die Wörter sagten mir nichts. Ich fühlte mich innerlich tot. Mein Boy kam herein und zündete das Licht an. Mein Kopf schmerzte wie wahnsinnig. Dann kam er wieder und meldete, eine Dame wünsche mich zu sprechen. Ich fragte, wer es sei. Er wußte es nicht genau, glaubte aber, es müßte die junge Frau des Tuan in Putatan sein. Ich konnte mir nicht vorstellen, was sie wollte. Ich stand auf und ging zur Tür. Er hatte recht. Es war Sally. Ich bat sie einzutreten. Ich bemerkte, daß sie totenbleich war. Sie tat mir leid. Es war ein schreckliches Erlebnis für ein Mädchen ihres Alters und ein trauriger Einzug für eine Braut. Sie setzte sich. Sie war sehr aufgeregt. Ich versuchte, ihr über ihre Befangenheit hinwegzuhelfen, indem ich allgemeine Floskeln von mir gab. Ich fühlte mich sehr unbehaglich, weil sie mich mit ihren riesigen blauen Augen anstarrte und diese ganz verstört vor Entsetzen waren. Plötzlich unterbrach sie mich.

›Sie sind der einzige Mensch hier, den ich kenne‹, sagte sie. ›Ich mußte zu Ihnen kommen. Ich möchte, daß Sie mich von hier wegbringen.‹

Ich war sprachlos.

›Was wollen Sie damit sagen?‹ fragte ich.

›Sie dürfen keine Frage stellen, Sie müssen mich bloß von hier wegbringen. Sofort. Ich will nach England zurück.‹

›Aber Sie können doch Tim jetzt nicht verlassen‹, sagte ich. ›Meine Liebe, Sie müssen sich zusammennehmen. Ich weiß, es war schrecklich für Sie. Aber denken Sie an Tim. Er wird unglücklich sein. Wenn Sie ihn liebhaben, so müssen Sie jetzt bei ihm bleiben und ihn trösten. Das ist das Geringste, was Sie tun können.‹

›Oh, Sie wissen nicht‹, rief sie. ›Ich kann es Ihnen nicht sagen. Es ist zu schrecklich. Ich flehe Sie an, mir zu helfen. Wenn es heute abend noch einen Zug gibt, bringen Sie mich dorthin. Wenn ich nur erst in Penang bin, bekomme ich schon ein Schiff. Ich kann keine Nacht mehr in diesem Haus zubringen. Ich werde verrückt.‹

Ich begriff nicht.

›Weiß Tim Bescheid?‹ fragte ich.

›Ich habe Tim seit gestern abend nicht mehr gesehen. Ich werde ihn nie mehr wiedersehen. Ich würde lieber sterben.‹

Ich wollte etwas Zeit gewinnen.

›Aber wie können Sie ohne Ihre Sachen reisen? Wo ist Ihr Gepäck?‹

›Was liegt daran?‹ rief sie. ›Ich habe so viel, wie ich für die Reise brauche.‹

›Haben Sie Geld?‹

›Genug. Gibt es heute noch einen Zug?‹

›Ja‹, sagte ich. ›Er fährt kurz nach Mitternacht.‹

›Gott sei Dank. Werden Sie alles in die Wege leiten? Kann ich bis dahin hierbleiben?‹

›Sie versetzen mich in eine furchtbare Lage‹, sagte ich. ›Ich weiß nicht, wie ich mich verhalten soll. Es ist ein sehr ernster Schritt, den Sie tun.‹

›Wenn Sie alles wüßten, würden Sie zugeben, daß mir nichts anderes übrigbleibt.‹

›Es wird einen furchtbaren Skandal geben. Ich weiß nicht, was die Leute sagen werden. Haben Sie bedacht, was für eine Wirkung es auf Tim haben wird?‹ Ich war bekümmert und unglücklich. ›Gott weiß, daß ich nicht die Absicht habe, mich in Dinge einzumischen, die mich nichts angehen; aber wenn Sie wollen, daß ich Ihnen helfe, dann sollte ich doch wenigstens so viel wissen, daß ich mich berechtigt fühlen kann, zu tun, was Sie von mir verlangen. Sie müssen mir sagen, was geschehen ist.‹

›Das kann ich nicht. Ich kann Ihnen nur sagen, daß ich alles weiß.‹

Sie verbarg ihr Gesicht in den Händen und schauderte. Dann schüttelte sie sich, als wollte sie sich von einem schrecklichen Eindruck befreien.

›Er hatte kein Recht, mich zu heiraten. Es war monströs.‹

Und während sie sprach, wurde ihre Stimme schrill und durchdringend. Ich hatte Angst, sie werde einen hysterischen Anfall bekommen. Ihr hübsches Puppengesicht war voll Entsetzen, und ihre Augen waren aufgerissen, als könnte sie sie nie mehr schließen.

›Lieben Sie ihn nicht mehr?‹ fragte ich.

›Nach alldem?‹

›Was werden Sie tun, wenn ich es ablehne, Ihnen zu helfen?‹

›Ich nehme an, es wird ein Pastor hier sein oder ein Arzt. Sie können mir nicht abschlagen, mich zu einem von ihnen zu bringen.‹

›Wie sind Sie hierher gekommen?‹

›Der Erste Boy hat mich hergebracht. Er hat sich irgendwo einen Wagen ausgeborgt.‹

›Weiß Tim, daß Sie fort sind?‹

›Ich habe ihm einen Brief hinterlassen.‹

›Er wird erfahren, daß Sie hier sind.‹

›Er wird nicht versuchen, mich aufzuhalten. Das versichere ich Ihnen. Er wird es nicht wagen. Um Gottes willen, versuchen auch Sie es nicht. Ich sage Ihnen, ich werde verrückt, wenn ich noch eine Nacht hierbleibe.‹

Ich seufzte. Schließlich war sie alt genug, zu wissen, was sie tat.«

Ich, der Schreiber dieser Zeilen, hatte lange nicht gesprochen.

»Wußten Sie, was sie meinte?« fragte ich Featherstone.

Er warf mir einen langen, verstörten Blick zu.

»Es gab nur eines, was sie meinen konnte. Es war unaussprechlich. Jawohl, ich wußte es. Es erklärte alles. Arme

Olive. Armes, süßes Mädchen. Ich weiß, es war nicht richtig von mir, aber in jenem Augenblick fühlte ich nichts als Abscheu vor diesem kleinen hübschen, blondhaarigen Ding mit seinen entsetzten Augen. Ich haßte sie. Eine Weile schwieg ich. Dann erklärte ich mich bereit, zu tun, was sie von mir verlangte. Sie bedankte sich nicht einmal. Ich glaube, sie wußte, wie ich zu ihr stand. Abends brachte ich sie dazu, etwas zu essen, und dann fragte sie mich, ob ein Zimmer da sei, in dem sie sich hinlegen könne, bis wir zum Bahnhof aufbrechen mußten. Ich führte sie in mein Gästezimmer und ließ sie allein. Ich setzte mich ins Wohnzimmer und wartete. Mein Gott, ich glaube nicht, daß mir die Zeit jemals langsamer vergangen ist. Ich dachte, es würde nie zwölf Uhr schlagen. Ich telefonierte zum Bahnhof und erfuhr, daß der Zug erst gegen zwei eintreffen würde. Um Mitternacht kam sie zu mir ins Wohnzimmer, und dort blieben wir eineinhalb Stunden sitzen. Wir hatten einander nichts zu sagen und redeten nicht. Dann brachte ich sie zum Bahnhof und setzte sie in den Zug.«

»Gab es einen großen Skandal?«

Featherstones Gesicht verfinsterte sich.

»Ich weiß nicht. Ich beantragte Kurzurlaub. Danach wurde ich an einen anderen Ort versetzt. Ich erfuhr, daß Tim seine Plantage verkauft und eine andere erworben hatte. Aber ich wußte nicht, wo. Es war ein Schock für mich, als ich hier mit ihm zusammentraf.«

Featherstone stand auf, ging zu einem Tisch und mischte sich ein Glas Whisky und Soda. In der Stille, die nun eintrat, hörte ich den monotonen Chor der quakenden Frösche. Und plötzlich ließ sich ein Vogel, den man den Fiebervogel nennt, in einem Baum in der Nähe des Hauses nieder und begann zu rufen. Erst drei Töne, in einer absteigenden chromatischen Tonleiter, dann fünf, dann vier. Die wechselnden Töne folgten einander mit einer Hartnäckigkeit, die einen rasend machen konnte. Man war gezwungen, hinzuhören, um sie zu zählen, und weil man nicht wußte, wie viele es sein würden, war es eine Pein für die Nerven.

»Der Teufel hole den Vogel«, rief Featherstone. »Das bedeutet wieder einmal eine schlaflose Nacht für mich.«

Der rote Ted

Es gibt wenige Bücher auf der Welt, die mehr Lesestoff bieten als die *Sailing Directions*, die im Auftrag der Admiralität vom Institut für Gewässerkunde herausgegeben werden. Es sind stattliche Bände, in verschiedenfarbenes Leinen eingebunden (ziemlich dürftig), und noch der teuerste von ihnen ist billig. Für vier Shilling kann man den *Jangtsekiang-Lotsen* kaufen, »enthaltend Schiffahrtsanweisungen für den Jangtsekiang, vom Wusungfluß bis zum äußersten schiffbaren Punkt, einschließlich des Hankiang, des Kialingkiang und des Minkiang sowie einer Beschreibung dieser Flüsse«; und für drei Shilling bekommt man Teil III des *Inselindien-Lotsen*, »umfassend den nordöstlichen Teil der Celébes-, Molukken- und Djailolo-Passagen, die Banda und Arafura-See und die nördliche, westliche und südwestliche Küste von Neuguinea«. Aber es ist nicht ratsam, dies zu tun, wenn man ein Mensch mit festgelegten Gewohnheiten ist, in die man keine Störung bringen möchte, oder wenn man eine Tätigkeit hat, die einen an einen bestimmten Ort bindet. Diese geschäftsmäßig nüchternen Bücher verführen zu verzauberten Reisen im Geiste; und ihr trockener Stil, die bewunderungswürdige Ordnung, die sachliche Knappheit, mit der der Stoff behandelt wird, der strenge Sinn für das Praktische, der aus jeder Zeile spricht, vermögen nicht, die Poesie, die uns aus diesen Seiten entgegenweht, abzuschwächen. Ihr holder Duft betört, gleich der gewürzgeschwängerten Brise, welche unsere Sinne mit fast überirdischer Süße umfängt, wenn wir uns einer der magischen Inseln der östlichen Meere nähern. Diese Bücher nennen uns die Anker- und Landungsplätze und führen aus, was für Lebensmittel an den verschiedenen Orten zu haben sind und wo man Wasser bekommen kann; sie unterrichten uns über Lichter, Bojen, Meeresströmungen, Wind- und Wetterverhältnisse. Sie geben uns einen kurzen Überblick über Bevölkerung und Handel. Und wenn man bedenkt, wie sachlich und ohne überflüssige Worte dies alles geschieht, dann muß man staunen, wieviel mehr sie uns sonst noch geben. Was ich meine? Nun, Geheimnis und Schönheit, Romantik und den Zauber des Unbekannten. Es ist kein gewöhnliches Buch, in dem man beim flüchtigen Blättern einen Absatz wie den folgenden findet: »Nahrungsmittel: Ein paar Dschungelhühner sind noch erhalten geblieben. Die Insel beherbergt überdies eine große Anzahl von Seevögeln. In der Lagune gibt es Schildkröten sowie zahlreiche Fische verschiedener Art, darunter graue Seebarben, Haifische und Katzenhaie; man kann nicht mit Netzen fischen, aber es sind Fische da, die mit der Angel gefangen werden können. Ein kleiner Vorrat von Konserven und Branntwein wird für Schiffbrüchige in einer kleinen Hütte aufbewahrt. Gutes Wasser findet sich an einer Quelle in der Nähe des Landungsplatzes.« Kann die Phantasie mehr Anregung für eine Reise durch Raum und Zeit verlangen?

In dem Band, aus dem diese Passage stammt, haben die Verfasser mit der gleichen Sachlichkeit die Alas-Inseln beschrieben. Es handelt sich um eine Gruppe oder Kette von

Inseln, »in der Mehrzahl flach und bewaldet, die sich ungefähr fünfundsiebzig Meilen von Ost nach West und vierzig Meilen von Nord nach Süd erstrecken«. Was man über sie weiß, so heißt es, ist sehr gering; es gibt Kanäle zwischen den verschiedenen Gruppen, und mehrere Schiffe haben sie passiert, aber die Durchfahrten sind nicht genau erforscht worden, und die Lage zahlreicher gefährlicher Stellen steht noch nicht fest; es ist daher geraten, diese Durchfahrten zu meiden. Die Bevölkerung der Inselgruppe wird auf ungefähr achttausend Einwohner geschätzt, von denen zweihundert Chinesen und vierhundert Mohammedaner sind. Die übrigen sind Heiden. Die wichtigste Insel heißt Baru, sie ist von einem Riff umgeben, und hier wohnt der holländische Contrôleur. Sein weißes Haus mit dem roten Dach, auf der Kuppe eines kleinen Hügels erbaut, ist das hervorstechende Wahrzeichen, das die Schiffe der Königlich-Niederländischen Postschiffgesellschaft erblicken, wenn sie jeden zweiten Monat auf ihrem Weg nach Makassar und alle vier Wochen nach Merauke, in Holländisch-Neuguinea, an der Insel anlegen.

Zu einem bestimmten Zeitpunkt der Weltgeschichte bekleidete Mynheer Evert Gruyter die Stelle des Contrôleurs, und er regierte die Bewohner der Alas-Inseln mit Festigkeit, zu der sich mildernd ein lebhafter Sinn für Humor gesellte. Er hatte es für einen großartigen Spaß angesehen, im Alter von siebenundzwanzig Jahren an einen dermaßen verantwortungsvollen Posten gesetzt zu werden, und mit dreißig amüsierte er sich immer noch darüber. Es gab keine Kabelverbindung zwischen seinen Inseln und Batavia, und die Post war so langsam, daß die Antwort auf eine Anfrage, wenn sie endlich eintraf, stets schon überholt war. Und so hatte er sich angewöhnt, seelenruhig zu tun, was er für das richtige hielt, und darauf zu bauen, daß sein guter Stern ihn schon vor Scherereien mit den Behörden bewahren würde. Er war sehr klein, nicht größer als ein Meter dreiundsechzig, und außerordentlich dick; er hatte eine blühende Gesichtsfarbe. Der Hitze wegen hatte er den Kopf rasiert, und auch in seinem Gesicht war kein Haar zu erblicken. Es war rund und rot. Seine Augenbrauen waren so hell, daß man sie kaum sah; und er hatte kleine, zwinkernde blaue Augen. Er wußte, daß es ihm an Würde fehlte, und suchte diesen Mangel durch ungewöhnliche Sorgfalt in der Kleidung auszugleichen. Ob er nun im Büro war oder zu Gericht saß oder durch die Straßen ging, nie sah man ihn anders als in tadellosem Weiß. Sein Rock mit den glänzenden Metallknöpfen saß ihm sehr stramm und enthüllte die erschreckende Tatsache, daß er trotz seiner Jugend ein rundes und hervorstehendes Bäuchlein hatte. Sein gutmütiges Gesicht glänzte vor Schweiß, und er fächelte sich unausgesetzt mit einem Palmenblatt-Fächer Kühlung zu.

Aber zu Hause trug Mr. Gruyter am liebsten nichts weiter als einen Sarong, und mit seinem pummeligen weißen Körper sah er dann aus wie ein dicker, komischer Junge von sechzehn Jahren. Er war ein Frühaufsteher, und sein Frühstück stand stets um sechs Uhr für ihn bereit. Es war immer das gleiche. Es bestand aus einer Papayaschnitte, drei kalten Spiegeleiern, Edamerkäse in dünnen Scheiben und einer Tasse schwarzen Kaffees. Wenn er damit fertig war, rauchte er eine dicke holländische Zigarre, las die Zeitungen, falls er sie nicht bereits längst von Anfang bis Ende durchgelesen hatte, und zog sich dann an, um ins Büro zu gehen.

Eines Tages, als er sich gerade ankleidete, kam sein Erster Boy ins Schlafzimmer und meldete, daß Tuan Jones ihn zu sprechen wünsche. Mr. Gruyter stand vor dem Spiegel. Er hatte die Hosen an und bewunderte seinen glatten Oberkörper. Er spannte den Rücken, um den Brustkorb zu wölben und den Bauch einzuziehen. Sichtlich befriedigt klatschte er sich mehrere Male schallend auf die Brust. Es war eine männliche Brust. Als der Boy seine Meldung vorbrachte, blickte er in seine eigenen Augen im Spiegel und wechselte ein ironisches Lächeln mit ihnen. Er fragte sich, was zum Teufel sein Besucher von ihm wollte. Evert Gruyter sprach Englisch, Holländisch und Malaiisch mit der gleichen Leichtigkeit. Aber er dachte holländisch. Das machte ihm Spaß. Holländisch, fand er, war eine so angenehm derbe Sprache.

»Bitte den Tuan, zu warten. Ich werde gleich kommen.«

Er zog seinen Rock über den nackten Oberkörper, knöpfte ihn zu und stolzierte ins Wohnzimmer. Reverend Owen Jones stand auf.

»Guten Tag, Mr. Jones«, sagte der Contrôleur. »Sind Sie gekommen, um einen kleinen Morgencognac mit mir zu trinken?«

»Ich bin gekommen, um eine sehr betrübliche Angelegenheit mit Ihnen zu besprechen, Mr. Gruyter«, antwortete er.

Der Contrôleur ließ sich durch den Ernst seines Besuchers nicht aus der Fassung bringen und durch seine Worte nicht die Laune verderben. Seine kleinen blauen Augen strahlten liebenswürdig.

»Setzen Sie sich, mein Lieber, und nehmen Sie eine Zigarre.«

Mr. Gruyter wußte genau, daß Reverend Owen Jones weder rauchte noch trank, aber ein innerer Kobold stachelte ihn an, ihm jedesmal, wenn er mit ihm zusammenkam, etwas zu trinken und eine Zigarre anzubieten. Mr. Jones schüttelte den Kopf.

Mr. Jones leitete die baptistische Mission auf den Alas-Inseln. Sein Hauptquartier lag in Baru, der größten unter ihnen, mit der zahlreichsten Bevölkerung, aber er hatte auch auf verschiedenen anderen Inseln der Gruppe Versammlungshäuser, die unter die Obhut eingeborener Helfer gestellt waren. Er war ein großer, magerer, melancholischer Mann von etwa vierzig Jahren mit einem langen, gelblichen, kummervollen Gesicht. Sein braunes Haar war an den Schläfen bereits weiß, und er trug es aus der Stirn gekämmt, was ihm etwas oberflächlich Intellektuelles verlieh. Mr. Gruyter mochte ihn nicht und achtete ihn zugleich. Er mochte ihn nicht, weil er engstirnig und dogmatisch war. Er selbst, ein fröhlicher Heide, der die guten Dinge des Lebens liebte und entschlossen war, so viele von ihnen zu genießen, wie es die Umstände erlaubten, wußte nichts mit einem Menschen anzufangen, der alle Genüsse verdammte. Er war der Ansicht, daß die Sitten dieser Inseln dem Wesen ihrer Einwohner entsprachen, und hatte kein Verständnis für die energischen Anstrengungen des Missionars, Lebensformen auszurotten, die sich durch viele Jahrhunderte trefflich bewährt hatten. Doch er achtete ihn, weil er ehrlich, aufopfernd und gut war. Mr. Jones, ein Australier walisischer Herkunft, war der einzige qualifizierte Arzt auf den Inseln, und es war tröstlich, zu wissen, daß man im Krankheitsfall nicht ausschließlich auf einen chinesischen Kurpfuscher angewiesen war; und niemand wußte besser als der Contrôleur, wie segensreich die Kunst des Geistlichen sich erwiesen und mit welcher Barmherzigkeit er sie ausgeübt hatte. Anläßlich einer Influenza-Epidemie hatte der Missionar die Arbeit von sechs Männern geleistet, und es mußte schon ein Taifun sein, der ihn davon abhalten würde, von einer Insel zur anderen zu fahren, wenn seine Hilfe gebraucht wurde.

Er lebte mit seiner Schwester in einem kleinen weißen Haus, ungefähr eine halbe Meile vom Dorf entfernt, und als der Contrôleur angekommen war, war Mr. Jones an Bord gegangen, um ihn zu begrüßen, und hatte ihn gebeten, sein Gast zu sein, bis sein eigenes Haus instand gesetzt wäre. Der Contrôleur hatte die Einladung angenommen und mit eigenen Augen gesehen, in welcher Einfachheit die beiden lebten. Es ging über seine Kräfte. Drei kärgliche Mahlzeiten am Tag – immer Tee dazu –, und wenn er sich eine Zigarre anzündete, bat ihn Mr. Jones höflich, aber entschieden, nicht zu rauchen, da sowohl er als auch seine Schwester diese Gewohnheit mißbilligten. Nach vierundzwanzig Stunden zog Mr. Gruyter in sein eigenes Haus. Er floh, panischen Schrecken im Herzen, wie aus einer pestverseuchten Stadt. Der Contrôleur liebte es, zu scherzen, und lachte gerne; mit einem Mann zusammen zu sein, der jeden Unsinn tödlich ernst nahm und über den besten Witz, den man ihm erzählte, nicht einmal lächelte, war mehr, als ein Mensch aus Fleisch und Blut aushalten konnte. Reverend Owen Jones war ein trefflicher Mann, aber nicht gerade ein geselliger Gefährte. Und seine Schwester war noch schlimmer. Beide hatten sie keinen Sinn für Humor. Doch während der Missionar melancholisch veranlagt war und so gewissenhaft seiner

Pflicht nachging, sichtlich überzeugt, daß alles auf der Welt hoffnungslos sei, war Miss Jones von unbeirrbarer Heiterkeit. Grimmig entschlossen sah sie die Dinge von ihrer freundlichen Seite an. Mit der Unerbittlichkeit eines rächenden Engels suchte sie das Gute in ihren Mitmenschen. Miss Jones unterrichtete in der Missionsschule und half ihrem Bruder bei seiner ärztlichen Arbeit. Wenn er operierte, machte sie die Narkosen und war Oberin, Assistentin und Pflegerin des winzigen Hospitals, das Mr. Jones aus eigener Initiative der Mission angegliedert hatte. Aber der Contrôleur war ein eigensinniger Bursche und verlor nie seine Fähigkeit, in Reverend Owens unbeugsamem Kampf gegen die Schwächen der menschlichen Natur und in Miss Jones' unbarmherzigem Optimismus Stoff zur Belustigung zu finden. Er mußte sich seine Unterhaltung holen, wo er sie fand. Die holländischen Schiffe kamen dreimal in zwei Monaten für ein paar Stunden, und dann konnte er mit dem Kapitän und dem Ersten Ingenieur seine Witze reißen, und alle Jubeljahre legte ein Perlenlogger von Thursday Island oder Port Darwin im Hafen an, und dann verlebte er ein paar wunderbare Tage. Sie waren zumeist rauhe Gesellen, diese Perlenfischer, aber doch ganze Kerle, und sie hatten eine Menge Alkohol an Bord und viele gute Geschichten zu erzählen, und der Contrôleur lud sie in sein Haus ein und bewirtete sie fürstlich, und das Gelage wurde nur dann als gelungen bezeichnet, wenn schließlich alle so betrunken waren, daß sie nicht mehr auf ihr Schiff zurückfinden konnten. Aber außer dem Missionar lebte auf Baru nur noch ein einziger weißer Mann, nämlich der rote Ted, der allerdings war eine Schmach für die Zivilisation. Es gab nicht das geringste, was man zu seinen Gunsten anführen konnte. Er brachte die weiße Rasse in Mißkredit. Nichtsdestoweniger mußte der Contrôleur feststellen, daß er das Leben auf Baru, wenn der rote Ted nicht gewesen wäre, manchmal kaum erträglich gefunden hätte.

Seltsamerweise war dieser Tunichtgut der Grund dafür, daß Mr. Jones zu einer Stunde, da er sonst junge Heiden in die Mysterien des baptistischen Glaubens einzuweihen pflegte, Mr. Gruyter seinen frühen Besuch abstattete.

»Nehmen Sie Platz, Mr. Jones«, sagte der Contrôleur. »Was kann ich für Sie tun?«

»Nun, ich komme wegen des Menschen, der hier allgemein der rote Ted genannt wird. Was haben Sie jetzt vor?«

»Warum? Was ist geschehen?«

»Haben Sie es nicht gehört? Ich hatte gedacht, der Sergeant hätte es Ihnen schon erzählt.«

»Ich ermutige meine Angestellten nicht, mich in meinem Haus aufzusuchen, wenn es sich nicht um Angelegenheiten von besonderer Wichtigkeit handelt«, sagte der Contrôleur etwas von oben herab. »Im Unterschied zu Ihnen, Mr. Jones, arbeite ich nur, um danach frei zu haben, und diese freie Zeit genieße ich gerne ohne Störung.«

Aber Mr. Jones hatte keinen Sinn für Plauderei und interessierte sich nicht für Betrachtungen allgemeiner Natur.

»Es hat gestern abend in einem der chinesischen Läden eine abscheuliche Rauferei gegeben. Der rote Ted hat alles kurz und klein geschlagen und den Chinesen halb umgebracht.«

»Wieder einmal betrunken, nehme ich an«, sagte der Contrôleur seelenruhig.

»Natürlich. Wann ist er das nicht? Man hat die Polizei geholt, und er hat den Sergeanten tätlich angegriffen. Sechs Mann waren nötig, um ihn zu überwältigen und ins Gefängnis zu schaffen.«

»Er ist ein kräftiger Bursche«, sagte der Contrôleur.

»Ich nehme an, Sie werden ihn nach Makassar schicken.«

Evert Gruyter erwiderte den empörten Blick des Missionars mit einem belustigten Zwinkern. Er war nicht dumm und wußte bereits, worauf Mr. Jones hinzielte. Es amüsierte ihn, ihn ein wenig auf die Folter zu spannen.

»Glücklicherweise reichen meine Befugnisse aus, die Angelegenheit nach eigenem Ermessen zu ordnen«, antwortete er.

»Sie haben die Macht, jeden auszuweisen, Mr. Gruyter, und ich bin überzeugt, es würde uns viel Verdruß ersparen, wenn Sie uns ein für allemal von diesem Menschen befreiten.«

»Die Macht habe ich wohl, selbstverständlich, aber ich bin überzeugt, daß Sie der letzte wären, der von mir verlangen würde, sie willkürlich zu gebrauchen.«

»Mr. Gruyter, die Anwesenheit dieses Mannes auf dieser Insel ist ein öffentlicher Skandal. Er ist immer betrunken, vom Morgen bis zum Abend; es ist notorisch, daß er Beziehungen zu eingeborenen Frauen unterhält, und zwar zu einer nach der andern.«

»Das ist interessant, Mr. Jones. Ich hatte immer gehört, daß alkoholische Ausschweifung den sexuellen Trieb zwar anregt, aber seine Befriedigung verhindert. Was Sie mir hier über den roten Ted erzählen, scheint diese Theorie zu widerlegen.«

Der Missionar wurde dunkelrot.

»Das sind physiologische Angelegenheiten, auf die ich im Augenblick nicht einzugehen wünsche«, sagte er eisig. »Das Benehmen dieses Mannes fügt dem Prestige der weißen Rasse unberechenbaren Schaden zu, und sein Beispiel macht die Bemühungen anderer, die Bevölkerung dieser Insel zu einem weniger lasterhaften Leben zu erziehen, zunichte. Er ist ein durch und durch verdorbener Mensch.«

»Verzeihen Sie die Frage, aber haben Sie irgendeinen Versuch gemacht, ihn zu bessern?«

»Als er hier auftauchte, tat ich mein Bestes, mich mit ihm in Verbindung zu setzen. Er wies alle meine Annäherungsversuche zurück. Als es den ersten Skandal gab, ging ich zu ihm hin und sprach ihm ernst ins Gewissen. Er fluchte mir ins Gesicht.«

»Niemand weiß die verdienstvolle Arbeit, die Sie und die anderen Missionare auf dieser Insel leisten, besser zu würdigen als ich, aber sind Sie sicher, daß Sie Ihrer Aufgabe auch immer mit dem nötigen Takt nachgehen?«

Der Contrôleur war sehr zufrieden mit diesem Satz. Er war außerordentlich höflich und enthielt doch den Tadel, den auszusprechen er für angezeigt hielt. Der Missionar blickte ihn ernst an. Seine traurigen braunen Augen waren voll Aufrichtigkeit.

»Hat Jesus Takt angewandt, als er die Peitsche nahm und die Geldwechsler aus dem Tempel trieb? Nein, Mr. Gruyter. Takt ist die Ausflucht, deren sich die Lauen bedienen, um ihren Pflichten aus dem Wege zu gehen.«

Diese Antwort hatte die Wirkung, daß der Contrôleur plötzlich den Wunsch nach einer Flasche Bier in sich aufsteigen fühlte. Der Missionar beugte sich ernst vor.

»Mr. Gruyter, Sie kennen die Verfehlungen dieses Menschen so gut wie ich. Ich habe es nicht nötig, sie Ihnen in Erinnerung zu rufen. Es gibt keine Entschuldigung für ihn. Und jetzt ist wirklich das Maß voll. Sie werden nie eine bessere Gelegenheit finden. Ich bitte Sie, sich Ihrer Macht zu bedienen und ihn ein für allemal von hier zu entfernen.«

Die Augen des Contrôleurs zwinkerten lustiger denn je. Er amüsierte sich großartig. Er fand, daß die Menschen viel unterhaltsamere Geschöpfe wurden, wenn man sich im Umgang mit ihnen nicht berufen fühlte, Lob oder Tadel zu spenden.

»Aber Mr. Jones, verstehe ich richtig? Verlangen Sie von mir das Versprechen, diesen Mann zwangsverschicken zu lassen, ehe ich noch weiß, was gegen ihn vorliegt, und ehe ich mir seine Verteidigung angehört habe?«

»Ich kann mir nicht vorstellen, was er zu seiner Verteidigung vorzubringen hätte.«

Der Contrôleur erhob sich von seinem Stuhl, und es gelang ihm tatsächlich, ein wenig Würde in seine fünf Fuß vier Zoll zu bringen.

»Ich bin hier, um Gerichtsbarkeit zu üben nach den Gesetzen der niederländischen Regierung. Gestatten Sie mir, Ihnen mein größtes Erstaunen auszusprechen über Ihren Versuch, mich in der Ausübung meiner richterlichen Funktionen zu beeinflussen.«

Der Missionar wurde etwas verwirrt. Es war ihm nie in den Sinn gekommen, daß dieser Grünschnabel, zehn Jahre jünger als er, eine solche Haltung einnehmen könnte. Er öffnete den Mund, um sich zu erklären und zu entschuldigen, aber der Contrôleur hob seine mollige kleine Hand.

»Es ist Zeit, daß ich ins Büro gehe, Mr. Jones. Ich wünsche Ihnen einen guten Morgen.«

Der Missionar, verblüfft, verneigte sich und verließ ohne ein weiteres Wort das Zimmer. Er wäre erstaunt gewesen, hätte er sehen können, was der Contrôleur tat, als er ihm den Rücken zugekehrt hatte. Ein breites Lachen erschien auf seinem Gesicht, er spreizte die Hand, hob den Daumen und machte eine lange Nase hinter dem Reverend Owen Jones.

Ein paar Minuten später begab er sich in sein Büro. Sein Sekretär, ein holländischer Mischling, trug ihm seine Version der Schlägerei vom vergangenen Abend vor. Sie stimmte ziemlich genau mit der von Mr. Jones überein. Es war gerade der Tag, an dem Gericht gehalten wurde.

»Wollen Sie den roten Ted zuerst vornehmen, Sir?« fragte der Sekretär.

»Ich sehe nicht ein, warum ich das tun sollte. Es sind noch zwei, drei Fälle von der letzten Sitzung übriggeblieben. Führen Sie sie der Reihe nach vor.«

»Ich dachte, Sie würden ihn vielleicht privat sprechen wollen, weil er ein Weißer ist, Sir.«

»Die Erhabenheit des Gesetzes kennt keinen Unterschied zwischen weiß und farbig, mein Freund«, antwortete Mr. Gruyter etwas pompös.

Der Gerichtssaal war ein großer viereckiger Raum mit hölzernen Bänken, auf denen zusammengedrängt Eingeborene aller Art saßen – Polynesier, Bugis, Chinesen, Malaien –, und alle erhoben sich, als die Tür geöffnet wurde und ein Sergeant die Ankunft des Contrôleurs ankündigte. Er kam mit seinem Sekretär herein und nahm auf einer kleinen Estrade an einem Tisch aus poliertem amerikanischem Fichtenholz

Platz. Hinter ihm hing ein großes Bild der Königin Wilhelmina. Er erledigte ein halbes Dutzend Fälle, und dann wurde der rote Ted hereingeführt. Er stand vor der Anklagebank, mit Handschellen und zwischen zwei Wärtern. Der Contrôleur blickte ihn mit ernstem Gesicht an, aber in seinen Augen zwinkerte es belustigt.

Der rote Ted litt an einem Kater. Er wankte im Stehen, und seine Augen waren leer. Er war ein noch junger Mann, dreißig Jahre alt etwa, von mehr als durchschnittlicher Größe, ziemlich dick, mit einem aufgedunsenen roten Gesicht und einer Mähne dichten, krausen roten Haars. Er war nicht unversehrt aus der Schlägerei hervorgegangen. Er hatte ein blaues Auge, und sein Mund war aufgeschlagen und geschwollen. Er hatte kurze Khakihosen an, sehr schmutzig und zerlumpt, und sein Trikot war ihm fast vom Rücken gerissen worden. Ein großer Riß enthüllte den dicken roten Haarpelz, mit dem seine Brust bedeckt war, aber auch die erstaunliche Weiße seiner Haut. Der Contrôleur warf einen Blick auf die Anklageschrift. Er rief die Zeugen auf. Nachdem er sie angehört, nachdem er den Chinesen gesehen, dem Ted mit einer Flasche den Schädel eingeschlagen hatte, nachdem er den aufgeregten Bericht des Sergeanten entgegengenommen hatte, der bei dem Versuch, Ted festzunehmen, einfach zu Boden geschleudert worden war, nachdem er sich die Verwüstung hatte schildern lassen, die der Rote in seiner Raserei angerichtet, indem er alles, was ihm unter die Hände kam, kurz und klein schlug, wandte er sich dem angeklagten Engländer zu.

»Nun, Ted, was haben Sie zu Ihrer Verteidigung vorzubringen?«

»Ich war besinnungslos. Ich erinnere mich an nichts mehr. Wenn Sie sagen, daß ich ihn halb umgebracht habe, wird es wahrscheinlich stimmen. Ich werde für den Schaden aufkommen, wenn die Leute mir Zeit lassen.«

»Das werden Sie, Ted«, sagte der Contrôleur. »Aber ich werde es sein, der Ihnen Zeit läßt.«

Er blickte den roten Ted eine Weile schweigend an. Er bot einen unappetitlichen Anblick. Ein völlig verkommener Mensch. Er war schrecklich. Man schauderte, wenn man ihn ansah, und wenn Mr. Jones nicht so übereifrig gewesen wäre, hätte der Contrôleur in diesem Augenblick sicherlich nicht gezögert, ihn zwangsverschicken zu lassen.

»Sie haben von dem Moment an, da Sie auf diesen Inseln aufgetaucht sind, für Ärger gesorgt, Ted. Sie sind ein Schandfleck der Menschheit. Sie sind unverbesserlich faul. Unzählige Male hat man Sie sternhagelbesoffen von der Straße aufgelesen. Sie stürzen sich von einer Rauferei in die andere. Sie sind hoffnungslos. Das letztemal, als man Sie hierherbrachte, habe ich Sie gewarnt. Ich habe Ihnen gesagt, wenn Sie noch einmal verhaftet würden, müßten Sie sich auf eine strenge Strafe gefaßt machen. Heute ist das Maß voll, und Sie sind dran. Ich verurteile Sie zu sechs Monaten Zwangsarbeit.«

»Mich?«

»Jawohl, Sie.«

»Beim Himmel, ich bringe Sie um, wenn ich herauskomme.«

Er brach in eine Flut unflätiger und lästerlicher Flüche aus. Mr. Gruyter hörte ihm spöttisch zu. Auf holländisch kann man viel besser fluchen als auf englisch, und der rote

Ted sagte nichts, was er selbst nicht mit Leichtigkeit hätte übertrumpfen können.

»Schweigen Sie«, befahl er. »Sie ermüden mich.«

Der Contrôleur wiederholte seinen Urteilsspruch auf malaiisch, und der sich wild sträubende Angeklagte wurde abgeführt.

Mr. Gruyter setzte sich in vortrefflicher Laune zum Mittagessen. Es war erstaunlich, wie unterhaltsam das Leben sein konnte, wenn man es nur geschickt anpackte. Es gab Leute in Amsterdam und selbst in Batavia und Surabaja, die seine Insel als einen Ort der Verbannung ansahen. Sie ahnten nicht, wie angenehm es sich hier lebte und wieviel Vergnügen er der scheinbar unergiebigsten Materie abgewinnen konnte. Sie fragten ihn, ob er nicht den Klub, die Rennen, das Kino, die Bälle, die einmal wöchentlich im Kasino stattfanden, und die Gesellschaft holländischer Damen entbehre. Nicht im geringsten. Er liebte die Bequemlichkeit. Die gediegene Einrichtung des Zimmers, in dem er saß, hatte etwas wohltuend Solides. Er liebte französische Romane frivoler Natur, und es machte ihm Spaß, einen nach dem andern zu lesen, ohne sich von dem Bedenken anfechten zu lassen, er vergeude damit seine Zeit. Es schien ihm ein großer Luxus, seine Zeit zu vergeuden. Ließ ihn eine Jungmännerschwäche an die Liebe denken, dann brachte ihm sein Erster Boy ein dunkelhäutiges kleines Wesen mit leuchtenden Augen ins Haus. Er war sorgsam darauf bedacht, keine Beziehung dauerhafter Art anzuknüpfen. Er fand, daß Abwechslung das Herz jung erhalte. Er freute sich seiner Freiheit und wollte sich nicht mit Verantwortung beschweren. Die Hitze machte ihm nichts aus. Kalte Duschen, oft sechsmal am Tag wiederholt, wurden durch sie zu einem fast ästhetischen Genuß. Er spielte Klavier. Er schrieb Briefe an seine Freunde in den Niederlanden. Er fühlte kein Verlangen nach geistigem Verkehr. Er lachte gerne, aber lachen konnte er ebensogut mit einem Narren wie mit einem Professor der Philosophie. Manchmal war er nahe daran, sich für einen sehr weisen kleinen Mann zu halten.

Gleich allen guten Niederländern im Fernen Osten eröffnete er sein Mittagessen mit einem kleinen Gläschen holländischen Gins. Der hat ein dumpfes, scharfes Aroma, und man muß erst auf den Geschmack kommen – aber Mr. Gruyter zog ihn jedem Cocktail vor. Zudem hatte er, wenn er ihn trank, das erhebende Gefühl, die Traditionen seines Volkes aufrechtzuerhalten. Dann aß er *rijstafel*. Er aß dieses Gericht jeden Tag. Er häufte sich einen großen Suppenteller voll Reis auf und nahm dann, bedient von drei Boys, von dem Curry, das der eine ihm reichte, den Spiegeleiern, die ein zweiter servierte, und der Sauce, die ihm von dem dritten angeboten wurde. Dann brachte jeder eine andere Schüssel herbei, Speck oder Bananen oder marinierte Fische, bis schließlich eine riesige Pyramide auf seinem Teller aufgehäuft war. Er mischte das Ganze durcheinander und fing zu essen an. Er aß langsam und mit Genuß. Dazu trank er eine Flasche Bier.

Während des Essens stellte er das Denken ein. Seine Aufmerksamkeit war auf die Massen, die er vor sich hatte, gerichtet, und er verzehrte sie mit glücklicher Konzentration. *Rijstafel* wurde ihm niemals über. Und als er mit seinem großen Teller fertig war, dachte er mit Befriedigung, daß es am nächsten Tag wieder *rijstafel* geben würde. Er wurde dieses Gerichtes ebensowenig überdrüssig wie andere Menschen des Brots. Als er sein Bier ausgetrunken hatte, zündete er sich eine Zigarre an. Der Boy brachte ihm eine Tasse Kaffee. Er lehnte sich in seinen Stuhl zurück und gestattete sich den Luxus der Reflexion.

Es befriedigte ihn, den roten Ted zu der wohlverdienten Strafe von sechs Monaten Zwangsarbeit verurteilt zu haben, und er lächelte bei der Vorstellung, wie er mit den andern Sträflingen Straßenarbeiten würde verrichten müssen. Es wäre töricht gewesen, den einzigen Menschen, mit dem er sich bisweilen aussprechen konnte, von der Insel zu verbannen, und überdies wäre die Genugtuung, die er damit dem Missionar bereitet hätte, vielleicht nachteilig für den Charakter dieses Herrn gewesen. Der rote Ted war ein Lump und ein Taugenichts, aber der Contrôleur hatte eine Schwäche für ihn. Sie hatten so manche Flasche Bier miteinander geleert, und wenn sie mit den Perlenfischern aus Port Darwin gezecht hatten, waren sie wunderbar blau gewesen. Dem Contrôleur gefiel die unbekümmerte Art, mit der Ted den unermeßlichen Schatz des Lebens vergeudete.

Der rote Ted war eines Tages eingewandert mit dem Schiff, das von Merauke nach Makassar fuhr. Der Kapitän wußte nicht, wie er seinen Weg in diese Gegend gefunden hatte, aber er war im Zwischendeck gereist, mit den Eingeborenen, und auf den Alas-Inseln hatte er sich absetzen lassen, einfach weil ihm ihre Lage gefiel. Mr. Gruyter hegte den Verdacht, daß ihre Anziehungskraft darin bestand, daß sie unter holländischer Flagge standen und sich der britischen Gerichtsbarkeit entzogen. Aber Teds Papiere waren in Ordnung, und es fand sich kein Grund, ihn abzuweisen. Er erklärte, daß er für eine australische Firma Perlmutt einkaufe, aber es zeigte sich bald, daß seine geschäftlichen Unternehmungen nicht ernst zu nehmen waren. Das Trinken beanspruchte einen so großen Teil seiner Zeit, daß ihm nur wenig für andere Beschäftigungen übrigblieb. Er bezog zwei Pfund pro Woche, die regelmäßig aus England für ihn eintrafen und ihm monatlich ausbezahlt wurden. Der Contrôleur vermutete, daß sich an diese Rente die Bedingung knüpfte, sich von den Personen, die sie sandten, möglichst entfernt zu halten. Die Summe war auf alle Fälle viel zu klein, um ihm irgendwelche Bewegungsfreiheit zu gestatten. Der rote Ted war verschlossen. Der Contrôleur wußte, daß er Engländer war, was aus seinem Paß hervorging – er wurde darin als Edward Wilson bezeichnet –, und daß er in Australien gelebt hatte. Aber warum er England verlassen und was er in Australien gemacht hatte, ahnte er nicht. Er hatte auch nie genau feststellen können, zu was für einer sozialen Klasse der rote Ted gehörte. Wenn man ihn sah, in einem dreckigen Trikot, zerfetzten Hosen, einen verbeulten Tropenhelm auf dem Kopf, in Gesellschaft der Perlenfischer, und seine rohen, zotigen, ungebildeten Reden hörte, hätte man ihn für einen gemeinen Matrosen gehalten, der von seinem Schiff desertiert war, oder für einen Arbeiter; bekam man aber seine Handschrift zu Gesicht, so mußte man mit Erstaunen feststellen, daß sie zumindest eine gewisse Bildungsstufe verriet, und manchmal, wenn man mit ihm allein war und er bereits ein paar gehoben hatte, aber noch nicht betrunken war, redete er von Dingen, von denen weder ein Matrose noch ein Arbeiter etwas wissen konnte. Der Contrôleur besaß ein gewisses Feingefühl, und er merkte, daß Ted mit ihm nicht wie mit einem Höherstehenden, sondern wie mit einem Menschen der gleichen Gesellschaftsstufe sprach. Der größte Teil seiner Rente war verpfändet, noch ehe er sie empfing, und die Chinesen, denen er Geld schuldete, wichen ihm nicht von der Seite, wenn ihm sein monatlicher Wertbrief ausgehändigt wurde; aber mit dem, was übrigblieb, zog er los, um sich zu besaufen. Bei diesen Gelegenheiten ergaben sich die erwähnten unliebsamen Zwischenfälle, denn wenn er betrunken war, wurde er gewalttätig und konnte Handlungen begehen, die ihn in die Hände der Polizei lieferten. Bislang hatte Mr. Gruyter sich damit begnügt, ihn im Gefängnis zu halten, bis er wieder nüchtern war, und ihm ins Gewissen zu reden. Hatte er kein Geld, dann bettelte er jeden, der ihm in den Weg lief, um Alkohol an. Rum, Schnaps, Arrak – er nahm, was kam. Zwei- oder dreimal hatte ihm Mr. Gruyter Arbeit verschafft, auf der oder jener Insel, auf Plantagen, die von Chinesen bewirtschaftet wurden, aber er hielt es nirgends lange aus, und nach ein paar Wochen tauchte er wieder am Strand von Baru auf. Es war ein Rätsel, wie er es fertigbrachte, nicht zu verhungern. Allerdings hatte er eine einnehmende Art. Er machte sich die verschiedenen Dialekte zu eigen und verstand es, die Eingeborenen zum Lachen zu bringen. Sie verachteten ihn, aber sie hatten Respekt vor seiner physischen Kraft und waren gerne mit ihm zusammen. Es fehlte ihm infolgedessen niemals an einer Mahlzeit oder an einer Matte zum Schlafen. Das Merkwürdigste war – und das empörte den Reverend Owen Jones am meisten –, daß er die Frauen um den Finger wickeln konnte. Der Contrôleur konnte sich nicht vorstellen, was sie an ihm fanden. Er bemühte sich nicht sonderlich um sie und war ziemlich brutal. Er nahm, was sie ihm gaben, schien aber der Dankbarkeit unfähig zu sein. Er benützte sie zu seinem Vergnügen, um sie dann achtlos wegzuwerfen. Einige Male war er dadurch in Schwierigkeiten geraten; Mr. Gruyter hatte einen erzürnten Vater bestrafen müssen, weil er dem roten Ted eines Nachts ein Messer in den Rücken gerammt hatte, und eine Chinesin hatte versucht, sich mit Opium zu vergiften, weil er sie verlassen hatte. Einmal kam Mr. Jones in heller Aufregung zu dem Contrôleur gelaufen, weil der Strandräuber eines seiner neubekehrten Schäflein verführt hatte. Der Contrôleur fand dies sehr bedauerlich, konnte aber nichts anderes tun, als Mr. Jones zu raten, besser auf seine jungen Frauenzimmer aufzupassen. Etwas weniger erbaut war der Contrôleur, als er entdeckte, daß ein Mädchen, das er selbst nicht ungern sah und mit dem er seit einigen Wochen liiert war, während der gleichen Zeit auch den roten Ted mit ihrer Gunst beglückt hatte. Und als er sich an diesen speziellen Fall erinnerte, lächelte er abermals bei dem Gedanken an die sechs Monate Zwangsarbeit, die Ted nun bevorstanden. Selten im Leben ist es einem beschieden, strengste Pflichterfüllung und Rache für einen bösen Streich, der einem gespielt wurde, so glücklich zu vereinigen.

Einige Tage später machte Mr. Gruyter einen Spaziergang, teils um sich Bewegung zu verschaffen, teils um zu sehen, ob eine Arbeit, die er angeordnet hatte, richtig ausgeführt wurde, als er an einer Abteilung von Sträflingen vorbeikam, die unter der Aufsicht eines Wärters arbeiteten. Unter ihnen erblickte er den roten Ted. Er hatte den Gefängnissarong an, einen schmutzigbraunen Kittel, der auf malaiisch Baju hieß, und seinen eigenen verbeulten Tropenhelm. Die Sträflinge besserten die Straße aus, und der rote Ted schwang eine schwere Hacke. Der Weg war schmal, und der Contrôleur sah, daß er eng an Ted vorbeigehen mußte. Er erinnerte sich an seine Drohungen. Er wußte, daß Ted ein Mensch von heftiger Gemütsart war, und die Sprache, die er auf der Anklagebank geführt hatte, ließ deutlich erkennen, daß er kein Verständnis dafür hatte, was für ein glänzender Witz es gewesen war, ihn zu sechs Monaten Zwangsarbeit zu verurteilen. Wenn Ted plötzlich mit der Hacke über ihn herfiel, vermochte nichts ihn zu retten. Zwar würde der Wärter ihn sofort über den Haufen schießen, aber bis dahin wäre der Kopf des Contrôleurs bereits zertrümmert. Mr. Gruyter verspürte deshalb ein komisches Gefühl in der Magengrube, als er durch die Abteilung der Sträflinge hindurchschritt. Sie arbeiteten paarweise, in Abständen von einem Meter. Er nahm sich fest vor, seinen Schritt weder zu beschleunigen noch zu verlangsamen. Als er an dem roten Ted vorbeikam, stieß dieser seine Hacke in den Boden und blickte zu dem Contrôleur auf, und als er seinem Blick begegnete, zwinkerte er ihm zu. Der Contrôleur unterdrückte das Lächeln, das sich ihm über die Lippen stehlen wollte, und schritt mit steifer Amtswürde weiter. Aber dieses Zwinkern, so voll von spöttischem Humor, erfüllte ihn mit Befriedigung. Wäre er der Kalif von Bagdad gewesen und nicht ein junger Beamter im öffentlichen Dienst, so hätte er den roten Ted auf der Stelle freigelassen, Sklaven geschickt, um ihn zu baden und zu salben, er hätte ihn in goldene Gewänder gehüllt und zu einem festlichen Mahl zu sich geladen.

Der rote Ted war ein musterhafter Gefangener, und als sich nach ein, zwei Monaten eine Arbeit auf einer der entfernten Inseln bot, schickte der Contrôleur ihn mit einem

Trupp anderer Sträflinge hin. Es gab auf dieser Insel kein Gefängnis, und so wurden die zehn Mann, die unter der Aufsicht eines Wärters hingebracht worden waren, bei Eingeborenen einquartiert und lebten nach der Tagesarbeit wie freie Menschen. Die Arbeit reichte aus, um den Rest von Teds Strafzeit auszufüllen. Der Contrôleur sprach mit ihm kurz vor Ablauf der Frist.

»Da, Roter«, sagte er. »Da haben Sie zehn Gulden, damit Sie sich ein bißchen Tabak kaufen können da drüben.«

»Könnte es nicht ein bißchen mehr sein? Es kommen regelmäßig acht Pfund monatlich für mich.«

»Nein, es ist genug. Ich werde die Geldbriefe, die für Sie eintreffen, aufbewahren, und wenn Sie zurückkommen, werden Sie eine nette Summe vorfinden. Sie werden genug haben, um hinzugehen, wo Sie wollen.«

»Ich fühle mich sehr wohl hier«, war Teds Antwort.

»Nun, an dem Tag, an dem Sie zurückkommen, machen Sie sich hübsch sauber und besuchen Sie mich. Wir werden eine Flasche Bier miteinander trinken.«

»Fein. Ein bißchen Unterhaltung wird mir guttun, nehme ich an.«

Nun kommt der Zufall ins Spiel. Die Insel, auf die der rote Ted geschickt worden war, hieß Maputiti, und wie alle übrigen war sie felsig, dicht bewaldet und von einem Kranz von Riffen umgeben. Es war ein Dorf da, zwischen Kokospalmen, am Meeresstrand, einer Öffnung des Riffs gegenüber, und ein weiteres Dorf lag im Innern der Insel, an einem salzigen See. Unter den Einwohnern des zweiten Dorfes gab es einige, die zum Christentum bekehrt worden waren. Die Verbindung mit Baru wurde durch ein Motorboot hergestellt, das in unregelmäßigen Abständen die verschiedenen Inseln anlief. Es führte Passagiere und Waren. Aber die Dorfbewohner waren seebewanderte Leute, und wenn es galt, sich eilig mit Baru in Verbindung zu setzen, bemannten sie ein Prahu und segelten die fünfzig Meilen, die sie von der Insel trennten. Als der rote Ted nur noch vierzehn Tage abzubüßen hatte, geschah es nun, daß der christliche Häuptling des am See gelegenen Dorfes plötzlich erkrankte. Die einheimischen Heilmittel nützten ihm nichts, und er wand sich vor Schmerzen. Boten wurden nach Baru geschickt, um die Hilfe des Missionars zu erflehen; aber das Unglück wollte es, daß Mr. Jones gerade an einem Anfall von Malaria litt. Er lag im Bett und war unfähig, sich zu rühren. Er besprach die Sache mit seiner Schwester.

»Es klingt nach akuter Blinddarmentzündung«, sagte er zu ihr.

»Du kannst nicht fahren, Owen«, meinte sie.

»Ich kann den Mann nicht sterben lassen.«

Mr. Jones hatte vierzig Grad Fieber. Sein Kopf schmerzte zum Zerspringen. Er hatte die ganze Nacht im Delirium gelegen. Seine Augen glänzten sonderbar, und seine Schwester fühlte, daß er nur durch die äußerste Willensanstrengung seine Vernunft beisammenhielt.

»In diesem Zustand könntest du unmöglich operieren.«

»Nein, das könnte ich nicht. Hassan muß also fahren.«

Hassan war der Spitalgehilfe.

»Auf Hassan kannst du dich nicht verlassen. Er würde es nie wagen, auf eigene Verantwortung eine Operation durchzuführen. Und man würde sich ihm auch nicht anvertrauen. Ich werde fahren. Hassan kann hierbleiben und dich pflegen.«

»Du kannst doch nicht einen Blinddarm herausschneiden.«

»Warum nicht? Ich habe dir oft zugesehen und kleinere Operationen auch schon selbst gemacht.«

Mr. Jones merkte, daß er nicht verstand, wovon sie redete. »Ist das Motorboot da?«

»Nein, es ist zu einer der anderen Inseln gefahren. Aber ich kann das Prahu benützen, mit dem die Männer gekommen sind.«

»Du? An dich habe ich nicht gedacht. Du kannst nicht fahren.«

»Aber ich fahre, Owen.«

»Wohin fährst du?« fragte er.

Sie merkte, daß er nicht mehr klar bei Bewußtsein war. Beruhigend legte sie ihre Hand auf seine trockene Stirn. Sie gab ihm eine Dosis Medizin. Er murmelte etwas, und sie sah, daß er schon wieder phantasierte. Sie war natürlich besorgt um ihn, aber sie wußte, daß seine Krankheit nicht gefährlich war und daß sie ihn beruhigt dem Missionsdiener, der ihr bei der Pflege half, und dem Spitalgehilfen überlassen konnte. Sie schlüpfte aus dem Zimmer. Sie legte ihre Toilettensachen, ihr Nachthemd und ein Kleid in den Koffer. Ein kleiner Kasten mit chirurgischen Instrumenten, Bandagen und antiseptischem Verbandzeug stand immer bereit. Sie übergab beides den zwei Männern, die von Maputiti herübergekommen waren, erklärte dem Spitalgehilfen, was sie vorhatte, und gab ihm den Auftrag, es ihrem Bruder mitzuteilen, sobald er wieder imstande sein würde zuzuhören. Vor allen Dingen sollte er sich keine Sorge um sie machen. Sie setzte ihren Tropenhelm auf und machte sich auf den

Weg. Die Mission lag ungefähr eine halbe Meile vom Dorf entfernt. Sie ging rasch. Am Ende der Mole wartete das Prahu. Die Besatzung bestand aus sechs Mann.

Sie setzte sich ans Heck, und mit kräftigen Ruderschlägen ging es schnell dahin. Innerhalb des Riffgürtels war die See still, doch als die Sandbank überschritten war, gerieten sie in eine tüchtige Dünung. Aber es war nicht die erste Reise dieser Art für Miss Jones, und sie vertraute der Seetüchtigkeit des Bootes, in dem sie fuhr. Es war Mittag, und die Sonne prallte von einem trüben Himmel herunter. Das einzige, was ihr Sorge bereitete, war, daß man nicht vor Dunkelheit am Ziel sein würde, und wenn es sich als notwendig erweisen sollte, sofort zu operieren, standen ihr als Beleuchtung bloß Windlichter zur Verfügung.

Miss Jones war eine Frau von ungefähr vierzig Jahren. Nichts in ihrem Äußeren hätte auf die Energie schließen lassen, die sie soeben an den Tag gelegt hatte. Sie war von einer seltsamen, hinfälligen Anmut, und man hätte meinen können, jeder Windhauch könnte sie umblasen; es wirkte schon fast affektiert; und die Charakterstärke, die man bald an ihr entdeckte, wirkte dadurch geradezu monströs. Miss Jones war flachbrüstig, groß und außerordentlich dünn. Sie hatte ein gelbliches Gesicht und bekam sehr leicht Hitzebläschen. Ihr schlichtes braunes Haar war glatt aus der Stirn gekämmt. Sie hatte ziemlich kleine, graue Augen, und da sie etwas zu nahe beieinanderstanden, gaben sie ihrem Gesicht einen listigen Ausdruck. Ihre Nase war lang und dünn und ein bißchen gerötet. Sie litt an Verdauungsbeschwerden. Aber diese Kränklichkeit vermochte nichts gegen ihre unerbittliche Entschlossenheit, die Dinge von der heiteren Seite anzusehen. Fest überzeugt, daß die Welt schlecht und die Menschheit unsagbar verrucht sei, registrierte sie jedes bißchen Anständigkeit, das sie entdecken konnte, mit dem gleichen Stolz, mit dem ein Zauberkünstler ein Kaninchen aus seinem Hut hervorzaubert und dem Publikum präsentiert. Sie war flink, anpassungsfähig und tüchtig. Als sie auf der Insel ankamen, sah sie, daß sie keinen Moment verlieren durfte, wenn sie das Leben des Häuptlings retten wollte. Unter den größten Schwierigkeiten operierte sie – sie mußte einem Eingeborenen zeigen, wie man jemanden in Narkose versetzt –, und die folgenden drei Tage pflegte sie den Patienten mit liebevoller Hingabe. Alles ging ausgezeichnet, und sie stellte fest, daß ihr Bruder es nicht hätte besser machen können. Sie wartete so lange, bis sie die Fäden ziehen konnte, und schickte sich dann zur Heimreise an. Sie durfte sich schmeicheln, ihre Zeit nicht unnütz vergeudet zu haben. Sie hatte, wo es not getan, ärztliche Hilfe geleistet, sie hatte die kleine christliche Gemeinde in ihrem Glauben gestärkt, die Lauen ermahnt und guten Samen ausgestreut an Orten, wo er mit Gottes Hilfe Wurzel fassen würde.

Das Motorboot, das von einer der anderen Inseln kam, lief etwas spät am Nachmittag ein, aber es war Vollmond, und sie konnten hoffen, Baru vor Mitternacht zu erreichen. Man brachte ihr das Gepäck zur Landungsstelle, und die Leute, die sie begleiteten, standen herum und wiederholten immer wieder ihre Danksagungen. Eine ganze Menge hatte sich eingefunden. Das Motorboot war mit Koprasäcken beladen, aber Miss Jones war den starken Geruch gewohnt, und er störte sie nicht. Sie machte sich einen Sitzplatz zurecht, so bequem, wie sie konnte, und plauderte, während sie auf die Abfahrt des Motorbootes wartete, mit der dankbaren Schar. Sie war der einzige Passagier. Plötzlich kam zwischen den Bäumen, die das kleine Dorf an der Küste beschatteten, eine Gruppe von Eingeborenen hervor, und sie sah, daß sich unter ihnen ein weißer Mann befand. Er war mit einem Gefängnissarong und einem Baju bekleidet. Er hatte langes, rotes Haar. Sie erkannte sofort den roten Ted. Ein Polizist ging mit ihm. Sie schüttelten einander die Hand, und der rote Ted verabschiedete sich auch von den Dorfbewohnern, die ihn begleiteten. Sie trugen Obstbündel und einen Krug, der, wie Miss Jones vermutete, Branntwein enthielt, und legten alles in das Boot. Miss Jones entdeckte zu ihrem Erstaunen, daß der rote Ted ihr Reisegefährte sein würde. Seine Strafzeit war um, und es war Weisung gekommen, ihn mit einem Motorboot nach Baru zurückzuschaffen. Er warf ihr einen Blick zu, grüßte aber nicht – allerdings hatte Miss Jones den Kopf abgewandt – und stieg ein. Der Mechaniker brachte den Motor in Gang, und kurz darauf pufften sie bereits durch die Lagune. Der rote Ted kletterte auf einen Haufen von Säcken und zündete sich eine Zigarette an.

Miss Jones ignorierte ihn. Selbstverständlich kannte sie ihn sehr genau. Ihr Herz sank, wenn sie daran dachte, daß er nun wieder in Baru sein würde, Skandale vom Zaun brechend und trinkend, eine Gefahr für die Frauen und ein Dorn im Fleisch aller anständigen Leute. Sie wußte von den Schritten, die ihr Bruder unternommen hatte, um ihn zwangsverschicken zu lassen, und war ungehalten über den Contrôleur, der eine so offenkundige Pflicht nicht erkannte. Als sie das Riff überschritten hatten und sich auf offenem

Meer befanden, zog der rote Ted den Stöpsel aus dem Armkrug, setzte ihn an die Lippen und tat einen kräftigen Schluck, dann reichte er den Krug den beiden Mechanikern, die die Besatzung bildeten. Einer war ein Mann in mittleren Jahren, der andere ein junger Bursche.

»Ich wünsche nicht, daß Sie während der Fahrt trinken«, sagte Miss Jones streng zu dem älteren.

Er lächelte sie an und trank.

»Ein bißchen Arrak kann niemandem schaden«, antwortete er. Er reichte den Krug seinem Kollegen, und dieser trank ebenfalls.

»Wenn Sie noch einmal trinken, werde ich mich bei dem Contrôleur beschweren«, sagte Miss Jones.

Der ältere Mann murmelte etwas, was sie nicht verstehen konnte, aber, wie sie vermutete, sehr ungezogen war, und gab den Krug dem roten Ted zurück. Sie fuhren eine Stunde oder länger. Das Meer war wie Glas, und die Sonne ging strahlend unter. Sie sank hinter einer der Inseln und verwandelte sie für einige Minuten in eine mystische Stadt des Himmels. Miss Jones drehte sich, um das Bild zu betrachten, und ihr Herz war erfüllt von Dankbarkeit für die Schönheit der Welt.

›Und nur der Mensch ist schlecht‹, zitierte sie für sich.

Sie fuhren in östlicher Richtung. In der Ferne tauchte eine kleine Insel auf, an der sie vorbeikommen mußten. Sie war unbewohnt. Eine felsige kleine Insel, dicht mit Urwald bewachsen. Der Bootsmann zündete seine Lampe an. Die Dunkelheit brach unvermittelt herein, und der Himmel war dicht besät mit Sternen. Der Mond war noch nicht aufgegangen. Mit einemmal gab es einen leichten Ruck, und das

Motorboot fing an, seltsam zu vibrieren. Der Motor rasselte. Der Mechaniker rief seinem Kameraden zu, das Steuer
zu übernehmen, und kroch unter das Gehäuse. Das Tempo
verlangsamte sich. Die Maschine blieb stehen. Miss Jones
fragte den Burschen, was los sei, aber er konnte es ihr nicht
sagen. Der rote Ted kam von seinem Sackhaufen herunter
und schlüpfte ebenfalls unter das Gehäuse. Als er wieder
auftauchte, hätte sie ihn gerne gefragt, was denn passiert sei,
aber ihre Würde ließ es nicht zu. Sie saß still da und beschäftigte sich mit ihren Gedanken. Das Meer war nun etwas bewegt, und das Boot schaukelte leicht. Der Mechaniker tauchte aus seiner Versenkung hervor und setzte den
Motor in Gang. Obgleich er wie verrückt rasselte, fing das
Boot an, sich zu bewegen. Es bebte in allen Fugen. Man fuhr
sehr langsam. Offenbar war etwas nicht in Ordnung, aber
Miss Jones war eher erbittert als besorgt. Das Boot sollte mit
sechs Knoten Geschwindigkeit fahren, aber nun kroch es
nur so dahin; bei diesem Tempo würden sie Baru erst lange
nach Mitternacht erreichen. Der Mechaniker, immer noch
unter dem Gehäuse beschäftigt, rief dem Mann am Steuer
etwas zu. Sie sprachen Bugi, wovon Miss Jones nur wenig
verstand. Aber nach einer Weile bemerkte sie, daß sie den
Kurs geändert hatten und auf die unbewohnte Insel zuzu-
steuern schienen.

»Wo fahren wir denn hin?« fragte sie den Steuermann mit
plötzlichem Argwohn.

Er zeigte auf die kleine Insel. Sie stand auf, ging zu dem
Gehäuse und rief dem Mann zu, er solle hervorkommen.

»Sie fahren doch nicht dorthin? Warum? Was ist los?«

»Ich kann nicht bis Baru kommen«, sagte er.

»Aber Sie müssen. Ich bestehe darauf. Ich befehle Ihnen, nach Baru zu fahren.«

Der Mann zuckte die Achseln. Er kehrte ihr den Rücken und schlüpfte abermals unter das Gehäuse. Nun redete der rote Ted sie an.

»Ein Flügel des Propellers ist abgebrochen. Er meint, daß er es gerade noch bis zu der kleinen Insel schaffen kann. Wir werden die Nacht über dort bleiben müssen und morgen, bei Ebbe, wird er einen neuen Propeller anbringen.«

»Ich kann die Nacht nicht auf einer einsamen Insel zubringen, allein mit drei Männern«, rief sie.

»Viele Frauen würden sich darum reißen.«

»Ich bestehe darauf, daß wir nach Baru fahren. Was immer geschieht, ich muß heute nacht noch nach Baru kommen.«

»Regen Sie sich doch nicht auf, altes Mädchen. Wir müssen das Boot an Land bringen, um einen neuen Propeller einzusetzen, und wir werden uns schon einrichten auf der Insel.«

»Wie können Sie es wagen, in einem solchen Ton zu mir zu sprechen. Sie sind unverschämt.«

»Es wird Ihnen nicht das geringste passieren. Wir haben eine Menge Proviant mit, und wenn wir landen, stärken wir uns zuerst einmal. Sie kriegen einen Schluck Arrak und werden sich fühlen wie Gott in Frankreich.«

»Sie sind ein impertinenter Mensch. Wenn Sie nicht nach Baru fahren, lasse ich Sie alle einsperren.«

»Wir fahren nicht nach Baru. Es ist unmöglich. Wir fahren zu dieser Insel hin, und wenn es Ihnen nicht paßt, können Sie ins Wasser springen und schwimmen.«

»Oh, das werden Sie mir bezahlen.«

»Halt's Maul, alte Kuh«, sagte der rote Ted.

Miss Jones stockte der Atem vor Empörung. Aber sie beherrschte sich. Selbst hier draußen, inmitten des Ozeans, hatte sie zuviel Würde, sich mit diesem gemeinen Individuum herumzustreiten. Das Boot mit dem scheußlich rasselnden Motor kroch vorwärts. Es war nun stockdunkel, und die Insel, auf die man zusteuerte, war nicht mehr zu sehen. Wütend saß Miss Jones da, die Lippen fest geschlossen, die Stirn finster gerunzelt; sie war nicht gewöhnt, daß man ihren Willen nicht respektierte. Dann ging der Mond auf, und sie unterschied die Umrisse des roten Ted, der sich oben auf den aufgehäuften Koprasäcken räkelte. Das Glimmen seiner Zigarette war seltsam unheimlich. Nun zeichnete sich die Insel vage gegen den Himmel ab. Sie erreichten sie, und der Bootsmann fuhr das Schiff auf den Strand. Plötzlich packte Miss Jones ein kalter Schreck, die Wahrheit dämmerte ihr, und ihre Empörung verwandelte sich in Angst. Ihr Herz schlug heftig. Sie zitterte an allen Gliedern. Sie fühlte sich entsetzlich schwach. Nun begriff sie erst. War das mit dem zerbrochenen Propeller ein abgekartetes Spiel, oder handelte es sich wirklich um eine Panne? Sie war sich nicht klar darüber, aber eines wußte sie: Der rote Ted würde sich die Gelegenheit zunutze machen. Der rote Ted würde sie vergewaltigen. Sie kannte seinen Charakter. Er war wie toll hinter den Frauen her. Ähnlich hatte er es auch mit dem Mädchen von der Mission gemacht – so ein nettes kleines Ding war sie und eine ausgezeichnete Schneiderin; man hätte ihn deshalb gerichtlich belangen können, und er wäre bestimmt zu mehreren Jahren Gefängnis verurteilt worden, bloß daß das unschuldige Kind immer wieder zu ihm zurückgekehrt war und sich erst dann über seine schlechte Behandlung beklagt hatte, als er es einer anderen wegen verließ. Sie waren zum Contrôleur gegangen und hatten ihm den Fall unterbreitet, aber er hatte es abgelehnt, etwas zu unternehmen. Denn selbst wenn die Angaben des Mädchens stimmten, hatte er in seiner rohen Art erklärt, scheine es doch kein ausschließlich unerfreuliches Erlebnis für sie gewesen zu sein. Der rote Ted war ein Schuft. Und sie war eine weiße Frau. Wie groß war die Wahrscheinlichkeit, daß er sie verschonen würde? Gleich null. Sie kannte die Männer. Aber sie mußte sich zusammennehmen. Sie mußte wachsam sein. Sie mußte Mut haben. Sie war entschlossen, ihre Tugend teuer zu verkaufen, und wenn er sie tötete – nun, eher sterben als sich ergeben. Und wenn sie starb, würde sie in den Armen Jesu ruhen. Einen Augenblick blendete ein strahlendes Licht ihre Augen, und sie sah die Wohnstätten ihres himmlischen Vaters. Sie stellten sich ihr dar als eine prunkvolle Mischung zwischen einem Kinopalast und einem Bahnhof. Die Mechaniker und der rote Ted sprangen aus dem Boot und versammelten sich, bis zum Gürtel im Wasser, um den zerbrochenen Propeller. Sie benützte diesen unbeobachteten Moment, um ihren Instrumentenkasten aus dem Koffer zu holen. Sie nahm die vier Skalpelle, die er enthielt, heraus und versteckte sie in ihren Kleidern. Wenn der Rote sie anrührte, würde sie ihm ohne Zögern ein Skalpell ins Herz stoßen.

»So, Fräulein, jetzt steigen Sie lieber aus«, sagte Ted. »Am Strand werden Sie es besser haben als im Boot.«

Das fand sie auch. Dort hatte sie wenigstens Bewegungsfreiheit. Wortlos kletterte sie über die Koprasäcke. Er bot ihr seine Hand.

»Ich brauche Ihre Hilfe nicht«, sagte sie kühl.

»Sie können sich zum Teufel scheren«, antwortete er.

Es war ein bißchen schwer, aus dem Boot herauszukommen, ohne daß man die Beine entblößte, aber durch Anwendung großer Findigkeit brachte sie es schließlich fertig.

»Ein Glück, daß wir etwas zu essen mithaben. Wir werden ein Feuer anzünden, und dann stärken Sie sich und nehmen einen Schluck Arrak.«

»Ich möchte nichts. Ich will bloß in Ruhe gelassen werden.«

»Mir kann's gleich sein, ob Sie Hunger leiden oder nicht.«

Sie antwortete nicht. Hocherhobenen Hauptes schritt sie den Strand entlang. Sie hielt das größte Skalpell in der geschlossenen Faust. Der Mond leuchtete ihr auf ihrem Weg. Sie suchte nach einem Platz, wo sie sich verstecken konnte. Der dichte Wald reichte fast bis an den äußersten Rand des Strandes; aber abgeschreckt durch seine Finsternis (schließlich war sie bloß eine Frau), wagte sie nicht, in seine Tiefen einzudringen. Man konnte nicht wissen, was für Tiere dort lauerten oder was für gefährliche Schlangen. Außerdem sagte ihr der Instinkt, daß sie besser täte, die drei bösen Männer stets im Auge zu behalten; dann war sie vor Überrumpelungen geschützt. Nach einer Weile fand sie eine kleine Grube. Sie schaute sich um. Die Männer schienen mit ihren eigenen Angelegenheiten beschäftigt zu sein und konnten sie nicht sehen. Sie schlüpfte hinein. Zwischen ihr und ihnen lag ein Felsen, der sie selbst verbarg, ihr jedoch gestattete, sie zu beobachten. Sie sah sie zwischen Boot und Strand hin- und hergehen und Gegenstände tragen. Sie sah, wie sie ein Feuer anzündeten. Es beleuchtete geisterhaft ihre Gestalten, und sie sah, wie sie sich herumsetzten und aßen und den Krug mit Arrak von einem zum andern wandern ließen. Sie würden sich alle betrinken. Was würde ihr dann geschehen? Mit dem roten Ted allein würde sie vielleicht fertig werden – das war denkbar –, obgleich seine Kraft ihr Angst einjagte, aber gegen drei würde sie machtlos sein. Eine wahnsinnige Idee kam ihr. Sollte sie zu Ted hingehen, sich vor ihm auf die Knie werfen und ihn anflehen, sie zu verschonen? Es mußte doch ein Funke Anständigkeit in ihm sein. War sie nicht stets überzeugt gewesen, daß selbst der schlechteste Mensch nicht gänzlich verworfen war? Er mußte doch eine Mutter gehabt haben. Vielleicht hatte er eine Schwester. Aber ach, wie sollte man einen Mann rühren, der von sinnlicher Begierde verblendet und von Arrak berauscht war? Sie fing an, sich schrecklich schwach zu fühlen. Gleich würde sie in Tränen ausbrechen. Aber nein, das durfte nicht sein. Sie wandte ihre ganze Selbstbeherrschung auf. Sie biß sich die Lippen wund. Sie beobachtete die Männer wie ein Tiger seine Beute, nein, wie ein Lamm drei hungrige Wölfe beobachtet. Sie sah, wie sie mehr Holz aufs Feuer legten, und sie sah den roten Ted in seinem Sarong, sah sein Schattenbild auf dem Boden tanzen. Wenn er an ihr seine Lust gestillt hatte, würde er sie vielleicht an die anderen Männer weitergeben. Wie konnte sie zu ihrem Bruder zurückkehren, nachdem ihr solche Dinge widerfahren waren? Er würde natürlich verständnisvoll sein, aber würde er sie je wieder lieben und achten können wie zuvor? Es würde ihm das Herz brechen.

Und er würde vielleicht denken, daß sie großen Widerstand hätte leisten sollen. Vielleicht wäre es besser – aus Schonung für ihn –, die Sache überhaupt zu verschweigen. Die Männer würden bestimmt nichts sagen. Es würde zwanzig Jahre Gefängnis für sie bedeuten. Aber was, wenn sie ein Kind bekäme! Bei diesem Gedanken ballte Miss Jones die Fäuste vor Schreck und schnitt sich beinahe mit dem Skalpell. Es würde die drei natürlich bloß wütend machen, wenn sie Widerstand leistete.

»Was soll ich nur tun?« rief sie. »Was habe ich getan, um soviel Unglück zu verdienen?«

Sie warf sich auf die Knie und flehte zu Gott, er möge sie retten. Sie betete lang und inbrünstig. Sie erinnerte Gott daran, daß sie Jungfrau sei, und flocht beiläufig ein, für den Fall, daß es seinem göttlichen Gedächtnis entfallen sein könnte, wie hoch der heilige Paulus diesen trefflichen Zustand geschätzt habe. Und dann spähte sie wieder hinter dem Felsen hervor. Die drei Männer schienen zu rauchen, und das Feuer war am Erlöschen. Nun kam die Zeit, da Teds lüsterne Gedanken sich der Frau zuwenden würden, die ihm auf Gnade und Ungnade ausgeliefert war. Sie unterdrückte einen Schrei. Denn plötzlich stand er auf und kam in ihre Richtung geschritten. Sie fühlte, wie sich alle Muskeln in ihrem Körper strafften, und obgleich ihr Herz rasend schlug, ließ ihre Hand das Skalpell nicht los. Aber der rote Ted war zu einem anderen Zweck aufgestanden. Miss Jones errötete und schaute weg. Er schlenderte langsam zu den anderen zurück, setzte sich wieder hin und hob den Arrakkrug an seine Lippen. Miss Jones folgte, hinter ihrem Felsen kauernd, mit gespannten Augen den Vorgängen. Die Unterhaltung um das Feuer versiegte allmählich, und sie erriet eher,

274

als sie sah, daß die beiden Eingeborenen sich in Decken einwickelten und sich zum Schlafen hinlegten. Sie begriff. Dies war der Augenblick, auf den der rote Ted gewartet hatte. Wenn sie fest eingeschlafen waren, würde er vorsichtig aufstehen und lautlos, um die andern nicht zu wecken, zu ihr herüberschleichen. Hatte er vielleicht keine Lust, sie mit den anderen zu teilen, oder wußte er, daß seine Tat dermaßen schurkisch war, daß er sie lieber vor ihnen geheimhielt? Schließlich war er ein Weißer und sie eine weiße Frau. Er konnte nicht so tief gesunken sein, sie der Gewalttätigkeit von Eingeborenen auszuliefern. Aber sein Plan, den sie so genau durchschaute, hatte sie auf eine Idee gebracht. Wenn sie ihn herankommen sah, würde sie schreien, so laut schreien, daß die beiden Mechaniker aufwachen mußten. Sie erinnerte sich nun, daß der ältere, obgleich ihm ein Auge fehlte, ein gutmütiges Gesicht hatte. Aber der rote Ted rührte sich nicht. Sie fühlte sich furchtbar müde. Sie fing an, zu fürchten, daß sie nicht die Kraft haben würde, Widerstand zu leisten. Sie hatte zuviel durchgemacht. Sie schloß für einen Moment die Augen.

Als sie sie wieder öffnete, war es heller Tag. Sie mußte eingeschlafen und durch die Aufregung dermaßen erschöpft gewesen sein, daß sie bis spät nach Sonnenaufgang geschlafen hatte. Sie war bestürzt. Sie versuchte aufzustehen, aber etwas verfing sich in ihren Füßen. Sie schaute nach und entdeckte, daß sie mit zwei leeren Koprasäcken zugedeckt war. Jemand war in der Nacht gekommen und hatte sie über sie gebreitet. Der rote Ted! Sie stieß einen kleinen Schrei aus. Der furchtbare Gedanke schoß ihr durch den Kopf, daß er sie im Schlaf vergewaltigt haben konnte. Nein. Das war unmöglich. Und doch war sie ihm preisgegeben gewesen. Schutzlos. Und er hatte sie geschont. Sie errötete heftig. Sie erhob sich, ganz steif von der Nacht, und brachte ihre derangierte Kleidung in Ordnung. Das Skalpell war ihrer Hand entfallen, und sie hob es auf. Sie nahm die beiden Koprasäcke und trat aus ihrem Versteck hervor. Dann ging sie zum Boot hin. Es schwamm in dem seichten Wasser der Lagune.

»Kommen Sie, Miss Jones«, sagte der rote Ted. »Wir sind fertig. Eben wollte ich Sie wecken.«

Sie konnte ihn nicht ansehen, aber sie fühlte, daß sie über und über rot war.

»Möchten Sie eine Banane?« fragte er.

Ohne ein Wort zu sagen, nahm sie sie. Sie war sehr hungrig und aß die Frucht mit Genuß.

»Treten Sie auf diesen Felsen, dann können Sie einsteigen, ohne sich die Füße naß zu machen.«

Miss Jones war zumute, als müßte sie in die Erde sinken vor Scham, aber sie tat, wie ihr geheißen. Er packte ihren Arm – Himmel, seine Hand war wie eine eiserne Schraube, nie, nie hätte sie mit ihm kämpfen können – und half ihr in das Boot. Der Mechaniker setzte den Motor in Gang, und sie glitten aus der Lagune heraus. In drei Stunden waren sie in Baru.

An diesem Abend begab sich der rote Ted, nachdem er offiziell in Freiheit gesetzt worden war, in das Haus des Contrôleurs. Er hatte nun nicht mehr seine Gefängnistracht an, sondern das zerfetzte Trikotleibchen und die Khaki-hosen, in denen er verhaftet worden war. Er hatte sich die Haare schneiden lassen, und sie sahen nun aus wie eine eng-anliegende krause rote Kappe. Er war magerer geworden. Er hatte seine aufgedunsene Schlappheit verloren und sah jünger und besser aus. Mr. Gruyter schüttelte ihm mit einem freundlichen Grinsen die Hand und forderte ihn auf, Platz zu nehmen. Der Boy brachte zwei Flaschen Bier.

»Es ist schön, daß Sie meine Einladung nicht vergessen haben, Roter«, sagte der Contrôleur.

»Keine Gefahr. Sechs Monate habe ich mich auf diesen Abend gefreut.«

»Auf Ihr Wohl, Ted.«

»Auf das Ihre, Contrôleur.«

Sie leerten ihre Gläser, und der Contrôleur klatschte in die Hände. Der Boy brachte zwei weitere Flaschen.

»Nun, ich hoffe, Sie tragen mir nichts nach wegen der Strafe, die ich Ihnen aufbrummen mußte.«

»Nein, nein. Einen Moment war ich wütend, aber das habe ich längst überwunden. Eigentlich ist es mir gar nicht schlechtgegangen. Nette Mädels auf dieser Insel, Contrôleur. Sollten Sie sich mal ansehen.«

»Sie sind unverbesserlich, Roter.«

»Furchtbar.«

»Gutes Bier, nicht?«

»Wunderbar.«

»Lassen wir noch welches kommen.«

Teds Rente war jeden Monat angekommen, und der Contrôleur hatte nun fünfzig Pfund beisammen. Wenn der Schaden, den er im Laden des Chinesen angerichtet hatte, bezahlt war, würden ihm immer noch mehr als dreißig Pfund bleiben.

»Das ist eine ganze Menge Geld, Ted. Sie sollten etwas Vernünftiges damit anfangen.«

»Will ich auch«, antwortete Ted. »Es ausgeben.«

Der Contrôleur seufzte.

»Nun, dazu ist das Geld ja schließlich da.«

Der Contrôleur berichtete seinem Gast, was sich inzwischen ereignet hatte. Es war nicht viel. Die Zeit spielte auf den Alas-Inseln keine große Rolle und die übrige Welt überhaupt keine.

»Irgendwelche neuen Kriege irgendwo?« fragte der rote Ted.

»Nein. Jedenfalls ist mir nichts aufgefallen. Harry Jervis hat eine hübsche, große Perle gefunden. Er sagt, er wird tausend Pfund dafür verlangen.«

»Hoffentlich kriegt er sie.«

»Und Charlie McCormack hat geheiratet.«

»War schon immer ein bißchen doof.«

Plötzlich erschien der Boy und meldete, Mr. Jones lasse anfragen, ob er hereinkommen dürfe. Noch ehe der Contrôleur antworten konnte, trat Mr. Jones ein.

»Ich werde Sie nicht lange aufhalten«, sagte er. »Ich habe mich den ganzen Tag bemüht, diesen guten Mann zu erreichen, und als ich hörte, er sei hier, habe ich mir erlaubt zu kommen.«

»Wie geht es Miss Jones?« fragte der Contrôleur höflich. »Ich hoffe, die Nacht im Freien hat ihr nicht geschadet.«

»Sie ist natürlich ein bißchen mitgenommen. Sie hat etwas Temperatur, und ich habe darauf bestanden, daß sie sich ins Bett legt; aber ich glaube nicht, daß es etwas Ernstes ist.«

Die beiden Männer waren beim Eintritt des Missionars aufgestanden, und nun ging dieser auf den roten Ted zu und streckte ihm die Hand hin.

»Ich möchte Ihnen danken. Sie haben etwas Großes und Edles getan. Meine Schwester hat recht; man sollte immer nur das Gute in seinen Mitmenschen suchen; ich habe Sie in der Vergangenheit leider nicht richtig beurteilt: ich bitte Sie, mir zu verzeihen.«

Er sprach sehr feierlich. Der rote Ted schaute ihn voll Erstaunen an. Er hatte es nicht verhindern können, daß der Missionar seine Hand erfaßte. Er hielt sie immer noch fest.

»Was, zum Teufel, meinen Sie eigentlich?«

»Meine Schwester war Ihnen preisgegeben, und Sie haben sie verschont. Ich dachte, Sie wären durch und durch schlecht, und ich schäme mich nun. Sie war schutzlos. Sie war in Ihrer Gewalt. Sie haben Erbarmen geübt. Ich danke Ihnen aus tiefstem Herzensgrund. Weder meine Schwester noch ich werden es Ihnen je vergessen. Gott schütze und behüte Sie.«

Mr. Jones' Stimme zitterte ein wenig, und er wandte den Kopf ab. Er ließ Teds Hand fallen und ging rasch zur Tür. Der rote Ted sah ihm mit verständnislosem Gesicht nach.

»Was in aller Welt kann er meinen?« rief er.

Der Contrôleur lachte. Er versuchte, sich zu beherrschen, aber je mehr er sich bemühte, desto mehr mußte er lachen. Er schüttelte sich, und man sah, wie die Falten seines dicken Bauches unter dem Sarong wackelten. Er lehnte sich in seinem Stuhl zurück und wälzte sich von einer Seite auf die andere. Er lachte nicht nur mit dem Gesicht, er lachte mit dem ganzen Körper, und selbst die Muskeln seiner festen Beine bebten. Er hielt sich die schmerzenden Rippen. Der rote Ted betrachtete ihn mit finsteren Blicken, und da er nicht wußte, was eigentlich so komisch war, wurde er böse. Er packte eine der leeren Bierflaschen beim Halse.

»Wenn Sie nicht aufhören zu lachen, schlage ich Ihnen den Schädel ein«, sagte er.

Der Contrôleur wischte sich das Gesicht ab. Er trank einen Schluck Bier. Er seufzte und stöhnte, weil ihm die Seiten weh taten.

»Er hat Ihnen gedankt, weil Sie die Tugend von Miss Jones respektiert haben«, brachte er schließlich hervor.

»Was?« rief der rote Ted.

Es dauerte eine ganze Weile, ehe der Gedanke in seinen Kopf eindrang, aber als er ihn endlich erfaßt hatte, wurde er rasend vor Zorn. Seinem Mund entströmte eine Flut der unflätigsten Obszönitäten, daß es einen Matrosen erschreckt hätte.

»Diese alte Kuh?« schloß er. »Wofür hält er mich eigentlich?«

»Sie stehen eben in dem Ruf, ein gefährlicher Frauenjäger zu sein, Roter«, schmunzelte der Contrôleur.

»Nicht mit der Zange würde ich sie anrühren. Nicht im Traum. So eine Frechheit! Ich werde ihm den Hals umdrehen. Geben Sie mir mein Geld, Contrôleur, ich muß mich betrinken.«

»Ich kann es Ihnen nicht verübeln«, pflichtete ihm der Contrôleur bei.

»Diese alte Kuh«, wiederholte Ted. »Diese alte Kuh.«

Er war empört und schockiert. Die Vorstellung allein beleidigte sein Anstandsgefühl.

Der Contrôleur hatte das Geld bei der Hand, und nachdem er Ted die Quittungen hatte unterzeichnen lassen, überreichte er es ihm.

»Gehen Sie und betrinken Sie sich, Roter«, sagte er. »Aber

lassen Sie sich warnen: Wenn Sie das nächste Mal etwas anstellen, werden es zwölf Monate sein.«

»Ich werde nichts anstellen«, sagte der rote Ted düster. Er war voll Schwermut über das erlittene Unrecht. »Es ist eine Beleidigung«, brüllte er den Contrôleur an, »eine unverschämte Beleidigung.«

Er schlurfte aus dem Haus und murmelte im Gehen: »Schweine, dreckige Schweine.« Der rote Ted blieb eine Woche betrunken. Mr. Jones besuchte den Contrôleur abermals.

»Ich bedaure tief, daß dieser arme Mensch seinen lasterhaften Lebenswandel wiederaufgenommen hat«, sagte er. »Meine Schwester und ich sind furchtbar enttäuscht. Ich fürchte, es war nicht ganz richtig, ihm soviel Geld auf einmal zu geben.«

»Es war sein Geld. Ich hatte kein Recht, es ihm vorzuenthalten.«

»Kein gesetzliches Recht, wohl aber ein moralisches.«

Er erzählte dem Contrôleur die Geschichte jener furchtbaren Nacht auf der Insel. Mit weiblichem Instinkt hatte Miss Jones erkannt, daß der Mann, von sinnlicher Begierde entflammt, danach trachtete, sich an ihr zu vergreifen, worauf sie, zur äußersten Verteidigung entschlossen, sich mit einem Skalpell bewaffnet hatte. Er erzählte dem Contrôleur, wie sie gebetet und geweint und sich in einer Grube verborgen hatte. Ihre Seelenqual war unbeschreiblich gewesen; sie fühlte, daß sie die Schande nie und nimmer überleben würde. Sie zitterte und bebte, und jeden Augenblick dachte sie, er würde kommen. Und nirgends Hilfe, weit und breit; und endlich schlief sie ein. Sie war erschöpft, das arme Wesen – was sie durchgemacht hatte, war über Menschenkraft gegangen –, und als sie aufwachte, merkte sie, daß er sie mit Koprasäcken zugedeckt hatte. Er hatte sie schlafend angetroffen, und sicherlich war es ihre Unschuld, ihre Hilflosigkeit gewesen, die ihn gerührt hatte. Er brachte es nicht übers Herz, seinen ruchlosen Vorsatz auszuführen. Sanft breitete er zwei Koprasäcke über sie und schlich leise davon.

»Das zeigt, daß tief in seinem Innern etwas Edles lebt. Meine Schwester hält es für ihre Pflicht, ihn zu retten. Wir müssen etwas für ihn tun.«

»Nun, an Ihrer Stelle würde ich das nicht eher versuchen, als bis er mit seinem Geld fertig ist«, sagte der Contrôleur, »und wenn er bis dahin noch nicht im Gefängnis sitzt, können Sie tun, was Ihnen beliebt.«

Aber der rote Ted wollte nicht gerettet werden. Ungefähr vierzehn Tage nach seiner Freilassung saß er auf einem Stuhl vor dem Laden eines Chinesen und blickte gedankenlos die Straße hinab, als er Miss Jones herankommen sah. Er starrte sie einen Moment an, und wieder packte ihn das Erstaunen. Er murmelte etwas in sich hinein, und es ist nicht daran zu zweifeln, daß es etwas Respektloses war. Aber dann bemerkte er, daß Miss Jones ihn gesehen hatte, und wandte schnell den Kopf ab; er war sich jedoch bewußt, daß sie ihn ansah. Sie war schnell gegangen, nun aber verlangsamte sie ihren Schritt. Er fürchtete, daß sie stehenbleiben und ihn ansprechen würde. Rasch stand er auf und ging in den Laden. Mindestens fünf Minuten wagte er sich nicht wieder hinaus. Eine halbe Stunde später kam Mr. Jones selbst heran und ging mit ausgestreckter Hand geradewegs auf ihn zu.

»Guten Tag, Mr. Edward. Meine Schwester hat mir gesagt, daß ich Sie hier antreffen würde.«

Der rote Ted warf ihm einen unwirschen Blick zu und verschmähte die dargebotene Hand. Er antwortete nicht.

»Wir würden uns so sehr freuen, wenn Sie am nächsten Sonntag zu uns zum Essen kommen würden. Meine Schwester ist eine hervorragende Köchin und wird Ihnen ein echt australisches Dinner vorsetzen.«

»Scheren Sie sich zum Teufel«, war Teds Antwort.

»Das ist nicht sehr liebenswürdig«, sagte der Missionar, aber lachend, um zu zeigen, daß er nicht beleidigt war. »Sie besuchen doch von Zeit zu Zeit den Contrôleur, warum sollten Sie nicht auch uns besuchen? Es ist nett, hie und da mit einem Weißen zu sprechen. Wollen Sie das Vergangene nicht vergangen sein lassen? Ich kann Sie eines sehr herzlichen Empfanges versichern.«

»Ich habe keine Kleider, in denen ich mich sehen lassen kann«, erwiderte der rote Ted mürrisch.

»Oh, das spielt keine Rolle. Kommen Sie, wie Sie sind.«

»Nein, ich komme nicht.«

»Warum nicht? Sie müssen einen Grund haben.«

Der rote Ted war ein Mensch, der kein Blatt vor den Mund nahm. Er zögerte nicht, auszusprechen, was wir alle gerne sagen würden, wenn wir eine unwillkommene Einladung erhalten.

»Ich habe keine Lust.«

»Das tut mir leid. Meine Schwester wird sehr enttäuscht sein.«

Mr. Jones, entschlossen zu zeigen, daß er nicht im mindesten beleidigt war, nickte ihm munter zu und setzte seinen Weg fort. Achtundvierzig Stunden später traf in dem Haus, in dem der rote Ted wohnte, ein Paket ein – man wußte nicht, woher –, das ein Paar weiße Hosen, ein Tennishemd, ein Paar Socken und Schuhe enthielt. Er war nicht gewohnt, Geschenke zu bekommen, und als er den Contrôleur das nächste Mal sah, fragte er ihn, ob er ihm die Sachen geschickt hatte.

»Keine Spur«, entgegnete der Contrôleur. »Mich läßt der Zustand Ihrer Garderobe vollkommen gleichgültig.«

»Wer, zum Teufel, kann es dann gewesen sein?«

»Nicht die leiseste Ahnung.«

Miss Jones hatte von Zeit zu Zeit geschäftlich mit Mr. Gruyter zu sprechen, und kurz darauf erschien sie eines Morgens in seinem Büro. Sie war eine tüchtige Frau, und obzwar sie gewöhnlich von ihm verlangte, er solle etwas tun, wozu er keine Lust hatte, nahm sie seine Zeit nicht unnütz in Anspruch. Er war deshalb ein wenig erstaunt, als er entdeckte, daß sie in einer sehr belanglosen Angelegenheit gekommen war. Als er erklärte, daß er sich mit der Sache, von der die Rede war, nicht befassen könne, versuchte sie nicht, wie es ihre Gewohnheit war, ihn zu überzeugen, sondern nahm seine Ablehnung als endgültig hin. Sie stand auf, um zu gehen, und fügte dann, als fiele es ihr eben noch ein, hinzu:

»Ach, Mr. Gruyter, mein Bruder legt großen Wert darauf, daß dieser Mann, der allgemein der rote Ted genannt wird, einmal zu uns zum Essen kommt, und ich habe ihm einen kleinen Einladungsbrief geschrieben. Ich glaube, er ist sehr schüchtern. Würden Sie uns vielleicht die Freude machen, auch zu kommen?«

»Das ist sehr liebenswürdig von Ihnen.«

»Mein Bruder meint, wir müßten etwas für den armen Menschen tun.«

»Der Einfluß einer Frau und so weiter«, meinte der Contrôleur betont ernst.

»Wollen Sie ihm zureden zu kommen? Ich bin sicher, wenn Sie ihm dazu raten und er einmal den Weg zu uns gefunden hat, wird er wiederkommen. Es ist so schade, einen jungen Menschen wie ihn einfach verkommen zu lassen.«

Der Contrôleur schaute zu ihr auf. Sie war einige Zoll größer als er. Er fand sie sehr reizlos. Sie erinnerte ihn seltsam an nasse Wäsche, die auf einer Leine zum Trocknen aufgehängt ist. Seine Augen zwinkerten, aber sein Gesicht blieb ernst.

»Ich werde mein Bestes tun«, sagte er.

»Wie alt ist er?« fragte sie.

»Seinem Paß nach einunddreißig.«

»Und wie ist sein wirklicher Name?«

»Wilson.«

»Edward Wilson«, sagte sie weich.

»Es ist erstaunlich, daß er nach dem Leben, das er hier geführt hat, noch so gesund ist«, murmelte der Contrôleur. »Er muß Bärenkräfte haben.«

»Rothaarige Menschen sind manchmal sehr stark«, sagte Miss Jones, aber sie sprach, als brächte sie die Worte nur mit Mühe hervor.

»Das stimmt«, sagte der Contrôleur.

Dann, ohne ersichtlichen Grund, wurde Miss Jones dunkelrot. Sie verabschiedete sich von dem Contrôleur und verließ sein Büro.

»*Godverdomme!*« sagte der Contrôleur.

Er wußte nun, wer dem roten Ted die Kleidungsstücke geschickt hatte.

Er begegnete ihm im Laufe des Tages und fragte ihn, ob er von Miss Jones gehört habe. Der rote Ted zog ein zerknülltes Papier aus der Tasche und hielt es ihm hin. Es war die Einladung. Sie lautete folgendermaßen:

Lieber Mr. Wilson!
Mein Bruder und ich würden uns sehr freuen, wenn Sie am nächsten Donnerstag um sieben Uhr dreißig zu uns zum Dinner kommen wollten. Der Contrôleur hat freundlichst versprochen, ebenfalls zu kommen. Wir haben ein paar neue Platten aus Australien, die Ihnen sicherlich gefallen werden. Ich war leider nicht sehr nett zu Ihnen, als wir uns das letztemal begegneten, aber ich kannte Sie damals noch nicht so gut und bin offenherzig genug, zuzugeben, daß ich einen Fehler begangen habe. Ich hoffe, Sie werden mir verzeihen und mir erlauben, Ihre Freundin zu sein.

Mit bestem Gruß
Martha Jones

Der Contrôleur stellte fest, daß sie ihn mit Mr. Wilson anredete und sein eigenes Versprechen, ebenfalls zu erscheinen, erwähnte, was ihm bewies, daß sie mit ihrer Äußerung, sie hätte den roten Ted bereits eingeladen, der Wahrheit ein wenig zuvorgekommen war.

»Was werden Sie tun?«

»Nicht hingehen, wenn Sie es wissen wollen. Verdammte Frechheit.«

»Sie müssen den Brief beantworten.«

»Fällt mir nicht ein.«

»Jetzt hören Sie zu, Ted; Sie ziehen sich Ihre neuen Kleider an und kommen mir zuliebe mit. Ich bin verpflichtet zu gehen, und Sie werden mich doch nicht im Stich lassen wollen. Das eine Mal wird Ihnen schon nicht schaden.«

Der rote Ted blickte den Contrôleur mißtrauisch an, aber das Gesicht des Holländers war ernst und sein Gehaben aufrichtig: Ted erriet nicht, daß er in seinem Innern vor Lachen fast platzte.

»Was wollen diese Leute von mir, zum Teufel?«

»Weiß ich nicht. Das Vergnügen Ihrer Gesellschaft offenbar.«

»Wird es was zu trinken geben?«

»Nein, aber kommen Sie um sieben Uhr zu mir, und wir wollen uns stärken, ehe wir aufbrechen.«

»Na schön, wenn es sein muß«, sagte der rote Ted mürrisch.

Der Contrôleur rieb sich die dicken Hände vor Vergnügen. Er versprach sich eine Menge Unterhaltung von dem Abend. Aber als der Donnerstag herankam und es sieben Uhr wurde, war der rote Ted stockbesoffen, und Mr. Gruyter mußte allein gehen. Er sagte dem Missionar und seiner Schwester die ungeschminkte Wahrheit. Mr. Jones schüttelte den Kopf.

»Ich fürchte, es nützt alles nichts, Martha, der Mann ist hoffnungslos.«

Einen Augenblick war Miss Jones still, und der Contrôleur sah zwei Tränen an ihrer langen dünnen Nase herunterlaufen.

Sie biß sich auf die Lippen.

»Niemand ist hoffnungslos. Jeder hat etwas Gutes in sich.

Ich werde jeden Abend für ihn beten. Es wäre sündhaft, an der Macht Gottes zu zweifeln.«

Vielleicht hatte Miss Jones recht, aber die göttliche Vorsehung schlug einen sehr eigenartigen Weg ein, ihre Ziele zu verwirklichen. Der rote Ted fing an, schwerer zu trinken denn je. Man hatte so viel Ärger mit ihm, daß selbst Mr. Gruyter die Geduld verlor. Allmählich gelangte er zu der Ansicht, daß er diesen Menschen nicht länger auf der Insel dulden konnte, und beschloß, ihn mit dem nächsten Schiff, das in Baru anlegte, abzuschieben.

Dann starb ein Mann unter mysteriösen Umständen, nachdem er von einer Reise zu einer der umliegenden Inseln zurückgekehrt war, und der Contrôleur erfuhr, daß es auf jener Insel mehrere Todesfälle gegeben hatte. Er sandte den Chinesen, welcher der offizielle Arzt der Inselgruppe war, hin, damit er die Angelegenheit untersuche, und erhielt sehr bald Nachricht, daß die Todesfälle auf Cholera zurückzuführen waren. Zwei weitere erfolgten in Baru, und die Gewißheit zwang sich auf, daß es sich um eine Epidemie handelte.

Der Contrôleur fluchte hemmungslos. Er fluchte auf holländisch, er fluchte auf englisch, er fluchte auf malaiisch. Dann trank er eine Flasche Bier und rauchte eine Zigarre. Hierauf überlegte er. Er wußte, daß der Chinese nichts ausrichten würde. Er war ein kleiner, nervöser Mann aus Java, und die Eingeborenen würden sich weigern, seinen Befehlen zu gehorchen. Der Contrôleur war tüchtig und wußte sehr genau, was zu tun war, aber er konnte nicht alles allein tun. Er liebte Mr. Jones nicht, aber in diesem Augenblick war er doch froh, ihn bei der Hand zu haben, und ließ ihn unverzüglich rufen. Zehn Minuten später war Mr. Jones in seinem Büro. Er kam in Begleitung seiner Schwester.

»Sie wissen, warum ich Sie zu mir gebeten habe, Mr. Jones«, sagte der Contrôleur unvermittelt.

»Ja. Ich hatte auf Nachricht von Ihnen gewartet. Deshalb ist auch meine Schwester gleich mitgekommen. Wir sind bereit, Ihnen unsere ganzen Kräfte zur Verfügung zu stellen. Ich brauche Ihnen nicht zu sagen, daß meine Schwester es an Leistungsfähigkeit mit jedem Mann aufnehmen kann.«

»Ich weiß. Ich werde ihr sehr dankbar für ihre Hilfe sein.«

Sie begannen, ohne einen Augenblick Zeit zu verlieren, die nötigen Schritte zu besprechen. Spitalbaracken und Quarantänestationen mußten eingerichtet werden. Die Einwohner der verschiedenen Dörfer der Inseln mußten gezwungen werden, die nötigen Vorsichtsmaßnahmen zu ergreifen. In vielen Fällen bezogen die infizierten Dörfer ihr Wasser von derselben Quelle wie die gesunden, und in jedem Fall mußte diese Schwierigkeit den Umständen entsprechend behandelt werden. Es war notwendig, Leute herumzuschicken, welche die Vorschriften bekanntgaben und darüber wachten, daß sie ausgeführt wurden. Nachlässigkeit mußte erbarmungslos bestraft werden. Das Schlimmste war, daß die Eingeborenen anderen Eingeborenen nicht gehorchten, und Befehle, die von einem eingeborenen Polizisten ausgegeben wurden, der selbst an ihrer Zweckmäßigkeit zweifelte, würden sicherlich nicht befolgt werden. Es war ratsam, Mr. Jones in Baru zu belassen, wo die Einwohnerzahl am größten war und sein ärztlicher Rat am meisten gebraucht wurde. Mr. Gruyter wiederum konnte nicht alle übrigen Inseln allein übernehmen, da ihn seine amtlichen Pflichten zwangen, mit seinem Hauptquartier in Verbindung zu bleiben. Miss Jones mußte also gehen; aber die Einwohner gewisser fern gelegener Inseln waren wild und heimtückisch. Sie hatten dem Contrôleur schon viel zu schaffen gemacht. Er hatte Bedenken, eine Frau allein der Gefahr auszusetzen.

»Ich habe keine Angst«, sagte sie.

»Das glaube ich Ihnen. Aber wenn man Ihnen den Hals abschneidet, bekomme ich Scherereien, und überdies sind wir so knapp an Personal – ich möchte Ihre Hilfe nicht verlieren.«

»Dann soll Mr. Wilson mit mir kommen. Er kennt die Eingeborenen besser als irgendeiner und kann ihre Dialekte sprechen.«

»Der rote Ted?« Der Contrôleur starrte sie an. »Er hat gerade einen Anfall von Delirium tremens hinter sich.«

»Ich weiß«, antwortete sie.

»Sie wissen ja eine ganze Menge, Miss Jones.«

Trotz des ernsten Augenblicks konnte Mr. Gruyter ein Lächeln nicht unterdrücken. Er warf ihr einen scharfen Blick zu, aber sie hielt ihm kühl stand.

»Nichts ist geeigneter, das Gute im Menschen hervorzubringen, als Verantwortung. Vielleicht ist das ein Weg, ihn zur Umkehr zu bewegen.«

»Hältst du es für geraten, dich tagelang einem so nichtswürdigen Menschen anzuvertrauen?« fragte der Missionar.

»Ich setze mein Vertrauen in Gott«, antwortete sie ernst.

»Und glauben Sie, Ted wäre eine Hilfe?« fragte der Contrôleur. »Sie kennen ihn doch.«

»Ich bin überzeugt davon.« Dann errötete sie. »Schließlich weiß niemand besser als ich, daß er imstande ist, Selbstbeherrschung zu üben.«

Der Contrôleur biß sich auf die Lippen.

»Lassen wir ihn holen.«

Er gab dem Sergeanten einen Auftrag, und ein paar Minuten später war der rote Ted zur Stelle. Er sah krank aus. Offenbar hatte ihn sein letzter Anfall arg mitgenommen, und seine Nerven waren ganz kaputt. Er war in Fetzen und hatte sich seit einer Woche nicht mehr rasiert. Man konnte sich keinen verkommeneren Anblick vorstellen.

»Passen Sie auf, Roter«, sagte der Contrôleur. »Es handelt sich um diese Cholerageschichte. Wir müssen die Eingeborenen zwingen, Vorsichtsmaßnahmen zu ergreifen, und Sie sollen uns dabei helfen.«

»Ich? Warum gerade ich, zum Teufel?«

»Ohne besonderen Grund. Menschenliebe vielleicht.«

»Nichts zu machen, Contrôleur. Ich liebe die Menschen nicht.«

»Dann ist es gut. Das war alles, was ich wollte. Sie können gehen.« Aber als der rote Ted sich der Tür zuwandte, wurde er von Miss Jones angehalten.

»Es war meine Anregung, Mr. Wilson. Sehen Sie, man will mich nach Labobo und Sakunchi schicken, und die Eingeborenen dort sind so komisch, daß ich Angst hatte, allein zu gehen. Ich dachte, wenn Sie mitkämen, würde ich sicherer sein.«

Er betrachtete sie mit einem Blick äußersten Abscheus.

»Was geht es mich an, ob man Ihnen die Gurgel durchschneidet oder nicht?«

Miss Jones schaute ihn an, und ihre Augen füllten sich mit

Tränen. Sie fing an zu weinen. Er stand da und blickte sie blöde an.

»Nein, Sie haben recht, es geht Sie nichts an.« Sie riß sich zusammen und trocknete sich die Augen. »Es schadet nichts. Ich gehe allein.«

»Ich finde es verdammt unvorsichtig von einer Frau, allein nach Labobo zu gehen.«

Sie blickte ihn mit einem Lächeln an.

»Da mögen Sie recht haben, aber es ist mein Beruf, sehen Sie, und ich kann nicht anders. Es tut mir leid, wenn ich Sie mit meinem Ansinnen geärgert habe. Sie müssen es vergessen. Es war eine Zumutung, von Ihnen zu verlangen, sich einer solchen Gefahr auszusetzen.«

Eine volle Minute stand der rote Ted da und schaute sie an. Er trat von einem Fuß auf den andern. Sein mürrisches Gesicht sah ganz finster aus.

»Der Teufel soll's holen«, sagte er endlich. »Mögen Sie Ihren Willen haben. Ich komm mit. Wann wollen Sie aufbrechen?«

Sie machten sich am nächsten Tag auf die Reise, mit Medikamenten und Desinfektionsmitteln versehen, in dem Motorboot der Regierung. Mr. Gruyter sollte, sobald er die notwendigsten Arbeiten erledigt hatte, in einem Prahu in die entgegengesetzte Richtung fahren. Vier Monate wütete die Epidemie. Obgleich nichts unversucht blieb, sie zu lokalisieren, erfaßte sie eine Insel nach der anderen. Der Contrôleur hatte vom Morgen bis in die Nacht hinein zu tun. Kaum kehrte er von einer Insel nach Baru zurück, um dort nach dem Rechten zu sehen, mußte er auch schon wieder aufbrechen, um sich zu einer anderen zu begeben. Er verteilte Nahrungsmittel und Medikamente. Er sprach den erschreckten Menschen Mut zu. Er beaufsichtigte alles. Er schuftete wie ein Ochse. Den roten Ted sah er nie, aber er hörte von Mr. Jones, daß das Experiment über alle Erwartungen gut gelungen war. Der Tunichtgut nahm sich zusammen. Er verstand es, mit den Eingeborenen umzugehen: durch Überredungskunst, Festigkeit und gelegentlich durch den Gebrauch seiner Fäuste brachte er sie dazu, die für ihre Sicherheit notwendigen Schritte zu unternehmen. Miss Jones konnte sich zu dem Erfolg ihrer Kriegslist gratulieren. Aber der Contrôleur war zu müde, um sich darüber zu amüsieren. Als die Epidemie erloschen war, triumphierte er, weil von einer Bevölkerung von achttausend Menschen bloß sechshundert gestorben waren.

Endlich war er imstande, dem Distrikt ein Gesundheitsattest auszustellen.

Eines Abends saß er in seinem Sarong auf der Veranda seines Hauses und las einen französischen Roman, im glücklichen Bewußtsein, daß er die Dinge nun wieder leichter nehmen durfte. Sein Erster Boy kam herein und meldete, daß der rote Ted ihn zu sprechen wünsche. Er erhob sich von seinem Stuhl und rief ihm mit lauter Stimme entgegen, er möge doch eintreten. Gesellschaft war gerade das, was ihm gefehlt hatte. Es war ihm durch den Kopf gegangen, daß es nett wäre, sich an diesem Abend zu betrinken, und er hatte den Gedanken mit Bedauern beiseite geschoben. Der rote Ted kam wie vom Himmel gesandt. Bei Gott, das sollte eine Nacht werden. Nach vier Monaten verdienten sie sich wahrhaftig ein bißchen Spaß. Der rote Ted trat ein. Er hatte einen sauberen weißen Anzug an. Er war rasiert. Er sah aus wie ein anderer Mensch.

»Aber Roter, Sie sehen ja aus, als kämen Sie aus der Sommerfrische, nicht wie einer, der monatelang cholerakranke Eingeborene gepflegt hat. Und diese Eleganz! Ja, was ist denn mit Ihnen los?«

Der rote Ted lächelte ziemlich unsicher. Der Boy brachte zwei Flaschen Bier und schenkte ein.

»Trinken Sie, Ted«, sagte der Contrôleur, sein Glas ergreifend.

»Danke; ich glaube, ich nehme lieber nichts.«

Der Contrôleur stellte sein Glas hin und blickte Ted verblüfft an.

»Warum denn nicht, um Gottes willen? Haben Sie keinen Durst?«

»Ich hätte nichts gegen eine Tasse Tee.«

»Eine Tasse was?«

»Ich bin im Begriff, mir den Alkohol abzugewöhnen. Martha und ich werden heiraten.«

»Roter!«

Dem Contrôleur fielen beinahe die Augen aus dem Kopf. Er kratzte sich seinen kahlgeschorenen Schädel.

»Sie können doch nicht Miss Jones heiraten«, sagte er. »Niemand könnte Miss Jones heiraten.«

»Nun, ich werde es tun. Aus diesem Grund bin ich hergekommen. Owen wird uns in der Kapelle trauen, aber wir möchten auch nach holländischem Gesetz getraut werden.«

»Das ist ein Witz, Roter, ein Witz. Wie kommen Sie auf so eine Idee?«

»Sie wollte es. Sie hat sich in der Nacht auf der Insel, als der Propeller zerbrach, in mich verliebt. Sie ist gar nicht so übel, wenn man sie näher kennt. Es ist ihre letzte Chance, wenn Sie wissen, was ich meine, und ich möchte ihr den Gefallen tun. Außerdem braucht sie jemanden, der auf sie aufpaßt, das habe ich gemerkt.«

»Roter, Roter, ehe Sie sich's versehen, wird sie einen Missionar aus Ihnen machen.«

»Da hätte ich offen gestanden gar nichts dagegen, wenn wir unsere eigene kleine Mission hätten. Sie sagt, ich könne Wunder wirken unter den Eingeborenen. Sie sagt, ich erreiche in fünf Minuten mehr als Owen in einem Jahr. Sie sagt, sie hätte nie jemanden mit so viel Suggestionskraft gesehen wie mich. Es wäre doch schade, eine solche Gabe ungenützt zu lassen.«

Der Contrôleur blickte ihn an, ohne zu sprechen, und nickte drei-, viermal langsam mit dem Kopf. Sie hatte ihn ordentlich eingewickelt.

»Ich hab schon siebzehn bekehrt«, sagte der rote Ted.

»Sie? Ich wußte gar nicht, daß Sie ein gläubiger Christ sind.«

»Gott, eigentlich war ich es auch nicht. Aber als ich zu ihnen sprach und sie mir zuliefen wie eine Schar verlorener Schafe, wurde mir ganz komisch zumute. Verdammt, sagte ich mir, vielleicht ist doch etwas daran.«

»Sie hätten sie vergewaltigen sollen, Roter. Es hätte keine besonderen Folgen für Sie gehabt. Ich hätte Ihnen drei Jahre aufgebrummt, und drei Jahre sind schnell vorbei.«

»Verraten Sie ihr niemals, daß ich nie im Leben auf diesen Gedanken verfallen wäre, Contrôleur. Frauen sind empfindlich in diesem Punkt, und sie wäre furchtbar beleidigt, wenn sie es erführe.«

»Ich hatte schon gemerkt, daß sie ein Auge auf Sie geworfen hatte, aber nie hätte ich mir gedacht, daß es so weit kommen könnte.« Der Contrôleur ging aufgeregt auf der Veranda auf und ab. »Hören Sie mir zu, alter Junge«, sagte er nach einiger Überlegung, »wir haben nette Zeiten miteinander verlebt, und Freund ist Freund. Ich will Ihnen sagen, was Sie tun sollen. Ich leihe Ihnen das Regierungsboot, und Sie können sich auf einer der Inseln verstecken, bis der nächste Dampfer vorbeikommt. Ich werde Weisung geben, daß man Sie an Bord nimmt. Es bleibt Ihnen nur mehr eines übrig: auszureißen.«

Der rote Ted schüttelte den Kopf.

»Es hat keinen Zweck, Contrôleur. Ich weiß, Sie meinen es gut, aber ich werde diese Frau heiraten, und dabei bleibt's. Sie wissen nicht, welche Freude es ist, die Reue in diesen armen Sündern zu wecken, und Mann!, das alte Mädchen macht einen Siruppudding! Seit meiner Kindheit habe ich keinen solchen mehr gegessen.«

Der Contrôleur war sehr verstört. Der besoffene Kerl war seine einzige Gesellschaft auf der Insel gewesen, und er wollte ihn nicht verlieren. Er entdeckte, daß er eine gewisse Zuneigung zu ihm gefaßt hatte. Am nächsten Tag besuchte er den Missionar.

»Was höre ich da von einer Heirat zwischen dem roten Ted und Ihrer Schwester?« fragte er. »Es ist das Merkwürdigste, was mir je im Leben vorgekommen ist.«

»Aber es ist wahr.«

»Sie müssen etwas dagegen unternehmen. Es ist der hellste Wahnsinn.«

»Meine Schwester ist erwachsen und kann tun, was ihr beliebt.«

»Sie werden mir doch nicht einreden, daß Sie damit einverstanden sind? Sie kennen den roten Ted. Er ist ein Strolch, und daran ist nichts zu ändern. Haben Sie Ihre Schwester darauf aufmerksam gemacht, was für ein Risiko sie auf sich nimmt? Sünder zur Reue zu bekehren – gut und schön –, aber es gibt doch Grenzen. Kann der Leopard sein Fell ändern?«

Zum erstenmal, seit er ihn kannte, entdeckte der Contrôleur ein Zwinkern in den Augen des Missionars.

»Meine Schwester ist eine sehr energische Person, Mr. Gruyter«, antwortete er. »Seit jener Nacht auf der Insel war er verloren.«

Der Contrôleur war sprachlos. Er war ebenso erstaunt wie der Prophet, als der Herr den Mund des Esels öffnete und ihn zu Balaam sagen ließ: »Was habe ich getan, daß du mich dreimal schlugst?« Vielleicht war Mr. Jones doch ein Mensch.

»*Allejezus!*« murmelte der Contrôleur.

Ehe das Gespräch noch fortgesetzt werden konnte, kam Miss Jones ins Zimmer gerauscht. Sie strahlte. Sie sah zehn Jahre jünger aus. Ihre Wangen glühten, und die Nase war fast überhaupt nicht rot.

»Sind Sie gekommen, um mir zu gratulieren, Mr. Gruyter?« rief sie, und ihr Gehaben war munter und mädchenhaft. »Sehen Sie, ich habe doch recht behalten. Sie können sich nicht vorstellen, wie großartig Edward sich in dieser schrecklichen Zeit benommen hat. Er ist ein Held. Er ist ein Heiliger. Selbst mich hat er in Erstaunen versetzt.«

»Ich hoffe, Sie werden sehr glücklich sein, Miss Jones.«

»Ich weiß, daß ich es sein werde. Oh, es wäre sündhaft

von mir, wenn ich daran zweifelte. Denn es ist der Herr, der uns zusammengeführt hat.«

»Glauben Sie?«

»Ich weiß es. Überlegen Sie doch nur. Wenn die Cholera nicht gewesen wäre, hätte Edward sich nie gefunden. Wenn die Cholera nicht gewesen wäre, hätten wir einander nie kennengelernt. Nie habe ich die Hand Gottes deutlicher erkannt.«

Der Contrôleur fand, daß es eine höchst umständliche Art war, zwei Menschen zusammenzuführen, wenn sie den Tod von sechshundert Menschen zur Voraussetzung hatte, aber da er in bezug auf das Walten der Allmacht nicht sonderlich versiert war, enthielt er sich jeder Bemerkung.

»Sie werden nie erraten, wo wir unsere Flitterwochen verbringen werden«, sagte Miss Jones schelmisch.

»Java?«

»Nein. Wenn Sie uns Ihr Motorboot leihen, gehen wir auf die kleine Insel, wo wir Schiffbruch erlitten haben. Sie birgt zarte Erinnerungen für uns beide. Dort erfuhr ich zum erstenmal, wie vornehm und gut Edward ist. Und dort soll ihm seine Belohnung zuteil werden.«

Dem Contrôleur verschlug es den Atem. Er verabschiedete sich rasch, denn das fühlte er: Wenn er jetzt nicht sofort eine Flasche Bier trank, bekäme er Krämpfe. Nie im Leben war er so schockiert gewesen.

Die Tür des Schicksals

Sie fanden ein Abteil erster Klasse für sich allein. Das war angenehm, denn sie hatten eine Menge Handgepäck – Albans Koffer und eine Reisetasche und Annes Reisenecessaire und eine Hutschachtel. Zwei weitere Schrankkoffer, die das Nötigste für die nächste Zukunft enthielten, waren im Gepäckwagen untergebracht, aber das ganze übrige Gepäck hatte Alban einem Spediteur übergeben, der es nach London bringen und so lange einlagern sollte, bis sie sich entschlossen hatten, was sie tun wollten. Sie besaßen eine Menge Bilder und Bücher, Kuriositäten, die Alban in Fernost gesammelt hatte, seine Gewehre und Sättel. Sie hatten Sondurah für immer verlassen. Alban gab, wie es seine Gewohnheit war, dem Träger ein reichliches Trinkgeld und ging dann zum Bücherstand, um Zeitungen zu holen. Er kaufte den *New Statesman* und die *Nation,* den *Tatler* und den *Sketch* und die letzte Nummer des *London Mercury.* Dann kehrte er ins Abteil zurück und warf alles auf einen Sitz.

»Wir fahren doch bloß eine Stunde«, sagte Anne.

»Ich weiß, aber ich hatte Lust, sie zu kaufen. Ich bin so ausgehungert. Wie wunderbar, daß wir morgen die aktuelle *Times* und den *Express* und die *Mail* bekommen werden!«

Sie gab keine Antwort, und er drehte sich um, denn er sah zwei Personen durch den Gang kommen, ein Ehepaar, das von Singapur an mit ihnen gereist war.

»Gut durch den Zoll gekommen?« rief er ihnen munter entgegen.

Der Mann schien nicht zu hören, denn er schritt unbeirrt weiter, aber die Frau antwortete.

»Ja, sie haben unsere Zigaretten nicht gefunden.«

Sie erblickte Anne, lächelte ihr freundlich zu und ging vorüber. Anne errötete.

»Ich fürchtete schon, sie würden hier hereinkommen«, sagte Alban. »Laß uns doch lieber allein bleiben, wenn es geht.«

Sie blickte ihn mit einem merkwürdigen Ausdruck an.

Er zündete sich eine Zigarette an und blieb in der Abteiltür stehen. Auf seinem Gesicht lag ein glückliches Lächeln. Als sie das Rote Meer passiert hatten und im Kanal einen scharfen Wind antrafen, war Anne überrascht gewesen über die Veränderung, die mit den Leuten vorging, als sie wärmere Kleider anzogen. Männer, die in weißen Leinenhosen durchaus präsentabel ausgesehen hatten, trugen nun schäbige Flanellhosen und abgetragene alte Golfjacketts, allzu sichtlich von der Stange gekauft, oder blaue Stoffanzüge, die den Provinzschneider verrieten. Die meisten Passagiere waren in Marseille an Land gegangen, aber ein Dutzend ungefähr war – entweder weil sie dachten, daß ihnen die Fahrt durch den Golf nach dem langen Aufenthalt im Osten guttun würde, oder aus Sparsamkeit, wie sie selbst – nach Tilbury mitgefahren, und einige gingen nun auf dem Bahnsteig auf und ab. Sie trugen Tropenhelme oder doppelrandige Filzhüte und schwere Wintermäntel oder aber aus der Form geratene weiche oder steife Hüte, nicht sehr gut gebürstet, die zu klein für ihre Köpfe schienen. Es war ein deprimierender Anblick. Sie sahen vorstadtmäßig und eine Spur zweitrangig aus. Aber Alban wirkte bereits wie ein Londoner. Auf seinem eleganten Wintermantel war nicht ein Stäubchen zu sehen, und sein schwarzer Homburg schien funkelnagelneu. Man hätte nie erraten, daß er drei Jahre von England fortgewesen war. Sein Kragen paßte genau um seinen Hals, und seine Foulardkrawatte war hübsch gebunden. Anne mußte, während sie ihn betrachtete, unwillkürlich denken, wie gut er aussah. Er war etwas über eins achtzig groß und schlank, und er verstand seine gutgeschnittenen Anzüge zu tragen. Er hatte helles, noch dichtes Haar, blaue Augen und die schwach gelbliche Haut, die Menschen seines Typs eigen ist, wenn sie die rosige Frische der frühen Jugendjahre verloren haben. In seinen Wangen war keine Farbe. Er hatte einen gutgeformten Kopf, der genau richtig auf einem ziemlich langen Hals mit etwas vorstehendem Adamsapfel saß, aber sein Gesicht fiel mehr durch seine Vornehmheit als durch Schönheit auf. Mit seinen regelmäßigen Zügen, seiner geraden Nase und seiner breiten Stirn war er gut zu fotografieren, und diesen Bildern nach hätte man ihn für besonders schön halten können. Das war er nicht, vielleicht weil seine Augenbrauen und seine Wimpern blaß und seine Lippen dünn waren, aber er sah sehr intellektuell aus. Aus seinen Zügen sprach eine Feinsinnigkeit, eine Geistigkeit, die seltsam rührend wirkte. So stellte man sich einen Dichter vor; und als Anne sich mit ihm verlobt hatte, erzählte sie ihren Freundinnen, wenn sie nach ihm fragten, er sehe aus wie Shelley. Er wandte sich ihr nun mit einem leisen Lächeln in seinen blauen Augen zu. Sein Lächeln war sehr anziehend.

»Was für ein wunderbarer Tag für unsere Ankunft in England!«

Es war Oktober. Sie hatten unter einem grauen Himmel und auf einem grauen Meer den Kanal durchquert. Es regte sich kein Windhauch. Die Fischerboote schienen auf dem friedlichen Wasser zu ruhen, als hätten die Elemente ihre alte Feindschaft für immer begraben. Die Küste war unglaublich grün, aber von einem hellen, traulichen Grün, ganz anders als das üppige, ungestüme Grün des tropischen Urwalds. Die roten Städte, an denen sie hie und da vorbeifuhren, sahen behaglich und anheimelnd aus. Sie schienen die Verschollenen mit lächelnder Freundlichkeit willkommen zu heißen. Und als sie in das Mündungsgebiet der Themse einfuhren, sahen sie die fruchtbaren Ebenen von Essex und bald darauf Chalk Church auf dem Kenter Ufer, einsam inmitten sturmgeprüfter Bäume, und dahinter die Wälder von Cobham. Die Sonne, rot in einem schwachen Nebel, ging auf den Mooren unter, und die Nacht brach herein. Die Bogenlampen auf dem Bahnhof warfen ein Licht, das kalte, harte Flecken in die Dunkelheit streute. Es tat gut, die Träger in ihren saloppen Uniformen herumpoltern und den dicken wichtigtuerischen Stationsvorsteher mit seiner steifen Mütze seines Amtes walten zu sehen. Der Stationsvorsteher pfiff und hob den Arm. Alban stieg ein und ließ sich in der Ecke gegenüber Anne nieder. Der Zug setzte sich in Bewegung.

»Wir kommen um sechs Uhr zehn in London an«, sagte Alban. »Um sieben können wir in der Jermyn Street sein. Da bleibt uns eine Stunde zum Baden und Umziehen, und um halb neun dinieren wir im Savoy. Eine Flasche Sekt heute abend, Kleines, und ein Festdinner!« Er lachte in sich hinein. »Die Strouds und die Maundys haben sich verabredet, im Trocadero Grillroom zu essen.«

Er nahm die Zeitungen und fragte Anne, ob sie auch eine haben wolle. Anne schüttelte den Kopf.

»Müde?« lächelte er.

»Nein.«

»Aufgeregt?«

Um nicht antworten zu müssen, lachte sie leicht auf. Er fing an, sich in die Zeitungen zu vertiefen, mit den Buchanzeigen beginnend, und Anne merkte, wie sehr es ihn beglückte, sich wieder näher an den Quellen der Dinge zu fühlen. Sie hatten die gleichen Zeitschriften auch in Sondurah bekommen, aber sechs Wochen verspätet, und obgleich sie sie auf dem laufenden hielten über das, was in ihrer Welt vorging, brachten sie ihnen ihre Abgeschiedenheit doch nur noch deutlicher zu Bewußtsein. Aber diese Blätter kamen frisch aus der Presse. Sie rochen anders. Sie hatten eine Knusprigkeit, die beinahe wollüstig war. Er hätte sie am liebsten alle auf einmal gelesen. Anne schaute zum Fenster hinaus. Die Landschaft war dunkel, und sie konnte kaum etwas sehen außer den Lichtern ihres Abteils, die sich in den Fensterscheiben spiegelten; aber sehr bald tauchte die Stadt auf, und kleine armselige Häuser wurden sichtbar, Meilen für Meilen diese Häuser, mit einem erleuchteten Fenster da und dort, und die Schornsteine bildeten ein düsteres Muster gegen den Himmel. Sie fuhren durch Barking und East Ham und Bromley – es war dumm, wie ihr das Herz zitterte, als sie beim Durchfahren die Namen auf den Stationsschildern las – und dann durch Stepney. Alban legte seine Zeitungen hin.

»In fünf Minuten sind wir da.«

Er setzte seinen Hut auf und holte die Sachen, die der Träger in die Gepäcknetze gelegt hatte, herunter. Er blickte Anne mit leuchtenden Augen an, und um seine Lippen zuckte es. Sie sah, daß es ihm nur mit Mühe gelang, seiner Bewegung Herr zu werden. Auch er schaute nun zum Fenster hinaus, und sie fuhren über hellerleuchtete Verkehrsstraßen, voll von Straßenbahnen, Autobussen und Lastwagen, und überall drängten sich die Menschen. Welche Menge! Die Läden waren alle erleuchtet. Sie sahen die Straßenhändler mit ihren Karren an den Wegrändern.

»London«, sagte er.

Er nahm ihre Hand und drückte sie sanft. Sein Lächeln war so bezaubernd, daß sie etwas sagen mußte. Sie versuchte zu scherzen.

»Hast du auch so ein komisches Gefühl im Magen?«

»Ich weiß nicht, ob ich weinen möchte oder ob mir schlecht ist.«

Fenchurch Street. Er ließ das Fenster herunter und winkte einen Träger heran. Mit knirschenden Bremsen blieb der Zug stehen. Der Träger riß die Wagentür auf, und Alban reichte ihm ein Stück nach dem andern hinunter. Dann sprang er aus dem Wagen und hielt Anne in seiner höflichen Art die Hand hin, um ihr beim Aussteigen behilflich zu sein. Der Träger entfernte sich, um einen Karren zu holen, und sie blieben bei ihrem Gepäck stehen. Alban winkte zwei Schiffspassagieren zu, die an ihnen vorbeikamen. Der Mann nickte steif.

»Was für ein Trost, daß wir es nie mehr nötig haben werden, zu diesen gräßlichen Leuten höflich zu sein«, sagte Alban leichthin.

Anne warf ihm einen raschen Blick zu. Er war wirklich unbegreiflich. Der Träger kam mit seinem Karren zurück, das Gepäck wurde aufgeladen, und sie folgten ihm, um auch noch ihre übrigen Koffer zu holen. Alban nahm den Arm seiner Frau und drückte ihn.

»Der Geruch von London! Himmel, ist das schön!«

Er war beseligt über das Getriebe, den Lärm, die drängenden, stoßenden Menschenmassen ringsumher; das Strahlen der Bogenlampen und die schwarzen Schatten, die sie warfen, scharf, aber voll und warm im Ton, hatten etwas Erhebendes für ihn. Sie traten auf die Straße, und der Träger ging, ein Taxi zu besorgen. Albans Augen leuchteten, während er die Autobusse betrachtete und die Polizisten, die bemüht waren, das Durcheinander zu regeln. Sein vornehmes Gesicht hatte einen Ausdruck, der an Ekstase grenzte. Das Taxi kam. Ihr Gepäck wurde verstaut und neben dem Chauffeur aufgestapelt. Alban gab dem Träger zweieinhalb Shilling, und sie fuhren los. Sie bogen in die Gracechurch Street ein und wurden in der Cannon Street durch eine Verkehrsstockung aufgehalten. Alban lachte laut auf.

»Was ist los?« fragte Anne.

»Ich bin so aufgeregt.«

Sie fuhren am Themseufer entlang. Dort war es verhältnismäßig ruhig. Taxis und andere Autos fuhren an ihnen vorbei. Das Klingeln der Straßenbahnen war Musik in seinen Ohren. An der Westminster-Brücke überquerten sie den Parliament Square und fuhren dann durch die grüne Stille des St. James's Park. Sie hatten ein Zimmer in einem Hotel ganz nahe der Jermyn Street reserviert.

Der Empfangschef führte sie hinauf, und ein Diener

brachte ihnen ihr Gepäck. Es war ein Zimmer mit zwei Einzelbetten und einem eigenen Badezimmer.

»Das sieht ja ganz ordentlich aus«, sagte Alban. »Es wird vollkommen ausreichen, bis wir eine kleine Wohnung oder sonst etwas gefunden haben.«

Er schaute auf die Uhr.

»Hör zu, Liebling, wir würden bloß übereinander stolpern, wenn wir gleichzeitig auspackten. Wir haben massenhaft Zeit, und du wirst länger brauchen als ich, um dich frisch zu machen und dich anzuziehen. Ich lasse dich eine Weile allein. Ich möchte in den Klub gehen und sehen, ob Post für mich da ist. Ich habe meinen Smoking im Handkoffer und brauche keine zwanzig Minuten, um zu baden und mich umzuziehen. Ist dir das recht?«

»Ja. Vollkommen.«

»In einer Stunde bin ich wieder da.«

»Schön.«

Er zog aus seiner Tasche den kleinen Kamm, den er immer bei sich hatte, und fuhr damit durch sein langes blondes Haar. Dann setzte er den Hut auf. Er warf einen Blick in den Spiegel.

»Soll ich dir das Bad einlassen?«

»Nein, bemüh dich nicht.«

»Auf Wiedersehen also.«

Er ging.

Als er draußen war, nahm Anne ihr Reisenecessaire und ihre Hutschachtel und stellte beides auf ihren Koffer. Dann klingelte sie. Sie nahm ihren Hut nicht ab. Sie setzte sich hin und zündete sich eine Zigarette an. Als ein Mädchen erschien, ließ sie den Hausdiener kommen. Sie zeigte auf ihr Gepäck.

»Bringen Sie diese Sachen hinunter und lassen Sie sie vorläufig unten in der Halle stehen. Ich werde Ihnen später sagen, was damit geschehen soll.«

»Sehr wohl, Ma'am.«

Sie gab dem Mann ein Zweishillingstück. Er schaffte den Koffer und die anderen Gepäckstücke hinaus und schloß die Tür hinter sich. Ein paar Tränen liefen Anne über die Wangen, aber sie riß sich zusammen; sie trocknete sich die Augen und puderte sich das Gesicht. Sie brauchte ihre ganze Ruhe. Sie war froh, daß Alban auf die Idee gekommen war, in den Klub zu gehen. Es erleichterte ihr Vorhaben und ließ ihr ein wenig Zeit zum Überlegen.

Nun, da der Augenblick gekommen war, auszuführen, was sie seit Wochen beschlossen hatte, nun, da sie die furchtbaren Dinge aussprechen mußte, die sie zu sagen hatte, verließ sie der Mut. Ihr Herz sank. Sie wußte genau, was sie Alban sagen wollte, sie war sich seit langem darüber klar. Auf der langen Reise von Singapur hatte sie es sich hundertmal Wort für Wort vorgesagt, aber sie hatte Angst, sich zu verheddern. Sie verabscheute Streit. Der bloße Gedanke an eine Szene machte sie krank. Darum war es gut, daß sie nun eine Stunde Zeit hatte, sich zu sammeln. Er würde sagen, daß sie herzlos und grausam und unvernünftig sei. Sie konnte es nicht ändern.

»Nein, nein, nein«, rief sie laut.

Sie schauderte vor Entsetzen. Und mit einemmal sah sie sich wieder in dem Bungalow, so wie sie dagesessen hatte, als das Ganze anfing. Es war knapp vor dem Mittagessen, und in ein paar Minuten sollte Alban vom Büro zurück sein. Es war eine Freude für sie, daß der Raum, der ihn erwartete, diese große Veranda, die ihr Wohnzimmer bildete, so hübsch war, und sie wußte, daß Alban nach achtzehn Monaten immer noch nicht abgestumpft war gegen das kleine Kunstwerk, das sie hier zustande gebracht hatte. Die Jalousien waren nun heruntergelassen, um die Mittagssonne abzuhalten, und das gemilderte Licht, das durch den Stoff hindurchdrang, rief den Eindruck kühler Stille hervor. Anne legte großen Wert auf eine hübsche Wohnung, und obgleich sie, wie der Dienst es mit sich brachte, von Distrikt zu Distrikt versetzt wurden und selten lange an ein und demselben Ort blieben, machte sie sich jedesmal mit neuem Enthusiasmus daran, ihr Haus reizend und behaglich einzurichten. Sie war sehr modern. Besucher wunderten sich, daß keine Nippsachen herumstanden. Sie waren befremdet über die kühnen Farben der Vorhänge und konnten nichts mit den farbigen Reproduktionen von Marie Laurencin und Gauguin anfangen, die in versilberten Rahmen an den Wänden verteilt waren. Sie war sich bewußt, daß ihr Geschmack nur von wenigen gebilligt wurde und daß die guten Damen von Port Wallace und Pemberton derartige Neuheiten ausgefallen, affektiert und unangebracht fanden; aber sie ließ sich dadurch nicht beirren. Sie würden schon lernen. Es tat ihnen gut, ein bißchen aufgerüttelt zu werden. Und nun blickte sie sich in der langen, geräumigen Veranda um, mit dem befriedigten Aufseufzen des Künstlers, der sein Werk gutheißt. Der Raum war farbenfroh. Er war kahl. Er verbreitete Ruhe. Er erfrischte den Geist und wirkte sanft belebend auf die Phantasie. Drei ungeheure Vasen mit gelben Kannas vervollständigten das Bild. Ihre Augen blieben einen Augenblick auf den mit Büchern gefüllten Regalen haften; das war auch etwas, was die Kolonie nicht verstehen konnte: diese vielen Bücher, die sie hatten, und merkwürdige Bücher, schwer fanden sie sie meistenteils; und Anne streifte sie mit einem liebevollen Blick, als wären es lebendige Wesen. Dann schaute sie zum Klavier hinüber. Ein Notenheft stand offen da, es war etwas von Debussy, und Alban hatte es gespielt, ehe er ins Büro gegangen war.

Ihre Freundinnen in der Kolonie hatten sie bemitleidet, als Alban zum Distriktsbeamten in Daktar ernannt worden war, denn es war der entlegenste Distrikt von Sondurah. Daktar war mit der Stadt, die das Hauptquartier der Regierung bildete, weder durch Telegraph noch durch Telefon verbunden. Aber Anne gefiel es. Sie waren nun schon eine ganze Weile da und hofften, bleiben zu können, bis Alban nach zwölf Monaten seinen Urlaub antreten und nach England fahren würde. Der Distrikt war so groß wie eine englische Grafschaft, mit einer langen Küstenlinie, und das Meer war von kleinen Inseln übersät. Ein breiter, gewundener Fluß zog sich durch die Landschaft, zwischen Hügelketten, die dicht mit Urwald bewachsen waren. Die Station, ein gutes Stück flußaufwärts gelegen, bestand aus einer Reihe chinesischer Läden und einem zwischen Kokospalmen eingebetteten Eingeborenendorf, dem Distriktsamt, dem Bungalow des Distriktsbeamten, dem Haus des Sekretärs und einigen Baracken. Ihre einzigen Nachbarn waren der Leiter einer Kautschukplantage ein paar Meilen flußaufwärts und zwei Holländer – der Leiter und der Assistent eines Holzwerkes an einem der Nebenflüsse. Das Motorboot der Kautschukplantage fuhr zweimal im Monat den Fluß hinauf und bildete die einzige regelmäßige Verbindung mit der übrigen

Welt. Aber obwohl sie so einsam lebten, langweilten sie sich nicht. Ihre Tage waren ausgefüllt. Am frühen Morgen warteten ihre Pferde auf sie, und sie ritten aus, solange der Tag noch frisch war und in den Pfaden des Dschungels noch das Geheimnis der tropischen Nacht verweilte. Sie kamen zurück, badeten, zogen sich um und frühstückten, und Alban ging in sein Büro. Anne verbrachte den Vormittag mit Briefeschreiben und allerhand Arbeiten. Sie hatte sich in das Land verliebt und vom ersten Tag an versucht, sich seine Umgangssprache zu eigen zu machen. Ihre Phantasie entzündete sich an den Geschichten von Liebe, Eifersucht und Tod, die sie hörte. Man erzählte ihr romantische Begebenheiten aus einer Zeit, die noch kaum vergangen war. Sie versuchte sich in die Gedankenwelt dieses seltsamen Volkes zu versenken. Sowohl sie als auch Alban lasen viel. Sie hatten eine für diese Gegend ansehnliche Bibliothek, und mit fast jeder Post aus London kamen neue Bücher. Wenig Beachtenswertes entging ihnen. Alban liebte es, Klavier zu spielen. Für einen Amateur spielte er sehr gut. Er hatte ziemlich ernsthaft geübt und hatte einen schönen Anschlag und ein gutes Gehör; er spielte mit Leichtigkeit vom Blatt, und es war immer ein Vergnügen für Anne, neben ihm zu sitzen und mitzulesen, wenn er etwas Neues probierte. Aber ihre größte Freude war, den Distrikt zu bereisen. Manchmal blieben sie volle vierzehn Tage weg. Sie fuhren in einem Prahu den Fluß hinunter und segelten dann von einer kleinen Insel zur anderen, badeten im Meer und fischten, oder aber sie ruderten stromaufwärts, bis der Lauf seicht wurde und die Bäume an den Ufern einander so nahe kamen, daß man bloß einen schmalen Streifen Himmel zwischen ihnen sehen konnte. Hier mußte der Bootsmann das Boot mit der Stange vorwärts stoßen, und sie verbrachten die Nacht in einem Eingeborenenhaus. Sie badeten in einem tiefen Fluß-tümpel, der so klar war, daß man den Sand silbern am Grund glitzern sah; und dieser Ort war so schön, so friedlich, so weltabgeschieden, daß man das Gefühl hatte, hier könnte man ewig bleiben. Ein anderes Mal wanderten sie tagelang durch den Dschungel, in Zelten übernachtend, und trotz der Moskitos, die sie stachen, und der Blutegel, die ihr Blut saugten, genossen sie jeden Augenblick. Wer hatte je so gut auf einem Feldbett geschlafen? Und danach die Freude der Heimkehr, das Entzücken über die Behaglichkeit des wohl-geordneten Heims, die Post, die angekommen war, mit Brie-fen von zu Hause und den vielen Zeitungen, und das Kla-vier.

Alban setzte sich dann an das Instrument – es juckte ihn schon in den Fingern –, und was er auch spielte, ob nun Stra-winsky, Ravel oder Darius Milhaud – aus allem hörte sie etwas von ihm selbst heraus, die nächtlichen Geräusche des Dschungels, die Dämmerung über der Flußmündung, die sternhellen Nächte und die kristallene Klarheit der Waldge-wässer.

Manchmal fiel der Regen tagelang in Strömen herab.

Dann beschäftigte sich Alban mit Chinesisch. Er lernte es, um sich mit den im Lande ansässigen Chinesen in ihrer Muttersprache verständigen zu können, und Anne erledigte etwas von den tausend Dingen, für die sie sonst keine Zeit fand. Diese Tage brachten sie einander noch näher; sie hat-ten immer viel miteinander zu sprechen, und wenn jeder mit seinen eigenen Angelegenheiten beschäftigt war, tat es doch wohl, die Gegenwart des andern zu spüren. Sie waren wunderbar verbunden. Die Regentage, die sie in die Wände des Bungalows einschlossen, gaben ihnen das Gefühl, eins zu sein, ein Leib und eine Seele gegen den Rest der Welt.

Gelegentlich fuhren sie nach Port Wallace. Es war eine Abwechslung, aber Anne war froh, wenn sie wieder nach Hause kam. Sie fühlte sich nie ganz wohl dort. Sie merkte, daß die Leute, mit denen sie zusammentrafen, Alban nicht mochten. Es waren sehr gewöhnliche Leute, bürgerlich, provinziell und stumpf, ohne eine Spur der geistigen Interessen, durch die das Leben für sie und Alban so erfüllt und abwechslungsreich wurde; und viele von ihnen waren beschränkt und bösartig; aber da sie den größten Teil des Lebens mit ihnen würden in Verbindung bleiben müssen, war es bedauerlich, daß sie Alban so wenig Sympathie entgegenbrachten. Sie behaupteten, er wäre eingebildet. Er benahm sich immer sehr nett zu ihnen, aber sie fühlte, daß sie ihm seine Freundlichkeit übelnahmen. Wenn er sich bemühte, jovial zu sein, behaupteten sie, er spiele sich auf, und wenn er sie neckte, fanden sie, er mache sich auf ihre Kosten lustig.

Einmal waren sie im Haus des Gouverneurs zu Gast, und Mrs. Hannay, seine Frau, die Anne gern hatte, sprach sie darauf an. Vielleicht geschah es auf Veranlassung des Gouverneurs.

»Es ist so schade, meine Liebe, daß Ihr Mann sich nicht bemüht, ein bißchen kameradschaftlicher mit den Leuten zu sein. Er ist sehr intelligent; glauben Sie nicht, es wäre besser, wenn er die anderen nicht ganz so deutlich merken ließe, daß er das weiß? Mein Mann hat erst gestern zu mir gesagt:

›Es ist mir vollkommen klar, daß Alban Torel der klügste unter den jungen Leuten hier draußen ist, aber er hat etwas an sich, was mich reizt. Wenn er mit mir spricht, habe ich den Eindruck, daß er mich insgeheim einen Esel nennt.‹«

Das Schlimme daran war, daß Anne wußte, daß Alban tatsächlich eine sehr geringe Meinung von den Fähigkeiten des Gouverneurs hatte.

»Er meint es nicht so«, antwortete sie lächelnd. »Und er ist wirklich nicht im mindesten eingebildet. Er sieht bloß so aus, weil er eine gerade Nase und hohe Backenknochen hat.«

»Sehen Sie, man hat ihn im Klub nicht gern. Man nennt ihn den Puderquasten-Percy.«

Anne errötete. Sie hatte das schon früher einmal gehört, und es machte sie wütend. Ihre Augen füllten sich mit Tränen.

»Ich finde das furchtbar unfair.«

Mrs. Hannay nahm ihre Hand und drückte sie liebevoll.

»Meine Liebe, Sie wissen, daß ich Ihnen nicht weh tun will. Ihr Mann wird es ganz bestimmt sehr weit bringen im Dienst. Er könnte sich seine Stellung um vieles erleichtern, wenn er ein bißchen menschlicher wäre. Warum spielt er nicht Fußball?«

»Es liegt ihm nicht. Aber er ist immer mit Freuden bereit, Tennis zu spielen.«

»Das glaubt man ihm bloß nicht. Er setzt eine Miene auf, als dächte er sich, daß niemand da sei, mit dem es sich lohne, zu spielen.«

»Gott, das stimmt ja eigentlich auch«, entgegnete Anne verletzt.

Alban war ein ausgezeichneter Tennisspieler. Er hatte in

England viele Turniere gespielt, und Anne wußte, daß es ihm ein boshaftes Vergnügen bereitete, die fleischigen, biederen Männer hier auf dem Platz herumzujagen. Selbst der Beste unter ihnen wirkte dann lächerlich. Alban konnte vernichtend sein auf dem Tennisplatz, und Anne wußte, daß er der Versuchung manchmal nicht widerstehen konnte.

»Er spielt sich etwas auf, finden Sie nicht?« fragte Mrs. Hannay.

»Nein, bestimmt nicht. Glauben Sie mir, Alban hat keine Ahnung, daß er unbeliebt ist. Soweit ich es beurteilen kann, ist er immer nett und freundlich zu allen.«

»Ja, aber gerade dann ist er am beleidigendsten«, meinte Mrs. Hannay trocken.

»Ich weiß, daß wir nicht sehr beliebt sind«, sagte Anne mit einem schwachen Lächeln. »Das tut mir sehr leid, aber ich wüßte wirklich nicht, was wir dagegen tun können.«

»Von Ihnen ist nicht die Rede, meine Liebe«, rief Mrs. Hannay. »Sie werden von allen geliebt. Deshalb finden sie sich ja auch mit Ihrem Gatten ab. Wer sollte Sie nicht gern haben, Kind?«

»Ich weiß nicht, warum ich Gnade vor ihren Augen finde«, sagte Anne.

Aber sie war nicht ganz aufrichtig. Sie spielte bewußt die Rolle der reizenden kleinen Frau und unterhielt sich königlich dabei. Sie lehnten Alban ab, weil er etwas so Vornehmes hatte und sich für Kunst und Literatur interessierte; sie verstanden nichts von diesen Dingen und hielten sie darum für unmännlich; und sie lehnten ihn ab, weil seine Fähigkeiten größer waren als die ihren. Sie lehnten ihn ab, weil er besser erzogen war als sie. Sie fanden ihn überlegen; nun, er war überlegen, aber nicht in dem Sinn, wie sie meinten. Sie verziehen ihr, weil sie ein häßliches kleines Ding war. So bezeichnete sie sich wenigstens, aber es stimmte nicht, oder wenn es stimmte, so war ihre Häßlichkeit außerordentlich anziehend. Sie war wie ein kleiner Affe, aber ein süßer kleiner Affe und sehr menschlich. Sie hatte eine nette Figur. Das war das Beste an ihr. Das und ihre Augen. Sie waren sehr groß, von einem tiefen Braun, feucht und glänzend; sie waren voll Schalk, aber sie konnten auch weich werden, voll zarter innerer Anteilnahme. Sie war brünett, ihr krauses Haar wirkte beinahe schwarz, und ihre Haut war dunkel; sie hatte eine kleine fleischige Nase mit großen Nasenlöchern und einen viel zu großen Mund. Aber sie war munter und lebhaft. Sie konnte mit einem Anschein von wirklichem Interesse mit den Damen der Kolonie über ihre Gatten, ihre Dienstboten und ihre Kinder in England sprechen, und sie konnte verständnisvoll den Männern zuhören, wenn sie ihr Geschichten erzählten, die sie längst kannte. Die Leute fanden sie nett und sympathisch. Sie wußten nicht, wie sie sich insgeheim über sie lustig machte. Es wäre ihnen niemals in den Sinn gekommen, daß sie sie für beschränkt, grob und anmaßend hielt. Sie konnten den Tropen keinen Reiz abgewinnen, weil sie ihre Umgebung mit banalen, nüchternen Augen betrachteten. Sie trieben die Romantik von ihrer Schwelle fort wie einen lästigen Bettler. Anne fühlte sich weit von ihnen entfernt. Sie sagte sich die Zeile von Landor vor:

»Ich liebte die Natur und nächst der Natur die Kunst.«

Sie dachte über ihr Gespräch mit Mrs. Hannay nach, aber im großen und ganzen ließ es sie unberührt. Sie überlegte, ob sie Alban etwas davon sagen sollte; es war ihr immer merkwürdig erschienen, daß er sich seiner Unbeliebtheit so wenig bewußt war; aber sie hatte Angst, er könnte seine Unbefangenheit verlieren, wenn sie mit ihm darüber sprach. Er bemerkte die Kälte der Männer im Klub einfach nicht. Sie fühlten sich in seiner Gegenwart befangen und daher unbehaglich. Sein Erscheinen löste immer eine Art von Verlegenheit aus, aber er, in glücklicher Ahnungslosigkeit, war unverbindlich freundlich zu jedem einzelnen. Tatsächlich verhielt es sich so, daß er die Menschen im Grunde gar nicht bemerkte. Er und Anne und ein kleiner Kreis von Freunden, den sie in London hatten, bildeten eine Klasse für sich, aber es kam ihm nie klar zum Bewußtsein, daß auch die Leute der Kolonie, die Regierungsbeamten und die Pflanzer mit ihren Frauen menschliche Wesen waren. Er behandelte sie wie Mitspieler in einem Spiel. Er lachte mit ihnen, neckte sie und war liebenswürdig tolerant ihnen gegenüber; belustigt sagte sich Anne, daß er ihr eigentlich vorkam wie ein Volksschullehrer, der mit seinen kleinen Jungen einen Ausflug unternimmt und sich bemüht, ihnen einen recht schönen Tag zu bereiten.

Sie fürchtete, es würde keinen Sinn haben, Alban von dem Gespräch zu erzählen. Er war unfähig, sich zu verstellen, was, wie sie sich fröhlich eingestand, ihr selbst so leichtfiel. Was sollte man mit diesen Leuten hier anfangen? Die Männer waren als junge Burschen von zweitrangigen Schulen in die Kolonien gekommen, und das Leben hatte sie nichts gelehrt. Mit Fünfzig hatten sie den Horizont von Grünschnäbeln. Die meisten von ihnen tranken viel zuviel. Sie lasen nichts, was des Lesens wert war. Ihr Ehrgeiz war, so zu sein wie alle anderen. Das größte Lob, das sie einem Menschen spendeten, war, er sei ›ein verdammt guter Kerl‹. Wenn man sich für geistige Dinge interessierte, war man ein Bildungsprotz. Sie waren zerfressen von Neid und verzehrten sich in kleinlichen Eifersüchteleien. Und die Frauen, diese armen Dinger, waren besessen von kleinen Rivalitäten. Sie bildeten einen Kreis, der provinzieller war als jede Gesellschaft der kleinsten Stadt in England. Sie waren prüde und gehässig. Was hatte es zu sagen, wenn sie Alban nicht mochten? Sie würden sich mit ihm abfinden müssen, weil seine Fähigkeiten so groß waren. Er war klug und energisch. Sie konnten ihm nicht vorwerfen, daß er seine Arbeit nicht gut verrichtete. Er hatte auf jedem Posten, den er bisher bekleidet hatte, Erfolg gehabt. Dank seinem Einfühlungsvermögen und seiner Phantasie drang er in die Mentalität der Eingeborenen ein und vermochte sie zu Leistungen anzuspornen, wie sie kein anderer in seiner Stellung erzielt hatte. Er war sprachbegabt und verständigte sich in allen lokalen Dialekten. Er beherrschte nicht nur die gewöhnliche Umgangssprache, wie sie von den meisten Regierungsbeamten gesprochen wurde, sondern er hatte sich überdies gewisse Feinheiten angeeignet, so daß er sich gelegentlich einer zeremoniellen Ausdrucksweise bedienen konnte, die den Häuptlingen schmeichelte und ihnen Eindruck machte. Er hatte Organisationstalent. Er scheute nicht vor Verantwortung zurück. Mit der Zeit würde er es zum Residenten bringen. Alban hatte einen gewissen Rückhalt in England; sein Vater war Brigadegeneral gewesen und im Krieg gefallen, und obgleich er kein Vermögen geerbt hatte, besaß er einflußreiche Freunde. Er sprach von ihnen mit scherzhafter Ironie.

»Der große Vorteil der Demokratie«, pflegte er zu sagen, »besteht darin, daß Verdienst, gestützt auf gute Beziehungen, mit der gebührenden Anerkennung rechnen darf.«

Alban war so offensichtlich der fähigste Mann unter seinen Kollegen, daß es durchaus möglich schien, daß er eines Tages zum Gouverneur ernannt würde. Dann, überlegte Anne, würde die überlegene Haltung, die man ihm jetzt zum Vorwurf machte, am Platz sein. Man würde ihn als Vorgesetzten anerkennen, und er würde es verstehen, sich Achtung und Gehorsam zu verschaffen. Die Position, die sie voraussah, blendete sie nicht. Sie faßte sie auf als etwas, worauf sie ein Anrecht hatten. Es würde schön sein für Alban, Gouverneur zu sein, und für sie, die Frau des Gouverneurs. Und was für ein Betätigungsfeld! Diese Regierungsbeamten und Pflanzer waren ja Schafe; wenn das Haus des Gouverneurs ein Sitz der Kultur war, würden sie sich bald anpassen. Wenn die Gunst des Gouverneurs am ehesten durch Intelligenz zu erlangen war, würde es Mode werden, intelligent zu sein. Sie und Alban würden die Eingeborenenkunst in Ehren halten und mit Sorgfalt die Denkmäler entschwundener Epochen sammeln. Das Land würde eine Entwicklung nehmen, die es sich nie erträumt hatte. Sie würden es erschließen, aber nach Richtlinien der Ordnung und Schönheit. Sie würden ihren Untergebenen eine Leidenschaft für dieses schöne Stück Erde und ein liebevolles Interesse für seine romantischen Volksstämme einflößen. Sie würden ihnen begreiflich machen, was Musik ist. Sie würden die Literatur pflegen. Sie würden Schönheit schaffen. Es sollte das Goldene Zeitalter werden.

Plötzlich hörte sie Albans Schritte. Anne erwachte aus

ihren Träumen. All dies lag noch weit in der Zukunft. Alban war vorläufig noch Distriktbeamter, und das, worauf es ankam, war das Leben, das sie gegenwärtig führten. Sie hörte Alban ins Badezimmer gehen und sich waschen. Bald darauf erschien er. Er hatte sich umgezogen und trug Hemd und Shorts. Sein blondes Haar war noch feucht.

»Das Essen fertig?« fragte er.

»Ja.«

Er setzte sich ans Klavier und spielte das Stück, das er am Morgen gespielt hatte. Die silbernen Töne fielen in Kaskaden kühl durch die schwüle Luft. Man vermeinte, einen streng angelegten Garten mit hohen Bäumen und eleganten Springbrunnen zu sehen, und sanfte Wege, von pseudoklassischen Statuen eingefaßt. Alban spielte mit zartester Empfindung. Der Lunch wurde gemeldet. Er erhob sich vom Klavier. Sie gingen Hand in Hand ins Eßzimmer. Ein Punkah fächelte träge die Luft. Anne warf einen Blick auf den Tisch. Mit seinem lebhaft farbigen Tischtuch und seinen amüsanten Tellern sah er sehr fröhlich aus.

»Gibt es etwas Neues im Büro?« fragte sie.

»Nein, nicht viel. Ein Vorfall mit einem Büffel. Oh, und Prynne hat hergeschickt und mich gebeten, zu seiner Pflanzung zu kommen. Ein paar Kulis haben Bäume beschädigt, und er möchte, daß ich mir die Sache ansehe.«

Prynne war der Leiter der Kautschukplantage am Fluß oben, und hin und wieder verbrachten sie einen Abend mit ihm.

Manchmal, wenn er eine Abwechslung brauchte, kam er zum Dinner her und übernachtete bei ihnen. Sie hatten ihn beide gern. Er war ein Mann von fünfunddreißig Jahren, mit einem roten, zerfurchten Gesicht und sehr schwarzem Haar. Er war völlig ungebildet, aber heiter und natürlich, und da er der einzige Engländer im Umkreis von zwei Tagereisen war, konnten sie gar nicht anders als freundlich zu ihm sein. Er war anfangs etwas schüchtern ihnen gegenüber gewesen. Neuigkeiten verbreiten sich rasch im Osten, und lange ehe sie eingetroffen waren, hatte er bereits gehört, sie wären Intellektuelle. Er war sich nicht im klaren, wie er sich zu ihnen stellen sollte. Wahrscheinlich wußte er nicht, daß er Charme hatte, was viele weit wertvollere Eigenschaften aufwiegt, und Alban, mit seiner fast weiblichen Empfindsamkeit, war außerordentlich empfänglich dafür. Prynne fand also Alban bedeutend menschlicher, als er erwartet hatte, und Anne war natürlich wunderbar. Alban gab am Klavier Ragtimes zum besten, was er nicht einmal dem Gouverneur zuliebe getan hätte, und spielte Domino mit ihm. Als Alban seine erste Distriktsreise mit Anne unternahm und ihm mitteilte, daß er gerne ein paar Nächte auf seiner Plantage zubringen wollte, hatte Prynne sich verpflichtet gefühlt, ihn darauf aufmerksam zu machen, daß er mit einer eingeborenen Frau lebte und zwei Kinder mit ihr hatte. Er würde sein Möglichstes tun, sie vor Anne verborgen zu halten, aber er konnte sie nicht wegschicken, denn er wußte nicht, wohin. Alban lachte.

»Anne ist nicht so. Lassen Sie es sich ja nicht einfallen, sie zu verstecken. Anne liebt Kinder.«

Anne schloß schnell Freundschaft mit der scheuen, hübschen kleinen Frau und spielte bald fröhlich mit den Kindern. Sie und die junge Frau hatten lange, vertrauliche Gespräche miteinander, die Kinder faßten eine große Zuneigung zu ihr. Sie brachte ihnen reizende Spielsachen aus Port Wallace mit.

Prynne, der ihre lächelnde Toleranz mit der mißbilligenden Säuerlichkeit der anderen Frauen der Kolonie verglich, war völlig überwältigt. Er konnte seiner Freude und seiner Dankbarkeit gar nicht genug Ausdruck verleihen.

»Wenn alle Intellektuellen so sind wie Sie«, sagte er, »dann will ich nur noch mit Intellektuellen verkehren.«

Es tat ihm weh, zu denken, daß sie in einem Jahr den Distrikt für immer verlassen würden. Denn wenn der nächste Distriktsbeamte eine Frau hatte, mußte er sich auf ihre mißbilligende Ablehnung gefaßt machen. Sie würde es schrecklich finden, daß er, anstatt allein zu leben, eine Eingeborene bei sich hatte und, was noch schlimmer war, an ihr hing.

Aber es hatte in letzter Zeit allerhand Mißhelligkeiten gegeben auf der Plantage. Die Kulis waren Chinesen und von kommunistischen Ideen angesteckt. Sie waren aufrührerisch. Alban hatte sich gezwungen gesehen, einige von ihnen zu Gefängnisstrafen zu verurteilen.

»Prynne sagt mir, daß er sie alle, wenn sie ihre Zeit absolviert haben, nach China zurückschicken und statt ihrer Javaner einstellen will«, erzählte Alban. »Ich bin überzeugt, er hat recht. Javaner sind viel gefügiger.«

»Du glaubst doch nicht, daß es ernsthafte Unruhen geben wird?«

»Ach nein. Prynne versteht sein Handwerk und ist ein energischer Mensch. Er wird schon fertig werden mit diesen Burschen. Überdies hat er mich und unsere Polizisten hinter sich; da werden sie es bestimmt nicht wagen, ernsthaft aufzumucken.« Er lächelte. »Die eiserne Hand im samtenen Handschuh.«

Die Worte waren kaum ausgesprochen, als sich ein plötzliches Geschrei erhob. Es gab einen Tumult, und man hörte das Getrappel von Schritten. Laute Stimmen und Schreie.

»Tuan, Tuan.«

»Was, zum Teufel, ist los?«

Alban sprang von seinem Stuhl auf und ging schnell auf die Veranda. Anne folgte ihm. Am Fuß der Treppe stand eine Gruppe Einheimischer, auch der Sergeant war da, drei oder vier Polizisten, Bootsleute und ein paar Männer aus dem Eingeborenendorf.

»Was gibt's?« rief Alban.

Zwei oder drei antworteten gleichzeitig. Der Sergeant schob die anderen beiseite, und Alban sah auf dem Boden einen Mann liegen in Hemd und Khakihosen. Er rannte die Treppe hinunter und erkannte in ihm den Hilfsaufseher von Prynnes Plantage. Er war ein Mischling. Seine Hosen waren voll Blut, und die eine Seite seines Gesichtes und seines Kopfes war von geronnenem Blut überzogen. Er war bewußtlos.

»Bringt ihn herauf«, rief Anne.

Alban gab einen Befehl. Der Mann wurde aufgehoben und auf die Veranda getragen. Man legte ihn auf den Boden, und Anne schob ihm ein Kissen unter den Kopf. Sie ließ Wasser und ihr Medikamentenkästchen bringen.

»Ist er tot?« fragte Alban.

»Nein.«

»Versuche, ihm etwas Brandy einzuflößen.«

Die Bootsleute brachten grausige Nachricht. Die chinesischen Kulis hatten sich plötzlich erhoben und Prynnes Büro angegriffen. Prynne war getötet worden, und der Hilfsaufseher, Oakley mit Namen, hatte sich nur mit äußerster Not retten können. Er war erschienen, als die Aufrührer im Begriff waren, das Büro zu plündern, hatte gesehen, wie man Prynnes Leichnam zum Fenster hinauswarf, und die Flucht ergriffen. Einige von den Chinesen erblickten ihn und jagten ihm hinterher. Er rannte zum Fluß hinunter und wurde verwundet, als er in das Motorboot sprang. Dem Bootsführer gelang es, abzustoßen, ehe die Chinesen an Bord kommen konnten, und man war so rasch wie möglich flußabwärts gefahren. Unterwegs hatte man Flammen aus den Verwaltungsgebäuden emporschlagen sehen. Es gab keinen Zweifel, daß die Kulis alles niedergebrannt hatten, was niederzubrennen war.

Oakley stöhnte auf und öffnete die Augen. Er war ein kleiner dunkelhäutiger Mann mit glatten Zügen und dickem, grobem Haar. Seine großen Augen waren von Entsetzen erfüllt.

»Fürchten Sie sich nicht«, sagte Anne. »Sie sind in Sicherheit.«

Er seufzte auf und lächelte. Anne wusch ihm das Gesicht und benetzte es mit antiseptischen Mitteln. Die Kopfwunde war nicht ernst.

»Können Sie schon sprechen?« fragte Alban.

»Warte ein bißchen«, sagte sie. »Wir müssen uns zuerst sein Bein ansehen.«

Alban befahl dem Sergeanten, die Leute von der Veranda zu entfernen. Anne schlitzte das eine Hosenbein auf. Der Stoff klebte an der Wunde.

»Ich habe geblutet wie ein Schwein«, sagte Oakley.

Es war bloß eine Fleischwunde. Alban hatte geschickte Finger; das Blut begann zwar von neuem zu fließen, doch sie stillten es bald. Alban legte einen Verband an. Der Sergeant und ein Polizist hoben Oakley auf einen Liegestuhl. Alban flößte ihm etwas Brandy ein, und bald fühlte er sich kräftig genug, um zu sprechen. Er wußte nicht mehr, als die Bootsleute bereits berichtet hatten. Prynne war tot, und die Plantage stand in Flammen.

»Und die junge Frau und die Kinder?« fragte Anne.

»Ich weiß nicht.«

»Ach, Alban!«

»Ich muß die Polizei hinschicken. Sind Sie sicher, daß Prynne tot ist?«

»Ja, Sir. Ich habe ihn gesehen.«

»Haben die Aufrührer Feuerwaffen?«

»Ich weiß nicht, Sir.«

»Was heißt das: Sie wissen nicht?« rief Alban gereizt. »Prynne hatte doch ein Gewehr, nicht?«

»Ja, Sir.«

»Es müssen mehrere Gewehre dagewesen sein. Sie hatten doch auch eines, oder? Und der Hauptaufseher ebenfalls?«

Der Mann schwieg. Alban blickte ihn streng an.

»Wie viele von diesen verdammten Chinesen sind da?«

»Hundertfünfzig.«

Anne wunderte sich, daß er so viele Fragen stellte. Es erschien ihr als Zeitverlust. Jetzt kam es darauf an, Kulis für den Transport flußaufwärts zu sammeln, die Boote flottzumachen und Munition für die Polizei auszugeben.

»Wie viele Polizisten haben Sie, Sir?« fragte Oakley.

»Acht und den Sergeanten.«

»Könnte ich mitkommen? Dann wären wir zehn. Es wird bestimmt gehen, jetzt, wo ich verbunden bin.«

»Ich fahre nicht hin«, sagte Alban.

»Alban, du mußt«, rief Anne. Sie traute ihren Ohren kaum.
»Es kommt gar nicht in Frage. Es wäre der hellste Wahnsinn. Mit Oakley können wir nicht rechnen. In ein paar Stunden wird er Fieber haben. Er stünde uns nur im Wege. So blieben uns im ganzen neun Gewehre. Die Chinesen sind hundertfünfzig und haben Waffen und Munition, soviel sie brauchen.«

»Woher weißt du das?«

»Das sagt mir der Verstand, sonst hätten sie diesen Aufstand nicht gewagt. Es wäre idiotisch, hinzufahren.«

Anne starrte ihn mit offenem Mund an. Oakleys Augen blickten verständnislos.

»Was willst du denn tun?«

»Nun, glücklicherweise haben wir das Boot. Ich werde es nach Port Wallace schicken mit der Bitte um Verstärkung.«

»Aber die kann erst frühestens in zwei Tagen hier sein.«

»Nun, und was liegt daran? Prynne ist tot und die Plantage niedergebrannt. Was könnte es nützen, wenn wir jetzt hinauffahren? Ich werde einen Eingeborenen hinschicken, damit er genau auskundschaftet, was die Aufrührer tun.« Er lächelte Anne auf seine bezaubernde Weise an. »Glaube mir, Kleines, den Schurken bleibt nichts erspart, wenn sie ein, zwei Tage auf ihr Strafgericht warten müssen.«

Oakley öffnete den Mund, um zu sprechen, aber vielleicht versagte ihm der Mut. Er war ein Mischling, ein kleiner Hilfsaufseher, und Alban, der Distriktsbeamte, repräsentierte die Regierung. Aber die Augen des Mannes suchten die von Anne, und sie glaubte in ihnen einen ernsten und persönlichen Appell zu lesen.

»Aber in zwei Tagen können sie die entsetzlichsten

Greuel anrichten«, rief sie. »Es ist nicht auszudenken, was sie alles tun können.«

»Was sie auch anrichten, sie werden es bezahlen, das versichere ich dir.«

»Oh, Alban, du kannst nicht stillsitzen und nichts tun. Ich flehe dich an, sofort selbst hinzufahren.«

»Sei nicht so dumm. Ich kann nicht mit acht Mann und einem Sergeanten einen Aufstand unterdrücken. Ich habe nicht das Recht, ein solches Wagnis auf mich zu nehmen. Wir müßten in Booten hinfahren. Und du glaubst doch nicht, daß wir unbemerkt hingelangen könnten? Der Busch längs der Ufer ist ein sicherer Hinterhalt, und sie könnten uns einfach abknallen, während wir dahinfahren. Wir hätten nicht die geringste Chance.«

»Ich fürchte, sie werden es bloß für Schwäche halten, wenn zwei Tage einfach gar nichts unternommen wird, Sir«, sagte Oakley.

»Wenn ich Ihre Meinung hören will, werde ich Sie fragen«, erwiderte Alban eisig. »Was haben denn Sie getan in der Gefahr? Einfach ausgerissen sind Sie, das ist alles. Ich kann mir nicht vorstellen, daß Ihre Hilfe im Notfall sehr wertvoll wäre.«

Der Mischling errötete. Er sagte nichts mehr. Mit verstörten Augen blickte er vor sich hin.

»Ich gehe ins Büro hinunter«, sagte Alban. »Ich will schnell einen Bericht schreiben und ihn dann sofort mit dem Boot wegschicken.«

Er gab dem Sergeanten, der die ganze Zeit über steif oben an der Treppe gestanden hatte, einen Befehl. Der Sergeant salutierte und eilte fort. Alban begab sich in einen kleinen

Vorraum, den sie hatten, um seinen Tropenhelm zu holen. Anne folgte ihm rasch.

»Alban, um Gottes willen, hör mir eine Minute zu«, flüsterte sie.

»Ich will nicht unhöflich zu dir sein, Liebling, aber ich bin in Eile. Du tätest besser, dich um deine eigenen Angelegenheiten zu kümmern.«

»Du kannst nicht einfach nichts tun, Alban. Du mußt gehen. Auf jede Gefahr hin.«

»Mach dich nicht lächerlich«, sagte er scharf.

Er war noch nie böse zu ihr gewesen. Sie erfaßte seine Hand, um ihn zurückzuhalten.

»Ich habe dir schon gesagt, daß niemand damit geholfen ist, wenn ich hinfahre.«

»Das weißt du nicht. Es ist doch noch die Frau da und Prynnes Kinder. Wir müssen etwas tun, um sie zu retten. Laß mich mitkommen. Sie werden sie umbringen.«

»Das haben sie vermutlich schon getan.«

»Ach, wie kannst du so roh sein! Wenn es nur die geringste Möglichkeit gibt, sie zu retten, ist es deine Pflicht, alles zu versuchen.«

»Es ist meine Pflicht, wie ein vernünftiger Mensch zu handeln. Ich denke nicht daran, mein Leben und das Leben meiner Polizisten wegen einer Eingeborenen und ihrer halbblütigen Bälger aufs Spiel zu setzen. Für was für einen Idioten hältst du mich?«

»Sie werden sagen, daß du Angst gehabt hast.«

»Wer?«

»Alle in der Kolonie.«

Er lächelte spöttisch.

»Wenn du wüßtest, welch restlose Verachtung ich für die Meinung jedes einzelnen in der Kolonie habe.«

Sie warf ihm einen langen, forschenden Blick zu. Seit acht Jahren war sie mit ihm verheiratet und kannte jeden Ausdruck seines Gesichts, jeden Gedanken seines Hirns. Sie starrte in seine blauen Augen, als wären es offene Fenster. Plötzlich wurde sie totenblaß. Sie ließ seine Hand fallen und wandte sich ab. Wortlos ging sie auf die Veranda zurück. Ihr häßliches kleines Affengesicht war eine Maske des Entsetzens.

Alban ging in sein Büro, schrieb einen kurzen Bericht nieder, und ein paar Minuten später tuckerte das Motorboot den Fluß hinunter.

Die nächsten beiden Tage waren endlos. Entflohene Eingeborene brachten Nachrichten von den Geschehnissen auf der Plantage. Aber es war unmöglich, sich nach ihren aufgeregten und schreckerfüllten Berichten ein genaues Bild von der Wirklichkeit zu machen. Es hatte viel Blutvergießen gegeben. Der Erste Aufseher war getötet worden. Sie erzählten wilde Geschichten von Grausamkeiten und Gewalttätigkeiten. Anne konnte nichts über Prynnes Frau und die beiden Kinder in Erfahrung bringen. Sie schauderte bei dem Gedanken an ihr Schicksal. Alban sammelte so viele Eingeborene, wie er konnte. Sie waren mit Speeren und Schwertern bewaffnet. Er requirierte Boote. Die Situation war ernst, aber er bewahrte seine Fassung. Er hatte das Gefühl, sein Möglichstes getan zu haben, wonach ihm nichts mehr übrigblieb, als sein normales Leben weiterzuführen. Er verrichtete seine Büroarbeit. Er spielte viel Klavier. Er ritt am frühen Morgen mit Anne aus. Er schien vergessen zu haben, daß es zwischen ihnen die erste ernste Meinungsverschiedenheit ihrer Ehe gegeben hatte. Er schien es für ausgemacht zu halten, daß Anne sich der Weisheit seines Entschlusses gebeugt hatte. Er zeigte sich ihr gegenüber so amüsant, so herzlich und heiter wie immer. Wenn er von den Aufrührern sprach, so geschah es mit grimmiger Ironie: Kam erst die Zeit der Abrechnung, dann würden die meisten von ihnen wünschen, sie wären nie geboren.

»Was wird ihnen denn geschehen?« fragte Anne.

»Nun, sie werden hängen.« Er zuckte voll Abscheu die Schulter. »Ich hasse es, Hinrichtungen beiwohnen zu müssen. Es macht mich ganz elend.«

Er verhielt sich teilnahmsvoll gegenüber Oakley, den Anne ins Bett gelegt hatte und pflegte. Vielleicht tat es ihm leid, daß er in der Aufregung des Augenblicks so beleidigend zu ihm gesprochen hatte, und nun gab er sich alle Mühe, nett zu ihm zu sein.

Dann, am Nachmittag des dritten Tages, als sie nach dem Lunch ihren Kaffee tranken, vernahm Albans scharfes Ohr das Geräusch eines herannahenden Motorbootes. Im selben Augenblick kam ein Polizist angelaufen und meldete, daß das Regierungsboot in Sicht sei.

»Endlich«, rief Alban.

Er stürzte aus dem Haus. Anne zog eine von den Jalousien hoch und schaute auf den Fluß hinaus. Das Geräusch war nun schon ganz laut, und im nächsten Augenblick sah sie das Motorboot um die Biegung kommen. Sie sah Alban auf der Landungsbrücke. Er sprang in ein Prahu, und als das große Boot die Anker auswarf, ging er an Bord. Sie teilte Oakley mit, daß Verstärkung eingetroffen sei.

»Wird der Distriktsbeamte mitgehen, wenn sie angreifen?« fragte er.

»Selbstverständlich«, antwortete Anne kühl.

»Es war mir nicht ganz klar.«

Anne fühlte einen merkwürdigen Schmerz im Herzen. Die beiden letzten Tage hatte sie ihre ganze Selbstbeherrschung aufwenden müssen, um nicht zu weinen. Sie antwortete nicht. Sie ging aus dem Zimmer.

Eine Viertelstunde später kam Alban zurück, in Gesellschaft des Polizeihauptmanns, der mit zwanzig Sikhs losgeschickt worden war, um gegen die Aufständischen vorzugehen. Hauptmann Stratton war ein kleiner Mann mit einem roten Gesicht, rotem Schnurrbart und O-Beinen, sehr jovial und schneidig. Anne war ihm schon öfter in Port Wallace begegnet.

»Nun, Mrs. Torel, da haben wir ja eine schöne Bescherung«, rief er, während er ihr die Hand schüttelte, mit lauter, fröhlicher Stimme. »Aber wir wollen es ihnen schon zeigen, diesen Burschen, ich und meine Armee. Können es kaum erwarten. Gibt's übrigens etwas zu trinken in diesem gottverlassenen Nest?«

»Boy«, rief sie lächelnd.

»Etwas Kühles und schwach Alkoholisches mit viel Soda, und dann bin ich bereit, den Feldzugsplan zu besprechen.«

Seine Munterkeit war sehr tröstlich. Sie blies die düstere Bangigkeit fort, die seit dem Unglück über dem verlorenen Frieden des Bungalows gelastet hatte. Der Boy kam mit dem Tablett herein, und Stratton mischte sich einen Stengah. Alban machte ihn mit den Tatsachen vertraut. Er erzählte sie klar, kurz und präzis.

»Ich muß sagen, ich bewundere Sie«, sagte Stratton. »An Ihrer Stelle wäre ich schon längst der Versuchung erlegen, mit meinen acht Mann loszuziehen und den Kerlen eins vor der Latz zu knallen.«

»Ich hielt es für ein nicht zu verantwortendes Risiko.«

»Safety first, alter Junge, was?« sagte Stratton aufgeräumt. »Ich bin ja froh, daß Sie gewartet haben. Es bietet sich nicht oft Gelegenheit zu einem kleinen Abenteuer. Es wäre gemein von Ihnen gewesen, die ganze Gaudi für sich zu behalten.«

Hauptmann Stratton war dafür, einfach den Fluß hinaufzufahren und sofort anzugreifen, aber Alban machte ihn auf die Risiken eines solchen Vorgehens aufmerksam. Das Geräusch des herannahenden Motorbootes würde die Aufrührer warnen. Das hohe Gras an den Flußufern bot ihnen Deckung, und sie hatten genügend Gewehre, um eine Landung schwierig zu machen. Es erschien sinnlos, die Angreifer dem Feuer dieser Burschen auszusetzen. Man durfte nicht vergessen, daß man hundertfünfzig zum Äußersten entschlossene Männer vor sich hatte, und man könnte leicht in eine Falle geraten. Alban setzte seinen eigenen Plan auseinander. Stratton hörte ihm zu. Hin und wieder nickte er. Der Plan war zweifellos gut. Er würde ihnen die Möglichkeit geben, den Aufrührern in den Rücken zu fallen, sie zu überrumpeln und die Strafexpedition durchzuführen, ohne auch nur einen einzigen Mann zu opfern. Es wäre Torheit, ihn nicht anzunehmen.

»Aber warum haben Sie das nicht selbst gemacht?« fragte Stratton.

»Mit acht Mann und einem Sergeanten?«

Stratton antwortete nicht.

»Jedenfalls ist es keine schlechte Idee, und wir wollen dabei bleiben. Es läßt uns eine Menge Zeit, und wenn Sie gestatten, Mrs. Torel, werde ich zuvor ein Bad nehmen.«

Sie machten sich bei Sonnenuntergang auf, Hauptmann Stratton und seine zwanzig Sikhs, Alban mit seinen Polizisten und den Eingeborenen, die er zusammengetrommelt hatte. Die Nacht war dunkel und ohne Mond. Hinter sich zogen sie die Kanus her, die Alban gesammelt hatte und in die die Mannschaft später umsteigen sollte. Es war wichtig, daß kein Laut ihr Herannahen verriet. Nachdem sie ungefähr drei Stunden mit dem Motorboot gefahren waren, stiegen sie in die Kanus und paddelten leise flußaufwärts. Sie erreichten die Grenzen der ausgedehnten Plantage und gingen an Land. Führer wiesen ihnen einen Pfad, der so schmal war, daß einer hinter dem andern marschieren mußte. Der Weg war lange nicht benutzt worden, und das Gehen war beschwerlich. Zweimal mußten sie einen Wasserlauf durchwaten. Der Pfad führte sie auf Umwegen bis hinter die Quartiere der Aufständischen, aber sie wollten sie erst knapp vor Morgengrauen erreichen, und Stratton gab den Befehl haltzumachen. Es war eine lange, kalte Wartezeit; endlich schien die Nacht etwas weniger finster; man sah die Baumstämme zwar noch nicht, erriet sie aber vage in der Dunkelheit. Stratton hatte an einen Baum gelehnt dagesessen. Er gab dem Sergeanten einen geflüsterten Befehl, und einige Minuten später befand sich die Kolonne wieder auf dem Marsch. Plötzlich waren sie auf der Straße. Sie bildeten Viererreihen. Die Dämmerung brach an, und in dem gespenstischen Licht wurden die Gegenstände ringsherum undeutlich sichtbar.

Die Kolonne blieb auf einen leisen Befehl hin stehen. Man erblickte die Quartiere der Kulis. Stille herrschte dort. Die Kolonne schlich abermals weiter und machte abermals halt. Stratton lächelte Alban mit leuchtenden Augen zu.

»Wir treffen die Gauner schlafend an.«

Er reihte seine Leute in einer Linie auf. Sie luden ihre Gewehre. Er trat vor und hob die Hand. Die Karabiner waren auf die Quartiere der Kulis gerichtet.

»Feuer!«

Man hörte ein Rasseln und gleich darauf das Krachen der Salve. Dann, plötzlich, entstand ein furchtbares Getöse, und die Chinesen strömten hervor, schreiend und Arme schwenkend, aber allen voran lief, zu Albans äußerster Verblüffung, laut brüllend und die Fäuste gegen sie schüttelnd, ein weißer Mann.

»Wer, zum Teufel, ist das?« rief Stratton.

Ein sehr großer, sehr dicker Mann in Khakihosen und Unterhemd kam auf sie zugerannt, so schnell ihn seine fetten Beine trugen, schüttelte im Rennen beide Fäuste und schrie:

»Smerige flikkers! Vervloekte ploerten!«

»Mein Gott, das ist ja Van Hasseldt«, sagte Alban.

Das war der holländische Leiter des Holzcamps, das an einem wichtigen Nebenfluß des Stromes, etwa zwanzig Meilen entfernt lag.

»Was, zum Donnerwetter, fällt euch ein? Seid ihr verrückt?« keuchte er, als er näher kam.

»Was, zum Teufel, haben Sie hier zu suchen?« fragte Stratton zurück.

Er sah, daß die Chinesen in alle Himmelsrichtungen auseinanderstoben, und gab seinen Leuten den Befehl, sie zu umzingeln. Dann wandte er sich wieder Van Hasseldt zu.

»Was hat das zu bedeuten?«

»Zu bedeuten? Zu bedeuten?« brüllte der Holländer wütend. »Das möchte *ich* wissen. Sie und Ihre verfluchten Polizisten. Was hat das zu bedeuten, daß Sie in aller Herrgottsfrühe hier erscheinen und einfach losfeuern? Schießübungen wohl? Um ein Haar hätten Sie mich umgebracht. Idioten!«

»Nehmen Sie eine Zigarette«, sagte Stratton.

»Wie sind Sie hierhergekommen, Van Hasseldt?« fragte Alban völlig ratlos. »Dies ist die Einheit, die von Port Wallace hergeschickt wurde, um den Aufstand niederzuschlagen.«

»Wie ich hergekommen bin? Zu Fuß. Wie soll ich sonst hergekommen sein? Und der Aufstand ist längst erledigt. Ich habe ihn niedergeschlagen. Wenn Sie deshalb gekommen sind, können Sie Ihre verdammten Polizisten wieder nach Hause schicken. Nur ein paar Zentimeter von meinem Kopf entfernt hat eine Kugel eingeschlagen.«

»Ich verstehe nicht«, sagte Alban.

»Da gibt's nichts zu verstehen«, blubberte Van Hasseldt noch immer keuchend vor Wut. »Ein paar Kulis kamen zu mir und meldeten, daß die Chinesen Prynne umgebracht und alles hier niedergebrannt hätten, und da nahm ich meinen Assistenten, meinen Aufseher und einen holländischen Freund, der gerade bei mir wohnte, und ging mit ihnen rüber, um zu sehen, was los sei.«

Hauptmann Stratton riß die Augen auf.

»Was, einfach herüberspaziert wie zu einem Picknick?« fragte er.

»Glauben Sie, daß ich mich von ein paar Chinesen einschüchtern lasse? Dazu habe ich viel zu lange in diesem Land gelebt. Ich fand sie alle halb von Sinnen vor Angst. Einer von ihnen hatte die Frechheit, auf mich zu schießen. Dem habe ich eine Ladung Schrot in den Kopf gejagt, und die übrigen haben sich ergeben. Die Anführer habe ich fesseln lassen. Heute wollte ich Ihnen ein Boot hinunterschicken und Ihnen sagen lassen, Sie könnten sie sich holen.«

Stratton starrte ihn eine Minute an und brach dann in ein schallendes Gelächter aus. Er lachte, bis ihm die Tränen über die Wangen liefen. Der Holländer schaute zornig zurück und fing dann ebenfalls zu lachen an. Er lachte das dröhnende, aus dem Bauch kommende Lachen sehr dicker Menschen, und seine Fettmassen wogten und bebten. Alban betrachtete die beiden mürrisch, er war wütend.

»Was ist mit Prynnes junger Frau und den Kindern geschehen?« fragte er.

»Ach, sie sind ganz gut weggekommen.«

Es zeigte sich, wie klug es von ihm gewesen war, sich nicht von Annes Hysterie beeinflussen zu lassen. Natürlich war den Kindern nichts geschehen. Er hatte es nicht anders erwartet.

Van Hasseldt und seine kleine Truppe traten den Rückweg zum Holzwerk an, und gleich darauf schiffte Stratton seine zwanzig Sikhs ein und fuhr mit ihnen nach Port Wallace, während es Alban, seinem Sergeanten und seinen Polizisten überlassen blieb, die Angelegenheit weiterzuführen. Alban gab Stratton einen kurzen Bericht für den Gouverneur mit. Er fand eine Menge zu tun. Es sah aus, als würde er lange hierbleiben müssen; aber da alle Häuser auf der Plantage niedergebrannt waren und er in den Quartieren der Kulis Unterkunft nehmen mußte, hielt er es für ratsam, Anne nicht nachkommen zu lassen. Er sandte ihr eine kurze Nachricht in diesem Sinne. Er freute sich, sie über das Schicksal von Prynnes Frau beruhigen zu können. Er machte sich sofort an die Arbeit, um Licht in die Angelegenheit zu bringen. Er verhörte eine Unmenge Zeugen. Aber eine Woche später erhielt er den Befehl, sich sofort nach Port Wallace zu begeben. Das Motorboot, das das Schreiben gebracht hatte, sollte ihn mitnehmen, und unterwegs blieb ihm bloß eine knappe Stunde Zeit, sich von Anne zu verabschieden. Alban war sehr verärgert.

»Der Gouverneur hätte wirklich warten können, bis ich die Sache in Ordnung gebracht habe, anstatt mich mittendrin herauszureißen. Es kommt mir äußerst ungelegen.«

»Auf so etwas pflegt die Regierung keine Rücksicht zu nehmen ihren Untergebenen gegenüber«, lächelte Anne.

»Amtsschimmel, nichts weiter. Ich würde dich gerne mitnehmen, Liebling, aber ich will keine Minute länger dort bleiben als unbedingt nötig. Ich möchte so rasch wie möglich das Material für die Gerichtssitzung zusammenbringen. Ich finde, hierzulande sollte rasch Recht gesprochen werden.«

Als das Boot Port Wallace erreichte, sagte ihm jemand von der Hafenpolizei, daß der Hafenmeister einen Brief für ihn habe. Er war vom Sekretär des Gouverneurs und enthielt die Mitteilung, daß Seine Exzellenz ihn baldmöglichst nach seiner Ankunft zu sprechen wünsche. Es war zehn Uhr vormittags. Alban ging in den Klub, nahm ein Bad, rasierte sich und dann, in sauberen weißen Hosen, mit frisch gebürstetem Haar, rief er eine Rikscha und gab dem Boy den Auftrag, ihn zum Gouvernementsgebäude zu bringen. Er wurde sofort in das Zimmer des Sekretärs geführt. Der Sekretär schüttelte ihm die Hand.

»Ich werde Seiner Exzellenz melden, daß Sie hier sind«, sagte er. »Wollen Sie nicht Platz nehmen?«

Der Sekretär verließ das Zimmer und kam bald darauf wieder.

»Seine Exzellenz wird Sie sofort empfangen. Gestatten Sie, daß ich mit meinen Briefen fortfahre?«

Alban lächelte. Der Sekretär war nicht gerade herzlich. Er wartete, rauchte eine Zigarette und unterhielt sich mit seinen eigenen Gedanken. Die Voruntersuchung ging gut vonstatten. Sie interessierte ihn. Dann kam ein Amtsdiener und meldete Alban, daß der Gouverneur ihn erwarte. Er stand auf und ließ sich in das Zimmer des Gouverneurs führen.

»Guten Morgen, Torel.«

»Guten Morgen, Sir.«

Der Gouverneur saß an einem großen Schreibtisch. Er nickte Alban zu und lud ihn mit einer Geste zum Sitzen ein. Der Gouverneur war ganz grau. Sein Haar war grau, sein Gesicht, seine Augen; er sah aus, als ob die tropische Sonne alle Farbe aus ihm herausgewaschen hätte; er war seit dreißig Jahren im Land und Stufe um Stufe durch alle Ränge bis zu seiner heutigen Stellung emporgestiegen; er sah müde und bedrückt aus. Selbst seine Stimme war grau. Alban mochte ihn gern, weil er still war; er hielt ihn nicht für klug, aber er wußte, daß er eine unvergleichliche Kenntnis des Landes besaß, und diese große Erfahrung bildete einen sehr guten Ersatz für Klugheit. Er blickte Alban eine ganze Weile an, ohne zu sprechen, und Alban kam auf die sonderbare Idee, daß er befangen sei. Er hatte das Gefühl, er müßte ihm über die Situation hinweghelfen.

»Ich habe gestern mit Van Hasseldt gesprochen«, sagte der Gouverneur plötzlich.

»Ja, Sir?«

»Geben Sie mir bitte eine genaue Darstellung der Ereignisse auf der Alud-Plantage, und erzählen Sie mir, was für Schritte Sie unternommen haben, sich mit ihnen auseinanderzusetzen.«

Alban war ein methodischer Kopf. Er besaß eine große Sicherheit. Er hatte alle Fakten präsent und war imstande, sie mit Präzision darzulegen. Er wählte seine Worte mit Sorgfalt und sprach fließend.

»Sie hatten einen Sergeanten und acht Polizisten. Warum haben Sie sich nicht sofort an den Tatort begeben?«

»Ich hielt es für ein nicht zu rechtfertigendes Wagnis.«

Ein dünnes Lächeln erschien auf dem grauen Gesicht des Gouverneurs.

»Wenn die Beamten dieses Gouvernements gezögert hätten, nicht zu rechtfertigende Wagnisse auf sich zu nehmen, wäre es nie eine Provinz des britischen Weltreiches geworden.«

Alban schwieg. Es war schwer, mit einem Mann zu sprechen, der so offenkundigen Unsinn redete.

»Ich bin begierig, die Gründe für Ihr Verhalten zu erfahren.«

Alban setzte sie kühl auseinander. Er war vollkommen von der Richtigkeit seines Handelns überzeugt. Er wiederholte, aber ausführlicher, was er schon einmal zu Anne gesagt hatte. Der Gouverneur hörte aufmerksam zu.

»Van Hasseldt mit seinem Verwalter, einem Freund und einem eingeborenen Aufseher scheint sehr gut mit der Situation fertig geworden zu sein«, sagte der Gouverneur.

»Er hatte Glück. Das ändert nichts daran, daß er ein verdammter Narr ist. Was er tat, war der hellste Wahnsinn.«

»Indem Sie einem holländischen Pflanzer überließen, was Sie selber hätten tun sollen, haben Sie die Regierung der Lächerlichkeit preisgegeben. Sind Sie sich dessen bewußt?«

»Nein, Sir.«

»Sie haben sich zur Zielscheibe des Spotts für die ganze Kolonie gemacht.«

Alban lächelte.

»Mein Rücken ist breit genug, um den Spott von Menschen zu ertragen, deren Meinung mir vollkommen gleichgültig ist.«

»Die Tauglichkeit eines Regierungsbeamten hängt zum großen Teil von seinem Ansehen ab, und ich fürchte, daß das Ansehen leidet, wenn ihm das Stigma der Feigheit anhaftet.«

Alban errötete leicht.

»Ich verstehe nicht genau, was Sie meinen, Sir.«

»Ich habe die Sache sehr genau untersucht. Ich habe mit Hauptmann Stratton gesprochen, mit Oakley, dem Assistenten des armen Prynne, und ich habe mit Van Hasseldt gesprochen. Ich habe mir Ihre Verteidigung angehört.«

»Ich wußte nicht, daß ich mich verteidigte, Sir.«

»Seien Sie so freundlich, mich nicht zu unterbrechen. Ich finde, daß Sie einen schweren Irrtum begangen haben. Es hat sich erwiesen, daß das Risiko sehr gering war, aber wie groß es auch gewesen wäre, Sie hätten es auf alle Fälle auf sich nehmen müssen. In solchen Angelegenheiten sind Raschheit und Festigkeit unerläßlich. Es steht mir nicht an, zu entscheiden, was für ein Motiv Sie veranlaßt hat, eine Polizeitruppe kommen zu lassen und bis zu deren Eintreffen nichts zu unternehmen. Doch muß ich zu meinem Bedauern feststellen, daß mein Glaube an Ihre Tauglichkeit im Dienst erschüttert ist.«

Alban blickte ihn erstaunt an.

»Ja, wären Sie etwa hingefahren, unter den gleichen Umständen?« fragte er.

»Jawohl.«

Alban zuckte die Achseln.

»Glauben Sie mir nicht?« fuhr ihn der Gouverneur an.

»Selbstverständlich glaube ich Ihnen, Sir. Aber ich darf mir vielleicht die Bemerkung erlauben, daß, falls Sie getötet worden wären, die Kolonie einen nicht wiedergutzumachenden Verlust erlitten hätte.«

Der Gouverneur trommelte mit den Fingern auf die Tischplatte. Er schaute zum Fenster hinaus und dann wieder auf Alban. Als er sprach, war es nicht ohne eine gewisse Milde.

»Ich glaube, Sie sind Ihrem Temperament nach ungeeignet für dieses etwas rauhe Leben, Torel. Wenn Sie meinen Rat wollen, gehen Sie lieber nach Hause zurück. Ich bin überzeugt, daß Sie bei Ihren Fähigkeiten bald eine Beschäftigung finden werden, die Ihnen besser liegt.«

»Ich bedaure, aber ich verstehe nicht, was Sie meinen, Sir.«

»Ach, Torel, Sie sind doch nicht dumm. Ich versuche, es Ihnen leichtzumachen. Um Ihrer Frau und auch um Ihrer selbst willen möchte ich es Ihnen ersparen, die Kolonie mit dem Makel zu verlassen, wegen Feigheit aus dem Dienst entlassen worden zu sein. Ich biete Ihnen die Gelegenheit, selbst um Ihren Abschied einzukommen.«

»Ich danke Ihnen vielmals, Sir. Aber ich kann mich nicht bereit finden, diese Gelegenheit zu ergreifen. Wenn ich um meinen Abschied einkomme, gebe ich zu, daß ich einen Fehler begangen habe und daß die Anklage, die Sie gegen mich erheben, gerechtfertigt ist. Ich gebe das nicht zu.«

»Sie können tun, was Ihnen beliebt. Ich habe die Angelegenheit sehr genau geprüft und hege keinerlei Zweifel mehr. Ich sehe mich gezwungen, Sie aus dem Dienst zu entlassen. Die nötigen Papiere werden Sie binnen kurzem erreichen. Inzwischen bitte ich Sie, an Ihren Posten zurückzukehren und dem Beamten, der zu Ihrem Nachfolger bestimmt ist, nach seiner Ankunft das Amt zu übergeben.«

»Sehr wohl, Sir«, entgegnete Alban, ein belustigtes Zwinkern in den Augen. »Wann wünschen Sie, daß ich an meinen Posten zurückkehre?«

»Sofort.«

»Haben Sie etwas dagegen einzuwenden, wenn ich vor meinem Aufbruch in den Klub gehe und dort zu Mittag esse?«

Der Gouverneur blickte ihn erstaunt an. In seine Gereiztheit mischte sich unfreiwillige Bewunderung.

»Nicht das geringste. Es tut mir leid, Torel, daß dieses unglückselige Ereignis die Regierung eines Dieners beraubt hat, dessen Eifer so offensichtlich war und dessen Takt, Intelligenz und Fleiß ihn zum Anwärter für ein sehr hohes Amt bestimmt zu haben schienen.«

»Exzellenz lesen wohl nicht Schiller, nehme ich an. Vermutlich ist Ihnen die berühmte Zeile unbekannt: ›Mit der Dummheit kämpfen Götter selbst vergebens‹.«

»Was heißt das?«

Alban übersetzte ins Englische.

»Guten Morgen.«

Erhobenen Hauptes, ein Lächeln auf den Lippen, verließ Alban das Büro des Gouverneurs. Der Gouverneur war bloß ein Mensch und war so neugierig, seinen Sekretär später zu fragen, ob Torel wirklich in den Klub gegangen sei.

»Jawohl, Sir. Er hat dort zu Mittag gegessen.«

»Dazu gehört Courage.«

Alban betrat unbefangen den Klub und gesellte sich zu der Gruppe von Männern, die an der Bar stand. Er sprach mit ihnen in dem flotten, kordialen Ton, den er ihnen gegenüber immer anschlug. Er sollte eine ungezwungene Atmosphäre schaffen. Sie hatten, seit Stratton aus Port Wallace zurückgekehrt war, unaufhörlich über ihn gesprochen, sich über ihn lustig gemacht und über ihn gelacht, und alle, die ihm seine Überlegenheit übelgenommen hatten – und sie waren in der Mehrheit –, triumphierten, weil sein Stolz zu Fall gekommen war. Aber nun waren sie so verblüfft, ihn plötzlich in ihrer Mitte zu sehen, so verwirrt, ihn so sicher wie immer zu finden, daß sie die Verlegenen waren.

Einer von ihnen fragte ihn, obgleich er es ganz genau wußte, was er in Port Wallace zu tun habe.

»Ach, ich bin wegen des Aufstandes auf der Alud-Plantage hier. Seine Exzellenz wollte mich sprechen. Er sieht die Sache anders als ich. Der alte Esel hat mich entlassen. Ich kehre nach England zurück, sobald er mir einen Nachfolger schickt.«

Es trat eine verlegene Pause ein. Einer, der etwas freundlicher gesinnt war als die anderen, sagte:

»Das tut mir aber furchtbar leid.«

Alban zuckte die Achseln.

»Mein guter Junge, was will man mit einem solchen Schafskopf anfangen? Das einzige ist, ihn im eigenen Saft schmoren zu lassen.«

Als der Sekretär des Gouverneurs seinem Chef so viel von dem Vorgefallenen mitteilte, wie er für angemessen hielt, lächelte der Gouverneur.

»Es ist eine sonderbare Sache um den Mut. Ich hätte mich eher erschossen, als in einem solchen Augenblick in den Klub zu gehen und mich all den Leuten zu zeigen.«

Vierzehn Tage später, nachdem sie dem neueingetroffenen Distriktbeamten die Wohnungsausstattung, auf die Anne soviel Mühe verwandt hatte, verkauft und den Rest ihrer Habe in Kisten und Koffern verstaut hatten, trafen sie in Port Wallace ein, um den Dampfer abzuwarten, der sie nach Singapur bringen sollte. Die Frau des Pastors lud sie ein, bei ihr zu wohnen, aber Anne lehnte ab; sie ließ sich nicht davon abbringen, ins Hotel zu gehen. Eine Stunde nach ihrer Ankunft bekam sie einen sehr freundlichen Brief von der Frau des Gouverneurs, die sie zum Tee einlud. Sie ging hin. Sie fand Mrs. Hannay allein, aber nach einer kleinen Weile erschien auch der Gouverneur. Er sprach ihr sein Bedauern aus über ihre Abreise und versicherte ihr, wie sehr er die Ursache beklage.

»Sie sind sehr freundlich«, erwiderte Anne, heiter lächelnd, »aber Sie dürfen nicht glauben, daß ich es mir allzusehr zu Herzen nehme. Ich bin vollkommen auf Albans

Seite. Ich finde sein Verhalten durchaus richtig und – wenn ich mir gestatten darf, es zu sagen – die Behandlung, die Sie ihm zuteil werden ließen, höchst ungerecht.«

»Glauben Sie mir, es war mir furchtbar, diesen Schritt zu tun.«

»Sprechen wir lieber nicht davon«, sagte Anne.

»Was haben Sie für Pläne für die Zukunft?« fragte Mrs. Hannay.

Anne fing an, lebhaft zu plaudern. Man hätte meinen können, daß keinerlei Sorge sie bedrückte. Sie schien sich sehr auf England zu freuen. Sie war fröhlich und amüsant und scherzte unbekümmert. Als sie sich von dem Gouverneur und seiner Frau verabschiedete, dankte sie ihnen für ihre Güte. Der Gouverneur begleitete sie zur Tür.

Am übernächsten Tag, nach dem Dinner, begaben sie sich an Bord des bequemen, sauberen kleinen Schiffes. Der Pastor und seine Frau gaben ihnen das Geleit. Als sie in ihre Kajüte kamen, fanden sie ein Paket auf Annes Bett. Es war an Alban adressiert. Er öffnete es und sah, daß es eine riesige Puderquaste enthielt.

»Sieh doch, wer kann uns das bloß geschickt haben?« rief er lachend. »Es muß für dich sein, Liebling.«

Anne warf ihm einen raschen Blick zu. Sie wurde blaß. Diese gemeinen Menschen! Wie konnten sie nur so grausam sein? Sie zwang sich zu lächeln.

»Sie ist ungeheuer, nicht? Noch nie im Leben habe ich eine so große Puderquaste gesehen.«

Aber als er die Kajüte verließ und sie das freie Meer erreicht hatten, warf sie sie voller Leidenschaft über Bord.

Und nun, da sie wieder in London waren und Sondurah

neuntausend Meilen hinter ihnen lag, ballte sie die Fäuste, als sie daran dachte. Beinahe erschien es ihr als das Schlimmste von allem. Es war so unverhüllt gemein, Alban dieses absurde Ding zu schicken; Puderquasten-Percy; es zeigte eine so kleinliche Bösartigkeit. War das der Begriff von Humor, den diese Leute hatten? Nichts hatte sie tiefer verletzt, und selbst jetzt noch mußte sie an sich halten, um nicht in Tränen auszubrechen. Plötzlich fuhr sie in die Höhe, denn die Tür ging auf, und Alban kam herein. Sie saß immer noch in dem Stuhl, in dem er sie verlassen hatte.

»Hallo, warum hast du dich nicht umgezogen?« Er blickte sich im Zimmer um. »Du hast ja gar nicht ausgepackt.«

»Nein.«

»Warum nicht, um Gottes willen?«

»Ich werde nicht auspacken. Ich bleibe nicht hier. Ich gehe von dir fort.«

»Was redest du da?«

»Ich habe bis jetzt durchgehalten. Ich hatte mir vorgenommen, es zu tun, sobald wir zu Hause wären. Ich habe die Zähne zusammengebissen, ich habe mehr ertragen, als ich je für möglich gehalten hätte, aber nun ist es aus. Wir sind zurück, in London, und ich kann gehen.«

Er starrte sie in heller Bestürzung an.

»Bist du wahnsinnig, Anne?«

»Ach, mein Gott, was habe ich gelitten! Die Reise nach Singapur, wo alle es wußten, selbst die chinesischen Stewards. Und in Singapur, wie uns die Leute im Hotel anstarrten; und das Mitleid, das ich hinnehmen mußte, die taktlosen Bemerkungen, die man zu hören bekam, und die Verlegenheit, wenn den Betreffenden klar wurde, was sie angerichtet hatten! Mein Gott, ich hätte sie ermorden können. Und dann: die endlose Heimreise. Es war auch nicht ein Passagier auf dem Schiff, der nicht Bescheid wußte. Die Verachtung, die sie für dich hatten und die betonte Freundlichkeit, die sie mir gegenüber an den Tag legten. Und du, so selbstgefällig, so zufrieden mit dir selbst; nichts hast du bemerkt, nichts hast du gefühlt. Du mußt die Haut eines Nashorns haben. Wie elend war mir, wenn ich dich so gesprächig, so liebenswürdig sah. Parias sind wir, nichts anderes. Du hast sie ja geradezu herausgefordert, dich zu schneiden. Wie kann man nur so schamlos sein.«

Sie glühte vor Leidenschaft. Nun, da sie die Maske von Gleichgültigkeit und Stolz, die sie sich aufgezwungen hatte, nicht länger zu tragen brauchte, warf sie alle Zurückhaltung und Selbstbeherrschung über Bord. Die Worte stürzten in einem reißenden Strom über ihre bebenden Lippen.

»Aber, meine Liebe, wie kannst du nur so unvernünftig sein?« sagte er gutmütig lächelnd. »Du mußt sehr nervös und überreizt sein, um auf solche Gedanken zu kommen. Warum hast du mir nichts gesagt? Du bist wie ein Bauer, der nach London kommt und sich einbildet, daß jeder ihn anstarrt. Niemand hat sich über uns den Kopf zerbrochen, und wenn es doch geschehen ist, was liegt daran? Du solltest wirklich gescheiter sein, als dich um das Gerede der Leute zu kümmern. Was sollen sie denn gesagt haben?«

»Sie haben gesagt, daß du entlassen worden bist.«

»Nun, das ist ja wahr«, lachte er.

»Sie haben gesagt, du seist ein Feigling.«

»Was liegt daran?«

»Es ist eben auch wahr.«

Er blickte sie einen Augenblick nachdenklich an. Seine Lippen wurden schmal.

»Und wie kommst du zu dieser Ansicht?« fragte er scharf.

»Ich habe es in deinen Augen gelesen, an dem Tag, an dem die Nachricht kam, als du ablehntest, auf die Plantage zu gehen, und ich dir ins Vorzimmer nachlief. Ich flehte dich an, zu gehen, ich fühlte, daß du die Gefahr, wie groß sie auch sei, auf dich nehmen mußtest – und plötzlich erkannte ich die Angst in deinen Augen. Ich wurde beinahe ohnmächtig vor Entsetzen.«

»Ich wäre ein Narr gewesen, für nichts und wieder nichts mein Leben zu riskieren. Warum hätte ich es tun sollen? Nichts, was mich anging, stand auf dem Spiel. Mut ist die seichte Tugend der Dummen. Ich messe ihr keine besondere Bedeutung bei.«

»Was meinst du damit, daß nichts, was dich anging, auf dem Spiel stand? Wenn das wahr ist, dann ist dein ganzes Leben eine Lüge. Du hast alles preisgegeben, was du hochhieltest, alles, was wir beide hochhalten. Du hast uns verraten. Wir haben uns erhaben gefühlt, wir haben uns für besser gehalten als die übrigen, weil wir Kunst und Literatur und Musik liebten, wir gaben uns nicht damit zufrieden, ein Leben unwürdiger Eifersüchteleien und vulgären Klatsches zu führen, wir liebten die Dinge des Geistes, und wir liebten die Schönheit. Sie war uns Speise und Trank. Man lachte uns aus und verspottete uns. Das war unvermeidlich. Die Unwissenden und Gewöhnlichen hassen und verachten diejenigen, die sich mit Dingen beschäftigen, die sie selbst nicht verstehen. Wir kümmerten uns nicht darum. Wir nannten sie Banausen. Wir verachteten sie, und wir hatten ein Recht, sie zu verachten. Unsere Rechtfertigung war, daß wir besser, edler, weiser und tapferer waren als sie. Und du warst nicht besser, nicht edler, nicht tapferer. Als die Stunde der Prüfung kam, hast du dich hinweggeschlichen wie ein geprügelter Hund mit eingezogenem Schwanz. Du, vor allen anderen, hattest nicht das Recht, feige zu sein. Jetzt verachten sie uns, und sie haben ein Recht, uns zu verachten. Uns und alles, wofür wir einstanden. Jetzt können sie sagen, daß Kunst und Schönheit Quatsch sind; wenn es hart auf hart kommt, versagen Leute wie wir. Sie haben ja bloß auf eine Gelegenheit gelauert, uns in der Luft zu zerreißen; du hast sie ihnen gegeben. Sie können sagen, daß sie nichts anderes von uns erwartet haben. Es ist ein Triumph für sie. Ich war so empört, daß sie dich den Puderquasten-Percy nannten. Wußtest du das überhaupt?«

»Natürlich wußte ich es. Ich fand es sehr abgeschmackt, und es ließ mich vollkommen gleichgültig.«

»Es ist komisch, daß ihr Instinkt so richtig war.«

»Hast du diesen Groll gegen mich die ganzen Wochen mit dir herumgetragen? Das hätte ich dir nie zugetraut.«

»Ich konnte dich nicht im Stich lassen, solange alle gegen dich waren. Dazu war ich zu stolz. Ich hatte mir geschworen, bei dir auszuharren, bis wir nach England kämen. Es war eine Tortur.«

»Liebst du mich denn nicht mehr?«

»Lieben? Dein bloßer Anblick ist mir verhaßt.«

»Anne!«

»Gott weiß, daß ich dich geliebt habe. Acht Jahre lang habe ich den Boden angebetet, auf dem du gingst. Du warst mir alles. Ich habe an dich geglaubt, wie manche Menschen an Gott glauben. Als ich an jenem Tag die Angst in deinen

Augen sah und du mir sagtest, du würdest dein Leben nicht aufs Spiel setzen für eine ausgehaltene Frau und ihre halbblütigen Bälger, war ich vernichtet. Mir war, als hätte mir jemand das Herz aus dem Leibe gerissen und es zertreten. In diesem Augenblick hast du meine Liebe getötet, Alban. Du hast sie für immer getötet. Seither mußte ich, wenn du mich küßtest, die Fäuste ballen, um mein Gesicht nicht abzuwenden. Der bloße Gedanke an mehr verursacht mir Übelkeit. Ich verabscheue deine Selbstgefälligkeit und deine erschreckende Unempfindlichkeit. Vielleicht hätte ich dir verzeihen können, wenn es bloß die Schwäche eines Augenblicks gewesen wäre und du dich nachher geschämt hättest. Ich wäre unglücklich gewesen, aber ich glaube, meine Liebe war so groß, daß ich nur Mitleid für dich gefühlt hätte. Aber du bist der Scham unfähig. Und jetzt glaube ich dir nichts mehr. Du bist nichts weiter als ein dummer, anmaßender, vulgärer Poseur. Ich möchte lieber die Frau eines zweitrangigen kleinen Pflanzers sein, wenn er bloß die gewöhnlichen, menschlichen Tugenden eines Mannes hätte, anstatt mit einem Blender, wie du es bist, verheiratet zu sein.«

Er antwortete nicht. Langsam ging eine Veränderung in seinem Gesicht vor. Seine schönen, regelmäßigen Züge verzerrten sich erschreckend, und mit einemmal brach er in lautes Schluchzen aus. Sie stieß einen leisen Schrei aus.

»Nicht, Alban, nicht.«

»Oh, Liebling, wie kannst du so grausam zu mir sein? Ich bete dich an. Ich würde alles hingeben, dir zuliebe. Ich kann ohne dich nicht leben.«

Sie streckte die Arme aus, als wollte sie einen Schlag abwehren.

»Nein, Alban, nein, versuche mich nicht zu erweichen. Ich kann nicht. Ich muß fortgehen. Ich kann nicht mehr mit dir leben. Es wäre schrecklich. Ich werde es nie vergessen können. Ich muß dir die Wahrheit sagen: Ich empfinde nur Verachtung für dich und Widerwillen.«

Er sank vor ihr nieder und versuchte, ihre Knie zu umfassen. Mit einem Stöhnen sprang sie auf, und er vergrub sein Gesicht in dem leeren Stuhl. Er weinte qualvoll, sein Schluchzen zerriß ihr die Brust. Es war furchtbar anzuhören. Tränen entströmten Annes Augen, sie preßte die Hände auf die Ohren, um dieses furchtbare, hysterische Schluchzen nicht hören zu müssen, sie stürzte blind taumelnd zur Tür und rannte hinaus.

Am Ende der Welt

George Moon saß in seinem Büro. Seine Arbeit war beendet, aber er verweilte noch, weil er es nicht übers Herz brachte, in den Klub hinunterzugehen. Es wurde Zeit zum Mittagessen, und viele Männer würden an der Bar herumstehen. Ein paar von ihnen würden ihm Getränke anbieten. Er fühlte sich ihrer lauten Fröhlichkeit nicht gewachsen. Einige kannte er seit dreißig Jahren. Sie hatten ihn gelangweilt, und im großen und ganzen mochte er sie nicht sonderlich, aber nun, da er sie zum letztenmal sehen sollte, schmerzte es ihn doch. Heute abend gaben sie ein Abschiedsessen für ihn. Alle Welt würde da sein, und er würde ein silbernes Teeservice geschenkt bekommen, das er nicht im mindesten brauchte. Sie würden Reden halten, in denen sie lobpreisend seiner Arbeit in der Kolonie gedachten, ihrem Bedauern über sein Scheiden Ausdruck gaben und ihm ein langes Leben wünschten, damit er seine wohlverdiente Muße genieße. Er würde die passende Antwort geben. Er hatte eine Rede vorbereitet, in der er die Veränderungen zusammenfaßte, die im Malaiischen Staatenbund stattgefunden hatten, seitdem er als junger, unerfahrener Kadett in Singapur gelandet war. Er würde ihnen für ihre loyale Mitarbeit während der Amtsperiode, die er als Resident in Timbang Belud hatte zubringen dürfen, danken und ein leuchtendes Bild der Zukunft entwerfen, die das Land im allgemeinen und Timbang Belud im besonderen erwartete. Er würde daran erinnern, daß er es als elendes, von Armut heimgesuchtes Dorf mit ein paar chinesischen Läden kennengelernt hatte und nun als blühende Stadt mit gepflasterten, von Trambahnen durchlaufenen Straßen, Steinhäusern, einem reichen Chinesenviertel und einem Klubhaus, das an Pracht bloß hinter dem von Singapur zurückstand, verließ. Man würde *For he's a jolly good fellow* und *Auld Lang Syne* singen. Dann würde getanzt werden, und viele von den jüngeren Männern würden sich betrinken. Die Malaien hatten bereits ein Abschiedsfest für ihn gegeben, und die Chinesen ein nicht enden wollendes Gelage. Morgen würde er von einer großen Menschenmenge zum Bahnhof begleitet werden, und das war's dann. Er fragte sich, was man ihm nachsagen würde. Die Malaien und Chinesen würden sagen, daß er streng, aber dabei unstreitig gerecht gewesen sei. Die Pflanzer hatten ihn nicht gemocht. Sie fanden ihn hart, weil er ihnen nicht erlaubte, rücksichtslos mit ihren Arbeitskräften umzugehen. Seine Untergebenen hatten ihn gefürchtet. Er war hinter ihnen her gewesen. Er hatte keine Geduld mit Trägheit und Nachlässigkeit gehabt. Er hatte sich niemals geschont und sah nicht ein, warum er andere schonen sollte. Sie fanden ihn unmenschlich. Es stimmte, daß er nichts Verbindliches an sich hatte. Wenn er in den Klub kam, war er nicht imstande, seine amtliche Haltung abzulegen, über zotige Geschichten zu lachen, andere zu necken oder sich selbst necken zu lassen. Er fühlte, daß seine Ankunft lähmend wirkte, und mit ihm Bridge zu spielen (er liebte es, täglich zwischen sechs und acht zu spielen) wurde eher als Auszeichnung denn als Vergnügen aufgefaßt. Wenn mit

fortschreitender Stunde an einem der anderen Tische ein
paar junge Leute ein wenig fröhlicher wurden, warf man un-
ruhige Blicke in seine Richtung, und zuweilen schlenderte
dann eines der älteren Mitglieder zu den lärmenden Jünglin-
gen hinüber und riet ihnen, sich stiller zu verhalten. George
Moon seufzte leicht auf. Vom dienstlichen Standpunkt aus
war seine Karriere ein Erfolg gewesen; er war der jüngste Resident, den es je im Malaiischen Staatenbund gegeben hatte,
und für außerordentliche Dienste war er mit dem Michael-
und Georgsorden bedacht worden; aber vom menschlichen
Standpunkt aus sah es vielleicht anders aus. Er hatte sich
Achtung erworben, Achtung vor seiner Tüchtigkeit, seinem
Fleiß und seiner Zuverlässigkeit, aber er war viel zu klar-
sichtig, um sich nur einen Augenblick lang einzubilden, daß
man ihm auch Zuneigung entgegengebracht hatte. Niemand
würde ihm eine Träne nachweinen. In ein paar Monaten
würde er vergessen sein.

Er lächelte grimmig. Er war nicht sentimental. Er hatte
sich seiner Autorität gefreut, und es bereitete ihm eine herbe
Genugtuung, jeden, der unter ihm gearbeitet hatte, auf der
Höhe seiner Leistungsfähigkeit gehalten zu haben. Es miß-
fiel ihm nicht, eher gefürchtet als geliebt worden zu sein. Er
betrachtete sein Leben als ein Problem der höheren Mathe-
matik, dessen Lösung den intensivsten Einsatz seiner Fähigkeiten erfordert hatte, dessen Ergebnis jedoch nicht die geringsten praktischen Folgen hatte. Seine Kompliziertheit
machte es interessant, und seine Schönheit lag in seiner Lösung. Aber wie alle reine Schönheit führte es nirgendwohin.
George Moons Zukunft war leer. Er war fünfundfünfzig
Jahre alt und voller Energie, und ihm selbst schienen seine

Geisteskräfte so lebendig wie je, seine Erfahrung in bezug auf Menschen und Welt war groß. Alles, was ihm zu tun übrigblieb, war, sich in irgendeiner ländlichen Stadt in England oder an einem billigen Abschnitt der Riviera niederzulassen und mit ältlichen Damen Bridge und pensionierten Obersten Golf zu spielen. Er hatte, wenn er auf Urlaub gefahren war, ehemalige Vorgesetzte getroffen, und es war ihm immer aufgefallen, wie schwer es ihnen fiel, sich in die veränderten Umstände zu gewöhnen. Sie hatten sich auf die Freiheit gefreut, die ihnen winkte, wenn sie in den Ruhestand traten, und sich wunderbare Dinge ausgemalt, mit denen sie ihre freie Zeit ausfüllen wollten. Ein Trugbild. Es war nicht sehr angenehm, unbekannt zu sein, wenn man zuvor in einer prunkvollen Dienstresidenz geweilt hatte, oder mit zwei Dienstmädchen auszukommen, wenn man gewohnt war, über ein halbes Dutzend chinesischer Boys zu verfügen. Vor allem war es nicht angenehm, zu erleben, daß sich niemand auch nur im geringsten um einen scherte, nachdem man sich an das schmeichelhafte Bewußtsein gewöhnt hatte, die unterschiedlichsten Menschen durch ein Wort des Lobes beglücken oder durch einen Blick der Mißbilligung demütigen zu können.

George Moon streckte die Hand aus und nahm eine Zigarette aus der Schachtel auf seinem Schreibtisch. Dabei bemerkte er all die kleinen Linien auf seinem Handrücken und die Magerkeit seiner runzeligen Finger. Angewidert zog er die Augenbrauen zusammen. Es war die Hand eines alten Mannes. In seinem Büro hing ein bemalter chinesischer Spiegel, den er vor langer Zeit gekauft hatte und nun zurückließ. Er stand auf und betrachtete sich darin. Er sah ein mageres gelbes Gesicht, faltig, mit dünnen Lippen, spärlichem grauem Haar und müden grauen Augen. Er war ziemlich groß, sehr dünn, mit schmalen Schultern, und er hielt sich gerade. Er hatte immer Polo gespielt und konnte es noch jetzt beim Tennis mit den meisten jungen Leuten aufnehmen. Im Gespräch hielt er die Augen fest auf das Gesicht seines Gegenübers gerichtet, aufmerksam zuhörend, aber sein Ausdruck veränderte sich nicht, und man hatte keine Ahnung, was für eine Wirkung das, was man sagte, auf ihn ausübte. Vielleicht wußte er nicht, wie irritierend das war. Er lächelte selten.

Ein Diener kam und brachte einen Zettel, auf dem ein Name geschrieben stand. George Moon las ihn und gab den Auftrag, den Besucher vorzulassen. Er setzte sich noch einmal hin und schaute mit seinen kalten Augen zur Tür, durch die im nächsten Augenblick der Besucher eintreten würde. Es war Tom Saffary, und George Moon fragte sich, was er wohl wollte. Vermutlich würde es etwas mit der Festivität am Abend zu tun haben. Es hatte ihn belustigt, zu hören, daß Tom Saffary an der Spitze des Komitees stand, das die Feier organisierte, denn seine Beziehung zu ihm war im letzten Jahr alles andere als herzlich gewesen. Saffary war ein Pflanzer, und einer seiner tamilischen Aufseher hatte eine Beschwerde wegen tätlicher Beleidigung gegen ihn eingebracht. Der Tamile war unverschämt frech zu ihm gewesen, und Saffary hatte ihm eine Tracht Prügel verabreicht. George Moon sah ein, daß die Provokation groß gewesen war, aber er war stets energisch dagegen aufgetreten, daß die Pflanzer die Gerichtsbarkeit selbst in die Hand nahmen, und als der Fall zur Verhandlung kam, verurteilte er Saffary zu einer Geldstrafe. Nach Schluß der Gerichtssitzung jedoch lud er den Pflanzer, um zu zeigen, daß er ihm nichts nachtrug, zum Lunch ein: Saffary, erbost über das Urteil, das er als einen unverdienten Affront ansah, lehnte brüsk ab und vermied von nun an jede gesellschaftliche Verbindung mit dem Residenten. Er antwortete, wenn George Moon, leichthin, aber entschlossen, sich nicht beleidigen zu lassen, mit ihm sprach; aber er spielte weder Bridge noch Tennis mit ihm. Er war der Leiter der größten Kautschukplantage des Distrikts, und George Moon fragte sich ironisch, ob er das Dinner wohl arrangiert und die Beiträge für das Geschenk eingesammelt hatte, weil er fand, daß er es seiner Würde schuldig war, oder ob er sich nun, da der Resident fortging, aus Sentimentalität zu einer edlen Geste berufen fühlte. Es kitzelte George Moons frostigen Humor, daß es Tom Saffary zufallen würde, die Hauptrede des Abends zu halten, in der er sich über die bewunderungswürdigen Eigenschaften des Residenten ausbreiten und dem Bedauern der Gemeinde über den unersetzlichen Verlust Ausdruck verleihen mußte.

Tom Saffary wurde hereingeführt. Der Resident erhob sich von seinem Stuhl, reichte ihm die Hand und lächelte dünn.

»Guten Tag. Nehmen Sie Platz. Darf ich Ihnen eine Zigarette anbieten?«

»Guten Tag.«

Saffary setzte sich auf den Stuhl, den der Resident ihm anbot, und der Resident wartete, daß er sein Anliegen vorbrachte. Er hatte den Eindruck, daß sein Besucher befangen war. Er war ein großer, vierschrötiger, korpulenter Mensch, mit rotem Gesicht, einem Doppelkinn, krausem schwarzem

Haar und blauen Augen. Er war ein stattlicher Mann, stark wie ein Pferd, aber es war klar, daß er es sich zu gut gehen ließ. Er trank eine Menge und aß mit zu großem Appetit. Aber er war ein fähiger Geschäftsmann und ein unermüdlicher Arbeiter. Er führte seine Plantage mit großer Tüchtigkeit. Er war in der Gemeinde beliebt. Er galt allgemein als guter Kerl. Er war freigebig mit seinem Geld und stets bereit, zu helfen, wenn ein Freund in Not war. Es fiel dem Residenten ein, daß Saffary vielleicht gekommen war, um vor dem Dinner die Differenzen beizulegen, die zwischen ihnen bestanden. Das Gefühl, das einem solchen Wunsch zugrunde liegen mochte, erweckte in dem Residenten eine sehr schwache, gutmütige Verachtung. Er hatte keine Feinde, weil die Menschen ihm nicht genug bedeuteten, als daß er einen von ihnen gehaßt hätte; hätte er aber Feinde gehabt, so würde er sie bis an sein Ende gehaßt haben.

»Sie werden sicherlich überrascht sein, mich hier zu sehen, und ich nehme an, daß Sie heute, an Ihrem letzten Tag, sehr beschäftigt sind.«

George Moon antwortete nicht, und der andere fuhr fort:

»Ich komme in einer etwas peinlichen Angelegenheit. Die Sache ist nämlich die, daß meine Frau und ich heute abend nicht an dem Dinner werden teilnehmen können, und nach der Verstimmung, die im letzten Jahr zwischen uns geherrscht hat, hielt ich es für angezeigt, herzukommen und Ihnen zu sagen, daß unser Fernbleiben nichts damit zu tun hat. Ich bin der Ansicht, daß Sie sehr rücksichtslos gegen mich vorgegangen sind. Es war nicht die Geldstrafe, die mir etwas ausmachte, es war die Demütigung, aber wir wollen Vergangenes begraben sein lassen. Sie sollen wissen, daß ich

Ihnen nun, da Sie von hier fortgehen, nichts mehr nachtrage.«

»Das wurde mir bereits klar, als ich erfuhr, daß ich in erster Linie Ihnen für die Veranstaltung der Abschiedsfeier, die man mir gibt, zu danken habe«, antwortete der Resident höflich. »Es tut mir leid, daß Sie heute abend nicht kommen können.«

»Ich bedaure es ebenfalls. Es ist wegen Knobby Clarke.« Saffary zögerte. »Sein Tod ist meiner Frau und mir sehr nahegegangen.«

»Ja, es ist eine sehr traurige Sache. Sie waren eng befreundet, nicht wahr?«

»Er war der beste Freund, den ich in der Kolonie hatte.«

Tränen funkelten in Tom Saffarys Augen. ›Wie weichherzig dicke Männer sind‹, dachte Moon.

»Ich kann sehr gut verstehen, daß Sie unter diesen Umständen nicht in der Stimmung sind, an einem rauschenden Fest teilzunehmen«, sagte er freundlich. »Haben Sie Näheres über den Fall gehört?«

»Nein, nicht mehr, als in der Zeitung stand.«

»Er sah völlig gesund aus, als er von hier fortging.«

»Soviel ich weiß, ist er in seinem ganzen Leben niemals krank gewesen.«

»Das Herz, nehme ich an. Wie alt war er?«

»Genauso alt wie ich. Achtunddreißig.«

»Das ist jung zum Sterben.«

Knobby Clarke war ein Pflanzer, und die Plantage, die er leitete, grenzte an die von Saffary. George Moon hatte ihn gemocht. Er war ein ziemlich häßlicher Mann gewesen, rötlichblond mit hohen Backenknochen und hohlen Schläfen, großen, blassen Augen, die tief in ihren Höhlen lagen, und einem großen Mund. Aber er hatte ein anziehendes Lächeln und ein natürliches, ungezwungenes Wesen gehabt. Er war unterhaltsam und konnte gut erzählen. Er hatte etwas unbekümmert Fröhliches, das den Leuten gefiel. Er war ein guter Sportsmann und Spieler. Er war auch kein Dummkopf. George Moon fand ihn vielleicht etwas farblos. Im Laufe seiner Amtszeit hatte er zahlreiche Leute dieser Art kennengelernt. Sie kamen und gingen. Vor vierzehn Tagen hatte Clarke eine Reise nach England angetreten, um seinen Urlaub dort zu verbringen, und die Saffarys hatten an seinem letzten Abend eine große Gesellschaft gegeben. Er war verheiratet, und seine Frau war natürlich mit ihm gefahren.

»Sie tut mir leid«, meinte George Moon. »Es muß ein furchtbarer Schlag für sie gewesen sein. Es gab eine Seebestattung, nicht?«

»Ja. So steht es in der Zeitung.«

Die Nachricht war am Abend zuvor nach Timbang gelangt. Die Zeitungen aus Singapur trafen um sechs Uhr ein, gerade wenn die Leute anfingen, sich im Klub einzufinden, und viele spielten erst ihre Partie Bridge oder Billard, ehe sie einen Blick hineinwarfen.

»Was lese ich da! Knobby ist tot.«

»Welcher Knobby? Doch nicht Knobby Clarke?«

Unter ›Allgemeine Nachrichten‹ stand ein kurzer Absatz von vier Zeilen:

Messrs. Star, Moseley & Co. haben ein Telegramm erhalten mit der Mitteilung, daß Mr. Harold Clarke aus Timbang Batu auf seiner Reise nach England plötzlich verstorben ist und auf See bestattet wurde.

Einer trat heran, nahm dem Sprechenden die Zeitung aus der Hand und las die Notiz ungläubig mit eigenen Augen. Ein anderer schaute ihm über die Schulter. Wer gerade Zeitung las, schlug die betreffende Seite auf und las die drei gleichgültigen Zeilen.

»So etwas!« rief einer.

»Wie schrecklich«, sagte ein anderer.

»Er war munter wie ein Fisch, als er von hier abfuhr.«

Ein Schauer der Bestürzung durchlief diese biederen, jovialen, unbekümmerten Männer, und jeder wurde sich für einen Augenblick bewußt, daß auch er sterblich war. Andere Klubmitglieder kamen herein, angeregt durch die Aussicht auf ihren Sechs-Uhr-Drink und das Wiedersehen mit ihren Freunden, und wurden bei ihrem Eintritt mit der bösen Neuigkeit empfangen.

»Haben Sie schon gehört? Der arme Knobby Clarke ist tot.«

»Ist das möglich?«

»Furchtbar, nicht?«

»Furchtbar.«

»Ein so netter Kerl.«

»Einer der besten.«

»Es ist mir richtig in die Knochen gefahren, als ich es zufällig in der Zeitung las.«

»Kein Wunder.«

Einer ging mit der Zeitung in der Hand ins Billardzimmer, um die Nachricht weiterzugeben. Man spielte gerade das Handikap um den Pokal des Prinzen von Wales. Diese erlauchte Persönlichkeit hatte dem Klub den Pokal anläßlich seines Besuches in Timbang Belud gespendet. Tom Saffary spielte gegen einen Mann namens Douglas, und der Resident, der in der vorhergehenden Runde geschlagen worden war, saß mit einem Dutzend anderer Leute daneben und schaute zu. Der Marker rief monoton die Punkte aus. Der Ankömmling wartete, bis Saffary seine Serie zu Ende gespielt hatte, und rief ihm dann zu: »Weißt du schon, Tom, daß Knobby tot ist?«

»Knobby? Das ist nicht wahr.«

Der andere reichte ihm die Zeitung. Drei oder vier traten hinzu, um mitzulesen.

»Mein Gott.«

Einen Augenblick herrschte beklommene Stille. Die Zeitung ging von Hand zu Hand. Es war merkwürdig, daß niemand die Nachricht glauben wollte, ehe er sie nicht mit eigenen Augen schwarz auf weiß gesehen hatte.

»Das tut mir aber leid!«

»Es ist furchtbar für seine Frau«, sagte Tom Saffary. »Sie erwartet ein Kind. Meine Frau wird außer sich sein.«

»Es ist doch erst vierzehn Tage her, daß er von hier fortgefahren ist.«

»Damals fehlte ihm nicht das geringste.«

Saffarys rotes Gesicht verfiel ein wenig, und an einen kleinen Tisch tretend, ergriff er sein Glas und nahm einen tiefen Schluck.

»Höre, Tom«, sagte sein Partner. »Möchtest du das Spiel nicht lieber abbrechen?«

»Nein, das kann ich nicht gut tun.« Saffarys Augen suchten die Tafel, und er sah, daß er im Vorteil war. »Laß uns zu Ende spielen. Danach werde ich nach Hause gehen und es Violet schonend beibringen.«

Douglas kam an die Reihe und machte vierzehn Punkte. Tom Saffary verfehlte einen leichten Direkten, blieb aber nicht im Rückstand. Douglas spielte abermals, machte jedoch keinen Punkt, und Saffary verfehlte wieder einen Stoß, der ihm für gewöhnlich bestimmt gelungen wäre. Er runzelte ärgerlich die Stirn. Er wußte, daß seine Freunde ziemlich hoch auf ihn gewettet hatten, und es war ihm peinlich, sie zu enttäuschen. Douglas machte zweiundzwanzig Punkte. Saffary leerte sein Glas, und mit einer Willensanstrengung, die seinen teilnahmsvollen Zuschauern nicht entging, zwang er sich zur Konzentration. Er machte eine Serie von achtzehn, und als er nur knapp eine ›long Jenny‹ verfehlte, erntete er allgemeinen Applaus. Er hatte nun seine Sicherheit wiedergewonnen und kam rasch vorwärts. Auch Douglas spielte gut, und es wurde ein aufregendes Match. Die wenigen Minuten, in denen Saffarys Aufmerksamkeit abgeschweift war, hatten seinem Gegner gestattet, aufzuholen, und nun war alles wieder offen.

»Punktball zweihundertfünfunddreißig«, rief der Malaie in seinem eigentümlichen, abgehackten Englisch. »Einfarbiger Ball zweihundertachtundzwanzig. Einfarbig kommt zum Stoß.«

Douglas machte acht, und Saffary brachte es bis auf zweihundertvierzig. Er hinterließ seinem Gegner eine schwierige Konstellation.

Douglas traf keinen Ball und verschaffte dadurch Saffary einen weiteren Punkt.

»Der Punktball zweihundertdreiundvierzig«, rief der Marker. »Einfarbig zweihunderteinundvierzig. Einfarbig kommt zum Stoß.«

Saffary machte drei wunderschöne Stöße und beendete damit das Spiel.

»Ein ordentlicher Sieg«, riefen die Umstehenden.

»Gratuliere, alter Junge«, sagte Douglas.

»Boy!« rief Saffary. »Frage die Herren, was sie trinken wollen. Armer Knobby.«

Er seufzte schwer. Die Getränke wurden gebracht, und Saffary unterschrieb die Rechnung. Dann verabschiedete er sich. Zwei andere hatten bereits wieder zu spielen begonnen.

»Famos von ihm, so weiterzuspielen«, sagte einer, als sich die Tür hinter Saffary schloß.

»Ja, er ist ein ganzer Kerl.«

»Eine Weile dachte ich schon, das Spiel wäre erledigt.«

»Er wußte, daß viele Wetten auf ihn abgeschlossen worden waren, und wollte durchhalten.«

»Die Nachricht muß ihn furchtbar getroffen haben.«

»Ja, sie waren doch eng befreundet. Woran er bloß gestorben sein mag?«

»Guter Stoß, Sir.«

George Moon erinnerte sich an diese Szene, und es schien ihm merkwürdig, daß Tom Saffary, der dabei soviel Selbstbeherrschung gezeigt hatte, sich den Tod seines Freundes nun so sehr zu Herzen zu nehmen schien. Im Krieg war es häufig vorgekommen, daß Soldaten, wenn sie verwundet wurden, es im ersten Moment gar nicht spürten, und so mochte auch Saffary anfänglich gar nicht erfaßt haben, was für ein Schlag Knobby Clarkes Tod für ihn war. Allerdings hielt George Moon es für wahrscheinlich, daß Saffary für seinen Teil das Abendprogramm beibehalten und in Gesellschaft seiner Kameraden Trost gefunden hätte; aber seine Frau mit ihren konventionellen Anschauungen hatte vermutlich darauf bestanden, daß es unschicklich sei, zu einer Feier zu gehen, wenn man von einem solchen Kummer heimgesucht wurde, und daß man sich für eine Weile von allen Festlichkeiten fernhalten müsse. Violet Saffary war eine nette kleine Frau, drei oder vier Jahre jünger als ihr Mann; nicht sehr hübsch, aber angenehm anzusehen und immer sehr geschmackvoll gekleidet; liebenswürdig, damenhaft und anspruchslos. In den Tagen, als er mit den Saffarys noch auf freundschaftlichem Fuß gestanden hatte, hatte der Resident von Zeit zu Zeit bei ihnen diniert; er hatte Violet sympathisch, aber nicht sehr unterhaltsam gefunden. Sie hatten immer bloß von alltäglichen Dingen gesprochen. In letzter Zeit hatte er sie nur selten gesehen. Wenn sie einander begegneten, lächelte sie ihm freundlich zu, und gelegentlich sagte er ein paar höfliche Worte zu ihr. Aber er mußte sein Gedächtnis anstrengen, um sie von einem halben Dutzend anderer Damen der Kolonie zu unterscheiden, mit denen er durch seine Stellung in Berührung kam.

Saffary hatte offenbar vorgebracht, was er zu sagen hatte, und der Resident wunderte sich, warum er nicht aufstand und ging. Er saß seltsam zusammengesunken in seinem Stuhl, so daß man den Eindruck hatte, sein Knochengerüst hätte aufgehört, ihn zu tragen, und seine beträchtlichen Fleischmassen sackten an ihm zusammen. Er starrte düster auf den Schreibtisch, der ihn von dem Residenten trennte. Er seufzte tief.

»Sie dürfen es nicht zu schwer nehmen, Saffary«, sagte George Moon. »Sie wissen, wie ungewiß das Leben im Osten ist. Man muß stets darauf gefaßt sein, Menschen zu verlieren, an denen man hängt.«

Saffarys Blick hob sich langsam vom Schreibtisch und heftete sich fest auf George Moon. Seine Augen starrten ihn an, ohne zu zucken. George Moon mochte es, wenn Menschen ihm in die Augen sahen. Vielleicht hatte er das Gefühl, sie, wenn er ihren Blick festhielt, in seiner Macht zu halten. Plötzlich bildeten sich zwei Tränen in Saffarys blauen Augen und rannen ihm langsam über die Wangen. Er hatte einen seltsam ratlosen Ausdruck. Etwas hatte ihn erschreckt. War es der Tod? Nein. Etwas, was ihm schlimmer schien. Er sah verschüchtert aus, geduckt, so waß man an einen Hund erinnert wurde, der ungerecht geprügelt worden war.

»Das ist es nicht«, stammelte er. »Das hätte ich ertragen können.«

George Moon antwortete nicht. Er hielt den großen kräftigen Mann mit seinem kalten, unbeweglichen Blick fest und wartete. Er war sich auf angenehme Weise seiner vollkommenen Gleichgültigkeit bewußt. Saffary warf einen gequälten Blick auf die Papiere auf dem Schreibtisch.

»Ich fürchte, daß ich Ihre Zeit zu sehr in Anspruch nehme.«

»Nein, ich habe im Augenblick nichts zu tun.«

Saffary schaute zum Fenster hinaus. Ein Schauder lief ihm über den Rücken. Er schien zu zögern.

»Ob ich Sie wohl um einen Rat bitten dürfte?« fragte er endlich.

»Aber natürlich«, sagte der Resident mit dem Schatten eines Lächelns. »Dazu bin ich ja da.«

»Es ist eine rein private Sache.«

»Sie können vollkommen sicher sein, daß ich Ihr Vertrauen in keiner Weise mißbrauchen werde.«

»Nein, das weiß ich, aber es ist eine Angelegenheit, über die man nur schwer sprechen kann; und es wäre mir peinlich, Sie danach wiederzusehen. Nun gehen Sie aber morgen von hier fort, und das erleichtert mir das Reden. Können Sie das verstehen?«

»Vollkommen.«

Saffary fing zu sprechen an, mit leiser Stimme, widerstrebend, als schäme er sich, und er sprach mit der Ungeschicktheit eines Menschen, der es nicht gewohnt ist, viele Worte zu machen. Er erzählte die gleichen Dinge zweimal. Er verwirrte sich. Er fing einen langen, kunstvollen Satz an und brach dann unvermittelt ab, weil er nicht wußte, wie er ihn zu Ende führen sollte. George Moon hörte ihm schweigend zu, mit undurchdringlichem Gesicht, rauchend, und ließ die Augen nur dann von Saffarys Gesicht, wenn er sich eine neue Zigarette aus der Schachtel auf dem Schreibtisch holte und sie an der eben beendeten anzündete. Und während er zuhörte, sah er wie einen Hintergrund die monotone Einförmigkeit des Lebens, das ein Pflanzer führte. Es war wie eine gedämpfte Begleitung, die die wohlberechneten Dissonanzen einer unerwarteten Melodie schärfer hervortreten ließ.

Bei dem niedrigen Stand der Kautschukpreise mußte große Sparsamkeit geübt werden, und Tom Saffary sah sich trotz der Größe seiner Plantage gezwungen, Arbeiten zu verrichten, die er in besseren Zeiten einem Gehilfen überlassen hatte. Er stand vor Tagesanbruch auf und ging hinunter zu den Plätzen, wo die Kulis versammelt waren. Wenn es gerade erst hell genug war, sehen zu können, las er die Namen herunter, strich sie je nach der Antwort ab und wies den verschiedenen Trupps ihre Arbeit zu. Manche zapften die Bäume an, manche jäteten, und manche kümmerten sich um die Gräben. Saffary kehrte ins Haus zurück, frühstückte ausgiebig, zündete sich eine Pfeife an und ging dann wieder hinaus, um die Quartiere der Kulis zu inspizieren. Dort spielten Kinder, und Babys krochen auf dem Boden herum. In den Seitengäßchen kochten Tamilenfrauen ihren Reis. Ihre schwarze Haut glänzte vor Öl. Sie waren in dunkelrote Baumwolle gehüllt und trugen goldenen Schmuck in ihren Haaren. Es gab schöne Geschöpfe unter ihnen, aufrecht in der Haltung, mit zarten Zügen und kleinen, wunderbaren Händen; aber Saffary betrachtete sie bloß mit Abscheu. Er trat seinen Rundgang an. Die Bäume in seiner wohlbestellten Plantage, in sauberen Reihen gepflanzt, erinnerten an den strengen Wald eines deutschen Märchens. Der Boden war dicht bedeckt von welken Blättern. Saffary wurde begleitet von einem tamilischen Aufseher mit bloßen Füßen, langem schwarzem Haar, das in einem Knoten zusammengebunden war, Sarong und Baju und einem prunkvollen Ring am Finger. Saffary schritt tüchtig aus, sprang über Gräben, wenn sie ihm in den Weg kamen, und troff bald vor Schweiß. Er untersuchte die Bäume, um zu sehen, ob sie richtig angezapft waren, und traf er einen Kuli bei der Arbeit an, prüfte er die Abfallspäne, und wenn sie ihm zu dick waren, schimpfte er und kürzte dem Kuli einen halben Tageslohn. Wenn ein Baum nicht mehr angezapft werden sollte, befahl er dem Aufseher, den Becher und den Draht, mit dem dieser am Stamm befestigt war, zu entfernen. Die jätenden Kulis arbeiteten in Trupps.

Zu Mittag kehrte Saffary in seinen Bungalow zurück und trank ein Glas Bier, das, weil es kein Eis gab, lauwarm war. Er zog die Khakihosen, das Flanellhemd, die schweren Stiefel und Strümpfe aus, in denen er seine Gänge gemacht hatte, rasierte sich und badete. Er aß in Sarong und Baju zu Mittag. Nachher legte er sich für eine halbe Stunde hin und begab sich dann in sein Büro, wo er bis fünf Uhr arbeitete; anschließend trank er Tee und ging in den Klub. Gegen acht Uhr brach er wieder auf, aß, sobald er nach Hause kam, und ging eine halbe Stunde später zu Bett.

Aber am vergangenen Abend war er gleich, nachdem er sein Match zu Ende gespielt hatte, nach Hause gegangen. Violet hatte ihn an diesem Tag nicht begleitet. Als die Clarkes noch dagewesen waren, hatten sie sich jeden Nachmittag im Klub getroffen, aber nun kam sie seltener mit. Sie sagte, es sei niemand da, der sie interessiere, sie wisse alles auswendig, was jeder zu sagen habe. Sie spielte nicht Bridge, und es war langweilig für sie, herumzuwarten, während er spielte. Sie sagte Tom, er könne sie ruhig allein lassen. Sie habe eine Menge im Haus zu tun.

Als sie ihn so früh zurückkommen sah, nahm sie an, er hätte sein Match gewonnen und wollte es ihr mitteilen. Er war wie ein Kind in seinem Stolz über derartige kleine Triumphe. Er war ein gutmütiger, einfacher Mensch, und sie wußte, daß er sich nicht nur für sich selbst über seinen Sieg freute, sondern weil er annahm, daß es auch ihr Freude bereiten würde. Es war reizend von ihm, so eilig nach Hause zu kommen, um es ihr brühwarm zu berichten.

»Nun, wie ist das Match ausgegangen?« fragte sie ihn, als er ins Zimmer trat.

»Ich habe gewonnen.«

»Leicht?«

»Nein, nicht so leicht, wie ich gedacht hätte. Erst war ich im Vorteil, und dann blieb ich stecken, nicht ein Stoß gelang mir; du kennst doch Douglas, er brilliert nicht, aber er ist zäh, und er holte mich ein. Endlich sagte ich mir, wenn du dich jetzt nicht zusammennimmst, schlägt er dich. Ich hatte ein bißchen Glück, und schließlich – um es kurz zu machen – schlug ich ihn mit sieben Punkten.«

»Das ist ja großartig! Eigentlich müßtest du jetzt den Pokal gewinnen, nicht?«

»Nun, ich habe noch drei Matche zu bestehen. Wenn es mir gelingt, ins Halbfinale zu kommen, könnte ich es vielleicht schaffen.«

Violet lächelte. Sie war bemüht, ihm ihr Interesse zu zeigen.

»Wieso hast du plötzlich nachgelassen?«

Sein Gesicht verdüsterte sich.

»Aus dem gleichen Grund, aus dem ich so schnell nach Hause gekommen bin. Ich wäre sofort ausgerissen, wenn ich nicht auf die, die auf mich gewettet hatten, hätte Rücksicht nehmen müssen. Ich weiß nicht, wie ich es dir sagen soll, Violet.«

Sie blickte ihn fragend an.

»Wieso? Was ist los? Doch nichts Schlimmes?«

»Doch. Etwas Schreckliches. Knobby ist tot.«

Eine volle Minute starrte sie ihn an, und ihr Gesicht, ihr nettes, freundliches, kleines Gesicht wurde grau vor Entsetzen. Zuerst schien es, als verstünde sie ihn nicht.

»Was soll das heißen?« rief sie.

»Es stand in der Zeitung. Er starb an Bord. Man hat ihn auf See bestattet.«

Mit einemmal stieß sie einen durchdringenden Schrei aus und fiel der Länge nach hin. Sie war ohnmächtig geworden.

»Violet«, rief er, warf sich auf die Knie und nahm ihren Kopf in seine Arme. »Boy, Boy!«

Ein Boy, aufgeschreckt durch die Angst in der Stimme seines Herrn, kam herbeigestürzt, und Saffary schrie ihm zu, er solle Brandy bringen. Er bemühte sich, Violet ein paar Tropfen einzuflößen. Sie öffnete die Augen, und als sie sich erinnerte, wurden sie dunkel vor Qual. Ihr Gesicht verzog sich wie das eines kleinen Kindes, das im Begriff ist, in Tränen auszubrechen. Er hob sie auf und bettete sie aufs Sofa. Sie wandte den Kopf ab.

»Oh, Tom, es ist nicht wahr. Es kann nicht wahr sein.«

»Doch, leider ist es wahr.«

»Nein, nein, nein!«

Sie brach in Tränen aus. Sie weinte krampfhaft. Es war furchtbar mit anzuhören. Saffary wußte nicht, was er tun sollte. Er kniete neben ihr und versuchte, sie zu beruhigen. Er wollte sie in die Arme nehmen, aber mit einer plötzlichen Geste stieß sie ihn zurück.

»Rühr mich nicht an«, rief sie, und sie sagte es so scharf, daß er erschrak.

Er stand auf.

»Beruhige dich doch, Liebling, nimm es nicht so schwer«, sagte er. »Ich weiß, es ist ein furchtbarer Schock. Er war einer von den Besten.«

Sie vergrub ihr Gesicht in den Kissen und weinte verzweifelt. Es peinigte ihn, zu sehen, wie ihr Körper von unbeherrschbarem Schluchzen geschüttelt wurde. Sie war außer sich. Er legte seine Hand sanft auf ihre Schulter.

»Liebling, nimm dich doch zusammen. Du wirst noch krank werden.«

Sie schüttelte seine Hand ab.

»Um Gottes willen, laß mich allein«, rief sie. »Oh, Hal, Hal.« Er hatte sie noch nie diesen Namen gebrauchen hören. Wohl hieß der Verstorbene Harold. Aber alle hatten ihn Knobby genannt. »Was soll ich tun?« klagte sie. »Ich kann es nicht ertragen. Ich kann es nicht ertragen.«

Saffary fing an, ein wenig ungeduldig zu werden. So viel Kummer schien ihm nun wirklich übertrieben. Violet war für gewöhnlich nicht so reizbar; das verdammte Klima mußte schuld daran sein. Es machte die Frauen nervös und überspannt. Violet war seit vier Jahren nicht mehr in England gewesen. Sie verbarg ihr Gesicht nun nicht mehr. Sie lag da, fast vom Sofa fallend, den Mund weit geöffnet vor maßlosem Schmerz, und Tränen strömten aus ihren aufgerissenen Augen. Sie war wie von Sinnen.

»Nimm noch einen Schluck Brandy«, sagte er. »Und fasse dich, mein Herz. Es nützt Knobby doch nichts mehr, wenn du dich so aufregst.«

Mit einem plötzlichen Ruck sprang sie in die Höhe und schob ihn beiseite. Sie warf ihm einen haßerfüllten Blick zu.

»Geh weg, Tom. Ich will deine Teilnahme nicht. Ich will allein sein.«

Sie ging schnell zu einem Lehnstuhl hinüber und warf sich hinein. Sie schleuderte den Kopf zurück, und ihr armes weißes Gesicht war verzerrt zu einer Grimasse der Qual.

»Oh, wie kann so etwas geschehen?« stöhnte sie. »Was soll nun aus mir werden? O Gott, ich wollte, ich wäre tot.«

»Violet!«

Seine Stimme bebte vor Schmerz. Fast weinte er auch. Sie stampfte ungeduldig mit dem Fuß.

»Geh weg, habe ich gesagt! Geh weg!«

Er schrak zusammen. Er starrte sie an und rang plötzlich nach Luft. Ein Schauer durchlief seinen schweren Leib. Er machte einen Schritt auf sie zu und hielt inne, aber seine Augen blieben unverwandt auf ihrem weißen, gequälten Gesicht haften. Er starrte, als sehe er etwas darin, was ihn entsetzte. Dann ließ er den Kopf sinken und verließ wortlos das Zimmer. Er ging in ein kleines Hinterzimmer, das nur selten benutzt wurde, und sank schwer auf einen Stuhl. Er grübelte. Nach einer kleinen Weile ertönte der Gong zum Dinner. Er hatte nicht gebadet. Er schaute seine Hände an. Er konnte sich jetzt nicht dazu durchringen, sie zu waschen. Langsam begab er sich ins Eßzimmer. Er trug dem Boy auf, Violet zu sagen, daß das Essen angerichtet sei. Der Boy kam zurück und meldete, sie wolle nichts haben.

»Schön, dann serviere mir allein«, sagte Saffary.

Er schickte Violet einen Teller Suppe und ein Stück Toast, und als der Fisch kam, legte er ein wenig davon auf einen Teller und ließ es ihr bringen. Aber der Boy kam sofort wieder zurück.

»Madame sagen, sie will keinen«, sagte er.

Saffary aß allein. Er aß aus Gewohnheit, kräftig, die vertrauten Gänge. Er trank eine Flasche Bier. Danach brachte ihm der Boy eine Tasse Kaffee, und er zündete sich eine Zigarre an. Saffary saß still, bis er zu Ende geraucht hatte. Er dachte nach. Endlich stand er auf und ging in die große Veranda zurück, die den eigentlichen Wohnraum bildete. Violet saß immer noch in dem Lehnstuhl, in dem er sie zurückgelassen hatte. Ihre Augen waren geschlossen, aber sie öffnete sie, als sie ihn hereinkommen hörte. Er nahm einen leichten Stuhl und setzte sich zu ihr.

»Was hat Knobby dir bedeutet, Violet?« fragte er.

Sie fuhr leicht zusammen. Sie wandte die Augen ab, sprach aber nicht.

»Ich verstehe nicht ganz, warum dich die Nachricht von seinem Tod dermaßen aus der Fassung bringt.«

»Es war ein furchtbarer Schock.«

»Natürlich. Aber es ist dennoch merkwürdig, daß man über den Tod eines Freundes so völlig außer sich gerät.«

»Ich verstehe nicht, was du meinst.«

Sie konnte die Worte kaum hervorbringen, und er sah, daß ihre Lippen zitterten.

»Ich hatte nie gewußt, daß du ihn Hal nennst. Selbst seine Frau nannte ihn Knobby.«

Sie sagte nichts. Ihre Augen, schwer von Kummer, waren ins Leere gerichtet.

»Schau mich an, Violet.«

Sie wandte leicht den Kopf und blickte ihn gleichgültig an.

»War er dein Liebhaber?«

Sie schloß die Augen, und Tränen entströmten ihnen. Ihr Mund war seltsam verzerrt.

»Hast du mir nichts zu sagen?«

Sie schüttelte den Kopf.

»Du mußt mir antworten, Violet.«

»Ich kann jetzt nicht mit dir sprechen«, stöhnte sie. »Wie kannst du so herzlos sein?«

»Ich muß gestehen, daß ich nicht sehr teilnahmsvoll gestimmt bin, im Augenblick. Ich verlange Klarheit, und zwar sofort. Willst du ein Glas Wasser?«

»Nichts, nein.«

»Dann beantworte mir meine Frage.«

»Du hast kein Recht, sie zu stellen. Sie ist beleidigend.«

»Wie kann ich glauben, daß eine Frau wie du, wenn sie von dem Tod eines Bekannten erfährt, ohnmächtig hinsinkt und sich nachher, wenn sie wieder zu sich kommt, gebärdet wie eine Verzweifelte. Nicht einmal der Tod eines Kindes würde eine solche Wirkung auslösen. Als wir erfuhren, daß deine Mutter gestorben sei, weintest du natürlich, und ich weiß, daß du sehr unglücklich warst – aber du kamst zu mir, um dir Trost zu holen, und sagtest, du wüßtest nicht, was du ohne mich anfangen solltest.«

»Dies kam so schrecklich unvorbereitet.«

»Nicht unvorbereiteter als der Tod deiner Mutter.«

»Ich hatte Knobby sehr gern.«

»Wie gern? So gern, daß du bei der Nachricht von seinem Tod nicht wußtest und auch nicht wissen wolltest, was du sprachst? Warum hast du gesagt: ›Wie konnte so etwas geschehen?‹ Warum hast du gesagt: ›Was soll nun aus mir werden?‹«

Sie seufzte tief. Sie wandte ihren Kopf dahin und dorthin, wie ein Schaf, das sich bemüht, den Händen des Schlächters zu entkommen.

»Du darfst mich nicht für dümmer halten, als ich bin, Violet. Ich sage dir, daß dich diese Nachricht unmöglich so tief hätte treffen können, wenn nicht etwas zwischen euch gewesen wäre.«

»Wenn du das glaubst, warum quälst du mich dann mit Fragen?«

»Meine Liebe, es hat keinen Sinn, Verstecken zu spielen. So kommen wir nicht vom Fleck. Glaubst du, daß mir besonders wohl zumute ist?«

Sie blickte ihn an, als er das sagte. Sie hatte an ihn bisher überhaupt nicht gedacht. Sie war viel zu sehr erfüllt von ihrem eigenen Unglück gewesen, um sich auch um das seine zu kümmern.

»Ich bin so müde«, seufzte sie.

Er beugte sich vor und packte sie rauh am Handgelenk.

»Sprich!« schrie er.

»Du tust mir weh.«

»Und du mir? Glaubst du, du tust mir nicht weh? Wie kannst du das Herz haben, mich so zu peinigen?«

Er ließ ihren Arm los und sprang auf. Er ging bis ans Ende des Zimmers und wieder zurück; es sah aus, als erwache plötzlich die Wut in ihm. Er packte sie an den Schultern und riß sie in die Höhe. Er rüttelte sie.

»Wenn du mir nicht die Wahrheit sagst, bringe ich dich um«, schrie er.

»Ich wollte, du tätest es«, sagte sie.

»Er war dein Liebhaber?«

»Ja.«

»Du Hure.«

Die eine Hand immer noch auf ihrer Schulter, so daß sie sich nicht rühren konnte, holte er mit der anderen aus und schlug ihr wiederholt mit aller Kraft ins Gesicht. Sie bebte unter seinen Schlägen, aber sie versuchte nicht, ihnen auszuweichen, und sie schrie auch nicht. Er schlug zu, immer wieder. Mit einemmal fühlte er, daß sie seltsam schlaff wurde, er ließ sie los, und bewußtlos glitt sie zu Boden. Angst erfaßte ihn. Er beugte sich über sie, betastete sie, rief sie beim Namen. Sie rührte sich nicht. Er hob sie auf und trug sie in den Lehnstuhl zurück, von dem er sie eine Weile zuvor heruntergezerrt hatte. Der Branntwein, den er hatte kommen lassen, als sie zum ersten Mal ohnmächtig geworden war, war immer noch im Zimmer, und er versuchte, ihr ein wenig einzuflößen. Sie würgte, und die Flüssigkeit rann ihr über Kinn und Hals. Eine Seite ihres blassen Gesichts war rot und blau von den Schlägen seiner schweren Hand. Sie seufzte ein wenig und öffnete die Augen. Er hielt das Glas erneut an ihre Lippen, indem er ihren Kopf stützte, und sie nippte ein wenig an dem starken Getränk. Mit reuevollen, besorgten Blicken schaute er sie an.

»Verzeih mir, Violet. Das war nicht meine Absicht. Ich schäme mich so schrecklich. Nie hätte ich gedacht, daß ich so tief sinken könnte, eine Frau zu schlagen.«

Obgleich sie sich sehr schwach fühlte und ihr Gesicht schmerzte, huschte der Schatten eines Lächelns über ihre Lippen. Armer Tom. Er war imstande, solche Dinge zu sagen. Er empfand sie. Und wie entrüstet er sein würde, wenn ihn jemand fragte, warum ein Mann eine Frau nicht schlagen dürfe. Aber Saffary führte ihr blasses Lächeln auf ihren unbesiegbaren Mut zurück. ›Bei Gott, eine tapfere kleine Frau‹, dachte er.

»Gib mir eine Zigarette«, sagte sie.

Er nahm eine aus der Schachtel und steckte sie ihr in den Mund. Er machte zwei, drei vergebliche Versuche, sein Feuerzeug zu entzünden. Es wollte ihm nicht gelingen.

»Solltest du nicht lieber ein Streichholz nehmen?« sagte sie. Für einen Augenblick hatte sie ihren herzzerreißenden Kummer vergessen und war leicht belustigt über die Situation. Er nahm eine Schachtel vom Tisch und hielt ihr das angezündete Streichholz vor die Zigarette. Sie atmete den ersten Zug mit einem Gefühl unendlicher Erleichterung ein.

»Ich kann dir nicht sagen, wie sehr ich mich schäme, Violet«, sagte er. »Ich verabscheue mich. Ich weiß nicht, was über mich gekommen ist.«

»Ach, laß es gut sein. Es war sehr begreiflich. Warum trinkst du nicht etwas? Es wird dir guttun.«

Wortlos, mit gebeugten Schultern, als wäre es eine körperliche Last, die ihn bedrückte, holte er sich ein Glas Brandy und Soda. Dann setzte er sich still wieder hin. Sie sah den blauen Rauchwolken nach, die sich in der Luft auflösten.

»Was willst du nun tun?« fragte sie endlich.

Er antwortete mit einer müden Geste der Verzweiflung.

»Wir werden morgen weiterreden. Heute bist du nicht in der Verfassung dazu. Sobald du deine Zigarette ausgeraucht hast, mußt du zu Bett gehen.«

»Du weißt nun schon so viel, daß es besser ist, wenn du alles erfährst.«

»Nicht jetzt, Violet.«

»Doch. Jetzt.«

Sie begann zu sprechen. Er hörte ihre Worte, aber er war kaum imstande, sie aufzunehmen. Ihm war zumute wie einem Mann, der sich eben mit liebevoller Sorgfalt ein Haus gebaut hat, und mit einemmal – er weiß nicht, warum – kommen Leute herbei, die es mit Hacken und schweren Hämmern Zimmer um Zimmer niederreißen und zerstören, bis das, was einst eine schöne Behausung war, ein Haufen Schutt geworden ist. Das Furchtbarste daran war, daß gerade Knobby Clarke ihm dies angetan hatte. Sie waren mit dem gleichen Schiff in den Malaiischen Staatenbund gekommen und hatten zuerst auf der gleichen Plantage gearbeitet. Man nennt die jungen Pflanzer ›Creepers‹, und man kann sie in den Straßen von Singapur an ihren doppelrandigen Filzhüten und ihren Khakijacken mit den am Handgelenk umgeschlagenen Ärmeln erkennen. Unerfahrene junge Kerle, die mit aufgerissenen Augen herumziehen und sich von Chinesen überreden lassen, wertlosen Kram aus Birmingham zu kaufen, den sie dann als orientalische Kuriositäten nach Hause schicken, die in den Hallen billiger Hotels sitzen und unzählige Stengahs trinken und nach einem Abend im Kino in Rikschas steigen und die Nacht im Chinesenviertel beenden. Tom und Knobby waren unzertrennlich, Tom, ein großer, kräftiger Bursche, einfach, sehr ehrlich, arbeitsam; und Knobby, unschön, aber merkwürdig anziehend, mit seinen tiefsitzenden Augen, seinen hohlen Wangen und seinem großen, launigen Mund. Knobby war derjenige, der die Späße machte, und Tom der, der über sie lachte. Tom heiratete zuerst. Er lernte Violet kennen, als er auf Urlaub war.

Die Tochter eines im Krieg gefallenen Arztes, war sie Gouvernante im Hause einer Familie, die in demselben Ort lebte wie sein Vater. Tom verliebte sich in sie, weil sie allein auf der Welt stand und weil der Gedanke an das freudlose Dasein, das vor ihr lag, sein mitleidiges Herz rührte. Knobby wiederum heiratete, weil Tom es getan hatte und weil er sich ohne ihn verloren fühlte, eine junge Frau, die nach Fernost gekommen war, um den Winter bei Verwandten zuzubringen. Enid Clarke war damals eine sehr hübsche Blondine, und von vorne betrachtet war sie immer noch hübsch, obgleich ihre einst so klare und frische Haut schon welk war; aber sie hatte ein sehr schwaches, kleines, unbedeutendes Kinn und erinnerte im Profil an ein Schaf. Sie hatte hübsches flachsblondes Haar, das sie gerade trug, da es sich in der Hitze nicht locken wollte, und porzellanblaue Augen. Obwohl sie erst sechsundzwanzig Jahre alt war, hatte sie bereits etwas Müdes an sich. Ein Jahr nach der Hochzeit bekam sie ein Kind, aber es starb, als es erst zwei Jahre alt war. Bald darauf gelang es Tom Saffary, Knobby die Leitung der Plantage, die an die seine grenzte, zu verschaffen. Die beiden Männer freuten sich, ihre alte Vertrautheit wiederaufnehmen zu können, und ihre Frauen, die einander bis dahin nicht sehr gut gekannt hatten, wurden bald Freundinnen. Sie nahmen die Kleider der anderen zum Vorbild und liehen einander Dienstboten und Geschirr, wenn sie Gesellschaften gaben. Die vier trafen sich jeden Tag; sie gingen überall gemeinsam hin. Tom Saffary fand es wunderbar.

Das Merkwürdige war, daß Violet und Knobby drei oder vier Jahre in dieser engen freundschaftlichen Beziehung gestanden hatten, ohne sich ineinander zu verlieben. Keiner von ihnen fühlte die Liebe herannahen. Keiner argwöhnte, daß in dem Vergnügen, das der eine an der Gesellschaft des anderen fand, mehr lag als die beiläufige Freundschaft zweier durch die Umstände des Lebens zusammengeführter Menschen. Zusammen zu sein rief kein besonderes Glücksempfinden in ihnen hervor, sondern lediglich ein stilles Gefühl von Zufriedenheit. Wenn einmal ein Tag verging, ohne daß sie sich sahen, empfanden sie eine sonderbare Langeweile. Das schien ihnen bloß natürlich. Sie trieben Sport miteinander. Sie tanzten miteinander. Sie neckten einander. Die Offenbarung kam ihnen durch etwas, was wie der reinste Zufall aussah. Sie waren alle auf einem Tanzabend im Klub gewesen und fuhren in Saffarys Wagen nach Hause. Die Plantage der Clarkes lag auf dem Weg, und Saffary wollte sie bei ihrem Bungalow absetzen. Violet und Knobby saßen hinten im Wagen. Er hatte eine Menge Alkohol zu sich genommen, war aber nicht betrunken; ihre Hände berührten sich zufällig, und er nahm die ihre und hielt sie. Sie sprachen nicht. Sie waren todmüde. Aber mit einemmal verließ ihn die Champagnerheiterkeit, und er wurde eisig nüchtern. In einer blitzartigen Erleuchtung wurde ihnen beiden klar, daß sie wahnsinnig ineinander verliebt waren, und gleichzeitig erkannten sie, daß sie nie zuvor geliebt hatten. Als sie den Bungalow der Clarkes erreichten, sagte Tom:

»Willst du dich jetzt neben mich setzen, Violet?«

»Ich bin zu müde, um mich zu rühren«, sagte sie.

Ihre Beine waren so schwach, daß sie meinte, sie würde nicht imstande sein aufzustehen.

Als sie sich am nächsten Tag trafen, erwähnte keiner das Vorgefallene, aber beide wußten sie, daß etwas Unvermeidliches geschehen war. Sie verhielten sich zueinander wie immer, wochenlang verhielten sie sich so, aber sie fühlten, daß alles verändert war. Endlich konnten Fleisch und Blut nicht länger standhalten, und sie wurden ein Liebespaar. Aber das physische Band schien ihnen das Unwichtigste an ihrer Beziehung, und die Umstände gestatteten ihnen ja auch nur sehr selten ein intimes Beisammensein. Es genügte ihnen, daß sie einander täglich sahen, und wenn es auch in Gesellschaft anderer war; ein Blick, eine Berührung der Hände versicherte sie ihrer gegenseitigen Liebe, und das genügte. Der Geschlechtsakt war ihnen bloß eine Bestätigung der Vereinigung ihrer Seelen.

Sie sprachen nur selten von Tom und Enid. Wenn sie manchmal miteinander über deren Schwächen scherzten, so geschah es ohne die geringste Schärfe. Es wäre ihnen vielleicht sonderbar erschienen, wie vollkommen belanglos diese beiden Menschen, die sie doch ständig um sich sahen, für sie geworden waren, wenn sie darüber überhaupt jemals nachgedacht hätten. Ihre Beziehung zu ihnen fiel in die Alltäglichkeiten des Lebens, wie sich rasieren, sich anziehen, drei Mahlzeiten am Tag essen. Sie waren ihnen zärtlich zugetan. Sie bemühten sich sogar, ihnen alles mögliche zu Gefallen zu tun, wie Kranken, weil ihr eigenes Glück so groß war, daß sie anderen, weniger Begnadeten, aus Barmherzigkeit soviel Freude bereiten mußten, wie sie nur konnten. Sie hatten keine Skrupel. Sie waren viel zu sehr voneinander erfüllt, als daß ihnen auch nur ein Moment der Reue gekommen wäre. Schönheit erhellte nun erregend das angenehme eintönige Leben, das sie bisher geführt hatten.

Aber dann geschah etwas, was sie in Bestürzung versetzte.

Die Gesellschaft, für die Tom arbeitete, war im Begriff, ausgedehnte Kautschukplantagen im Norden Borneos zu erwerben, und machte Tom das Angebot, deren Leitung zu übernehmen. Es war ein besserer Posten als sein gegenwärtiger, mit einem höheren Gehalt, und da er Assistenten unter sich haben würde, würde er nicht so schwer arbeiten müssen. Saffary begrüßte das Angebot. Sowohl Clarke als auch Saffary standen knapp vor ihrem Urlaub, und die beiden Paare hatten beschlossen, gemeinsam nach England zu fahren. Sie hatten schon ihre Schiffskarten bestellt. Nun änderte sich alles. Tom würde nicht vor einem Jahr wegfahren können. Und wenn die Clarkes zurückkehrten, würden die Saffarys bereits auf Borneo sein. Violet und Knobby brauchten nicht lange, um zu entscheiden, daß es für sie nur einen Weg gab. Sie waren durchaus bereit gewesen, trotz der Hindernisse, die sich ihrer Liebe entgegenstellten, alles beim alten zu lassen, solange sie sicher waren, einander ständig sehen zu können; sie hatten das Gefühl, unendlich viel Zeit vor sich zu haben, und die Zukunft schien ihnen verklärt von einer Glückseligkeit, die keine Grenzen kannte; aber den Gedanken an eine Trennung konnten sie nicht einen Augenblick ertragen. Sie beschlossen, miteinander durchzubrennen, und von diesem Moment an schien ihnen jeder Tag, der verging, ohne daß sie ständig beisammen waren, verloren. Ihre Liebe nahm eine neue Form an. Sie flammte zu einer verzehrenden Leidenschaft auf, die keinen Raum ließ für Rücksichten auf andere. Sie waren gleichgültig dagegen, daß sie Tom und Enid Kummer bereiten mußten. Es war traurig, aber unvermeidlich. Sie machten ihre Pläne mit Bedacht. Knobby wollte unter dem Vorwand einer Geschäftsreise nach Singapur fahren, und Violet sollte Tom sagen, daß sie für eine Woche zu Freunden gehe, auf eine Plantage, die etwas weiter südlich an der Eisenbahnstrecke lag; in Wirklichkeit würde sie Knobby in Singapur treffen. Sie würden nach Java gehen und von da ein Schiff nach Sydney nehmen. In Sydney würde Knobby sich nach Arbeit umsehen. Als Violet Tom erzählte, daß die Mackenzies sie aufgefordert hätten, ein paar Tage bei ihnen zu verbringen, freute er sich.

»Das ist ja wunderbar, Liebling, du brauchst Luftveränderung«, sagte er. »Du schienst mir etwas blaß in der letzten Zeit.«

Er streichelte liebevoll ihre Wangen. Die Liebkosung schnitt ihr ins Herz.

»Du bist immer so gut zu mir, Tom«, sagte sie, und ihre Augen füllten sich plötzlich mit Tränen.

»Nun, das ist doch das Geringste, was ich dir schuldig bin. Du bist die beste kleine Frau von der Welt.«

»Warst du glücklich mit mir in diesen acht Jahren?«

»Unendlich glücklich.«

Sie blickte ihn an. »Das kann dir niemand nehmen.«

Sie hatte sich gesagt, daß er zu den Männern gehörte, die sich leicht trösten. Er liebte die Frauen im allgemeinen, und es würde nicht lange dauern, bis er wieder eine gefunden hatte, die er heiraten wollte. Und mit seiner neuen Frau würde er genauso glücklich sein wie mit ihr. Vielleicht würde er Enid heiraten. Enid war eines jener unselbständigen kleinen Wesen, die ein bißchen auf die Nerven fielen, und sie glaubte nicht, daß sie eines tiefen Gefühls fähig war. Ihre Eitelkeit würde verletzt sein; das Herz würde es ihr nicht brechen. Aber nun, da die Würfel gefallen waren und der Tag feststand, hatte sie eine Anwandlung von Schwäche. Reue befiel sie. Sie wünschte sehnlich, daß es möglich wäre, diesen beiden Menschen nicht so furchtbaren Kummer zufügen zu müssen. Sie schwankte.

»Es ist uns sehr gut gegangen, Tom«, sagte sie. »Ich weiß nicht, ob es richtig ist, daß wir von hier fortgehen. Wir tauschen eine Sicherheit gegen etwas aus, was wir nicht kennen.«

»Mein liebes Kind, es ist eine Chance, wie sie sich nur ganz selten bietet. Und es schaut viel mehr Geld dabei heraus.«

»Geld ist nicht alles. Glück ist wichtiger.«

»Das weiß ich, aber ich sehe nicht ein, warum wir auf Borneo nicht genauso glücklich sein sollten. Außerdem blieb mir ja keine Wahl. Ich bin nicht mein eigener Herr. Die Direktoren wollen, daß ich gehe, und ich muß mich fügen.«

Sie seufzte. Auch ihr blieb keine Wahl. Sie zuckte die Achseln. Es war ihr schrecklich, anderen Kummer zu bereiten, aber manchmal war es unvermeidlich. Tom bedeutete ihr nicht mehr als jeder x-beliebige Reisegefährte, der freundlich zu einem gewesen ist. Es war absurd, von ihr zu verlangen, daß sie ihr Leben für ihn opferte.

Die Clarkes sollten in vierzehn Tagen ihre Reise nach England antreten, und dies bestimmte das Datum der Flucht. Die Tage gingen dahin. Violet war ruhelos und aufgeregt. Sie blickte mit einer Freude, die fast schmerzhaft war, dem Frieden entgegen, der ihr winkte, wenn sie erst einmal mit Knobby an Bord des Schiffes war und das Leben beginnen konnte, das ihr, wie sie mit Sicherheit fühlte, endlich vollkommenes Glück bringen würde.

Sie begann zu packen. Die Freunde, die sie zu besuchen vorgab, führten ein sehr geselliges Dasein, und dies lieferte ihr den Vorwand, eine Menge Gepäck mitzunehmen. Es war elf Uhr vormittags, und Tom befand sich auf seinem Rundgang durch die Plantage. Einer der Boys kam in ihr Zimmer und meldete, daß Mrs. Clarke da sei, und im selben Augenblick hörte sie auch schon Enids Stimme. Nachdem sie den Kofferdeckel geschlossen hatte, trat sie auf die Veranda. Zu ihrem Erstaunen eilte Enid auf sie zu, warf die Arme um ihren Hals und küßte sie innig. Sie blickte Enid an und sah, daß ihre sonst blassen Wangen gerötet waren, und ihre Augen leuchteten. Enid brach in Tränen aus.

»Was ist denn los, um Gottes willen, Liebling?« rief sie.

Einen Augenblick kam ihr die Angst, Enid wüßte vielleicht alles. Aber Enids Wangen waren gerötet vor Glück und nicht vor Eifersucht oder Zorn.

»Ich komme eben von Doktor Harrow«, sagte sie. »Ich wollte nichts davon sagen. Zwei- oder dreimal hat es sich als falscher Alarm erwiesen, aber diesmal, sagt er, ist es sicher.«

Eine plötzliche Kälte durchfuhr Violets Herz.

»Was meinst du? Du bist doch nicht...«

Sie blickte Enid an, und Enid nickte.

»Doch«, sagte sie. »Es kann keinen Zweifel mehr geben. Er meint, daß ich mindestens im dritten Monat bin. Oh, Violet, ich bin ja so selig!«

Sie warf sich abermals in Violets Arme und hing weinend an ihrem Hals.

»Aber Liebling, beruhige dich doch.«

Violet wurde blaß wie der Tod. Sie fühlte, wenn sie nicht alle Kraft zusammennahm, würde sie ohnmächtig werden.

»Weiß es Knobby?«

»Nein, ich habe ihm noch kein Wort gesagt. Er war so enttäuscht, die vorigen Male. Es war ein furchtbarer Schlag für ihn, als das Kind starb. Und er hat sich so sehr ein anderes gewünscht.«

Violet zwang sich, die Dinge zu sagen, die von ihr erwartet wurden, aber Enid hörte gar nicht zu. Sie hatte das Bedürfnis, die ganze Geschichte ihrer Hoffnungen und Ängste, ihrer Symptome und schließlich der ärztlichen Untersuchung zu erzählen. Sie war nicht aufzuhalten.

»Wann wirst du es Knobby sagen?« fragte Violet endlich.

»Jetzt, wenn er nach Hause kommt?«

»Oh, nein, er ist müde und hungrig, wenn er von seinen Rundgängen zurückkommt. Ich werde warten bis heute abend nach dem Dinner.«

Violet unterdrückte eine Bewegung der Ungeduld; Enid wollte eine rührende Szene aufführen und sich ihren Moment aussuchen; aber schließlich war das ja nur natürlich. Es traf sich sogar ganz gut, denn es verschaffte ihr die Möglichkeit, Knobby vorher zu sprechen. Sobald sie Enid los war, rief sie ihn an. Sie wußte, daß er auf dem Heimweg immer noch auf einen Sprung in sein Büro ging, und sie hinterließ ihm die Nachricht, er möchte sie zurückrufen. Sie hatte bloß Angst, daß er es nicht rechtzeitig vor Toms Rückkehr tun könnte, aber dieses Risiko mußte sie auf sich nehmen. Der Apparat klingelte, und Tom war noch nicht zu Hause.

»Hal?«

»Ja.«

»Kannst du um drei Uhr bei der Hütte sein?«

»Ja. Ist etwas geschehen?«

»Ich werde es dir erzählen, wenn ich dich sehe. Mach dir keine Sorgen.«

Sie hängte auf. Die Hütte war ein kleiner Schuppen auf Knobbys Plantage, den sie ohne Schwierigkeiten erreichen konnte und wo sie sich gelegentlich trafen. Die Kulis kamen während ihrer Arbeit dort vorbei, und man war keineswegs ungestört, aber es war ein Platz, wo sie, ohne Aufsehen zu erregen, ein paar Minuten miteinander sprechen konnten. Um drei Uhr würde Enid ruhen und Tom im Büro arbeiten.

Als Violet hinkam, war Knobby bereits da. Er erschrak.

»Violet, wie weiß du bist!«

Sie gab ihm die Hand. Sie wußten nicht, was für Augen sie beobachteten, und benahmen sich deshalb immer so, daß jeder zusehen konnte.

»Enid war heute vormittag bei mir. Sie wird es dir heute abend erzählen. Ich wollte dich vorbereiten. Sie bekommt ein Kind.«

»Violet.«

Er blickte sie bestürzt an. Sie begann zu weinen. Sie hatten nie über die Beziehung gesprochen, die zwischen ihm und seiner Frau, und ihr und ihrem Mann herrschte. Sie umgingen dieses Thema, weil es für beide allzu heikel und schmerzlich war. Violet wußte, wie es um sie selbst stand; sie befriedigte das Verlangen ihres Mannes, doch da es ihr selbst keine Lust bereitete, maß sie diesem Umstand, mit der seltsamen Nonchalance der Frau, keine Bedeutung bei; aber irgendwie hatte sie sich eingeredet, daß es bei Hal anders wäre. Er fühlte nun instinktiv, wie bitter die Wahrheit sie getroffen hatte. Er versuchte, sich zu entschuldigen.

»Liebling, ich konnte nicht anders.«

Sie weinte still, und er betrachtete sie mit unglücklichen Augen.

»Ich weiß, es ist abscheulich«, sagte er. »Aber was konnte ich tun? Ich hatte ja keinen Grund –«

Sie unterbrach ihn.

»Ich mache dir keine Vorwürfe. Es war unvermeidlich. Und nur weil ich dumm bin, tut es mir so schrecklich weh.«

»Liebling!«

»Wir hätten vor zwei Jahren miteinander weggehen sollen. Es war Wahnsinn, zu glauben, wir könnten so weiterleben.«

»Bist du sicher, daß Enid sich nicht irrt? Sie hat schon zwei- oder dreimal geglaubt, in anderen Umständen zu sein.«

»Nein, nein, diesmal ist es wahr. Sie ist schrecklich glücklich. Sie sagt, du hättest dir so sehr ein Kind gewünscht.«

»Es kommt so furchtbar überraschend. Ich habe es noch gar nicht richtig erfaßt.«

Sie blickte ihn an. Er starrte mit gequälter Miene auf den blätterbestreuten Boden. Sie lächelte ein wenig.

»Armer Hal.« Sie seufzte tief. »Es ist unabänderlich. Mit uns ist es zu Ende.«

»Was willst du damit sagen?« rief er.

»Oh, mein Lieber, jetzt kannst du sie doch nicht verlassen. Vorher wäre es gegangen. Sie wäre unglücklich gewesen, aber sie hätte es überwunden. Das ist jetzt anders. Diese Zeit ist an sich schon schwierig für eine Frau. Monatelang fühlt sie sich mehr oder weniger krank. Sie braucht Liebe. Sie braucht Pflege. Es wäre furchtbar, sie all das allein tragen zu lassen. Wir können nicht so unmenschlich sein.«

»Du meinst, daß ich mit ihr nach England fahren soll?«

Sie nickte ernst.

»Es ist ein Glück, daß du fortgehst. Es wird leichter sein, wenn wir uns nicht jeden Tag sehen.«

»Aber ich kann ohne dich nicht mehr leben.«

»Doch, du kannst. Du mußt. Ich kann es. Und für mich wird es schlimmer sein, weil ich zurückbleibe und nichts haben werde.«

»Oh, Violet, es ist unmöglich.«

»Lieber, es hat keinen Sinn, darüber zu diskutieren. In demselben Augenblick, als sie es mir erzählte, wußte ich, was es bedeutete. Aus diesem Grund wollte ich zuvor mit dir reden. Ich dachte, der Schreck könnte dich verleiten, mit der Wahrheit herauszuplatzen. Du weißt, ich liebe dich mehr als alles auf der Welt. Aber sie hat mir nie etwas zuleide getan. Ich könnte dich ihr jetzt nicht wegnehmen. Es ist traurig für uns beide, aber es ist nun einmal so – ich hätte einfach nicht den Mut, etwas so Gemeines zu tun.«

»Ich wollte, ich wäre tot«, stöhnte er.

»Das würde weder ihr noch mir nützen«, lächelte sie.

»Und wie stellst du dir die Zukunft vor? Müssen wir unser ganzes Leben opfern?«

»Jawohl, Liebling. Es klingt schlimm, aber früher oder später werden wir darüber hinwegkommen. Man kommt über alles hinweg.«

Sie schaute auf ihre Armbanduhr.

»Ich muß jetzt zurück, nach Hause. Tom wird gleich da sein. Wir treffen uns alle um fünf Uhr im Klub.«

»Tom und ich haben eine Tennispartie verabredet.« Er blickte sie kläglich an. »Oh, Violet, ich bin so furchtbar unglücklich.«

»Ich weiß. Ich auch. Aber es nützt nichts, darüber zu sprechen.«

Sie gab ihm die Hand, aber er nahm sie in die Arme und küßte sie, und als er sie wieder losließ, waren ihre Wangen naß von seinen Tränen. Aber sie selbst war so verzweifelt, sie konnte nicht weinen.

Zehn Tage später fuhren die Clarkes ab.

Während George Moon sich diese Geschichte anhörte oder so viel von dieser Geschichte, wie Tom Saffary ihm zu erzählen imstande war, überlegte er in seiner kühlen, distanzierten Art, wie seltsam es war, daß diese alltäglichen Menschen mit ihrem monotonen Dasein von einer solchen Tragödie heimgesucht worden waren. Wer hätte gedacht, daß Violet Saffary, diese nette und manierliche Frau, die man im Klub sitzen sah, illustrierte Zeitungen lesend oder über einer Limonade mit Freunden plaudernd, ihr Herz in Liebe zu diesem gewöhnlichen Mann verzehrte? George Moon erinnerte sich, Knobby am Abend vor seiner Abreise im Klub gesehen zu haben. Er schien strahlender Laune. Seine Kameraden beneideten ihn, weil er nach Hause fahren durfte. Die, die erst kürzlich zurückgekommen waren, schärften ihm ein, nur ja die Ausstellung im Pavillon nicht zu versäumen. Der Alkohol floß reichlich. Der Resident war zu der Abschiedsgesellschaft, die die Saffarys den Clarkes gegeben hatten, nicht eingeladen worden, aber er wußte ganz genau, wie sie sich abgespielt hatte, die gute Bewirtung, die Herzlichkeit, die Späße und dann, nach dem Dinner, das Grammophon und allgemeiner Tanz. Ein merkwürdiges Gefühl der Bestürzung erfaßte ihn, als er an die Verzweiflung dachte, die ihre Herzen erfüllt haben mußte, während sie vorgaben, so fröhlich zu sein.

Und mit einem anderen Teil seines Bewußtseins dachte George Moon an seine eigene Vergangenheit zurück. Nur sehr wenige kannten diese Geschichte. Schließlich waren es fünfundzwanzig Jahre her, seitdem sie sich zugetragen hatte.

»Was werden Sie nun tun, Saffary?« fragte er.

»Gerade das wollte ich mit Ihnen besprechen. Ich wollte Sie um Ihren Rat fragen. Nun, da Knobby tot ist, weiß ich nicht, was mit Violet geschehen soll, wenn ich mich von ihr scheiden lasse.«

»Ja, wollen Sie sich denn von ihr scheiden lassen?«

»Das muß ich doch wohl.«

George Moon zündete sich eine neue Zigarette an und schaute dem Rauch nach, der in der Luft zerging.

»Wissen Sie eigentlich, daß auch ich verheiratet war?«

»Ja, ich habe es einmal gehört. Sie sind Witwer, nicht?«

»Nein, ich bin geschieden. Ich habe einen siebenundzwanzigjährigen Sohn. Er betreibt Landwirtschaft in Neuseeland. Ich sah meine Frau das letztemal, als ich auf Urlaub in England war. Wir trafen uns im Theater. Zuerst erkannten wir einander nicht. Sie sprach mich an. Ich lud sie zum Lunch ins Berkeley ein.«

George Moon lachte in sich hinein. Er war allein gewesen. Man gab eine Operette. Er saß neben einer großen, korpulenten dunklen Dame, die ihm vage bekannt vorkam, aber das Stück fing eben an, und er sah sie sich nicht näher an. Als der Vorhang nach dem ersten Akt fiel, wandte sie sich ihm mit strahlenden Augen zu.

»Guten Abend, George.«

Es war seine Frau. Sie hatte eine burschikose, freundliche Art und war völlig unbefangen.

»Es ist lange her, daß wir uns das letztemal gesehen haben.«

»Ja.«

»Wie ist es dir ergangen?«

»Ach, ganz gut.«

»Ich nehme an, daß du es inzwischen zum Residenten gebracht hast. Du bist doch noch im Dienst?«

»Ja, aber ich werde bald in den Ruhestand treten. Leider.«

»Warum? Du siehst sehr frisch aus.«

»Ich nähere mich der Altersgrenze und werde mich damit abfinden müssen, ein alter Mummelgreis zu sein, der zu nichts mehr taugt.«

»Du hast Glück, daß du so dünn geblieben bist. Ich bin schauderhaft, wie?«

»Na ja, du siehst nicht gerade ätherisch aus.«

»Ich weiß. Ich bin dick und werde jeden Tag dicker. Ich kann nichts machen. Ich esse so gern. Ich bringe es einfach nicht über mich, auf Sahne und Brot und Kartoffeln zu verzichten.«

George Moon lachte, aber nicht über das, was sie sagte, sondern über seine eigenen Gedanken. In vergangenen Jahren hatte er manchmal daran gedacht, daß er ihr begegnen könnte, aber nie hatte er sich die Begegnung so vorgestellt, wie sie sich nun abspielte. Als das Stück zu Ende war und sie sich mit einem Lächeln von ihm verabschiedete, sagte er:

»Hättest du Lust, einmal mit mir zu essen?«

»Wenn du willst.«

Und sie verabredeten einen Tag und trafen sich. Er wußte,

daß sie den Mann geheiratet hatte, um dessentwillen er sich von ihr hatte scheiden lassen, und er schloß aus ihrer Kleidung, daß sie in guten Verhältnissen lebte. Sie tranken einen Cocktail. Sie aß mit Appetit ihr Horsd'œuvre. Sie war mindestens fünfzig, aber sie ließ sich von ihren Jahren nicht unterkriegen. Sie hatte etwas Fröhliches, Unbekümmertes, sie war schnell von Begriff, gesprächig und hatte das herzliche ansteckende Lachen der dicken Frau, die sich gehenläßt. Wenn er nicht gewußt hätte, daß sie einer Familie entstammte, die seit einem Jahrhundert im öffentlichen Dienst in Indien stand, so hätte er sie für ein ehemaliges Revuegirl halten können. Sie war nicht ordinär, aber sie hatte von Natur aus eine extravagante Art, die an die Bühne denken ließ. Sie war nicht im geringsten befangen.

»Du hast nicht wieder geheiratet?« fragte sie ihn.

»Nein.«

»Schade. Daß es das erstemal nicht gut ausgegangen ist, besagt nicht, daß es das zweitemal ebenso gekommen wäre.«

»Ich brauche dich nicht zu fragen, ob du glücklich geworden bist.«

»Gott, ich habe nicht zu klagen. Ich glaube, ich habe eine glückliche Natur. Jim ist immer gut zu mir gewesen; er ist jetzt in Pension, und wir leben auf dem Lande, und ich bete Betty an.«

»Wer ist Betty?«

»Ach, meine Tochter. Sie hat vor zwei Jahren geheiratet. Ich erwarte jeden Tag, Großmutter zu werden.«

»So werden wir zum alten Eisen geworfen.«

Sie lachte auf.

»Betty ist zweiundzwanzig. Es war nett von dir, mich

zum Lunch einzuladen, George. Es wäre ja auch dumm, sich heute noch wegen einer Sache aufzuregen, die so viele Jahre zurückliegt.«

»Idiotisch.«

»Wir haben nicht zueinander gepaßt, und es war gut, daß wir das eingesehen haben, ehe es zu spät wurde. Ich war töricht, natürlich, aber schließlich war ich damals noch sehr jung. Bist auch du glücklich geworden?«

»Ach ja, ich kann sagen, daß ich Erfolg gehabt habe im Leben.«

»Und das ist das, was du unter Glück verstehst.«

Er lächelte anerkennend über ihre Schlagfertigkeit. Dann wechselte sie das Thema mit großer Leichtigkeit und fing an, von anderen Dingen zu reden. Obgleich der Sohn, den sie miteinander hatten, ihm zugesprochen worden war, hatte er ihn, da er nicht imstande war, sich um ihn zu kümmern, der Obhut der Mutter überlassen. Der Junge war mit achtzehn Jahren ausgewandert und war nun bereits verheiratet. Er war ein Fremder für George Moon; wenn er ihm auf der Straße begegnet wäre, hätte er ihn nicht erkannt. Er war zu aufrichtig, um ein besonderes Interesse für ihn zu heucheln. Sie sprachen jedoch eine Weile über ihn und begannen dann von Schauspielern und Theaterstücken zu reden.

»Jetzt«, sagte sie schließlich, »muß ich gehen. Es war reizend, daß du mich zum Lunch eingeladen hast, und ich habe mich sehr gefreut, dich wiederzusehen. Ich danke dir, George.«

Er brachte sie zu einem Taxi, lüftete den Hut und ging allein die Piccadilly Street hinunter. Eine ganz angenehme, amüsante Frau, fand er. Aber er mußte lachen bei dem Gedanken, daß er einst wahnsinnig verliebt in sie gewesen war. Auf seinen Lippen lag ein Lächeln, als er sich wieder Tom Saffary zuwandte.

»Sie war ein verdammt hübsches Mädchen, als ich sie heiratete. Das war das Unglück. Obwohl ich sie sonst natürlich nie geheiratet hätte. Die Männer waren hinter ihr her wie die Fliegen um einen Honigtopf. Es gab schreckliche Szenen zwischen uns. Schließlich erwischte ich sie. Selbstverständlich ließ ich mich von ihr scheiden.«

»Selbstverständlich.«

»Ja, aber ich weiß heute, daß es die größte Eselei von mir war.« Er beugte sich vor. »Mein lieber Saffary, ich weiß heute, daß ich damals mit ein bißchen Verstand einfach die Augen hätte zumachen müssen. Sie hätte sich ausgetobt und wäre mir eine ausgezeichnete Frau geworden.«

Er wünschte seinem Besucher begreiflich zu machen, wie grotesk ihm sein Verhalten vorgekommen war, als er nach so vielen Jahren mit dieser amüsanten, gemütlichen, gutartigen Frau zusammengesessen und geplaudert hatte. Welcher Lärm um eine Sache, die ihm nun so belanglos erschien!

»Aber man hat doch seine Ehre zu bedenken«, sagte Saffary.

»Ach was, Ehre! Man hat sein Glück zu bedenken. Ist denn meine Ehre wirklich verletzt, weil meine Frau mit einem andern Mann ins Bett geht? Wir sind doch keine Kreuzritter, Sie und ich, oder spanische Granden. Ich mochte meine Frau. Ich sage nicht, daß ich keine anderen Frauen gehabt hätte. Ich habe andere Frauen gehabt. Aber sie hatte das gewisse Etwas, das keine von den anderen mir geben konnte. Was für ein Narr war ich, das wegzuwerfen, was ich mehr begehrte als alles andere auf der Welt, bloß weil es nicht ausschließlich mir gehörte.«

»Sie sind der letzte, von dem ich derartige Ansichten erwartet hätte.«

George Moon lächelte dünn über die Verlegenheit, die sich so deutlich auf Saffarys dickem, bekümmertem Gesicht abzeichnete.

»Ich bin wahrscheinlich der erste, den Sie die nackte Wahrheit aussprechen hören«, entgegnete er.

»Wollen Sie damit sagen, daß Sie, noch einmal vor die gleiche Entscheidung gestellt, anders handeln würden?«

»Wenn ich noch einmal siebenundzwanzig Jahre alt wäre, wäre ich wahrscheinlich der gleiche Schafskopf wie damals. Hätte ich aber den Verstand, den ich heute habe, so will ich Ihnen sagen, was ich tun würde, wenn ich meine Frau beim Fremdgehen ertappte. Ich würde tun, was Sie gestern abend getan haben. Ich würde sie tüchtig durchprügeln, und dabei ließe ich es bewenden.«

»Verlangen Sie von mir, daß ich Violet verzeihe?«

Der Resident schüttelte langsam den Kopf und lächelte.

»Nein, denn Sie haben ihr bereits verziehen. Ich rate Ihnen bloß, sich nicht die Nase abzuschneiden, um Ihr Gesicht zu strafen.«

Saffary warf ihm einen gequälten Blick zu. Er war konsterniert, daß dieser kalte, genaue Mensch in seinem Herzen Empfindungen sah, die ihm selber dermaßen unnatürlich schienen, daß er sie aus seinem Bewußtsein verbannte.

»Sie kennen die näheren Umstände nicht«, sagte er. »Knobby und ich waren wie Brüder. Ich hatte ihm seine Stelle verschafft. Er verdankte mir alles. Und wenn ich nicht gewesen wäre, wäre Violet womöglich ihr Leben lang Gouvernante geblieben. Ich fand es so traurig. Eigentlich war es Mitleid, das mich zuerst veranlaßte, mich mit ihr zu beschäftigen. Finden Sie es nicht arg, daß Menschen, denen man immer nur Gutes getan hat, es einem in dieser Weise lohnen? Es ist so schrecklich undankbar.«

»Ach, mein lieber Junge, Dankbarkeit darf man nicht erwarten. Darauf hat niemand ein Recht. Schließlich tut man Gutes, weil es einem Freude macht. Es ist die reinste Form von Glück, die existiert. Dankbarkeit dafür zu erwarten wäre wirklich zuviel. Wird sie einem zuteil, dann ist sie wie eine Extradividende auf Aktien, für die man seinen Gewinnanteil bereits erhalten hat; es ist wunderbar, aber man darf nicht glauben, daß es einem gebührt.«

Saffary runzelte die Stirn. Er war bestürzt. Es verwirrte ihn, daß George Moon so merkwürdig über Dinge dachte, über die ihm bisher nur eine Ansicht möglich erschienen war. Schließlich hatte alles seine Grenzen. Ein Mensch mit Anstandsgefühl hatte sich zu benehmen wie ein Tuan. Das war man seiner Selbstachtung schuldig. Wie komisch, daß George Moon so plausible Gründe für ein Verhalten anführte, zu dem man sich – nun, man mußte es zugeben – nur allzu gern entschließen würde, wenn man nur wüßte, ob man es auch wirklich durfte. George Moon war wirklich ein sonderbarer Kauz! Niemand konnte ihn richtig verstehen.

»Knobby Clarke ist tot, Saffary. Sie können nicht mehr eifersüchtig auf ihn sein. Niemand weiß etwas, außer Ihnen und mir und Ihrer Frau, und morgen gehe ich für immer fort. Warum machen Sie nicht einen Strich unter die ganze Angelegenheit?«

»Violet würde mich verachten.«

George Moon lächelte, und sein Lächeln hatte etwas eigenartig Mildes, das man auf diesem steifen, unzugänglichen Gesicht nicht erwartet hätte.

»Ich kenne sie sehr wenig. Ich fand sie immer sehr nett. Ist es möglich, daß sie so abscheulich sein könnte?«

Saffary errötete bis über die Ohren.

»Nein, sie ist ein Engel an Güte. Ich bin der Abscheuliche, weil ich so etwas von ihr sage.« Seine Stimme brach, und er schluchzte auf. »Gott weiß, daß ich nur das Richtige tun möchte.«

»Das Richtige ist der freundliche Weg.«

Saffary bedeckte sein Gesicht mit den Händen. Er konnte der Erregung nicht Herr werden, die ihn durchbebte.

»Ich gebe und gebe immerzu, und niemand tut auch nur das Geringste für mich. Es macht nichts, wenn mir das Herz bricht – ich muß weiter geben.« Er fuhr sich mit dem Handrücken über die Augen und seufzte tief auf. »Ich will ihr verzeihen.«

George Moon blickte ihn eine Weile nachdenklich an.

»Ich würde kein zu großes Trara daraus machen, wenn ich an Ihrer Stelle wäre«, sagte er. »Sie werden sehr behutsam vorgehen müssen. Denn auch sie hat Ihnen eine Menge zu verzeihen.«

»Weil ich sie geschlagen habe, meinen Sie? Ich weiß, das war scheußlich von mir.«

»Nicht im geringsten. Es hat ihr sehr gutgetan. Das habe ich nicht gemeint. Sie benehmen sich sehr großmütig, mein Junge, und sehen Sie, man braucht verteufelt viel Takt, um zu erreichen, daß einem seine Großmut verziehen wird.

Zum Glück sind Frauen oberflächlich und vergessen sehr schnell die Wohltaten, die man ihnen erwiesen hat. Sonst wäre ja auch nicht mit ihnen zu leben.«

Saffary starrte ihn mit offenem Munde an.

»Auf mein Wort, Sie sind ein wunderlicher Kerl, Moon«, sagte er. »Manchmal scheinen Sie so hart wie Stein, und dann wieder sprechen Sie so, daß man Sie fast für menschlich halten könnte; und gerade wenn man anfängt, zu glauben, man hätte Ihnen unrecht getan, und Sie wären doch nicht ganz herzlos, platzen Sie mit einer Sache heraus, die einem die Haare zu Berg stehen läßt. Ich glaube, Sie sind, was man einen Zyniker nennt.«

»Ich habe mich nicht eingehend mit der Frage beschäftigt«, lächelte George Moon, »aber wenn es zynisch ist, der Wahrheit ins Gesicht zu sehen und sich nicht gegen sie aufzulehnen, falls sie einem nicht zusagt, wenn es zynisch ist, die menschliche Natur hinzunehmen, wie man sie findet, lächelnd, wo sie absurd ist, und betrübt – aber nicht übertrieben betrübt –, wo sie beklagenswert ist – dann bin ich wohl ein Zyniker. Zumeist ist die menschliche Natur absurd und beklagenswert zugleich, aber wenn einen das Leben Toleranz gelehrt hat, so wird man mehr Anlaß zum Lächeln als zum Weinen finden.«

Als Tom Saffary das Zimmer verließ, zündete sich der Resident bedächtig die letzte Zigarette an, die er vor dem Lunch zu rauchen gedachte. Es war eine neue Rolle für ihn, einen erzürnten Gatten mit seiner auf Abwege geratenen Gattin zu versöhnen, und sie bereitete ihm ein diskretes Vergnügen. Er fuhr fort, über die menschliche Natur nachzudenken. Ein bitteres Lächeln umspielte seine dünnen, blassen Lippen. Er erinnerte sich, mit welchem Interesse er an den ausgetrockneten Wassertümpeln gewisser Küstenorte gestanden und den Schlammspringern zugesehen hatte. Manchmal gab es da Hunderte von ihnen, von kleinen, ein paar Zentimeter langen Dingern angefangen, bis zu den großen, fetten Kerlen, die so lang waren wie ein Männerfuß. Sie hatten die Farbe des Schlammes, in dem sie lebten. Sie saßen da und schauten einen mit ihren runden Augen an, um plötzlich loszuschießen und sich in ihren Löchern zu vergraben. Es war erstaunlich, sie auf ihren Flossen über die Oberfläche des Schlammes dahinwatscheln zu sehen. Es wimmelte von ihnen. Man hatte den beunruhigenden Eindruck, der Schlamm wäre auf mysteriöse Weise lebendig geworden, und ein atavistischer Schreck ließ einem das Herz erstarren, wenn man bedachte, daß Lebewesen dieser Art, bloß gigantisch und furchtbar, einst die einzigen Bewohner dieser Erde gewesen waren. Es war etwas Unheimliches an ihnen, aber gleichzeitig etwas Amüsantes. Sie erinnerten sehr an menschliche Wesen. Es war unterhaltsam, eine halbe Stunde dazustehen und ihren Sprüngen zuzusehen.

George Moon nahm seinen Tropenhelm vom Haken und trat, nicht unzufrieden mit dem Leben, in den Sonnenschein hinaus.

Neil MacAdam

Kapitän Bredon war gutmütig. Als Angus Munro, der Kurator des Museums von Kuala Solor, ihm mitteilte, er habe Neil MacAdam, seinem neuen Assistenten, geraten, bei seiner Ankunft in Singapur im Van Dyke Hotel abzusteigen, und ihn bat, er möge dafür sorgen, daß der Bursche während der paar Tage, die er dort zubringen mußte, keine Dummheiten machte, versprach er, sein Bestes zu tun. Kapitän Bredon kommandierte die ›Sultan Achmed‹ und wohnte, wenn er in Singapur war, immer im Van Dyke. Er war mit einer Japanerin verheiratet und hatte ständig ein Zimmer in dem Hotel gemietet. Als er nach einer vierzehntägigen Fahrt längs der Küste von Borneo zurückkam, teilte ihm der Holländer, der das Hotel leitete, mit, daß Neil vor zwei Tagen angekommen sei. Dieser saß in dem kleinen, staubigen Hotelgarten und las alte Nummern der *Straits Times*. Kapitän Bredon sah sich ihn zuerst an und ging dann zu ihm.

»Sie sind MacAdam, nicht wahr?«

Neil stand auf, errötete bis an die Haarwurzeln und antwortete schüchtern: »Ja.«

»Mein Name ist Bredon. Ich bin der Kapitän der ›Sultan Achmed‹. Sie fahren am nächsten Dienstag mit mir. Munro hat mich gebeten, mich ein wenig um Sie zu kümmern. Wie wäre es mit einem Stengah? Ich nehme an, daß Sie bereits gelernt haben, was das heißt.«

»Danke vielmals, aber ich trinke nicht.«

Er sprach mit breitem schottischem Akzent.

»Das ist recht von Ihnen. Der Suff hat schon manchen in diesem Lande zugrunde gerichtet.«

Er rief den chinesischen Boy und bestellte sich einen doppelten Whisky und eine kleine Flasche Soda.

»Was haben Sie mit sich angefangen, seitdem Sie hier sind?«

»Ich bin spazierengegangen.«

»Es gibt nicht viel zu sehen in Singapur.«

»Ich habe eine Menge Interessantes gefunden.«

Das erste, was er getan hatte, war natürlich, ins Museum zu gehen. Es gab wenig, was er nicht schon von zu Hause her kannte, aber die Tatsache, daß die ausgestellten Tiere und Vögel, die Reptilien, Falter, Schmetterlinge und Insekten in diesem Land beheimatet waren, erregte ihn. Eine Abteilung war jenem Teil von Borneo gewidmet, dessen Hauptstadt Kuala Solor war, und da er hier die Geschöpfe vor sich sah, die ihn in den nächsten drei Jahren hauptsächlich beschäftigen würden, betrachtete er sie mit besonderer Aufmerksamkeit. Aber am aufregendsten fand er es draußen, auf der Straße, und wäre er nicht ein so ernsthafter, zurückhaltender junger Mann gewesen, so hätte er laut herausgelacht vor Freude. Alles war neu für ihn. Er ging, bis ihm die Füße weh taten. Er stand an der Ecke einer belebten Straße und staunte über die lange Reihe von Rikschas und über die kleinen Männer, die mit unermüdlichen Schritten zwischen den Stangen einhertrabten. Er stand auf einer Brücke über einem Kanal und schaute auf die Sampans hinunter, die da lagen, dicht zusammengekeilt, wie Sardinen in einer Büchse.

Er guckte in die chinesischen Läden in der Victoria Street, wo so viele merkwürdige Dinge feilgeboten wurden. Kaufleute aus Bombay, fett und überschwenglich, versuchten ihm Seide und falschen Schmuck anzudrehen. Er betrachtete die Tamilen, die nachdenklich und verloren in düsterer Anmut durch die Straßen gingen, und die bärtigen Araber mit weißen Käppchen, in deren Haltung eine trotzige Würde lag. Die Sonne schien mit hartem, grellem Glanz auf das belebte Bild herunter. Er war verwirrt. Er meinte, daß es Jahre dauern würde, ehe er sich in dieser bunten, übersteigerten Welt zurechtfand.

Nach dem Dinner fragte ihn Kapitän Bredon, ob er Lust habe, mit ihm in die Stadt zu gehen.

»Sie müssen ein bißchen Leben sehen, solange Sie hier sind«, sagte er.

Sie stiegen in Rikschas ein und ließen sich in das Chinesenviertel bringen. Der Kapitän, der auf See niemals trank, hatte sich dafür den Tag über schadlos gehalten. Er war in gehobener Stimmung. Die Rikschas blieben vor einem Haus in einer Seitengasse stehen, und der Kapitän klopfte an die Tür. Sie wurde geöffnet, und er und Neil gelangten durch einen engen Gang in einen großen Raum mit rotgepolsterten Plüschbänken. Eine Anzahl von Frauen saß dort herum – Französinnen, Italienerinnen, Amerikanerinnen. Ein mechanisches Klavier hämmerte eine abgedroschene Melodie, und einige Paare tanzten. Kapitän Bredon bestellte Getränke. Zwei, drei von den Frauen warfen ihnen aufmunternde Blicke zu.

»Nun, mein Junge, gefällt Ihnen eine davon?« fragte der Kapitän scherzend.

»Um mit ihr zu schlafen, meinen Sie? Nein.«

»Es gibt keine weißen Mädchen, wo Sie hinkommen, müssen Sie wissen.«

»Ach, das tut nichts.«

»Wollen wir uns Eingeborene ansehen?«

»Mir ist's recht.«

Der Kapitän bezahlte, und sie gingen weiter. Sie kamen in ein anderes Haus. Hier waren die Mädchen Chinesinnen, klein, zierlich, mit winzigen Händen und Füßen, wie Blumen, und sie trugen Gewänder aus geblümter Seide. Aber ihre gemalten Gesichter waren wie Masken. Sie blickten mit schwarzen, spöttischen Augen auf die Fremden. Sie waren seltsam unmenschlich.

»Ich habe Sie hergebracht, weil ich dachte, daß Sie es sehen sollten«, sagte Kapitän Bredon mit der Miene eines Mannes, der seine verfluchte Pflicht und Schuldigkeit tut. »Aber sich umschauen und wieder gehen ist alles. Sie mögen uns nicht, aus irgendeinem Grund. In manche von diesen chinesischen Lokalen wird ein Weißer nicht einmal hereingelassen. Sie behaupten, wir stinken. Komisch, nicht? Sie sagen, wir riechen nach Leichen.«

»Wir?«

»Da lobe ich mir die Japaner«, sagte der Kapitän. »Die sind wunderbar. Meine Frau ist eine Japanerin. Jetzt bringe ich Sie an einen Ort, wo es japanische Mädchen gibt, und wenn Sie dort keine finden, die Ihnen gefällt, will ich Emil heißen.«

Ihre Rikschas warteten, und sie stiegen ein. Kapitän Bredon nannte eine Adresse, und die Boys liefen los. Eine dicke Japanerin mittleren Alters ließ sie in das Haus ein und verbeugte sich tief, als sie eintraten. Sie führte sie in ein nettes, sauberes Zimmer, dessen ganze Einrichtung aus Matten bestand; sie setzten sich, und gleich darauf kam ein kleines Mädchen herein, mit einem Tablett, auf dem zwei Schalen blassen Tees standen. Mit einer scheuen Verbeugung reichte sie jedem eine. Der Kapitän sprach mit der ältlichen Frau, und sie blickte Neil an und kicherte. Sie sagte etwas zu dem Kind, das hinausging, und gleich darauf trippelten vier junge Mädchen herein. Sie sahen süß aus in ihren Kimonos und mit dem kunstvoll frisierten schwarzen Haar; sie waren klein und mollig, mit runden Gesichtern und lachenden Augen. Sie verbeugten sich tief, als sie hereinkamen und murmelten wohlerzogen höfliche Begrüßungen. Es klang wie das Gezwitscher von Vögeln. Dann knieten sie sich hin, eine zu jeder Seite der beiden Männer, und fingen reizend mit ihnen zu flirten an. Kapitän Bredon hatte seine Arme bald um zwei schlanke Taillen gelegt. Sie plauderten alle wie die Wasserfälle. Sie waren sehr fröhlich. Es schien Neil, daß die Mädchen des Kapitäns sich über ihn, Neil, lustig machten, denn ihre leuchtenden Augen waren schalkhaft auf ihn gerichtet, und er errötete. Aber die beiden anderen schmiegten sich an ihn und redeten lächelnd japanisch auf ihn ein, als ob er jedes Wort verstehen müßte. Sie schienen so glücklich und arglos, daß er lachen mußte. Sie waren sehr aufmerksam. Sie reichten ihm die Schale, damit er seinen Tee trank, und dann nahmen sie sie ihm wieder ab, damit er nicht die Mühe hatte, sie zu halten. Sie zündeten ihm seine Zigarette an, und eine hielt ihre kleine zarte Hand hin, um die Asche aufzufangen und zu verhindern, daß sie ihm auf die Kleider fiel. Sie streichelten sein weiches Gesicht und betrachteten neugierig seine großen jungen Hände. Sie waren übermütig und verspielt wie junge Kätzchen.

»Nun, welche soll es sein?« fragte der Kapitän nach einer Weile. »Ihre Wahl schon getroffen?«

»Was meinen Sie damit?«

»Ich warte bloß, bis Sie versorgt sind, dann wähle ich.«

»Oh, ich will keine haben. Ich gehe nach Hause, schlafen.«

»Warum? Was ist los? Sie fürchten sich doch nicht?«

»Nein, ich habe bloß keine Lust. Aber bitte, lassen Sie sich durch mich nicht stören. Ich finde den Weg allein ins Hotel zurück.«

»Keine Spur. Wenn Sie nichts unternehmen, unternehme ich auch nichts. Ich wollte Ihnen bloß Gesellschaft leisten.«

Er sprach mit der ältlichen Frau, und was er sagte, veranlaßte die Mädchen, Neil mit plötzlicher Überraschung anzusehen. Sie antwortete, und der Kapitän zuckte die Achseln. Dann machte eines der Mädchen eine Bemerkung, die alle zum Lachen brachte.

»Was sagt sie?« fragte Neil.

»Sie neckt Sie«, antwortete der Kapitän lächelnd.

Aber er blickte Neil neugierig an. Das Mädchen, das die Bemerkung gemacht hatte, sagte nun etwas direkt zu Neil. Er verstand es nicht, aber der Spott in ihren Augen trieb ihm das Blut in die Wangen und machte ihn böse. Er liebte es nicht, wenn man sich über ihn lustig machte. Dann lachte sie laut auf, warf die Arme um seinen Hals und küßte ihn leicht.

»Kommen Sie, wir wollen gehen«, sagte der Kapitän.

Als sie ihre Rikschas entließen und in das Hotel traten, fragte Neil:

»Was hat das Mädchen denn gesagt, daß alle lachten?«

»Es hat gesagt, Sie seien Jungfrau.«

»Ich verstehe nicht, was es daran zu lachen gibt«, sagte Neil mit seinem schwerfälligen schottischen Akzent.

»Stimmt es denn?«

»Ja, schon.«

»Wie alt sind Sie?«

»Zweiundzwanzig.«

»Und wie lange gedenken Sie noch zu warten?«

»Bis ich heirate.«

Der Kapitän schwieg. Oben auf der Treppe gab er Neil die Hand. In seinen Augen war ein Zwinkern, als er ihm gute Nacht wünschte, aber Neil begegnete ihnen mit ruhigem, offenem, ungetrübtem Blick.

Drei Tage später fuhren sie ab. Neil war der einzige weiße Passagier. Wenn der Kapitän zu tun hatte, las er. Er las zum zweiten Mal *Malay Archipelago* von Wallace. Er hatte es schon als Jugendlicher gelesen, aber nun gewann es ein neues unmittelbares Interesse für ihn. Wenn der Kapitän frei war, spielten sie Cribbage oder lagen auf Deckstühlen und rauchten und plauderten. Neil war der Sohn eines Landarztes und hatte sich von jeher für Naturwissenschaften interessiert. Als er die Schule beendet hatte, ging er an die Universität von Edinburgh und machte dort mit Auszeichnung seine Prüfungen. Er war auf der Suche nach einer Dozentenstelle, als er zufällig in *Nature* eine Annonce fand, in der ein Assistent für das Museum von Kuala Solor gesucht wurde. Sein Onkel, ein Kaufmann aus Glasgow, hatte zusammen mit dem Kurator Angus Munro in Edinburgh studiert, und dieser schrieb ihm und fragte an, ob er es mit seinem Neffen versuchen wolle. Neil hatte sich zwar hauptsächlich für Entomologie interessiert, aber er verstand sich auch auf das Ausstopfen von Tieren, und dies war in der Annonce als unerläßlich angeführt worden. Der Onkel legte Zeugnisse von Neils alten Lehrern bei; er fügte hinzu, daß Neil für seine Universität Fußball gespielt habe. Nach ein paar Wochen kam ein Telegramm mit der Nachricht, daß er engagiert sei, und vierzehn Tage später reiste er ab.

»Was ist Mr. Munro für ein Mensch?« fragte Neil.

»Netter Kerl. Er ist allgemein beliebt.«

»Ich habe mir Aufsätze von ihm in den wissenschaftlichen Zeitschriften angesehen. Er hatte einen in der letzten Nummer der *Ibis* über die Gymnathidae.«

»Darüber weiß ich nichts. Ich weiß bloß, daß er mit einer Russin verheiratet ist. Sie mag man nicht sehr gern.«

»Er schrieb mir nach Singapur, daß er mich für eine Weile bei sich aufnehmen will, damit ich mich in Ruhe umsehen kann.«

Nun dampften sie den Fluß hinauf. An seiner Mündung lag ein langgestrecktes Fischerdorf, dessen Häuser auf Pfählen im Wasser standen; die Ufer waren dicht bewachsen mit Nipas und knorrigen Mangroven; dahinter dehnte sich das üppige Grün des Urwaldes. In der Ferne, sich dunkel gegen den blauen Himmel abzeichnend, sah man die zerklüftete Silhouette eines Berges. Neils Herz klopfte vor Erregung, und seine Augen verschlangen das Bild. Er war überrascht. Er kannte Conrad nahezu auswendig und hatte erwartet, ein geheimnisumwittertes Land vorzufinden. Er war nicht vorbereitet auf diesen blauen, milchigen Himmel. Kleine weiße Wolken am Horizont, wie stillgelegte Segelboote, leuchteten in der Sonne. Die grünen Bäume des Waldes glitzerten in dem strahlenden Licht. Da und dort an den Ufern standen malaiische Häuser mit strohgedeckten Dächern, traulich zwischen Obstbäumen eingebettet. Eingeborene in Kanus ruderten stehend den Fluß hinauf. Neil hatte nicht im geringsten die Empfindung von Eingeschlossenheit oder Düsterkeit, sondern vielmehr ein Gefühl von Weite und Freiheit. Das Land hieß ihn freundlich willkommen. Er fühlte, daß er hier glücklich werden würde. Kapitän Bredon warf von der Brücke her einen liebevollen Blick auf den Jungen. Er hatte ihn während der vier Tage, die die Reise nun schon dauerte, richtig ins Herz geschlossen. Er trank zwar nicht, und wenn man etwas Scherzhaftes sagte, konnte es passieren, daß er es ernst nahm, aber seine Ernsthaftigkeit hatte etwas sehr Sympathisches; alles war ihm interessant und wichtig – und aus diesem Grunde fand er die Späße, die man machte, nicht amüsant; aber wenn er auch kein Verständnis für sie hatte, so lachte er doch, weil er fühlte, daß man es von ihm erwartete. Er lachte, weil das Leben wunderbar war. Er war dankbar für jede Kleinigkeit, die man ihm erzählte. Er war sehr höflich. Er verlangte nie etwas, ohne »bitte« zu sagen, und sagte stets »danke«, wenn er es bekam. Und er war ein gutaussehender Junge, das konnte niemand leugnen. Neil stand da, die Hände auf dem Geländer, barhäuptig, und betrachtete die vorüberziehenden Ufer. Er war sehr groß, eins achtundachtzig, mit langen lockeren Gliedern, breiten Schultern und schmalen Hüften; man mußte an ein Füllen denken, wenn man ihn ansah, und hätte sich nicht gewundert, ihn plötzlich in Sprünge und Kapriolen ausbrechen zu sehen. Er hatte braunes, lockiges Haar von einem eigenen Glanz. Manchmal, wenn die Sonne darauf fiel, glitzerte es wie Gold. Seine Augen, groß und sehr blau, leuchteten vor innerer Heiterkeit. Sie spiegelten seine glückliche Veranlagung wider. Seine Nase war kurz und stumpf, sein Mund groß, sein Kinn energisch; sein Gesicht war ziemlich breit. Aber das Auffallendste an ihm war seine Haut; sie war sehr weiß und weich mit einem rosigen Fleck auf jeder Wange. Selbst für eine Frau wäre es eine besonders schöne Haut gewesen. Kapitän Bredon machte jeden Morgen den gleichen Witz: »Nun, mein Junge, haben Sie sich heute rasiert?«

Neil fuhr sich mit der Hand übers Kinn.

»Nein, glauben Sie, daß es nötig ist?«

Der Kapitän lachte.

»Ob es nötig ist? Junge, Sie haben doch ein Gesicht wie ein Babypopo.«

Und regelmäßig wurde Neil rot bis unter die Haarwurzeln.

»Ich rasiere mich einmal wöchentlich«, antwortete er.

Aber es war nicht nur sein Aussehen, das für ihn einnahm. Es war seine Unverdorbenheit, seine Offenheit und die Frische, mit der er der Welt gegenüberstand. Trotz der Intensität und dem feierlichen Ernst, mit denen er alles aufnahm, trotz seiner Neigung, über jeden Punkt, auf den die Rede kam, zu diskutieren, war etwas merkwürdig Einfaches an ihm, das einen ganz eigenartig berührte. Der Kapitän konnte es sich nicht recht erklären.

›Ob es etwas damit zu tun hat, daß er noch nie eine Frau gehabt hat?‹ fragte er sich. ›Komisch, ich hätte gedacht, die Mädchen müßten furchtbar hinter ihm her sein. Bei einer solchen Haut!‹

Aber die ›Sultan Achmed‹ näherte sich der Biegung, hinter der Kuala Solor in Sicht kam, und die Überlegungen des Kapitäns wurden durch berufliche Pflichten unterbrochen. Er läutete hinunter in den Maschinenraum. Das Schiff setzte seine Geschwindigkeit um die Hälfte herab. Kuala Solor zog sich am linken Flußufer hin, eine weiße, schmucke kleine Stadt, und auf dem rechten Ufer, auf einem Hügel, standen das Fort und der Palast des Sultans. Es war windig, und die Fahne des Sultans, an der Spitze einer langen Stange, flatterte kühn am Himmel. Sie gingen in der Mitte des Stromes vor Anker. Der Arzt und ein Polizeibeamter kamen in dem Regierungsboot heran. In ihrer Begleitung befand sich ein großer, dünner Mann in weißen Hosen. Der Kapitän stand an der Falltreppe und begrüßte sie. Dann wandte er sich dem zuletzt Angekommenen zu:

»Hier bringe ich Ihnen Ihren jungen Schützling. Er ist gesund und wohlbehalten.« Und mit einem Blick zu Neil hin: »Dies ist Munro.«

Der große, dünne Mann gab Neil die Hand und schaute ihn prüfend an. Neil errötete ein wenig und lächelte. Er hatte sehr schöne Zähne.

»Guten Tag, Sir.«

Munro lächelte nicht mit den Lippen, aber in seinen grauen Augen erschien ein schwaches Lächeln. Seine Wangen waren hohl, und er hatte eine schmale Adlernase und blasse Lippen. Er war tiefbraun von der Sonne. Sein Gesicht sah müde aus, aber es hatte einen sehr gütigen Ausdruck, und Neil faßte sofort Zutrauen. Der Kapitän stellte ihn dem Arzt und dem Polizeibeamten vor und lud die Herren dann ein, etwas zu trinken. Als man sich hinsetzte und der Boy ein paar Flaschen Bier brachte, nahm Munro seinen Tropenhelm ab. Neil sah, daß er kurzgeschorenes braunes Haar hatte, das zu ergrauen begann. Er war ein Mann von vierzig Jahren, still, sicher im Auftreten, und er hatte etwas Durchgeistigtes, das ihn von dem strammen, kleinen Doktor und dem schweren, schwadronierenden Polizeibeamten unterschied.

»MacAdam trinkt nicht«, sagte der Kapitän, als der Boy vier Gläser Bier einschenkte.

»Um so besser«, sagte Munro. »Ich hoffe, Sie haben nicht versucht, ihn auf Abwege zu führen.«

»Ich habe es versucht, in Singapur«, sagte der Kapitän mit einem Zwinkern in den Augen. »Aber es war nichts zu machen.«

Als er sein Bier ausgetrunken hatte, wandte sich Munro an Neil:

»Nun wollen wir sehen, daß wir an Land kommen, nicht?«

Neils Gepäck wurde Munros Boy übergeben, und die beiden Männer stiegen in einen Sampan. Sie landeten.

»Wollen wir gleich nach Hause gehen, oder möchten Sie sich zuerst ein bißchen umsehen? Wir haben noch ein paar Stunden Zeit bis zum Lunch.«

»Könnten wir nicht ins Museum gehen?« fragte Neil.

Munros Augen lächelten freundlich. Er freute sich. Neil war schüchtern, und Munro von Natur aus wenig gesprächig, und so gingen sie schweigend nebeneinanderher. Längs des Flusses standen die Eingeborenenhütten, und hier wohnten, ihr althergebrachtes Leben führend, die Malaien. Sie waren beschäftigt, aber ohne Hast, und man hatte den Eindruck einer glücklichen, normalen Aktivität. Man fühlte einen Lebensrhythmus, der durch Geburt und Tod, Liebe und die allen Menschen gemeinsamen Dinge bestimmt wird. Sie gelangten zu den Basaren, schmalen Straßen mit Arkaden, wo die wimmelnden Chinesen, arbeitend, essend und lärmende Reden führend, wie es ihre Art ist, unermüdlich gegen die Unendlichkeit ankämpften.

»Nach Singapur wird es Ihnen keinen besonderen Eindruck machen«, sagte Munro, »aber ich finde es immer sehr pittoresk.«

Er sprach mit einem weniger breiten Akzent als Neil, aber der schottische Anklang war da und gab Neil ein heimatliches Gefühl. Er konnte sich nicht helfen: das Englisch der Engländer erschien ihm immer ein wenig affektiert.

Das Museum war ein schöner Steinbau, und als sie das Portal durchschritten, richtete Munro sich instinktiv auf. Der Diener an der Tür salutierte, und Munro sagte etwas auf malaiisch zu ihm; offenbar erklärte er, wer Neil sei, denn der Diener lächelte ihm zu und salutierte abermals. Es war kühl im Vergleich zu der Hitze draußen, und das Licht war wohltuend nach der grellen Sonne der Straße.

»Ich fürchte, Sie werden enttäuscht sein«, sagte Munro. »Wir haben nicht die Hälfte von dem, was wir haben sollten, aber bisher waren wir immer durch Geldmangel gehemmt. Wir mußten uns einrichten, so gut wir konnten.«

Neil trat ein, wie ein mit dem Wasser vertrauter Schwimmer in ein sommerliches Meer taucht. Die Stücke waren wunderbar aufgestellt. Munro hatte sich bemüht, ästhetische Gesichtspunkte mit instruktiven zu verbinden, und Vögel, Tiere und Reptilien wurden, soweit es ging, in ihrer natürlichen Umgebung gezeigt, um einen möglichst lebendigen Eindruck zu vermitteln. Neil verlor seine Schüchternheit und fing an, mit jungenhaftem Enthusiasmus über dieses und jenes zu reden. Er stellte eine Unzahl von Fragen. Er war aufgeregt. Keiner von ihnen merkte, wie die Zeit verging, und als Munro auf die Uhr schaute, war er überrascht, zu sehen, wie spät es war. Sie stiegen in Rikschas und ließen sich zu dem Bungalow bringen.

Munro führte den jungen Mann in ein Empfangszimmer. Eine Frau lag dort auf einem Sofa und las ein Buch. Als die beiden eintraten, erhob sie sich langsam.

»Das ist meine Frau. Ich fürchte, wir haben uns sehr verspätet, Darya.«

»Was liegt daran?« lächelte sie. »Was ist unwichtiger als die Zeit?« Sie streckte Neil die Hand hin, eine ziemlich große Hand, und sah ihn mit einem langen, nachdenklichen, aber freundlichen Blick an.

»Ich nehme an, du hast ihm das Museum gezeigt?«

Sie war eine Frau von fünfunddreißig, mittelgroß, mit einem blassen braunen Gesicht von gleichmäßiger Farbe und blaßblauen Augen. Ihr Haar, in der Mitte gescheitelt und im Nacken zu einem Knoten zusammengenommen, war unordentlich; es war weich wie die Härchen eines Nachtfalters und von einem eigenartigen blassen Braun. Ihr Gesicht war breit mit hohen Backenknochen und ihre Nase ziemlich fleischig. Sie war keine hübsche Frau, aber in ihren langsamen Bewegungen lag eine sinnliche Anmut und in ihrem Verhalten eine gleichsam körperliche Nonchalance, die nur sehr stumpfen Menschen nicht interessant erscheinen konnte. Sie hatte ein grünes Kleid an. Sie sprach perfekt Englisch, jedoch mit einem leicht fremden Akzent.

Man setzte sich zu Tisch. Neil wurde abermals von Schüchternheit befallen, aber Darya schien es nicht zu bemerken. Sie plauderte frei und unbefangen. Sie fragte ihn nach seiner Reise und wie ihm Singapur gefallen habe. Sie erzählte ihm von den Leuten, die er kennenlernen würde. Am Nachmittag sollte ihn Munro zum Residenten führen – der Sultan war verreist –, und später würden sie in den Klub gehen. Da würde er alle versammelt finden.

»Sie werden beliebt sein«, sagte sie, während ihre blaßblauen Augen aufmerksam auf ihm ruhten. Ein weniger unschuldiger Mensch als Neil hätte vielleicht bemerkt, daß sie seine Größe, seine jugendliche Männlichkeit, sein glänzendes lockiges Haar und seine schöne Haut registrierte. »Uns mögen sie nicht besonders.«

»Unsinn, Darya. Du bist zu empfindlich. Sie sind Engländer, das ist alles.«

»Angus als Gelehrten halten sie für komisch, mich als Russin für vulgär. Mir ist es gleich. Sie sind Schafe. Sie sind die banalsten, beschränktesten, konventionellsten Menschen, unter denen ich je gelebt habe.«

»Überlaß es doch MacAdam, sich sein Urteil selbst zu bilden. Er wird sie vielleicht nett und gastfreundlich finden.«

»Wie heißen Sie mit Vornamen?« fragte sie den jungen Mann.

»Neil.«

»Ich werde Sie also Neil nennen. Und Sie müssen mich Darya nennen. Ich hasse es, wenn man Mrs. Munro zu mir sagt. Da komme ich mir vor wie eine Pastorsfrau.«

Neil errötete. Es machte ihn verlegen, daß sie ihn so bald zu solcher Vertraulichkeit aufforderte. Sie fuhr fort:

»Manche von den Männern sind ganz sympathisch.«

»Sie tun ihre Arbeit, wie es sich gebührt, und dafür sind sie da«, sagte Munro.

»Sie gehen auf die Jagd, sie spielen Fußball und Tennis und Cricket. Ich komme ganz gut mit ihnen aus. Die Frauen sind unerträglich. Sie sind eifersüchtig und boshaft und faul. Sie können über nichts sprechen. Wenn man ein interessantes Thema anschlägt, schauen sie indigniert drein, als hätte man eine Missetat begangen. Sie interessieren sich für nichts. Wenn man vom Körper spricht, so finden sie einen unanständig, und spricht man von der Seele, so finden sie einen überspannt.«

»Sie müssen das, was meine Frau sagt, nicht allzu wörtlich nehmen«, lächelte Munro in seiner sanften, duldsamen Art. »Die englische Kolonie hier ist genauso wie überall im Osten. Die Leute sind weder sehr klug noch sehr dumm, aber liebenswürdig und freundlich. Und das ist schon viel.«

»Ich verlange von den Menschen nicht, daß sie liebenswürdig und freundlich sind. Ich verlange von ihnen, daß sie lebendig und leidenschaftlich sind. Ich verlange von ihnen, daß sie sich für die Menschheit interessieren. Ich verlange von ihnen, daß sie geistigen Dingen größere Wichtigkeit beimessen als einem Gin Pahit und einem Currygericht. Ich verlange, daß ihnen Kunst und Literatur etwas bedeuten.« Sie wandte sich unvermittelt an Neil. »Haben Sie eine Seele?«

»Ach – ich weiß nicht. Ich weiß nicht genau, was Sie meinen.«

»Warum werden Sie rot, wenn ich Sie frage? Warum sollten Sie sich Ihrer Seele schämen? Ihre Seele ist das, was wichtig ist an Ihnen. Erzählen Sie mir von ihr. Ich interessiere mich für Sie, und ich möchte Bescheid wissen.«

Es war Neil sehr peinlich, von einer völlig Fremden in dieser Weise ausgefragt zu werden. Er war noch nie einem solchen Menschen begegnet. Aber er war ein ernsthafter junger Mann, und wenn man eine Frage an ihn stellte, so tat er sein Bestes, sie zu beantworten. Es war Munros Anwesenheit, die ihn befangen machte.

»Ich weiß nicht, was Sie unter Seele verstehen. Wenn Sie ein unkörperliches oder geistiges Gebilde meinen, vom Schöpfer als etwas für sich allein Bestehendes gedacht und nur zeitweilig verbunden mit dem irdischen Leib, dann ist meine Antwort: nein. Es scheint mir, daß eine so ausgesprochen dualistische Ansicht über die Persönlichkeit des Menschen von niemandem verteidigt werden kann, der sich unvoreingenommen mit den Tatsachen auseinandersetzt. Wenn Sie jedoch unter Seele die Gesamtheit der psychischen Elemente meinen, die dasjenige ausmachen, was wir unter Persönlichkeit des Individuums verstehen, dann, natürlich, besitze ich eine.«

»Sie sind süß, und Sie sehen sehr gut aus«, sagte sie lächelnd. »Nein, ich meine das Herz mit seinen Sehnsüchten und den Körper mit seinem Verlangen und das Unendliche in uns. Erzählen Sie mir, was haben Sie auf der Reise gelesen? Oder haben Sie bloß Deck-Tennis gespielt?«

Neil war irritiert von der Sprunghaftigkeit ihrer Antwort. Fast hätte er sich ein wenig beleidigt gefühlt, aber ihre Augen blickten so freundlich, und ihre ganze Art war so natürlich. Munro lächelte still über die Verwirrung des Jungen. Wenn er lächelte, dann wurden die Linien, die von seinen

Nasenflügeln zu den Mundwinkeln hinunterliefen, tiefe Furchen.

»Ich habe eine Menge von Conrad gelesen.«

»Zum Vergnügen oder um sich zu bilden?«

»Beides. Ich bewundere ihn unendlich.«

Darya warf die Arme in einer übertriebenen Geste des Protestes hoch.

»Dieser Pole«, rief sie. »Wie könnt ihr Engländer euch von diesem geschwätzigen Maulhelden hereinlegen lassen? Er hat die ganze Oberflächlichkeit seiner Landsleute. Dieser Wortstrom, diese verwickelten Sätze, diese aufdringliche Rhetorik, dieses Vortäuschen von Tiefe; wenn man sich durch all das Gewirr schließlich zu dem Gedanken am Grunde durchgearbeitet hat, was findet man? Die trivialsten Gemeinplätze. Er war wie ein zweitrangiger Schauspieler, der sich ein romantisches Kostüm anzieht und ein Stück von Victor Hugo deklamiert. Fünf Minuten erscheint einem das heroisch, aber dann lehnt sich die Seele auf, und man schreit: ›Nein, es ist falsch, es ist falsch.‹«

Sie sprach mit einer Leidenschaft, die Neil noch nie bei einem Menschen erlebt hatte, wenn von Kunst und Literatur die Rede war. Ihre sonst farblosen Wangen röteten sich, und ihre blassen Augen glühten.

»Es gibt niemanden, der soviel Atmosphäre hat wie Conrad«, sagte Neil. »Ich kann den Osten sehen und fühlen und riechen, wenn ich ihn lese.«

»Unsinn. Was wissen Sie vom Osten? Jeder wird Ihnen sagen, daß er die gröbsten Schnitzer begangen hat. Fragen Sie Angus.«

»Er war nicht immer ganz präzise«, sagte Munro in seiner gemessenen, überlegten Art. »Das Borneo, das er beschreibt, ist nicht das Borneo, das wir kennen. Er sah es vom Deck eines Handelsschiffes aus und war kein scharfer Beobachter. Aber was liegt daran? Ich sehe nicht ein, warum sich ein Erzähler von den Tatsachen einengen lassen soll. Ich glaube, daß es keine geringe Leistung ist, ein Land geschaffen zu haben, ein dunkles, düsteres, romantisches und heroisches Land der Seele.«

»Du bist sentimental, mein armer Angus.« Und dann wieder zu Neil gewandt: »Sie müssen Turgenjew, Sie müssen Tolstoi, Sie müssen Dostojewski lesen.«

Neil wußte nicht im geringsten, was er von Darya Munro halten sollte. Sie übersprang die ersten Stufen der Bekanntschaft und behandelte ihn sofort wie jemanden, den sie ihr Leben lang gekannt hatte. Er konnte es nicht begreifen. Es schien ihm so unbedacht. Wenn er selbst jemanden kennenlernte, so riet ihm sein Instinkt, vorsichtig zu sein. Er war liebenswürdig, aber er hütete sich, zu weit zu gehen, bevor er nicht klarsah. Er schenkte niemandem sein Vertrauen, ehe er es nicht für gerechtfertigt hielt. Aber bei Darya hatte man keine Wahl; sie zwang einen zum Vertrauen. Sie sprudelte Gefühle und Gedanken heraus, die andere Leute bei sich behalten, wie ein Verschwender Geldstücke in eine sich balgende Menge wirft. Er hatte noch nie einen Menschen sprechen und sich benehmen sehen wie sie. Es war ihr gleichgültig, was sie sagte. Sie sprach von den natürlichen Funktionen des Menschen in einer Weise, die ihm die Schamröte in die Wangen trieb.

»Oh, wie zimperlich sind Sie! Was ist denn dabei? Wenn ich ein Abführmittel nehme, warum sollte ich es nicht sagen? Und wenn ich glaube, daß auch Sie eines nötig haben, warum sollte ich es Ihnen nicht anbieten?«

»Theoretisch haben Sie wahrscheinlich recht«, antwortete der immer vernünftige Neil.

Er mußte ihr von seinem Vater und seiner Mutter, seinen Geschwistern, seinem Leben in der Schule und an der Universität erzählen. Sie erzählte ihm von sich selbst. Ihr Vater war ein im Krieg gefallener General und ihre Mutter eine Prinzessin Lutschkow. Sie hatte sich in Ostrußland aufgehalten, als die Bolschewiken die Macht ergriffen, und war nach Yokohama geflohen. Hier hatten sie armselig von dem Verkauf ihrer Juwelen und einiger weniger geretteter Kunstgegenstände gelebt, und hier heiratete Darya einen Schicksalsgenossen. Sie war unglücklich mit ihm und ließ sich nach zwei Jahren von ihm scheiden. Ihre Mutter starb, und aller Mittel bar, sah sie sich gezwungen, ihren Unterhalt zu verdienen, so gut sie konnte. Eine amerikanische Hilfsorganisation stellte sie an. Sie unterrichtete in einer Missionsschule. Dann arbeitete sie in einem Krankenhaus. Sie brachte Neils Blut zum Kochen und machte ihn gleichzeitig sehr verlegen, wenn sie von den Männern sprach, die ihre Schutzlosigkeit und ihre Armut zu mißbrauchen suchten. Sie ersparte ihm keine Einzelheiten.

»Tiere«, sagte er.

»Ach, alle Männer sind so«, antwortete sie mit einem Achselzucken.

Sie erzählte ihm, wie sie einmal mit vorgehaltenem Revolver ihre Tugend verteidigt hatte.

»Ich schwor, ihn zu töten, wenn er noch einen Schritt näher käme – und hätte er es gewagt, ich hätte ihn wie einen Hund zusammengeschossen.«

»Mein Gott«, sagte Neil.

Es war in Yokohama, als sie Angus kennenlernte. Er verbrachte seinen Urlaub in Japan. Er eroberte sie durch seine Geradheit, die Anständigkeit, die so unverkennbar aus ihm sprach, durch seine Zartheit und seine Rücksicht. Er war kein Geschäftsmann; er war ein Wissenschaftler, und die Wissenschaft ist eine Schwester der Kunst. Er bot ihr Seelenfrieden. Er bot ihr Geborgenheit. Und sie war Japans müde. Borneo war ein Land der Geheimnisse. Sie waren seit fünf Jahren verheiratet.

Sie gab Neil die russischen Schriftsteller zu lesen. Sie gab ihm *Väter und Söhne* und *Anna Karenina* und die *Brüder Karamasow*.

»Das sind die drei Gipfel unserer Literatur. Lesen Sie sie. Es sind die größten Romane, die die Welt gesehen hat.«

Wie so viele ihrer Landsleute sprach sie, als ob keine andere Literatur zählte und als ob ein paar Romane und Novellen, eine geringe Anzahl mäßiger Verse und ein halbes Dutzend guter Theaterstücke alles, was die Kunst sonst hervorgebracht hatte, in den Schatten stellten. Neil war fasziniert und überwältigt.

»Sie sind selber ein Aljoscha, Neil«, sagte sie mit Augen, die nun so weich und zärtlich waren, »ein Aljoscha mit einem Schuß schottischer Härte, mißtrauisch und vorsichtig, und diese Härte will die Seele in Ihnen, die geistige Schönheit, nicht an die Oberfläche lassen.«

»Ich bin nicht im geringsten wie Aljoscha«, antwortete er verlegen.

»Sie wissen nicht, wie Sie sind. Sie wissen überhaupt nichts über sich selbst. Warum sind Sie Naturwissenschaftler? Des

Geldes wegen? Sie hätten bedeutend mehr Geld verdient, wenn Sie in das Büro Ihres Onkels in Glasgow eingetreten wären. Ich fühle etwas Seltsames, Unirdisches in Ihnen. Ich könnte vor Ihnen knien, wie Vater Zossima vor Dimitri.«

»Bitte, tun Sie das nicht«, sagte er lächelnd, aber gleichzeitig ein wenig errötend.

Aber die Romane, die er las, machten ihm Darya ein wenig verständlicher. Sie verliehen ihr eine Umgebung, und er erkannte in ihr Züge, die, so ungewöhnlich sie an den Frauen, die er in Schottland kannte, gewesen wären – etwa bei seiner Mutter oder bei den Töchtern seines Onkels in Glasgow –, in den russischen Romanen vielen Charakteren eigen waren. Er wunderte sich nun nicht mehr, daß sie gerne so lange aufblieb, unzählige Tassen Tee trinkend, und fast den ganzen Tag auf dem Sofa lag, lesend und ununterbrochen Zigaretten rauchend. Sie konnte tagelang überhaupt nichts tun, ohne sich im geringsten zu langweilen. Sie hatte eine seltsame Mischung von träger Verträumtheit und Vitalität. Oft erklärte sie mit einem Achselzucken, sie sei eigentlich Asiatin und nur durch Zufall Europäerin geworden. Und ihre katzenhafte Grazie mutete tatsächlich asiatisch an. Sie war ungeheuer unordentlich, und es schien sie nicht zu stören, daß Zigarettenstummel, alte Papiere und leere Blechschachteln in ihrem Wohnzimmer herumlagen. Aber er fand, daß sie an Anna Karenina erinnerte, und er übertrug auf sie die Sympathie, die er für dieses tragische Wesen empfand. Er begriff ihre Arroganz. Es war nicht unnatürlich, daß sie die Frauen der Kolonie, deren Bekanntschaft er allmählich machte, verachtete; sie waren wirklich gewöhnlich; Daryas Verstand war rascher als der ihre; sie hatte eine weitere Bildung, und sie hatte vor allem eine Empfindungsfähigkeit, die die anderen unbeschreiblich farblos erscheinen ließ. Sie gab sich nicht die geringste Mühe, sie zu gewinnen. Während sie zu Hause in Sarong und Baju herumschlurfte, kleidete sie sich, wenn sie mit Angus ausging, mit einer Pracht, die etwas deplaciert war. Sie liebte es, ihren vollen Busen und ihren wohlgeformten Rücken zu zeigen. Sie malte ihre Wangen an und färbte sich die Wimpern wie eine Schauspielerin für die Bühne. Und obwohl Neil wütend wurde, wenn er die belustigten oder entrüsteten Blicke auffing, die ihr Erscheinen hervorrief, mußte er sich tief in seinem Herzen eingestehen, daß es bedauerlich war, daß sie ein solches Schauobjekt aus sich machte. Sie sah natürlich wunderbar aus, aber wenn man nicht gewußt hätte, wer sie war, hätte man sie für eine Kokotte halten können. Sie hatte Eigenheiten, an die er sich nie ganz gewöhnen konnte. Ihr Appetit war ungeheuer, und es irritierte ihn, daß sie mehr aß als Angus und er zusammen. Er konnte sich nie ganz an die Unverblümtheit gewöhnen, mit der sie sexuelle Dinge erörterte. Es stand für sie fest, daß er zu Hause und in Edinburgh mit unzähligen Frauen zu tun gehabt hatte. Sie drang in ihn, ihr Details von seinen Abenteuern zu erzählen. Seine schottische Pfiffigkeit half ihm, ihre Vorstöße zu parieren, und er wich ihren Fragen mit angeborener Vorsicht aus. Sie lachte über seine Verschlossenheit.

Manchmal schockierte sie ihn. Er gewöhnte sich an die Offenheit, mit der sie sein Aussehen bewunderte, und wenn sie ihm sagte, er sei schön wie ein junger nordischer Gott, so blieb er völlig unberührt. Schmeichelei perlte an ihm ab wie Wasser an einem Entenrücken. Aber er hatte es nicht gern, wenn sie ihm mit der Hand, ihrer großen, aber sehr weichen Hand, liebkosend durch sein lockiges Haar fuhr, oder, ein Lächeln auf den Lippen, sein glattes Gesicht streichelte. Er konnte es nicht leiden, gehätschelt zu werden. Eines Tages wollte sie Mineralwasser trinken und fing an, sich in ein Glas, das auf dem Tisch stand, einzuschenken.

»Das ist mein Glas«, rief er schnell. »Ich habe eben daraus getrunken.«

»Nun, und was liegt daran? Sie haben doch nicht die Syphilis, oder?«

»Ich selbst hasse es, aus fremden Gläsern zu trinken.«

Sie war auch komisch mit Zigaretten. Einmal – es war nicht sehr lange nach seiner Ankunft – hatte er sich gerade eine angezündet, als sie vorbeikam und sagte:

»Die will ich haben.«

Sie nahm sie ihm aus dem Mund und fing an zu rauchen. Nach zwei, drei Zügen erklärte sie, sie habe genug, und gab sie ihm wieder zurück. Das Ende, das sie im Mund gehalten hatte, war rot von der Schminke ihrer Lippen, und er hatte gar keine Lust, weiterzurauchen. Aber er hatte Angst, sie könnte ihn für unhöflich halten, wenn er die Zigarette wegwarf. Es ekelte ihn ein bißchen. Oft kam es vor, daß sie ihn um eine Zigarette bat und, wenn er sie ihr reichte, sagte:

»Oh, zünden Sie sie mir an, bitte.«

Wenn er es tat und sie ihr hinhielt, öffnete sie den Mund, damit er sie ihr hineinstecke. Er hatte, ohne es zu wollen, das Ende ein wenig feucht gemacht. Er wunderte sich, daß sie es so ohne weiteres in den Mund steckte. Das Ganze schien ihm furchtbar familiär. Er war überzeugt, daß es Munro nicht gefallen würde. Ein- oder zweimal hatte sie es sogar im

424

Klub getan. Neil hatte gespürt, wie er puterrot wurde. Er wünschte sehr, sie hätte diese unangenehmen Angewohnheiten nicht, aber offenbar entsprachen sie russischen Sitten, und niemand konnte leugnen, daß Darya eine wunderbare Gesellschafterin war. Ihr Gespräch war sehr anregend. Es war wie Champagner (Neil hatte nur einmal welchen getrunken und ihn damals für abscheuliches Zeug erklärt), ›bildlich gesprochen‹. Es gab nichts, worüber sie nicht sprechen konnte. Sie sprach nicht wie ein Mann; bei einem Mann wußte man gewöhnlich, was er als nächstes sagen würde; das wußte man bei ihr nie; ihre Intuition war erstaunlich. Sie gab einem Ideen ein. Sie öffnete einem den Blick und regte die Phantasie an. Neil fühlte sich lebendig wie nie zuvor. Ihm war, als wandle er auf Berggipfeln, und unbegrenzte geistige Horizonte taten sich vor ihm auf. Neil empfand eine gewisse Genugtuung, wenn er bedachte, auf welch erhabener Ebene sein Geist mit dem ihren Zwiesprache hielt. Gegen diese Gespräche waren die vielgepriesenen Freuden der Sinne ohne jede Bedeutung. Sie war in vielerlei Hinsicht (er war eine vorsichtige Natur und stellte selten eine Behauptung auf, nicht einmal vor sich selbst, die er nicht rechtfertigen konnte) die intelligenteste Frau, die ihm jemals begegnet war. Und außerdem war sie Angus Munros Frau.

Denn, mit welchen Vorbehalten Neil Darya auch gegenüberstand, in bezug auf Munro kannte er keine; und sie hätte schon eine viel unbedeutendere Frau sein müssen, um nicht Vorteil zu ziehen aus der ungeheuren Bewunderung, die er für ihren Gatten hegte. Ihm gegenüber öffnete Neil sich ganz und gar. Er empfand für ihn, was er noch nie zuvor für einen Menschen empfunden hatte. Er war so vernünftig, so ausgeglichen, so tolerant. Ein solcher Mensch hätte auch er werden mögen, wenn er älter war. Er sprach wenig, aber was er sagte, hatte Hand und Fuß. Er war weise. Er hatte einen trockenen Humor, den Neil verstand. Die derben englischen Späße der Männer im Klub schienen daneben leer und geistlos. Er war gütig und geduldig. Er hatte eine Würde, die es unvorstellbar machte, daß jemand sich ihm gegenüber eine Freiheit herausnehmen könnte, aber er war weder pompös noch feierlich. Er war ehrlich und unbedingt wahrhaftig. Aber Neil bewunderte ihn nicht weniger als Wissenschaftler wie als Mensch. Er hatte Phantasie. Er war genau und fleißig. Obgleich sein Interesse der Forschung galt, erledigte er die administrative Arbeit im Museum mit größter Gewissenhaftigkeit. Er beschäftigte sich zu jener Zeit eingehend mit Gespenstheuschrecken und beabsichtigte, eine Abhandlung über ihre Fähigkeit der Jungfernzeugung zu schreiben. Ein Zwischenfall, der sich während der Experimente zutrug, machte großen Eindruck auf Neil. Ein kleiner gefangener Affe riß sich eines Tages von seiner Kette los und fraß alle Larven auf, wodurch Munros gesamtes Material vernichtet wurde. Neil war den Tränen nahe. Angus Munro nahm den Affen in den Arm und streichelte ihn lächelnd.

»Diamant, Diamant«, sagte er, Sir Isaac Newton zitierend, »du ahnst nicht, wieviel Unheil du angerichtet hast.«

Er beschäftigte sich auch mit Mimikry und wußte in Neil das gleiche leidenschaftliche Interesse für diesen vielumstrittenen Gegenstand zu erwecken. Sie hatten nicht enden wollende Gespräche darüber. Neil staunte über das umfassende Wissen des Kurators. Es erstreckte sich auf alle Gebiete, und Neil schämte sich seiner eigenen Unwissenheit.

Aber am ansteckendsten war Munros Enthusiasmus, wenn er von den Expeditionen ins Landesinnere sprach, wo er seltene Exemplare für das Museum sammelte. Das war das wahre Leben, ein Leben der Mühsal und Beschwerden, der Entbehrung oft, und manchmal der Gefahren, aber belohnt durch die Freude, eine seltene oder vielleicht gar neue Tierart zu finden, durch die Schönheit der Landschaft und die nahe Verbundenheit mit der Natur und vor allem durch das Gefühl völliger Freiheit und Losgelöstheit. Und hauptsächlich für diesen Teil der Arbeit war Neil engagiert worden. Munro war mit seiner Forschertätigkeit beschäftigt, die es ihm verbot, sich auf mehrere Wochen von seinem Laboratorium zu entfernen, und Darya hatte es stets abgelehnt, ihn zu begleiten. Sie hatte eine unsinnige Angst vor dem Dschungel. Sie fürchtete sich vor wilden Tieren, Schlangen und giftigen Insekten. Obgleich Munro ihr immer wieder versicherte, daß kein Tier einem etwas tat, wenn man es nicht belästigte oder erschreckte, konnte sie ihre instinktive Furcht nicht überwinden. Er wollte sie nicht gern allein lassen. Sie mochte die Leute in der Kolonie nicht, und er fürchtete, daß das Leben, wenn er fort war, unerträglich einsam für sie sein würde. Aber der Sultan interessierte sich lebhaft für Naturwissenschaft und legte großen Wert darauf, die gesamte Fauna des Landes in seinem Museum vertreten zu finden. Die erste Expedition sollten Munro und Neil gemeinsam unternehmen, damit Neil lernte, wie man die Arbeit in Angriff nahm, und die Pläne dafür wurden monatelang besprochen. Neil freute sich auf diese Expedition, wie er sich noch nie im Leben auf etwas gefreut hatte.

Inzwischen lernte er Malaiisch und eignete sich ein wenig

von den Dialekten an, die er auf zukünftigen Reisen brauchen würde. Er spielte Tennis und Fußball. Er kannte bald alle Leute im Ort. Auf dem Fußballplatz vergaß er die Wissenschaft und sein Interesse für russische Romane und gab sich ganz dem Genuß des Spieles hin. Er war stark, rasch und beweglich. Nachher war es wunderbar, unter die Dusche zu gehen, ein großes Glas Zitronenwasser zu trinken und mit den andern das Spiel noch einmal durchzusprechen. Es war nie vorgesehen gewesen, daß Neil ständig bei den Munros wohnen sollte. In Kuala Solor gab es ein geräumiges Gästehaus, doch bestand die Vorschrift, daß niemand sich länger als vierzehn Tage darin aufhalten sollte, und die Junggesellen, die keine Amtswohnung zugewiesen bekommen hatten, taten sich gewöhnlich zusammen und bezogen gemeinsam ein Haus. Als Neil anreiste, war zufällig in keiner dieser Behausungen ein Zimmer frei. Eines Abends jedoch, als er ungefähr vier Monate in der Kolonie war, teilten ihm zwei Bekannte, Waring und Jonson, mit denen er nach einer Tennispartie zusammensaß, mit, daß ein Mitglied ihres Haushaltes nach England fuhr, und forderten ihn auf, zu ihnen zu ziehen. Sie waren junge Burschen in seinem Alter, gehörten dem Fußballteam an, und Neil hatte sie beide gern. Waring war im Zollamt angestellt und Jonson bei der Polizei. Er nahm ihren Vorschlag mit Freuden an. Sie sagten ihm, wieviel es kosten würde, und bestimmten einen Tag, zwei Wochen später, an dem er einziehen könne.

Beim Dinner teilte er es den Munros mit.

»Es war furchtbar nett von Ihnen, mich so lange zu beherbergen. Ich habe wirklich ausgiebigen Gebrauch von Ihrer Gastfreundschaft gemacht, es war mir schon ganz peinlich, doch nun gibt es keine Entschuldigung mehr für mich.«

»Aber wir freuen uns doch, Sie bei uns zu haben«, sagte Darya. »Sie brauchen keine Entschuldigung.«

»Ich kann ja nun nicht endlos bei Ihnen bleiben.«

»Warum nicht? Ihr Gehalt ist winzig, warum sollten Sie es für Kost und Quartier ausgeben? Sie würden sich zu Tode langweilen mit Jonson und Waring. Schafsköpfe. Denken an nichts als an Plattenhören und Bälle durchs Tor schießen.«

Es stimmte, daß es sehr angenehm für ihn gewesen war, kostenfrei zu leben. Er hatte den größten Teil seines Gehaltes beiseite gelegt. Er war sparsam veranlagt und nicht gewöhnt, unnötig Geld auszugeben, aber er war auch stolz. Er konnte nicht fortfahren, auf anderer Leute Kosten zu leben. Darya blickte ihn mit ruhigen, aufmerksamen Augen an.

»Angus und ich haben uns an Sie gewöhnt. Ich glaube, Sie würden uns fehlen. Wenn Sie wollen, können Sie für Ihren Unterhalt bezahlen. Sie kosten uns zwar nichts, aber wenn es Sie beruhigt, werde ich genau feststellen, welchen Unterschied es in dem Wirtschaftsbuch unseres Koches ausmacht, und das können Sie bezahlen.«

»Es muß furchtbar lästig sein, ständig einen Fremden im Haus zu haben«, antwortete er unsicher.

»Sie hätten es dort gräßlich. Wenn ich mir bloß vorstelle, was für einen Fraß Sie vorgesetzt bekämen!«

Es war auch wahr, daß man bei den Munros besser aß als sonstwo in Kuala Solor. Er hatte hin und wieder auswärts gegessen – und nicht einmal beim Residenten bekam man ein wirkliches gutes Dinner. Darya aß gerne und hatte ein strenges Auge auf den Koch. Er kochte russische Gerichte, die großartig waren. Daryas Kohlsuppe war es wert, daß man fünf Meilen zu Fuß ging, um sie zu bekommen. Aber Munro hatte noch nichts geäußert.

»Ich würde mich freuen, wenn Sie hierblieben«, sagte er nun. »Es ist sehr bequem für mich, Sie an Ort und Stelle zu haben. Wenn irgend etwas los ist, können wir es sofort miteinander besprechen. Waring und Jonson sind nette Jungen, aber Sie würden sie vielleicht wirklich ein bißchen beschränkt finden mit der Zeit.«

»Wenn Sie mich tatsächlich hierbehalten wollen, bleibe ich natürlich sehr gern. Nichts könnte mir lieber sein. Ich hatte bloß Angst, Ihnen zur Last zu fallen.«

Am nächsten Tag regnete es Bindfäden, und es war unmöglich, Tennis oder Fußball zu spielen, aber gegen sechs Uhr zog Neil einen Regenmantel an und ging in den Klub. Es war niemand da, bis auf den Residenten, der in einem Lehnstuhl saß und *The Fortnightly* las. Sein Name war Trevelyan, und er behauptete, mit Byrons Freund verwandt zu sein. Er war ein großer, dicker Mann mit kurzgeschorenem weißem Haar und dem breiten roten Gesicht eines Komikers. Er liebte es, bei Laienaufführungen mitzuwirken, und seine Spezialität waren zynische Herzöge und witzige Butler. Er war Junggeselle, stand aber allgemein in dem Ruf eines Damenfreundes und trank gerne einen Gin Pahit vor dem Dinner. Er verdankte seine Position der Freundschaft mit dem Sultan. Er war ein bequemer, gemütlicher Mann, etwas geschwätzig, nicht besonders erpicht auf Arbeit, und es war ihm darum zu tun, daß alles glattging und niemand Anlaß zur Klage gab. Obgleich er nicht als besonders befähigt galt, war er in der Kolonie beliebt, weil er nett und gastfreundlich war; und er machte seiner Umgebung das Leben zweifellos angenehmer, als wenn er allzu energisch und tüchtig gewesen wäre. Er nickte Neil zu.

»Nun, mein Junge, wie geht es den Flöhen heute?«

»Sie spüren das Wetter, Sir«, antwortete Neil ernst.

»Hi-hi.«

Nach ein paar Minuten erschienen Waring, Jonson und noch ein dritter junger Mensch namens Bishop. Er war im öffentlichen Dienst. Neil spielte nicht Bridge, und so wandte sich Bishop an den Residenten.

»Würden Sie mit uns spielen, Sir?« fragte er ihn. »Es sind heute nur wenige Leute da.«

Der Resident warf einen Blick auf die andern.

»Schön. Ich lese nur einen Artikel zu Ende und komme dann. Heben Sie für mich ab und geben Sie. Ich bin in fünf Minuten fertig.«

Neil ging zu den dreien hinüber.

»Ach, Waring, ich danke Ihnen sehr, aber ich kann doch nicht zu Ihnen ziehen. Die Munros haben mich aufgefordert, ganz bei ihnen zu bleiben.«

Ein breites Lachen erschien auf Warings Gesicht.

»Was Sie nicht sagen.«

»Es ist furchtbar nett von ihnen, nicht? Sie scheinen Wert darauf zu legen, und ich konnte nicht gut ablehnen.«

»Was habe ich euch gesagt!« rief Bishop.

»Ich kann es dem Jungen nicht verübeln«, sagte Waring. Es war etwas in ihrer Art, was Neil nicht gefiel. Sie schienen sich lustig zu machen. Er wurde rot.

»Was, zum Teufel, meinen Sie?« rief er.

»Ach, tun Sie nicht so«, meinte Bishop. »Wir kennen unsere Darya. Sie sind nicht der erste gutaussehende Junge, mit dem sie sich amüsiert, und Sie werden nicht der letzte sein.«

Die Worte waren seinem Munde kaum entfahren, als Neils geballte Faust hervorschoß wie ein Blitz. Er schlug Bishop ins Gesicht, so daß er schwer zu Boden fiel. Jonson sprang auf Neil zu und packte ihn um den Leib, denn Neil war außer sich.

»Lassen Sie mich los«, brüllte er. »Wenn er das nicht zurücknimmt, bringe ich ihn um.«

Der Resident, durch den Lärm aufgeschreckt, blickte auf und erhob sich. Schwerfällig kam er heran.

»Was ist los? Was gibt's? Was, zum Teufel, treibt ihr Burschen hier?«

Sie waren bestürzt. Sie hatten ihn vergessen. Er war ihr Vorgesetzter. Jonson ließ Neil los, und Bishop stand auf. Der Resident wandte sich mit strenger Miene an Neil und fuhr ihn scharf an.

»Was hat das zu bedeuten? Haben Sie Bishop geschlagen?«

»Ja, Sir.«

»Warum?«

»Er hat eine unverschämte Bemerkung gemacht, die die Ehre einer Dame antastet«, sagte Neil sehr hochmütig und immer noch weiß vor Wut.

Die Augen des Residenten funkelten, aber er wahrte sein ernstes Gesicht.

»Um welche Dame handelt es sich?«

»Ich verweigere die Auskunft«, sagte Neil, den Kopf zurückwerfend und sich zu seiner vollen, imposanten Größe aufrichtend.

Es wäre bedeutend wirkungsvoller gewesen, wenn der Resident nicht noch gute fünf Zentimeter größer und um vieles dicker gewesen wäre als er.

»Seien Sie kein Kindskopf.«

»Darya Munro«, sagte Jonson.

»Was haben Sie gesagt, Bishop?«

»Ich weiß den genauen Wortlaut nicht mehr. Ich habe gesagt, daß sie schon mit einer ganzen Anzahl junger Kerle ins Bett gesprungen ist und sich vermutlich die Gelegenheit nicht hat entgehen lassen, mit MacAdam das gleiche zu tun.«

»Das war eine höchst beleidigende Behauptung. Wollen Sie die Güte haben, sich zu entschuldigen. Beide.«

»Er hat mich scheußlich zugerichtet, Sir. Tagelang werde ich mit einem blauen Auge herumrennen. Ich denke nicht daran, mich dafür zu entschuldigen, daß ich die Wahrheit gesagt habe.«

»Sie sind alt genug, zu wissen, daß nichts beleidigender ist als die Wahrheit, und was Ihr blaues Auge anbelangt, so würde ich Ihnen empfehlen, ein rohes Beefsteak aufzulegen. Überdies bitte ich Sie, zur Kenntnis zu nehmen, daß mein Wunsch, Sie möchten sich entschuldigen, nur aus Höflichkeit in die Form einer Bitte gekleidet war. Er ist als Befehl aufzufassen.«

Einen Augenblick herrschte Stille. Der Resident blickte undurchdringlich vor sich hin.

»Ich bitte um Entschuldigung wegen meiner Bemerkung, Sir«, murmelte Bishop verdrießlich.

»Na, und Sie, MacAdam?«

»Es tut mir leid, daß ich ihn geschlagen habe, Sir. Auch ich bitte um Entschuldigung.«

»Reichen Sie einander die Hände.«

Die beiden jungen Männer taten zeremoniell, wie ihnen geheißen.

»Ich möchte nicht, daß diese Sache irgendwie Wellen schlägt. Es wäre bedauerlich, Munros wegen, den wir alle gern haben. Kann ich darauf zählen, daß Sie den Mund halten?«

Sie nickten.

»Jetzt können Sie gehen. Sie bleiben, MacAdam. Ich möchte ein paar Worte mit Ihnen reden.«

Als sie allein waren, setzte sich der Resident hin und zündete sich eine Zigarre an. Er bot auch Neil eine an, aber Neil rauchte bloß Zigaretten.

»Sie sind ein sehr gewalttätiger junger Mann«, sagte der Resident mit einem Lächeln. »Ich schätze es nicht, wenn meine Beamten an einem öffentlichen Ort Szenen machen.«

»Ich bin mit Mrs. Munro sehr befreundet. Sie war die Güte selbst zu mir. Ich dulde es nicht, daß ein Wort gegen sie gesagt wird.«

»Dann werden Sie, fürchte ich, reichlich Gelegenheit finden, sich zu betätigen, wenn Sie noch länger hierbleiben.«

Neil war einen Augenblick still. Er stand, groß und schlank, vor dem Residenten, und sein ernstes junges Gesicht war arglos. Er warf den Kopf trotzig zurück. Seine Aufregung ließ ihn in noch breiterem Schottisch sprechen als sonst.

»Ich wohne nun seit vier Monaten bei den Munros und gebe Ihnen mein Ehrenwort, daß, soweit es mich betrifft, nicht ein Funken Wahrheit an dem ist, was dieser Mensch gesagt hat. Mrs. Munro hat mir gegenüber niemals die geringste ungebührliche Vertraulichkeit an den Tag gelegt. Weder durch Wort noch Tat hat sie zu der Vermutung Anlaß gegeben, daß sie auch nur im entferntesten an etwas Unschickliches denkt. Sie war wie eine Mutter zu mir oder wie eine ältere Schwester.«

Der Resident betrachtete ihn mit ironischen Augen.

»Es freut mich sehr, daß Sie das sagen. Es ist das Beste, was ich seit langer Zeit über sie gehört habe.«

»Sie glauben mir doch, Sir?«

»Natürlich. Vielleicht haben Sie sie gebessert.« Er rief: »Boy, bringe mir einen Gin Pahit.« Und dann zu Neil: »Sie können jetzt gehen, wenn Sie wollen. Aber keine Schlägereien mehr, wenn ich bitten darf, oder Sie fliegen.«

Als Neil nach Hause ging, hatte der Regen aufgehört, und der samtene Himmel war übersät von Sternen. Im Garten flimmerte es von Glühwürmchen. Aus der Erde stieg eine duftende Wärme empor, und man hatte das Gefühl, man müßte, wenn man stehenblieb, die üppige Vegetation wachsen hören. Auf der Veranda tippte Munro auf der Schreibmaschine ein paar Notizen, und Darya lag ausgestreckt auf einem Liegestuhl und las. Die Lampe hinter ihr warf einen Schein auf ihr duftiges Haar, so daß es leuchtete wie eine Aureole. Sie blickte zu Neil auf, legte ihr Buch hin und lächelte. Ihr Lächeln war sehr freundlich.

»Wo waren Sie, Neil?«

»Im Klub.«

»Waren Leute da?«

Das Bild war so traulich, Daryas Art so friedlich und unbekümmert ruhig, daß es unmöglich war, nicht gerührt zu sein. Die beiden, jeder auf seine Art beschäftigt, schienen so verbunden, ihre Vertrautheit so natürlich, daß niemand sich hätte vorstellen können, daß sie nicht vollkommen glücklich miteinander waren. Neil glaubte nicht ein Wort von dem, was Bishop gesagt und der Resident angedeutet hatte. Schließlich wußte er, daß das, was sie von ihm gedacht hatten, nicht wahr war, warum also sollte das andere wahr sein? Sie hatten eine schmutzige Phantasie, diese Leute; weil sie selber Schweine waren, glaubten sie, ihre Mitmenschen müßten ebenso schlecht sein. Seine Fingerknöchel taten ihm ein bißchen weh. Er war froh, daß er Bishop geschlagen hatte. Er hätte zu gerne gewußt, wer diese gemeine Geschichte aufgebracht hatte. Er würde ihm den Hals umdrehen.

Aber nun setzte Munro ein Datum für die Expedition fest, über die sie so viel gesprochen hatten, und fing in seiner sorgfältigen Art an, Vorbereitungen zu treffen, damit im letzten Moment nichts vergessen würde. Der Plan bestand darin, so weit wie möglich den Fluß hinaufzufahren und sich dann durch den Dschungel durchzuschlagen und auf dem wenig bekannten Mount Hitam nach seltenen Exemplaren zu jagen. Sie hatten vor, zwei Monate fortzubleiben. Je näher der Tag des Aufbruchs kam, desto strahlender wurde Munros Laune, und obgleich er still und beherrscht blieb, merkte man doch an dem Leuchten in seinen Augen und an seinen wippenden Schritten, wie sehr er sich freute. Eines Morgens, im Museum, war er beinahe übermütig.

»Ich habe Ihnen etwas Freudiges mitzuteilen«, sagte er plötzlich zu Neil, nachdem sie sich miteinander ein paar Experimente angesehen hatten, an denen sie arbeiteten. »Darya kommt mit uns.«

»Wirklich? Das ist großartig.«

Neil war entzückt. Nun war die Freude erst vollkommen. »Es war mir kein angenehmer Gedanke, sie so lange allein zu lassen; jetzt können wir bleiben, so lange wir wollen.«

Sie brachen früh am Morgen in vier mit Malaien bemannten Prahus auf, und außer ihnen bestand die Reisegesellschaft aus ihren Dienern und vier Dayakjägern. Munro, Darya und Neil lagen nebeneinander auf Kissen unter einem Sonnensegel; auf die anderen Boote verteilten sich die chinesischen Diener und die Dayak. Sie führten Säcke voll Reis für die ganze Gruppe mit sich, Vorräte für sich selbst, Kleider, Bücher und alles, was für die Reise nötig war. Es war himmlisch, die Zivilisation hinter sich zu lassen, und sie waren alle freudig erregt. Sie unterhielten sich. Sie rauchten. Sie lasen. Die Fahrt auf dem Fluß war köstlich beruhigend. Sie picknickten auf dem grasbewachsenen Ufer. Die Dunkelheit brach herein, und sie verstauten die Boote für die Nacht. Sie schliefen in einem weitläufigen Haus, und ihre dayakischen Gastgeber feierten ihren Besuch mit Arrak, Beredsamkeit und phantastischem Tanz. Am nächsten Tag gab ihnen der sich verengende Fluß immer mehr die Empfindung, in das Unbekannte einzudringen, und die exotische Vegetation, die die Ufer bis an den Rand des Wassers überwucherte wie eine erregte Menge, die von den nachdrängenden Massen geschoben wird, versetzte Neil in atemloses Entzücken. O Wunder und Seligkeit! Am dritten Tag stiegen sie, da das Wasser seichter und die Strömung stärker wurde, in leichtere Boote um, und bald wurde die Strömung so heftig, daß die Bootsleute nicht mehr rudern konnten, sondern sich stehend mit kräftigen, prachtvollen Bewegungen gegen den Strom vorwärts stießen. Hie und da gelangte man an Stromschnellen, wo man aussteigen, ausladen und die Boote über felsbestandene Stellen hinwegtragen mußte. Nach fünf Tagen erreichte man einen Punkt, über den hinaus es auf dem Fluß kein Vordringen mehr gab. Es stand dort ein Regierungsbungalow, und sie quartierten sich für einige Nächte darin ein, während Munro Vorbereitungen für die Exkursion in das Innere traf. Er brauchte Träger für das Gepäck und Leute, die ihm ein Haus bauten, wenn der Mount Hitam erreicht war. Es erwies sich als notwendig, daß Munro mit dem Häuptling eines in der Nähe gelegenen Dorfes sprach, und da er meinte, es würde Zeit sparen, wenn er selbst zu ihm hinging, anstatt ihn kommen zu lassen, machte er sich am Tag nach seiner Ankunft bei Morgengrauen mit einem Führer und ein paar Dayak auf den Weg. Er hoffte, in ein paar Stunden wieder zurück zu sein. Neil begleitete ihn ein Stück und beschloß dann, zu baden. Unweit des Bungalows gab es eine tiefe Stelle, wo das Wasser so klar war, daß man jedes Sandkorn auf dem Grund sehen konnte. Der Fluß war dort so schmal, daß die Äste der Bäume sich über ihm zusammenschlossen. Es war ein wunderbarer Fleck. Er erinnerte Neil an gewisse Stellen in schottischen Bächen, wo er als Kind gebadet hatte, und doch war alles seltsam anders. Hier fand er eine Atmosphäre von Romantik, eine Unberührtheit der Natur, die Gefühle in ihm wachrief, die schwer zu analysieren waren. Er versuchte es natürlich, aber schon ältere Köpfe haben sich vergeblich bemüht, das Glück zu zergliedern. Ein Eisvogel saß auf einem überhängenden Ast, und sein leuchtendes Blau spiegelte sich ebenso blau in dem kristallenen Wasser. Er flog mit einem glitzernden Aufblitzen seiner prächtigen Flügel auf, als Neil, Sarong und Baju abwerfend, ins Wasser sprang. Es war frisch, ohne kalt zu sein. Neil spritzte und tollte herum. Er freute sich der Bewegung seiner kräftigen Glieder. Er legte sich auf den Rücken und schaute in den blauen Himmel, der durch das Laub hindurchschimmerte, und in die Sonne, die da und dort das Wasser vergoldete. Plötzlich hörte er eine Stimme.

»Wie weiß Ihr Körper ist, Neil.«

Erschrocken tauchte er ins Wasser, und als er sich umdrehte, sah er Darya am Ufer stehen.

»Oh, ich habe nichts an.«

»Das habe ich gesehen. Es ist viel schöner, ohne Kleider zu baden. Warten Sie einen Moment, ich komme auch hinein. Es sieht wunderbar verlockend aus.«

Auch sie hatte Sarong und Baju an. Er drehte rasch den Kopf weg, weil er sah, daß sie im Begriff war, sich auszuziehen. Er hörte sie ins Wasser steigen. Er machte ein paar Stöße, damit sie Platz hätte, in ziemlicher Entfernung von ihm zu schwimmen, aber sie schwamm zu ihm hin.

»Ist es nicht herrlich, das Wasser am bloßen Körper zu spüren?« rief sie.

Sie lachte und spritzte ihm mit der geöffneten Hand Wasser ins Gesicht. Er war so verlegen, daß er nicht wußte, wo er hinschauen sollte. In diesem klaren Wasser war es unmöglich, nicht zu sehen, daß sie splitternackt war. Vorläufig war es ja nicht so schlimm, aber er mußte daran denken, wie schwer es sein würde, wieder hinauszukommen. Sie schien sich außerordentlich wohl zu fühlen. »Ich mache mir nichts daraus, wenn mein Haar naß wird«, sagte sie.

Sie legte sich auf den Rücken und schwamm mit kräftigen

Zügen um die Badestelle herum. Wenn sie aus dem Wasser stieg, überlegte er, würde es das beste sein, er drehte sich um, und nachher, wenn sie angekleidet war, konnte sie weggehen, und er würde hinaussteigen. Sie schien sich der Peinlichkeit der Situation nicht im geringsten bewußt. Er ärgerte sich über sie. Es war wirklich ziemlich taktlos, sich so zu benehmen. Sie fuhr fort, mit ihm zu plaudern, gerade so, als befänden sie sich auf trockenem Boden und wären vollkommen bekleidet. Sie versuchte sogar, seine Aufmerksamkeit auf sich zu lenken.

»Sieht mein Haar nicht furchtbar aus? Es ist so fein, es wird wie ein Rattenschwanz, wenn es naß wird. Halten Sie mich bitte einen Augenblick, damit ich es aufstecken kann.«

»Oh, es ist ganz in Ordnung«, sagte er. »Lassen Sie es jetzt lieber.«

»Ich bekomme furchtbaren Hunger«, meinte sie bald darauf. »Sollten wir nicht bald frühstücken?«

»Wenn Sie zuerst aus dem Wasser steigen und sich anziehen, komme ich Ihnen in einer Minute nach.«

»Schön.«

Sie schwamm die zwei Züge, die nötig waren, sie ans Ufer zu bringen, und er schaute keusch beiseite, um sie nicht nackt aus dem Wasser steigen zu sehen.

»Ich kann nicht hinaus«, rief sie. »Sie müssen mir helfen.«

Es war nicht so schwierig gewesen, hineinzukommen, aber das Ufer hing über das Wasser, und man mußte sich an einem Ast hinaufziehen.

»Ich kann nicht. Ich bin splitternackt.«

»Das weiß ich. Seien Sie nicht so schottisch. Klettern Sie ans Ufer und geben Sie mir die Hand.«

Es war nichts zu machen. Neil schwang sich hinauf und zog sie nach. Sie hatte ihren Sarong neben den seinen gelegt. Unbekümmert hob sie ihn auf und fing an, sich damit abzutrocknen. Es blieb ihm nichts anderes übrig, als das gleiche zu tun, aber aus Anstand wandte er ihr den Rücken zu.

»Sie haben wirklich eine wunderbare Haut«, sagte sie. »Sie ist so weich und weiß wie die einer Frau. Ganz merkwürdig bei einer so männlichen Figur. Und nicht ein Haar haben Sie auf der Brust.«

Neil wickelte sich den Sarong um und schlüpfte mit den Armen in den Baju.

»Sind Sie fertig?«

Es gab Porridge zum Frühstück und Eier und Speck, kaltes Fleisch und Orangenmarmelade. Neil war verstimmt. Sie war wirklich allzu russisch. Es war dumm von ihr, sich so zu benehmen; selbstverständlich war nichts dabei, aber es gehörte zu den Dingen, die den Anlaß dazu gaben, daß die Leute so schlecht über sie dachten. Das schlimmste war, daß man ihr das nicht begreiflich machen konnte. Sie lachte einen nur aus. Und doch war es klar: Hätte irgend jemand aus Kuala Solor sie so miteinander baden sehen, splitternackt, so wäre er unmöglich zu überzeugen gewesen, daß nichts zwischen ihnen vorgefallen war. In seiner einsichtigen Art mußte Neil zugeben, daß man es diesen Leuten nicht einmal übelnehmen konnte. Es war wirklich rücksichtslos von ihr. Sie hatte kein Recht, einen in eine solche Lage zu bringen. Er war sich so dumm vorgekommen. Und man konnte sagen, was man wollte: Es schickte sich einfach nicht.

Am nächsten Morgen, nachdem sie ihre Träger vorausgeschickt hatten – einen langen Zug von Männern, einer hinter dem andern, die ihre Lasten in Körben auf dem Rücken trugen –, traten sie mit ihren Dienern, Führern und Jägern den Fußmarsch an. Der Weg führte über die Vorhügel des Berges durch Buschwerk und hohes Gras, und hie und da stießen sie auf Wasserläufe, die sie auf schwankenden Bambusbrücken überquerten. Die Sonne brannte unbarmherzig auf sie herab. Am Nachmittag gelangten sie in den Schatten eines Bambuswaldes, wohltuend nach der Glut, und die Bambusstämme in ihrer schlanken Eleganz erhoben sich zu unwahrscheinlicher Höhe, und das grüne Licht war wie das Licht am Meeresgrunde. Endlich erreichten sie den Urwald, riesige Bäume, eingehüllt von üppigen Schlinggewächsen, ein undurchdringliches Gewirr, und heilige Scheu erfaßte sie. Sie bahnten sich mit Äxten ihren Weg durch das Unterholz. Durch dämmriges Dunkel ging es dahin, und nur ab und zu erhaschten sie durch das dichte Laubwerk einen Strahl von Sonne. Sie sahen weder Mensch noch Tier, denn die Bewohner des Dschungels sind scheu und verschwinden, sowie sie Schritte vernehmen, in ihre Verstecke. Sie hörten Vögel hoch oben in den Bäumen, sahen aber keine außer den zwitschernden Kolibris, die durch das Unterholz flitzten und zart mit den wilden Blumen liebäugelten. Sie machten halt für die Nacht. Die Träger breiteten Zweige auf den Boden und bedeckten sie mit wasserundurchlässigen Planen. Der chinesische Koch bereitete ihnen ihr Abendessen, und dann legten sie sich zur Ruhe nieder.

Es war die erste Nacht, die Neil im Dschungel zubrachte, und er konnte nicht schlafen. Die Dunkelheit war undurchdringlich. Unzählige Insekten vollführten einen ohrenbetäubenden Lärm, aber wie das Tosen des Verkehrs in einer großen Stadt war er so anhaltend, daß man ihn allmählich als tiefe Stille empfand; und wenn Neil plötzlich den Schrei eines Affen vernahm, der von einer Schlange gepackt wurde, oder das Kreischen eines Nachtvogels, fuhr er fast aus der Haut vor Schreck. Er hatte das unheimliche Gefühl, daß ringsumher Lebewesen ihn und seine Gefährten beobachteten. Drüben, jenseits der Lagerfeuer, war ein wilder Krieg im Gange, und sie, drei Menschen auf einem Lager aus Zweigen, waren allein und wehrlos den Schrecken der Natur preisgegeben. Neben ihm atmete Munro ruhig in tiefem Schlaf.

»Sind Sie wach, Neil?« flüsterte Darya.

»Ja. Ist etwas los?«

»Ich fürchte mich.«

»Es ist alles in Ordnung. Sie brauchen keine Angst zu haben.«

»Die Stille ist so fürchterlich. Ich wollte, ich wäre nicht mitgekommen.«

Sie zündete sich eine Zigarette an.

Neil, der endlich doch noch eingeschlafen war, wurde von dem Hämmern eines Spechtes aufgeweckt, dessen selbstzufriedenes Lachen, das er von sich gab, während er von Baum zu Baum flog, die Langschläfer zu verspotten schien. Ein eiliges Frühstück, und die Karawane brach auf. Die Affen schwangen sich in der Morgendämmerung von Ast zu Ast, den Tau von den Blättern sammelnd, und ihr seltsamer Schrei klang wie ein Vogelruf. Die Helligkeit hatte Daryas Ängste zerstreut, und trotz der schlaflosen Nacht war sie nun munter und fröhlich. Sie setzten ihren Aufstieg fort. Am Nachmittag hatten sie die Stelle erreicht, die von den Führern als günstiger Lagerplatz bezeichnet worden war, und Munro beschloß, hier ein Haus zu bauen. Die Männer machten sich an die Arbeit. Mit ihren langen Messern hackten sie Palmblätter und junge Bäume ab, und bald hatten sie eine Hütte mit zwei Zimmern errichtet, die sich auf Pfählen über dem Boden erhob. Sie war hübsch, frisch und grün. Sie roch gut.

Die Munros, er aus alter Gewohnheit, sie, weil sie jahrelang durch die Welt gezogen war und eine katzenhafte Fähigkeit besaß, es sich behaglich zu machen, wo sie hinkam, waren überall zu Hause. In einem Tag hatten sie sich eingerichtet. Ihre Zeiteinteilung war immer die gleiche. Jeden Morgen, sehr früh, machten Neil und Munro sich auf und zogen, jeder für sich, auf Beute aus. Der Nachmittag war dem Aufspießen von Insekten, dem Spannen von Schmetterlingen, dem Präparieren von Vögeln gewidmet. Wenn die Dunkelheit hereinbrach, fingen sie Nachtfalter. Darya war mit dem Haus und den Dienstboten beschäftigt, nähte, las und rauchte unzählige Zigaretten. Die Tage gingen sehr angenehm, einförmig, aber ereignisreich dahin. Neil war begeistert. Er erforschte den Berg nach allen Richtungen. Eines Tages fand er zu seinem Stolz eine neue Art von Gespenstheuschrecke. Munro nannte sie Cuniculina MacAdami. Das war Ruhm. Neil, mit zweiundzwanzig Jahren, durfte sich sagen, daß er nicht umsonst gelebt hatte. Aber an einem andern Tag wäre er um ein Haar von einer giftigen Schlange gebissen worden. Da sie grün war, sah er sie nicht und wurde nur durch einen Dayakjäger davor bewahrt, auf sie zu treten. Sie töteten sie und brachten sie mit ins Lager. Darya schauderte, als sie sie sah. Sie hatte ein Grauen vor den wilden Tieren des Dschungels, das fast hysterisch war. Sie entfernte sich nie mehr als ein paar Meter vom Lager, aus Angst, sich zu verirren.

»Hat Ihnen Angus erzählt, wie er sich einmal verirrt hat?« fragte sie Neil eines Abends, als sie nach dem Dinner ruhig beisammensaßen.

»Es war kein sehr angenehmes Erlebnis«, lächelte er.

»Erzähle es ihm, Angus.«

Er zögerte. Es war eine Sache, an die er nicht gern zurückdachte.

»Es war vor ein paar Jahren. Ich war mit dem Schmetterlingsnetz ausgezogen und hatte sehr viel Glück gehabt, ich hatte ein paar seltene Exemplare gefangen, die ich schon lange gesucht hatte. Nach einer Weile wurde ich hungrig und kehrte um. Ich ging eine Zeit, und es fiel mir auf, daß ich viel weiter vom Lager entfernt war, als ich gedacht hatte. Plötzlich erblickte ich eine leere Streichholzschachtel. Ich fluchte. Ich wußte sofort, was geschehen war. Ich hatte sie weggeworfen, als ich den Rückweg angetreten hatte und war im Kreis gelaufen. Nun befand ich mich am selben Fleck wie eine Stunde zuvor. Ich war nicht entzückt. Aber ich blickte mich um und brach von neuem auf. Es war furchtbar heiß, und ich triefte vor Schweiß. Ich wußte ungefähr die Richtung, in der sich das Lager befand, und sah mich nach meinen früheren Spuren um, um festzustellen, ob ich auf dem richtigen Weg war. Es war mir, als hätte ich die eine oder andere gefunden, und hoffnungsvoll ging ich weiter. Ich war entsetzlich durstig. Ich ging und ging, mir den Weg über Baumwurzeln und Schlingpflanzen bahnend, und mit einemmal wurde mir klar, daß ich mich verirrt hatte. Wenn ich die richtige Richtung eingeschlagen hätte, hätte ich das Lager längst erreicht haben müssen. Ich kann Ihnen sagen, daß mir nicht wohl zumute war. Ich wußte, daß ich den Kopf nicht verlieren durfte, und setzte mich hin, um mir die Situation zu überlegen. Ich war von Durst gepeinigt. Mittag war lange vorbei, und in drei, vier Stunden würde es dunkel sein. Der Gedanke, die Nacht im Dschungel zubringen zu müssen, behagte mir ganz und gar nicht. Das einzige, was mir einfiel, war, nach einem Wasserlauf zu suchen. Wenn ich seinem Lauf folgte, würde er mich zu einem größeren Wasserlauf und schließlich zum Fluß hinunterführen. Aber das konnte natürlich ein paar Tage in Anspruch nehmen. Ich verwünschte mich wegen meiner Dummheit, aber es blieb mir nichts anderes übrig, und ich fing an zu gehen. Fand ich einen Bach, dann würde ich auf alle Fälle meinen Durst stillen können. Aber ich konnte nicht eine Spur von Wasser erspähen, nicht den kleinsten Quell, der zu irgendeinem größeren Gewässer führen konnte. Ich fing an, unruhig zu werden. Ich sah mich immer weiter irren, bis ich schließlich erschöpft hinsinken würde. Ich wußte, daß der Wald voll von wilden Tieren war, und wenn ich einem Nashorn begegnete, war ich verloren. Was mich rasend machte, war, daß ich unmöglich mehr als zehn Meilen vom Lager entfernt sein konnte. Ich zwang mich, ruhig zu bleiben. Der Tag neigte sich seinem Ende zu, und in den Tiefen des Dschungels wurde es bereits finster. Wenn ich ein Gewehr mitgenommen hätte, hätte ich es abfeuern können. Im Lager mußten sie nun schon wissen, daß ich mich verirrt hatte, und sie würden mich bereits suchen. Das Unterholz war so dicht, daß ich keinen Meter tief hineinsehen konnte, und plötzlich, ich weiß nicht, ob es meine Nerven waren oder nicht, hatte ich das Gefühl, daß irgendein Tier unentwegt neben mir herschlich. Ich blieb stehen, und es blieb ebenfalls stehen. Ich ging weiter, und es ging ebenfalls weiter. Ich konnte es nicht sehen. Ich konnte keine Bewegung im Busch feststellen. Ich hörte keine Äste knacken und keine Blätter rascheln. Aber ich wußte, wie leise solche Tiere sich bewegen, und war überzeugt, daß etwas mich begleitete. Mein Herz schlug so heftig gegen meine Rippen, daß ich meinte, es müßte zerspringen. Ich war wahnsinnig vor Angst. Nur mit äußerster Selbstbeherrschung konnte ich mich davon abhalten, loszurennen. Ich wußte, wenn ich das tat, war es um mich geschehen. Nach kaum zwanzig Metern würde ich über eine verknorrte Baumwurzel stolpern, und lag ich erst einmal da, dann würde das Tier mich anspringen. Und Gott weiß, wo ich hingeriet, wenn ich zu laufen anfing. Ich mußte mit meinen Kräften haushalten. Ich war dem Weinen nahe. Und dieser unerträgliche Durst. In meinem ganzen Leben habe ich nicht solche Ängste ausgestanden. Glauben Sie mir, wenn ich einen Revolver gehabt hätte, ich hätte mir eine Kugel durch den Kopf gejagt. Es war so entsetzlich – ich wünschte mir bloß, Schluß zu machen. Ich war dermaßen erschöpft, daß ich mich kaum weiterschleppen konnte. Wenn ich einen Feind hätte, der mir eine tödliche Beleidigung zugefügt hat, so würde ich ihm die Qualen nicht wünschen, die ich damals ausgestanden habe. Mit einemmal hörte ich zwei Schüsse. Mein Herz stand still. Man war auf der Suche nach mir. Nun verlor ich wirklich den Kopf. Ich rannte in Richtung der Schüsse los, schreiend, so laut ich konnte, ich fiel, ich stand wieder auf, ich rannte weiter, ich schrie, bis ich dachte, die Lunge müßte mir bersten, abermals ertönte ein Schuß – näher schon –, ich schrie wieder, ich hörte antwortende Rufe; im Unterholz raschelte es von Schritten. In einer Minute war ich von Dayak umgeben. Sie drückten mir die Hände und küßten sie. Sie lachten und weinten. Fast hätte auch ich geweint. Ich war völlig erledigt, fertig – aber sie gaben mir zu trinken. Wir waren bloß drei Meilen vom Lager entfernt. Es war stockdunkel, als wir es erreichten. Bei Gott, es war ein gefährliches Abenteuer gewesen.«

Ein krampfhafter Schauder durchlief Darya.

»Glauben Sie mir, ich möchte mich nicht ein zweites Mal im Dschungel verirren.«

»Was wäre geschehen, wenn man Sie nicht gefunden hätte?«

»Ich weiß nicht. Ich wäre verrückt geworden. Wenn mich nicht eine Schlange gebissen oder ein Nashorn angefallen hätte, wäre ich blind weitergetaumelt, bis ich hingefallen wäre. Ich wäre verhungert. Ich wäre vor Durst gestorben. Wilde Tiere würden meinen Leichnam gefressen und Ameisen meine Knochen abgenagt haben.«

Sie schwiegen.

Dann, als sie beinahe einen Monat auf dem Mount Hitam waren, geschah es, daß Neil trotz des Chinins, das ihm Munro regelmäßig verabreicht hatte, Fieber bekam. Es war kein schlimmer Anfall, aber er fühlte sich ganz elend und mußte im Bett bleiben. Darya pflegte ihn. Er schämte sich, ihr soviel Mühe zu machen, aber sie hörte nicht auf seine Proteste. Er ließ es sich also gefallen, daß sie Dinge für ihn tat, die ein chinesischer Boy ebensogut hätte besorgen können. Er war gerührt. Sie bediente ihn hingebungsvoll. Aber als das Fieber seinen Höhepunkt erreichte und sie ihn von

Kopf bis Fuß mit kaltem Wasser abwusch, fühlte er sich, obgleich es unbeschreiblich wohltuend war, doch sehr geniert. Sie bestand darauf, diese Waschungen morgens und abends vorzunehmen.

»Ich war nicht sechs Monate am Britischen Hospital in Yokohama, ohne etwas von Krankenpflege zu erlernen«, sagte sie lächelnd.

Sie küßte ihn jedesmal, wenn sie fertig war, auf die Lippen. Es war freundlich und lieb von ihr. Er hatte es gern, nahm es aber keineswegs wichtig. Er ging sogar so weit – etwas Seltsames bei ihm –, mit ihr darüber zu scherzen.

»Haben Sie alle Ihre Patienten im Krankenhaus geküßt?« fragte er sie.

»Mögen Sie es nicht, wenn ich Sie küsse?« lächelte sie.

»Es schadet mir nicht.«

»Vielleicht beschleunigt es Ihre Genesung«, neckte sie ihn.

Eines Nachts träumte er von ihr. Er fuhr aus dem Schlaf auf. Er war in Schweiß gebadet. Er fühlte sich wunderbar wohl und wußte, daß seine Temperatur gefallen war; er war gesund. Aber es war ihm gleichgültig. Denn was er geträumt hatte, erfüllte ihn mit Scham. Er war entsetzt, daß er, wenn auch nur im Schlaf, auf solche Gedanken kommen konnte, es machte ihn unglücklich. Er mußte ein Ungeheuer an Verworfenheit sein. Der Tag brach an, und er hörte Munro in dem benachbarten Zimmer, das er mit Darya teilte, aufstehen. Sie schlief lange, und er bemühte sich, sie nicht zu wekken. Als er durch Neils Zimmer kam, rief ihn Neil mit leiser Stimme.

»Hallo, sind Sie wach?«

»Ja, die Krisis muß vorüber sein; jetzt geht es mir wieder gut.«

»Das ist recht. Heute bleiben Sie aber noch im Bett. Dann sind Sie morgen gesund wie ein Fisch im Wasser.«

»Schicken Sie mir bitte Ah Tan, wenn Sie gefrühstückt haben, ja?«

»Schön.«

Er hörte Munro aufbrechen. Der chinesische Boy kam und fragte, was er wolle. Eine Stunde später wachte Darya auf. Sie kam herein, um ihm guten Morgen zu sagen. Er konnte ihr kaum in die Augen sehen.

»Ich will nur rasch frühstücken, und dann komme ich und wasche Sie«, sagte sie.

»Ich bin schon gewaschen. Ich habe Ah Tan gebeten, mir zu helfen.«

»Warum?«

»Ich wollte Ihnen die Mühe ersparen.«

»Es ist keine Mühe für mich. Ich tue es gerne.«

Sie trat an sein Bett und beugte sich über ihn, um ihn zu küssen, aber er wandte den Kopf ab.

»Nicht«, sagte er.

»Warum nicht?«

»Es ist dumm.«

Sie blickte ihn einen Augenblick überrascht an und verließ ihn dann mit einem Achselzucken. Etwas später kam sie wieder herein, um zu sehen, ob er nichts brauche. Er stellte sich schlafend. Sie streichelte sehr zart seine Wange.

»Um Gottes willen, tun Sie das nicht«, rief er.

»Ich dachte, Sie schliefen. Was ist denn heute los mit Ihnen?«

»Nichts.«

»Warum sind Sie so abscheulich zu mir? Habe ich Sie irgendwie beleidigt?«

»Nein.«

»Sagen Sie mir, was es ist.«

Sie setzte sich auf sein Bett und nahm seine Hand. Er drehte sein Gesicht zur Wand. Er schämte sich so sehr, daß er kaum sprechen konnte.

»Sie scheinen zu vergessen, daß ich ein Mann bin. Sie behandeln mich wie einen zwölfjährigen Jungen.«

»Ach!«

Er wurde über und über rot. Er war böse auf sich selbst und ärgerlich über sie. Sie hätte wirklich taktvoller sein können. Nervös zupfte er an seinem Laken.

»Ich weiß, daß Sie nichts dabei denken, und bei mir sollte es ebenso sein. Es ist auch so, wenn ich gesund bin. Man kann nichts für seine Träume, aber sie sind ein Fingerzeig für das, was im Unterbewußtsein vorgeht.«

»Haben Sie von mir geträumt?« Ihre Augen strahlten, aber die seinen waren schwer von Reue.

»Sie kennen die Männer nicht«, sagte er.

Sie lachte perlend auf. Sie beugte sich über ihn und warf ihre Arme um seinen Hals. Sie hatte nichts an außer einem Sarong und einem Baju.

»Du lieber Junge«, rief sie. »Sage mir doch, was du geträumt hast.«

Er war wie von Sinnen vor Schreck. Heftig stieß er sie beiseite.

»Was tun Sie? Sie sind verrückt.«

Er sprang halb aus dem Bett.

»Weißt du nicht, daß ich wahnsinnig in dich verliebt bin?«

»Was reden Sie da?«

Sie setzte sich auf den Bettrand. Er war völlig verwirrt. Sie lachte leise.

»Warum, glaubst du, habe ich diese schauderhafte Expedition mitgemacht? Um mit dir zusammen zu sein, Liebling. Weißt du nicht, daß ich mich halb totfürchte im Dschungel? Sogar hier drin habe ich Angst, es könnten Schlangen dasein oder Skorpione oder sonst etwas. Ich liebe dich.«

»Sie haben kein Recht, so mit mir zu reden«, sagte er streng.

»Oh, sei nicht so moralisch.«

»Gehen wir hinaus.«

Er ging auf die Veranda, und sie folgte ihm. Er warf sich in einen Stuhl. Sie kniete vor ihm nieder und versuchte, seine Hände zu erfassen, aber er zog sie zurück.

»Sie müssen wahnsinnig sein. Ich hoffe zu Gott, daß Sie das, was Sie sagen, nicht ernst meinen.«

»Doch. Jedes Wort«, lächelte sie.

Es erbitterte ihn, daß sie sich der Ungeheuerlichkeit ihres Geständnisses nicht im geringsten bewußt schien.

»Haben Sie Ihren Mann vergessen?«

»Ach, was liegt an meinem Mann?«

»Darya!«

»Ich kann jetzt nicht an Angus denken.«

»Ich glaube, Sie sind eine sehr schlechte Frau«, sagte er langsam, und seine glatte Stirn verdüsterte sich.

Sie lachte.

»Weil ich mich in dich verliebt habe? Liebling, du solltest nicht so gut aussehen.«

»Um Gottes willen, lachen Sie nicht.«

»Ich kann nicht anders; du bist komisch – aber gleichzeitig so furchtbar lieb. Ich liebe deine weiße Haut und dein glänzendes lockiges Haar. Ich liebe dich, weil du so schottisch und steif und humorlos bist. Ich liebe deine Kraft. Ich liebe deine Jugend.«

Ihre Augen leuchteten, und ihr Atem flog. Sie bückte sich und küßte seine nackten Füße. Er zog sie rasch mit einem Ruf des Protestes fort, und seine Bewegung war so aufgeregt, daß er beinahe den wackligen Stuhl umgeworfen hätte.

»Darya, Sie sind von Sinnen! Haben Sie denn kein Schamgefühl?«

»Nein.«

»Was wollen Sie von mir?« fragte er heftig.

»Liebe.«

»Für was für einen Menschen halten Sie mich?«

»Für einen Mann wie alle anderen«, antwortete sie ruhig.

»Glauben Sie, nach dem, was Munro für mich getan hat, könnte ich ein solcher Schuft sein, mit seiner Frau herumzupoussieren? Ich bewundere ihn mehr als irgendeinen Menschen auf der Welt. Er ist wunderbar. Er ist hundertmal soviel wert wie Sie. Ich würde mich eher umbringen als ihn verraten. Ich weiß nicht, wie Sie mich einer solchen Gemeinheit für fähig halten können.«

»Oh, mein Lieber, rede nicht solchen Unsinn. Was kann es ihm schon schaden? Du mußt diese Dinge nicht zu tragisch nehmen. Schließlich ist das Leben sehr kurz; wir sind Narren, wenn wir nicht mitnehmen, was uns an Freuden in den Weg kommt.«

»Sie können Unrecht nicht in Recht verwandeln, indem Sie darüber reden.«

»Das ist eine sehr anfechtbare Behauptung.«

Er blickte sie voll Erstaunen an. Sie saß zu seinen Füßen, kühl allem Anschein nach und völlig gefaßt, und die Situation behagte ihr offenbar. Sie schien sich ihres Ernstes in keiner Weise bewußt.

»Wissen Sie, daß ich einen Burschen im Klub niedergeschlagen habe, weil er eine beleidigende Bemerkung über Sie gemacht hat?«

»Wer war das?«

»Bishop.«

»Der gemeine Kerl. Was hat er gesagt?«

»Er hat gesagt, daß Sie Liebschaften mit Männern haben.«

»Ich weiß nicht, warum sich die Leute nicht um ihre eigenen Angelegenheiten kümmern. Aber was liegt schon daran, was sie reden? Ich liebe dich. Ich habe noch nie jemanden so geliebt wie dich. Ich bin krank vor Liebe zu dir.«

»Schweigen Sie. Seien Sie still.«

»Hör zu, heute nacht, wenn Angus schläft, werde ich zu dir ins Zimmer kommen. Er schläft wie ein Stein. Wir brauchen uns nicht zu fürchten.«

»Das dürfen Sie nicht tun.«

»Warum nicht?«

»Nein, nein, nein.«

Er war außer sich vor Angst. Plötzlich sprang sie auf und ging ins Haus hinein.

Munro kam zu Mittag zurück, und am Nachmittag beschäftigten sie sich wie gewöhnlich. Darya half ihnen, was sie manchmal tat. Sie war strahlender Laune. Sie war so vergnügt, daß Munro bemerkte, sie scheine allmählich Gefallen an dem Lagerleben zu finden.

»Ach ja, es ist ganz schön«, gab sie zu. »Ich fühle mich heute glücklich.«

Sie neckte Neil. Sie schien nicht zu bemerken, daß er still war und seine Augen den ihren auswichen.

»Neil ist heute sehr einsilbig«, sagte Munro. »Wahrscheinlich sind Sie noch ein bißchen schwach.«

»Nein, ich bin bloß nicht zum Sprechen aufgelegt.«

Er war tief beunruhigt. Er war überzeugt, daß Darya zu allem fähig war. Er erinnerte sich der hysterischen Raserei Nastasja Filipownas im *Idiot* und sagte sich, daß Darya die gleiche Maßlosigkeit zuzutrauen war. Er war mehr als einmal Zeuge heftiger Szenen gewesen, die sie den Dienstboten gemacht hatte, und wußte, wie sie dann jede Beherrschung verlieren konnte. Widerstand brachte sie nur noch mehr auf. Wenn sie nicht auf der Stelle bekam, was sie haben wollte, geriet sie außer sich vor Wut. Zum Glück verlor sie das Interesse an einer Sache ebenso plötzlich, wie sie es faßte. Und gelang es, ihre Aufmerksamkeit für eine Minute abzulenken, so vergaß sie alles. In solchen Situationen bewunderte Neil am meisten Munros Takt. Oft hatte er sich darüber amüsiert, mit welch schlauer und doch zarter List er ihre weiblichen Launen zu besänftigen verstand. Munros wegen war Neil so empört. Munro war ein Heiliger. Aus welcher Armseligkeit, welcher Not, welch kümmerlichem Lavieren hatte er sie nicht herausgehoben und zu seiner Frau gemacht. Sie verdankte ihm alles. Sein Name schützte sie. Sie genoß Achtung und Ansehen. Die schlichteste Dankbarkeit hätte es ihr verbieten müssen, Gedanken zu nähren, wie sie sie an diesem Morgen geäußert hatte. Wenn ein Mann einer Frau Avancen machte, so war nichts dagegen zu sagen, es war Männerart, aber bei einer Frau fand er es abscheulich. Sein Anstandsgefühl lehnte sich dagegen auf. Die Leidenschaft, die er in ihrem Gesicht gelesen hatte, und die Unverhülltheit ihrer Gesten stießen ihn ab.

Er fragte sich, ob sie ihre Ankündigung, in sein Zimmer zu kommen, wirklich wahr machen würde. Er glaubte nicht, daß sie es wagen würde. Aber als die Nacht kam und alle zu Bett gingen, war ihm so beklommen zumute, daß er nicht schlafen konnte. Er lag da und horchte angstvoll. Die Stille wurde nur durch den wiederholten eintönigen Schrei einer Eule unterbrochen. Durch die dünne Wand aus geflochtenen Palmenblättern hörte er Munros ruhigen Atem. Plötzlich merkte er, daß jemand leise in sein Zimmer geschlichen kam. Es stand für ihn fest, wie er sich verhalten würde.

»Sind das Sie, Mr. Munro?« rief er laut.

Darya blieb plötzlich stehen. Munro erwachte.

»Es ist jemand in meinem Zimmer. Ich dachte, Sie wären es.«

»Nein, nein«, sagte Darya. »Ich bin es. Ich konnte nicht schlafen und wollte auf die Veranda gehen und eine Zigarette rauchen.«

»Ach so«, sagte Munro. »Erkälte dich nicht.«

Sie ging durch Neils Zimmer hinaus. Er sah, wie sie sich eine Zigarette anzündete. Bald darauf kam sie zurück, und er hörte, wie sie sich zu Bett legte.

Am nächsten Morgen sah er sie nicht, denn er brach auf, ehe sie aufgestanden war, und richtete es so ein, daß er erst zurückkam, als anzunehmen war, daß auch Munro wieder zu Hause sein würde. Er vermied es, mit ihr allein zu sein, bis es dunkel wurde und Munro für ein paar Minuten hinunterging, um die Netze für die Nachtfalter auszulegen.

»Warum hast du gestern nacht Angus geweckt?« fragte sie böse mit leiser Stimme.

Er zuckte die Achseln und fuhr, ohne zu antworten, in seiner Arbeit fort.

»Hast du dich gefürchtet?«

»Ich besitze ein gewisses Anstandsgefühl.«

»Ach, sei kein solcher Tugendbold.«

»Ich bin lieber ein Tugendbold als ein Schuft.«

»Ich hasse dich.«

»Dann lassen Sie mich in Ruhe.«

Ohne zu antworten, holte sie aus und schlug ihm mit der flachen Hand heftig ins Gesicht. Er wurde rot, sagte aber nichts.

Munro kam zurück, und sie taten, als wäre jeder in seine Beschäftigung vertieft.

In den nächsten Tagen richtete Darya außer bei den Mahlzeiten und an den Abenden kein Wort an Neil. Ohne daß sie sich darüber verständigt hätten, waren sie bemüht, ihre gespannte Beziehung vor Munro zu verbergen. Aber die Anstrengung, mit der Darya sich aus ihrem trotzigen Schweigen löste, würde jedem weniger arglosen Menschen als Angus aufgefallen sein, und manchmal konnte sie sich nicht beherrschen und wurde ein wenig scharf Neil gegenüber. Sie neckte ihn, aber in ihren Neckereien verbarg sich ein Stachel. Sie verstand es, zu verletzen, und traf ihn auch, aber er hütete sich, es sich anmerken zu lassen. Er fühlte instinktiv, daß die gute Laune, die er heuchelte, sie zutiefst erboste.

Dann, eines Tages, als Neil von seiner Sammelexpedition zurückkehrte, stellte er fest, obgleich er seine Heimkehr absichtlich bis zur letzten Minute vor dem Mittagessen hinausgezögert hatte, daß Munro noch nicht da war. Darya lag auf einer Matratze auf der Veranda, nippte an einem Glas Gin Pahit und rauchte. Sie richtete kein Wort an ihn, als er an ihr vorüberging, um sich zu waschen. Nach einer Minute kam der Boy in sein Zimmer und meldete, daß das Essen bereit sei. Er trat hinaus.

»Wo ist Munro?« fragte er.

»Er kommt nicht«, sagte Darya. »Er hat ausrichten lassen, daß der Platz, den er gefunden hat, so gut ist, daß er erst am Abend wieder herunterkommt.«

Munro hatte sich an diesem Morgen zum Gipfel des Berges aufgemacht. Die niedrigen Regionen waren in bezug auf Säugetiere wenig ergiebig gewesen, und Munro trug sich mit der Absicht, das Lager, falls er weiter oben einen besseren Platz mit Wasser fand, zu verlegen. Neil und Darya aßen schweigend. Als sie fertig waren, ging Neil ins Haus und kam gleich darauf mit seinem Tropenhelm und seinem Sammelgerät wieder. Es war ungewöhnlich, daß er nachmittags noch einmal auszog.

»Wohin gehst du?« fragte sie abrupt.

»Hinaus.«

»Warum?«

»Ich bin nicht müde. Ich habe heute nichts anderes zu tun.«

Plötzlich brach sie in Tränen aus.

»Wie kannst du zu mir so häßlich sein?« schluchzte sie. »Oh, es ist grausam, mich so zu behandeln.«

Er schaute von seiner Höhe auf sie hinunter, und Bestürzung breitete sich auf seinem schönen, ein wenig einfältigen Gesicht aus.

»Was habe ich getan?«

»Du warst abscheulich zu mir. So schlecht ich auch bin, habe ich doch nicht verdient, so viel zu leiden. Es gibt nichts auf der Welt, was ich nicht mit Freuden für dich täte. Ich bin so furchtbar unglücklich.«

Er trat verlegen von einem Fuß auf den andern. Wie schrecklich von ihr, so zu reden. Er verabscheute und fürchtete sie, aber er hatte immer noch die Achtung vor ihr, die er immer empfunden hatte, nicht nur, weil sie eine Frau, sondern weil sie Angus Munros Gattin war. Sie weinte fassungslos. Glücklicherweise waren die Dayak am Morgen mit Munro ausgezogen. Es war niemand im Lager außer drei chinesischen Dienern, und diese hatten sich nach dem Lunch in ihre ungefähr vierzig Meter entfernte Behausung zurückgezogen und schliefen. Sie waren allein.

»Ich will Sie nicht unglücklich machen. Das Ganze ist mir unbegreiflich. Es ist absurd, daß eine Frau wie Sie sich in einen Burschen, wie ich es bin, verliebt. Haben Sie denn keine Selbstbeherrschung?«

»Ach Gott, Selbstbeherrschung!«

»Wenn Sie mich wirklich gern hätten, könnten Sie sich doch nicht wünschen, daß ich ein solcher Schuft bin. Bedeutet es Ihnen nichts, daß Ihr Mann uns blind vertraut? Die bloße Tatsache, daß er uns miteinander allein läßt, verpflichtet uns. Er ist ein Mensch, der keiner Fliege etwas zuleide täte. Ich könnte mich nicht mehr achten, wenn ich sein Vertrauen mißbrauchte.«

Sie blickte plötzlich auf.

»Wie kannst du behaupten, daß er keiner Fliege etwas zuleide tut? Alle Flaschen und Kästen hier sind voll von harmlosen Tieren, die er umgebracht hat.«

»Im Interesse der Wissenschaft. Das ist etwas ganz anderes.«

»Oh, du dummer, dummer Junge!«

»Wenn ich dumm bin, so kann ich nichts dafür. Warum lassen Sie mich dann nicht laufen?«

»Glaubst du, daß ich mich mit Absicht in dich verliebt habe?«

»Sie sollten sich schämen.«

»Schämen? Rede doch keinen Unsinn. Mein Gott, was habe ich verbrochen, daß ich mich von diesem eingebildeten Affen quälen lassen muß.«

»Sie sprechen nur immer davon, was Sie für mich getan haben. Was Munro für Sie getan hat, daran denken Sie nicht.«

»Munro langweilt mich zu Tode. Ich habe genug von ihm. Er macht mich krank.«

»Dann bin ich etwa nicht der erste?«

Von dem Augenblick an, da sie ihn mit ihrem verblüffenden Geständnis überrascht hatte, quälte ihn der Verdacht, daß das, was die Männer in Kuala Solor über sie gesagt hatten, wahr sein könnte. Er hatte sich dagegen gesträubt, es zu glauben, und sogar jetzt wollte er es einfach nicht wahrhaben, daß sie ein solches Monstrum an Verderbtheit sein könne. Es war schrecklich, zu denken, daß Angus Munro, dieser vertrauensvolle, zarte Mensch, in einem eingebildeten Paradies lebte. Sie konnte nicht so schlecht sein. Aber sie mißverstand ihn. Sie lächelte ihn durch Tränen an.

»Natürlich nicht. Wie kannst du so töricht sein? Oh, Liebling, sei nicht so fürchterlich ernst. Ich liebe dich.«

Es war also wahr. Er hatte sich einzureden versucht, daß das, was sie für ihn fühlte, etwas Außergewöhnliches sei, eine Tollheit, die sie mit vereinten Kräften bekämpfen und schließlich niederringen würden. Aber sie war einfach treulos.

»Fürchten Sie sich nicht, daß Munro dahinterkommt?«

Sie weinte nun nicht mehr. Sie liebte es über alles, über sich selbst zu sprechen, und hatte das Gefühl, Neils Interesse aufs neue fesseln zu können.

»Ich frage mich manchmal, ob er es nicht weiß. Wenn nicht mit dem Verstand, so doch mit dem Herzen. Er hat den Instinkt und die Sensibilität einer Frau. Manchmal war ich überzeugt, daß er die Wahrheit ahnt, und dann spürte ich in seinem Schmerz etwas seltsam Vergeistigtes, ja etwas Verzücktes. Ich möchte fast glauben, daß ihn das Leid auf eine unendlich subtile Weise beglückt. Es gibt solche Naturen. Sie finden eine wollüstige Freude in der Selbstzerfleischung.«

»Wie abscheulich!« Neil hatte keine Geduld für diese Phantastereien. »Die einzige Entschuldigung für Sie ist, daß Sie nicht bei Sinnen sind.«

Sie war nun wieder viel selbstsicherer geworden. Sie blickte ihn herausfordernd an.

»Findest du mich nicht reizvoll? Den meisten Männern gefalle ich sehr gut. Du mußt in Schottland Dutzende von

Frauen gehabt haben, die sich mit mir nicht messen können.«

Sie blickte mit ruhigem Stolz an ihrer wohlgeformten sinnlichen Gestalt hinunter.

»Ich habe noch nie eine Frau gehabt«, sagte er ernst.

»Warum nicht?«

Sie war dermaßen überrascht, daß sie aufsprang. Er zuckte die Achseln. Er konnte sich nicht dazu bringen, ihr zu sagen, wie ihn der bloße Gedanke an solche Dinge abstieß und wie unwürdig ihm die wahllosen Liebeleien seiner Kollegen in Edinburgh erschienen waren. Er fand eine mystische Freude in seiner Reinheit. Die Liebe war etwas Heiliges. Der Geschlechtsakt flößte ihm Entsetzen ein. Seine Rechtfertigung war die Zeugung von Kindern und seine Heiligung die Ehe. Aber Darya stand da mit gestrafftem Körper und starrte ihn an; sie keuchte; und plötzlich, mit einem schluchzenden Schrei, in dem Jauchzen und wildes Verlangen sich mischten, warf sie sich auf die Knie, packte seine Hand und küßte sie leidenschaftlich.

»Aljoscha«, stieß sie hervor. »Aljoscha.«

Und dann, lachend und weinend, sank sie zu seinen Füßen in sich zusammen. Seltsame, kaum menschliche Laute entrangen sich ihrer Kehle, und krampfhafte Schauer durchzitterten ihren Körper, so daß man meinen konnte, sie empfange einen elektrischen Schlag nach dem andern. Neil wußte nicht, ob es Hysterie oder ein epileptischer Anfall war.

»Hören Sie auf«, rief er. »Hören Sie auf.«

Er nahm sie in seine starken Arme und bettete sie in einen Stuhl. Aber als er versuchte, sich von ihr freizumachen, ließ sie ihn nicht los. Sie warf die Arme um seinen Hals und hielt ihn fest. Sie bedeckte sein Gesicht mit Küssen. Er wehrte sich. Er wandte das Gesicht ab. Er legte die Hand zwischen sein Gesicht und das ihre, um sich zu schützen. Plötzlich grub sie ihre Zähne tief in sein Fleisch. Der Schmerz war so groß, daß er, ohne nachzudenken, ihr einen schallenden Schlag versetzte.

»Du Teufel!« rief sie.

Seine heftige Bewegung hatte sie gezwungen, ihn loszulassen. Er hielt seine Hand und betrachtete sie. Darya hatte seitlich in den fleischigen Teil gebissen, und die Wunde blutete. Ihre Augen loderten. Sie fühlte sich belebt und angeregt.

»Ich habe jetzt genug«, sagte er. »Ich gehe hinaus.«

Sie sprang auf.

»Ich begleite dich.«

Er setzte seinen Tropenhelm auf, raffte seine Sammelausrüstung zusammen und wandte sich wortlos zum Gehen. Mit einem Satz sprang er die drei Stufen herab, die vom Haus hinunterführten. Sie folgte ihm.

»Ich gehe in den Dschungel«, sagte er.

»Mir ist es gleich.«

In dem rasenden Verlangen, von dem sie besessen war, vergaß sie ihre krankhafte Angst vor dem Dschungel. Sie vergaß Schlangen und wilde Tiere. Sie achtete nicht auf die Zweige, die ihr ins Gesicht schlugen, nicht auf die Schlingpflanzen, in denen sich die Füße verfingen. Einen Monat lang hatte Neil diesen Teil des Waldes genau erforscht und kannte jedes Fleckchen. Er sagte sich grimmig, daß er sie schon lehren wolle, ihn zu verfolgen. Mit raschen Schritten bahnte er sich einen Weg durch das Unterholz; sie folgte ihm, stolpernd, aber entschlossen; blind vor Wut brach er vorwärts, und sie ging hinter ihm her. Sie redete; er hörte ihr nicht zu. Sie flehte ihn um Mitleid an. Sie bejammerte ihr Schicksal. Sie demütigte sich. Sie weinte und rang die Hände. Sie versuchte ihn zu besänftigen. Die Worte flossen in endlosem Schwall über ihre Lippen. Sie war wie eine Wahnsinnige. Endlich, auf einer kleinen Lichtung, blieb er unvermittelt stehen und drehte sich um.

»Das ist unmöglich«, rief er. »Jetzt habe ich genug. Sobald Angus nach Hause kommt, werde ich ihm sagen, daß ich fortmuß. Ich werde morgen nach Kuala Solor zurückkehren und dann nach England fahren.«

»Er wird dich nicht weglassen. Er braucht dich. Er ist begeistert von dir.«

»Das ist mir gleich. Ich werde es ihm schon verständlich machen.«

»Was?«

Er mißverstand sie.

»Oh, Sie brauchen keine Angst zu haben. Ich werde ihm nicht die Wahrheit sagen. Sie können ihm das Herz brechen, wenn Sie wollen; ich werde es nicht tun.«

»Du liebst ihn? Diesen öden, phlegmatischen Menschen.«

»Er ist hundertmal mehr wert als Sie.«

»Es wäre spaßig, wenn ich ihm sagte, daß du weggegangen bist, weil du mir Avancen gemacht hast und ich dich nicht erhörte.«

Er fuhr betroffen zurück und blickte sie an, um zu sehen, ob sie das, was sie sagte, auch wirklich meinte.

»Sie bilden sich doch nicht ein, daß er das glauben würde? Er kennt mich doch.«

»Darauf würde ich mich nicht zu fest verlassen.«

Sie hatte gesprochen, ohne nachzudenken, mit keiner besonderen Absicht, bloß um den Streit fortzusetzen, aber nun sah sie, daß er Angst hatte, und ein grausamer Instinkt trieb sie, ihren Vorteil auszunützen.

»Erwartest du Schonung von mir? Du hast mich gedemütigt über alle Maßen. Du hast mich behandelt wie den letzten Dreck. Ich schwöre dir: Wenn du die leiseste Andeutung machst, daß du fortwillst, gehe ich schnurstracks zu Angus und sage ihm, daß du seine Abwesenheit mißbraucht hast und mich vergewaltigen wolltest.«

»Das kann ich leugnen. Schließlich stünde ein Wort gegen das andere.«

»Ja, aber das meine würde gelten. Ich kann beweisen, was ich sage.«

»Wieso?«

»Ich habe eine sehr empfindliche Haut. Die Stelle, wo du mich geschlagen hast, ist blutunterlaufen. Und sieh dir deine Hand an.« Rasch blickte er hinunter. »Woher stammen diese Bisse?«

Er starrte sie blöde an. Er war ganz blaß geworden. In der Tat: Wie sollte er den blutunterlaufenen Fleck, die Male an seiner Hand erklären? Wenn die Notwehr ihn zwang, konnte er die Wahrheit sagen; aber durfte er annehmen, daß Angus ihm glauben würde? Angus betete Darya an. Blind würde er ihr Wort gegen jedes andere gelten lassen. Und für all seine Güte würde er sich mit dem ungeheuerlichsten Undank, für all sein Vertrauen mit dem schnödesten Verrat belohnt sehen. Er mußte ihn für einen gemeinen Schuft halten, und von seinem Standpunkt aus mit Recht. Das war es, was Neil erschütterte. Es schien ihm unerträglich, daß Munro, für den er mit Freuden sein Leben hingegeben hätte, schlecht von ihm denken sollte. Er war so unglücklich, daß Tränen, unmännliche Tränen, die er haßte, ihm in die Augen traten. Darya sah, wie zerschmettert er war. Sie frohlockte. Nun zahlte sie ihm heim, was er ihr angetan hatte. Nun hatte sie ihn in der Hand. Er war in ihrer Macht. Sie kostete ihren Triumph aus, und trotz aller Qual lachte sie in ihrem Herzen, weil er ein solcher Dummkopf war. In diesem Augenblick wußte sie nicht, ob sie ihn liebte oder verachtete.

»Wirst du also brav sein?« fragte sie.

Er schluchzte auf, und blindlings, in einem plötzlichen Impuls, dieser furchtbaren Frau zu entfliehen, fing er wild zu laufen an und rannte, was er konnte. Er jagte durch den Dschungel wie ein verwundetes Tier, ohne zu schauen, wohin, bis er außer Atem war. Dann blieb er keuchend stehen. Er zog sein Taschentuch hervor und wischte sich damit den Schweiß ab, der ihm in die Augen rann und ihn blendete. Er war erschöpft und setzte sich hin, um sich auszuruhen.

›Ich muß aufpassen, daß ich mich nicht verirre‹, sagte er zu sich selbst.

Es war seine geringste Sorge, aber trotzdem war er froh, daß er einen Taschenkompaß bei sich trug und wußte, welche Richtung er einzuhalten hatte. Er seufzte tief auf und erhob sich mühsam. Dann fing er zu gehen an. Er suchte sich aufmerksam seinen Weg, und mit einem andern Teil seines Bewußtseins fragte er sich beklommen, was er nun tun sollte. Er war überzeugt, daß Darya ihre Drohung wahr machen würde. Drei Wochen sollten sie noch bleiben. Er wagte nicht, zu gehen; er wagte nicht, zu bleiben. Er war völlig verstört. Das einzige, was ihm übrigblieb, war, ins Lager zurückzukehren und ruhig zu überlegen. Nach einer Viertelstunde ungefähr kam er an eine Stelle, die er kannte. Nach einer Stunde war er zu Hause. Er warf sich unglücklich in einen Stuhl. Er mußte unausgesetzt an Angus denken. Sein Herz blutete für ihn. Neil begriff nun viele Dinge, die ihm zuvor unerklärlich gewesen waren. Wie in einem Aufblitzen wurde ihm die bittere Erkenntnis zuteil. Er wußte nun, warum die Frauen in Kuala Solor so feindselig gegen Darya waren und warum sie Angus so merkwürdig ansahen. Sie behandelten ihn mit einer Art von liebevoller Nachsicht. Neil hatte es sich damit erklärt, daß Angus Wissenschaftler und deshalb in ihren Augen nicht ganz für voll zu nehmen war. Nun wußte er, daß sie sich so benahmen, weil sie Mitleid mit ihm hatten und ihn gleichzeitig lächerlich fanden. Darya hatte ihn dem Spott der Gemeinde preisgegeben. Wenn es einen Mann gab, der es nicht verdiente, von einer Frau schlecht behandelt zu werden, so war es Munro. Mit einemmal fuhr Neil zusammen und fing am ganzen Körper zu zittern an. Es war ihm eingefallen, daß Darya sich im Dschungel nicht zurechtfinden konnte; in seiner Bedrängnis hatte er kaum gewußt, wohin er mit ihr ging. Was, wenn sie den Weg zurück nicht mehr fand? Sie würde furchtbare Angst haben. Er erinnerte sich der schaurigen Geschichte, die Angus erzählt hatte. Sein erster Impuls war, sie suchen zu gehen, und er sprang auf. Dann packte ihn ein wilder Ärger. Nein, sie sollte sehen, wie sie allein fertig wurde. Sie war gegen seinen Willen mitgekommen. Nun sollte sie sich allein zurechtfinden. Sie war eine abscheuliche Frau und verdiente alles, was ihr zustieß. Neil warf trotzig den Kopf zurück und runzelte finster seine glatte junge Stirn. Er ballte die Fäuste. Mut. Er wollte nicht wankend werden. Er setzte sich hin und versuchte, die Haut eines Gebirgs-Trogon zu präparieren. Aber der Gebirgs-Trogon hat eine Haut wie nasses Seidenpapier, und seine Hände zitterten. Er versuchte seine Gedanken auf die Arbeit zu konzentrieren, aber sie flatterten verzweifelt wie Falter in einem Netz, und er konnte sie nicht beherrschen. Was geschah da drüben, im Dschungel? Was hatte sie getan, als er plötzlich ausgerissen war? Gegen seinen Willen schaute er immer wieder auf. Jeden Augenblick konnte sie in der Lichtung auftauchen und ruhig auf das Haus zuschreiten. Ihm war kein Vorwurf zu machen. Es war die Hand Gottes. Er schauderte. Gewitterwolken zogen am Himmel auf, und es wurde rasch dunkel.

Kurz nach Einbruch der Dämmerung kam Munro nach Hause.

»Gerade noch rechtzeitig«, sagte er. »Es wird ein furchtbares Gewitter geben.«

Er war in freudiger Stimmung. Er hatte ein schönes Plateau entdeckt mit viel Wasser, von dem aus man eine prachtvolle Aussicht aufs Meer hatte. Er hatte zwei, drei seltene Schmetterlinge und ein Flughörnchen gefangen. Er war voll von Plänen, das Lager nach dem neuen Platz zu verlegen. Ringsherum hatte er Spuren einer reichhaltigen Fauna gefunden. Er ging ins Haus, um seine schweren Wanderstiefel abzulegen. Sofort kam er wieder heraus.

»Wo ist Darya?«

Neil nahm sich zusammen, um natürlich zu scheinen.

»Ist sie nicht in ihrem Zimmer?«

»Nein. Vielleicht ist sie aus irgendeinem Grund zum Quartier der Dienstboten hinübergegangen.«

Er stieg die Stufen hinunter und ging ein paar Meter.

»Darya!« rief er. »Darya!« Keine Antwort. »Boy!«

Ein Chinese kam gelaufen, und Angus fragte ihn, wo seine Herrin sei. Er wußte es nicht. Er hatte sie seit dem Lunch nicht mehr gesehen.

»Wo kann sie sein?« fragte Munro befremdet.

Er lief hinters Haus und rief.

»Sie kann doch nicht ausgegangen sein. Man kann doch nirgends hingehen. Wann haben Sie sie das letztemal gesehen, Neil?«

»Ich bin nach dem Essen sammeln gegangen. Der Vormittag war ziemlich unergiebig gewesen, und da wollte ich mein Glück noch einmal versuchen.«

»Sonderbar.«

Sie suchten überall in der Umgebung des Lagers. Munro meinte, daß sie es sich vielleicht irgendwo bequem gemacht hatte und eingeschlafen war.

»Es ist wirklich unrecht von ihr, einen so zu ängstigen.«

Alle schlossen sich der Suche an. Munro fing an, besorgt zu werden.

»Sie wird doch nicht einen Spaziergang in den Dschungel unternommen und sich verirrt haben? Seitdem wir hier sind, hat sie sich nie weiter als hundert Meter vom Haus fortgewagt.«

Neil sah die Angst in Munros Augen und blickte zu Boden.

»Wir müssen uns alle aufmachen und sie suchen. Eines

steht fest: Sie kann unmöglich weit sein. Wenn man sich verirrt, dann ist es das beste, sich nicht von der Stelle zu rühren und zu warten, bis man gefunden wird; das weiß sie genau. Aber sie wird halb wahnsinnig werden vor Angst, die Ärmste.«

Er rief die Dayak heraus und befahl den Chinesen, Laternen zu bringen. Er feuerte als Signal ein paar Schüsse ab. Man verteilte sich in zwei Gruppen, die eine unter Munro, die andere unter Neil, und drang auf den beiden Pfaden, die man im Laufe des Monats ausgetreten hatte, vorwärts. Es wurde ausgemacht, daß diejenigen, die Darya fanden, rasch hintereinander drei Schüsse abfeuern sollten. Neil ging mit hartem, entschlossenem Gesicht. Sein Gewissen war rein. Es war, als trüge er in seinen Händen den Ratschluß der strafenden Gerechtigkeit. Er wußte, daß Darya nie gefunden werden würde. Die beiden Gruppen trafen zusammen. Es war nicht nötig, Munro ins Gesicht zu sehen. Er war verzweifelt. Neil fühlte sich wie ein Chirurg, der gezwungen ist, ohne Assistenz und Hilfsmittel eine gefährliche Operation durchzuführen, um das Leben eines geliebten Menschen zu retten. Er mußte fest sein.

»Sie kann unmöglich so weit gegangen sein«, sagte Munro. »Wir müssen zum Haus zurückkehren und den Dschungel im Umkreis einer Meile Zentimeter für Zentimeter durchkämmen. Die einzige Erklärung scheint mir, daß sie vor irgend etwas erschrocken und ohnmächtig geworden ist oder daß eine Schlange sie gebissen hat.«

Neil antwortete nicht. Sie brachen abermals auf, bildeten Reihen und durchsuchten das Gebüsch. Sie riefen. Hin und wieder feuerten sie einen Schuß ab und horchten, ob sie nicht einen schwachen Antwortruf erlauschen konnten. Nachtvögel flatterten erschrocken mit schwirrendem Flügelschlag auf, als sie mit Laternen vordrangen; und hie und da – halb sahen, halb errieten sie es – tauchte ein Tier auf, Hirsch, Eber oder Nashorn, das bei ihrem Herannahen floh. Das Gewitter brach plötzlich los. Ein heftiger Wind setzte ein, und dann zerriß ein Lichtstrahl die Finsternis wie der Schmerzensschrei einer Frau, und die zuckenden Blitze, schnell, schnell, einer auf den andern, wie gespenstische Tänzer in einem rasenden Reigen, schlängelten sich durch die Nacht. Das unheimliche Licht legte den Schrecken des Urwaldes bloß. Der Donner rollte krachend über den Himmel, Schlag auf Schlag, mächtigen urzeitlichen Wogen gleich, anprallend gegen die Ufer der Unendlichkeit. Das furchtbare Dröhnen erfüllte den Raum, als hätte es Gestalt und Gewicht. Der Regen prasselte in heftigen Strömen herab. Felsen und gigantische Bäume kamen den Berg heruntergekollert. Das Getöse war grauenhaft. Die Dayak duckten sich in schlotternder Angst vor den erzürnten Geistern, die durch das Gewitter sprachen, aber Munro trieb sie an. Der Regen fiel die ganze Nacht, begleitet von Blitz und Donner, und hörte nicht auf bis zum Morgen. Bis auf die Haut durchnäßt und vor Kälte zitternd kehrten sie in das Lager zurück. Sie waren erschöpft. Als sie gegessen und sich gestärkt hatten, wollte Munro die verzweifelte Suche wiederaufnehmen. Aber er wußte, daß es hoffnungslos war. Sie würden Darya nie mehr lebend wiedersehen. Mutlos warf er sich auf sein Lager. Sein Gesicht war müde, weiß und zerquält.

»Armes Kind. Armes Kind.«

Glossar

Aja – malaiische Kinderfrau

Allons, levez-vous – Los, stehen Sie auf

Amah – Hausmädchen; Kinderfrau

Baju – tunikaähnliches Hemd

Bandana – Kopftuch oder Stirnband aus bedrucktem Stoff

C'est une bien belle ville, Paris – Paris ist eine sehr schöne Stadt

Dayak – Angehörige einer Volksgruppe auf Borneo

Fustanella – weißer Faltenrock der griechischen Nationaltracht

Il est mort – Er ist tot

Il est pris – Man hat ihn gefaßt

Il n'est pas mal – Er ist nicht übel

Kajik – türkisches Segelboot aus Holz

Kampong – Eingeborenendorf

Kassia – chinesischer Zimtbaum

Kawa – leicht berauschendes Getränk aus einem Pfeffergewächs

Kopra – getrocknetes und zerkleinertes Kokosnußfleisch

Kris – Dolch mit glatter oder gewellter Klinge

Kuli – Tagelöhner in Südostasien, oft chinesischen Ursprungs

Lava-Lava – bedrucktes Stück Stoff, das als Wickelrock dient

Monsieur aime les œufs brouillés – Der Herr liebt Rührei

N'est-ce pas, Altesse? – Nicht wahr, Hoheit?

Nipa – Palmenart in sumpfigem Gebiet

Non, je ne veux pas – Nein, ich will nicht

On ne sait jamais – Man kann nie wissen

Padang – begrünter Platz

Pandanus – ein Palmengewächs

Parang – machetenähnliches Kurzschwert

Peer – Mitglied des englischen Oberhauses

Prahu – langes, schmales Flußboot

Punkah – an der Decke befestigter Palmblattwedel

Qui fleurit sa maison fleurit son cœur – Wer sein Haus mit Blumen schmückt, bringt auch sein Herz zum Blühen

Resident – Verwaltungsbeamter im britischen Kolonialreich

Sampan – Ruderkahn mit Verdeck, auch als Wohnboot verwendet

Sarong – rockähnliches Kleidungsstück der Malaien

Smerige flikkers, vervloekte ploerten! – Dreckige Mistkerle, verdammte Schweine!

Songkok – malaiische Samtkappe

Stengah – auch Stinger; Cocktail aus Cognac und weißer Crème de menthe

Stultum facit fortuna quem vult perdere – Das Schicksal macht dumm, wen es ins Verderben stürzen will

Tapa – aus geklopftem Rindenblatt hergestellter Stoff

Tarbusch – orientalische rote Filzkappe; auch Fez

Taro – stärkehaltige Knollenfrucht

tendresses – Zärtlichkeiten

Tiffin – angloindischer Ausdruck für Mittagessen

Toque – kleiner barettartiger Damenhut

Tuan – indonesisch für »Herr«

Die Diogenes Hörbücher zum Buch

W. Somerset Maugham
Der Büchersack
Erzählung

Gekürzte Lesefassung
Gelesen von HANS KORTE

1 CD, Spieldauer 73 Min.

W. Somerset Maugham
Regen
Fünf Meistererzählungen

Enthält:
Regen. Gelesen von Friedhelm Ptok
Der Taipan. Gelesen von Werner Rehm
Der Büchersack. Gelesen von Hans Korte
Der Brief. Gelesen von Marietta Bürger
Die Dschungelresidenz
Gelesen von Friedhelm Ptok

6 CD, Spieldauer 389 Min.

Meistererzählungen der Weltliteratur im Diogenes Verlag

● **Ambrose Bierce**
Meistererzählungen. Auswahl und Vorwort von Mary Hottinger. Aus dem Amerikanischen von Joachim Uhlmann. Mit Zeichnungen von Tomi Ungerer

● **Giovanni Boccaccio**
Meistererzählungen aus dem Decamerone. Aus dem Italienischen von Heinrich Conrad. Mit einem Nachwort von Bruder Hilario

● **Anton Čechov**
Meistererzählungen. Ausgewählt von Franz Sutter. Aus dem Russischen von Ada Knipper, Hertha von Schulz und Gerhard Dick. Mit einem Nachwort von W. Somerset Maugham

● **Miguel de Cervantes Saavedra**
Meistererzählungen. Die Beispielhaften Novellen. Aus dem Spanischen von Gerda von Uslar. Mit einem Nachwort von Fritz R. Fries

● **Raymond Chandler**
Meistererzählungen. Aus dem Amerikanischen von Hans Wollschläger

● **Friedrich Dürrenmatt**
Der Tunnel und andere Meistererzählungen. Ausgewählt von Daniel Keel. Mit einem Nachwort von Reinhardt Stumm

● **William Faulkner**
Eine Rose für Emily und andere Meistererzählungen. Aus dem Amerikanischen von Elisabeth Schnack

● **F. Scott Fitzgerald**
Drei Stunden zwischen zwei Flügen und andere Meistererzählungen. Ausgewählt und mit einem Nachwort von Daniel Kampa

● **Franz Kafka**
Meistererzählungen. Ausgewählt von Winfried Stephan. Mit einem Nachwort von Walter Muschg und einer Erinnerung an Franz Kafka von Kurt Wolff

● **Gottfried Keller**
Meistererzählungen. Mit einem Nachwort von Walter Muschg

● **D. H. Lawrence**
Meistererzählungen. Ausgewählt, aus dem Englischen und mit einem Nachwort von Elisabeth Schnack

● **Jack London**
Meistererzählungen. Aus dem Amerikanischen von Erwin Magnus. Mit einem Vorwort von Herbert Eisenreich

● **Carson McCullers**
Wunderkind und andere Meistererzählungen. Ausgewählt von Daniel Keel und Daniel Kampa. Aus dem Amerikanischen von Elisabeth Schnack. Mit einem Nachwort von Daniel Kampa
Auch als Diogenes Hörbuch erschienen, gelesen von Elke Heidenreich

● **Katherine Mansfield**
Glück und andere Meistererzählungen. Ausgewählt von Daniel Kampa. Aus dem Englischen von Elisabeth Schnack. Mit einem Vorwort von Anthony McCarten
Daraus zwei Erzählungen auch als Diogenes Hörbuch erschienen, gelesen von Anna König

● **W. Somerset Maugham**
Regen und andere Meistererzählungen. Ausgewählt von Daniel Keel und Daniel Kampa. Aus dem Englischen von Tina und Gerd Haffmans, Ilse Krämer, Irene Muehlon, Simone Stölzel, Friedrich Torberg, Kurt Wagenseil und Mimi Zoff
Auch als Diogenes Hörbuch erschienen, gelesen von Marietta Bürger, Hans Korte, Friedhelm Ptok und Werner Rehm

● **Guy de Maupassant**
Meistererzählungen. Ausgewählt, aus dem Französischen übertragen und mit einem Nachwort von Walter Widmer

● **Herman Melville**
Meistererzählungen. Aus dem Amerikanischen von Günther Steinig. Mit einem Nachwort von Hans-Rüdiger Schwab

● **Frank O'Connor**
Und freitags Fisch und andere Meistererzählungen. Aus dem Englischen von Elisabeth Schnack

W. Somerset Maugham
Rosie und die Künstler

Roman
Aus dem Englischen von Hans Kauders
und Claudia Schmölders

Der erfolgreiche Schriftsteller Willie Ashenden erinnert sich der leidenschaftlichen Affäre mit Rosie – der Frau seines Kollegen Edward Driffield. Rosie ist schön, aber vulgär, von amoralischer Promiskuität, dabei doch aufrichtig und gutherzig.
Geistreiche Schilderungen der Intellektuellen- und Künstlerkreise im London der Vorkriegszeit und die boshaften Porträts einiger bekannter Schriftsteller trugen bei Erscheinen des Romans zu seiner großen Beliebtheit bei.

»Zu den Romanen, die ich immer wieder mit Vergnügen lese, gehört *Rosie und die Künstler* von W. Somerset Maugham.«   *Eric Ambler*

»Sein zauberhaftester und in manchen Dingen auch verwegenster Roman!«   *Rolf Vollmann*

W. Somerset Maugham
Der Menschen Hörigkeit

Roman. Aus dem Englischen von
Mimi Zoff und Susanne Feigl

Mit einem Klumpfuß geboren und einem Sprachfehler behaftet, verliert Philip Carey früh seine Eltern und ist ein gefundenes Fressen für die Hänseleien seiner Mitschüler, gegen die er sich mit Brillanz und Sarkasmus wehrt. Bis er zu sich selbst findet und zur Ruhe kommt, ist es ein schmerzhafter Prozeß, geprägt von der Suche nach der eigenen Berufung ebenso wie von der Sehnsucht nach erfüllter Liebe.
W. Somerset Maughams eigener, leidvoll-verschlungener Lebensweg bildet den Hintergrund für diesen stark autobiographisch gefärbten Roman, der zu den bedeutendsten Entwicklungsromanen der englischen Literatur zählt.

»*Der Menschen Hörigkeit* wird hoffentlich immer gelesen werden.« *Elke Schmitter / Die Zeit, Hamburg*

»Allein wegen dieses Buches müßte man W. Somerset Maugham ein Genie nennen.«
Twentieth Century Authors

»Sein Leben und Werk möge der Literaturgeschichte noch lange Zeit Stoff zum Nachdenken liefern.«
Alfred Andersch